Restaurant 마케팅 노하우

The Food Service Professionals Guide To :
Restaurant marketing and advertising
For Just A Few Dollars A Day : 365 Secrets Revealed
by Amy S. Jorgensen

The Food Service Professionals Guide To :
Restaurant Promotion And Publicity
For Just A Few Dollars A Day : 365 Secrets Revealed
by Tiffany Lambert

The Food Service Professional's Guide To :
Building restaurant profits
How to Ensure Maximum Result : 365 Secrets Revealed
by Jennifer Hudson Taylor & Douglas R. Brown

The Food Service Professional's Guide To :
Increasing Restaurant Sales Boost Your Sales &
Profits By Selling More Appetizers, Desserts, & Side
Items : 365 Secrets Revealed
by B. J. Granberg

Restaurant 마케팅 노하우

에이미 S. 조겐슨 · 티파니 램버트 · B. J. 그랜버그 · 제니퍼 허스든 테일러 · 더글라스 R. 브라운 **저**
외식경영연구회 **역**

백산출판사

역자의 글

인간의 삶을 영위하는데 있어 음식만큼 중요한 것은 없으며 이는 생명의 근간을 이루고 있습니다. 우리의 삶이 고도로 첨단화되어도 인간은 음식을 섭취해야만 살아갈 수 있으므로, 음식은 예나 지금이나 시대의 변화와 상관없이 매우 중요합니다. 오늘날 경제성장과 핵가족화, 여성의 사회진출 증가 등으로 인해 현대인들의 음식문화가 급속하게 변화되어감에 따라 과거 가정 내의 문제만으로 여겨졌던 식생활이 이제는 사회 · 경제적인 쟁점으로 부상되고 있습니다. 이와 같은 사회변화로 인하여 새로운 음식 소비양식이 창출되었고, 이는 곧 외식산업(foodservice industry)이라고 하는 새로운 산업분야의 태동과 발전을 가져왔습니다.

국내 외식산업의 전체시장 규모는 50조 원을 넘어 괄목한 만한 성장을 보이며 국가경제발전에 기여하는 중요한 산업으로 자리매김하였으나, 아직까지도 다른 산업과 비교해 볼 때 여러 측면에서 미숙한 것이 사실입니다. 외식산업이 앞으로 성숙된 발전을 도모하기 위해서는 해결해야 할 많은 선결과제를 지니고 있으며, 외식산업을 둘러싼 환경의 불확실성과 국내 · 외의 빠른 변화는 우리 외식산업의 불안정한 현주소를 대변해 주고 있습니다. 국내 외식산업이 지금까지 보여준 양적인 성장에서 질적인 성숙으로의 발전을 도모하기 위해서는 급속한 환경변화에 대처할 수 있는 창조적인 패러다임의 도입이 필요하다고 생각합니다. 새로운 패러다임의 모색을 위해서는 무엇보다 이 분야의 전문가를 배출하는 것이 시급한 과제라고 생각합니다.

그간 외식분야 학계에 몸담고 대학에서 외식관련 강의를 하면서 항상 외식산업계의 독특한 산업성격과 현장적용 사례를 담은 교재의 필요성을 절감하였습니다. 그러던 중에 'The Food Service Professional'이라는 15권 단행본 책을 만나게 되었고, 이는 그동안의 학문적 갈증을 해결해 줄 수 있는 시원한 생명수로 역자들에게 다가와 바로 번역을 위한 작업에 들어갔습니다.

이 책은 총 4장으로 구성되어 있습니다. 1장에서는 성공적인 외식업체 운영의 핵심이라 할 수 있는 마케팅과 광고 업무를 수행하기 위해 반드시 이해해야 하는 기본적 이론과 실제 업장에서 적용할 수 있는 다양한 사례들을 제시하고 있으며, 2장에서는 외식업소의 효율적인 판매촉진과 홍보에 관한 내용으로 업장에서 활용할 수 있는 365일 촉진전략 등 실제적이면서도 세부적인 전략들을 다루고 있습니다. 3장에서는 경쟁 환경 속에서 날로 어려워지는 외식업소의 이윤창출을 극대화 할 수 있는 다양한 방안에 관한 내용을 다루고 있으며, 마지막 4장에서는 외식업소의 매출증대를 위한 효율적인 종사원 교육훈련 방안과 메뉴판매를 위한 여러 가지 아이디어를 담고 있어서 외식업소 운영에 필요한 알찬 내용으로 구성되어 있습니다.

이 책은 외식경영에 대한 체계적인 이론을 외식산업 현장의 다양한 사례를 통해 이해하기 쉽도록 구성되었기에 외식관련 분야의 전문가뿐 아니라 외식산업 관련 전문분야 진출을 준비하는 학생들을 위한 교재로도 충분히 활용될 수 있다는 작은 바람으로 임하였습니다. 특별히 외식산업 현장에서 활용할 수 있는 전공서를 만들어보고자 뜻을 같이한 '외식경영 연구모임'의 교수들이 한마음으로 작업하여 오랜 기다림 끝에 이번에 출간하게 되어 더욱 의미가 새롭습니다.

이 책이 완성되기까지 필요한 자료를 제공해 준 외식업계 관계자 분들과 본 번역서가 나올 수 있도록 원본 'The Food Service Professional' 책을 소개해주신 (주)KCC의 홍미숙 대표님께 심심한 감사를 표합니다. 이 책의 기획부터 출판까지 전 과정을 꼼꼼하게 챙겨주신 백산출판사의 진욱상 대표님과 임직원분들에게도 진심으로 감사드립니다.

2010년 10월

역자 일동

The Food Service Professional GUIDE TO SERIES

차 례

CONTENTS

The Food Service Professional GUIDE TO

1

레스토랑 마케팅 노하우

유기적인 관계의 레스토랑 마케팅과 광고

The Food Service Professional GUIDE TO SERIES

INTRODUCTION

이윤이 발생해야 사업을 계속할 수 있다. 지속적으로 이윤을 올리려면 어떻게 해야 하며, 어디에 초점을 두어야 하는가?

당신은 매출을 올리기 위해 숫자를 꼼꼼하게 따지고 종사원을 닥달하는가, 아니면 제대로 된 서비스를 받았다고 느끼는 고객이 다음에 꼭 다시 와야겠다는 기분을 가지고 레스토랑 문을 나설 수 있는 환경을 조성하는가? 당신의 종사원은 활기찬 직원회의를 여는가, 아니면 구태의연한 형식적인 직원회의를 갖는가? 경영, 주방 그리고 종사원이 서로 무관하게 작업하고 있는가, 아니면 공동의 목표를 향하여 혼연일체가 되어 나아가는가?

이 매뉴얼은 대내·외적 마케팅의 변화를 당신 사업에 어떻게 그리고 어디에 반영할 수 있는가 하는 문제에 대해 훌륭한 통찰력을 제공한다. 또한 거의 비용을 들이지 않고 매출을 15~50% 증가시킬 수 있는 방안을 제시하고 있다.

마케팅과 광고는 사업의 전 영역에 관련되어 있다. 메뉴, 직원 훈련, 음식 프리젠테이션, 고객에 대한 지식, 광고, 판촉, 고객 서비스, 공급, 조사, 가격 책정, 판매, 기업홍보(PR), 상품개발, 포장을 포함하는 모든 요소들은 지속적인 사이클 속에서 서로 밀접하게 연관되어 있다. 어느 것이라도 다른 것보다 우선되지 않으며, 모든 요소가 다 필수적이다.

하루 몇 푼이면 할 수 있는 레스토랑 마케팅과 광고에 관한 365가지 비법은 상기한 각각의 범주들에 대한 여러 가지 흥미진진한 아이디어를 제공하며, 더불어 몇 가지 다른 전략들도 제시한다.

The Food Service Professional

레스토랑 마케팅 노하우

1 평생고객

■ 고객에게 신경을 써라. 그러면 매출은 자연히 오른다.

평생고객은 일단 당신의 레스토랑을 방문하면 다른 경쟁 레스토랑에서는 절대 만족하지 못하는 고객을 의미한다. 이것은 또한 실제로 매출을 올린다는 것이 광고 스케줄이나 마케팅 계획만으로 진행되는 것이 아니며, 이는 고객들과 함께 현장에서 이루어지는 것을 의미한다. 그렇다면 어떻게 해야 하는가? 다음의 요령들을 숙지하느냐의 여부가 성공과 실패의 갈림길이 된다.

• 레스토랑 매출의 열쇠란 기존 고객을 바탕으로 몸집을 불리는 것

명심할 것은 고객들이 그저 한 달에 한 번만 더 찾아와도 매상고에서 15~50%의 신장이 이루어진다는 점이다. 이들은 이미 당신의 레스토랑을 알고 있으며 언제라도 찾아올 수 있는 거리에 살고 있으므로, 이들을 만족시킨다면 당신의 레스토랑을 자신의 친구들에게 소개하고, 또 이들은 당신의 레스토랑을 친구들과 어울리는 곳으로 삼을 것이다. 정기적으로 방문하는 충성 고객의 기지를 구축하려면 이들에게 관심을 기울여야 한다.

• 계속 충성심을 키워라, 객단가에 연연하지 마라.

고객이 비싼 음식을 주문하면 매출이 오른다. 그러나 객단가를 올릴 목적으로 고안된 판매기술이 오히려 영업의 생존을 위협할 수 있다. 매출은 고객들에게 봉사함으로써 발생하는 것이지 음식에서 나오는 것이 아니다. 단지 가격 하한선에만 초점을 맞추면 고객은 우선순위에서 밀려나 기껏해야 차순위에 오게 된다. 레스토랑에서 음식을 먹었던 이들이 모두 흡족하여 기꺼이 친구들과 함께 다시 찾는다면 매출이 어떻게 되겠는가? 레스토랑에서 식사하는 것이 고객들의 가슴을 설레게 하지 않았거나, 그들이 비싼 것을 시켜야 한다는 부담을 느꼈다면, 그 후 고객은 당신의 레스토랑을 다시 찾지 않게 될 터인데, 고객이 단지 매출을 크게 한 번 올린다는 것은 무의미하다.

- **그렇다고 판매를 제안하는 것이 소용이 없다는 말이 아니다.**

  판매 제안 또한 매우 효과적이다. 이것을 위한 매뉴얼이 있다. 판매 제안이 효과적으로 이루어지지 않으면 고객은 자신의 지갑을 강제로 열어야 하는 것처럼 여기게 된다. 매출을 올리는 가장 안전한 방법은 고객 스스로 레스토랑을 자주 재방문하도록 만드는 것이다. 이것에 초점을 두는 것이 윈-윈 전략이다. 목표는 고객을 즐겁게 해주고 고객의 신뢰를 얻으며 고객을 최우선시하는 것이다. 만일, 당신이 어떤 레스토랑의 단골고객이라면 음식을 먹기 위해 왜 그곳을 다시 찾겠는가? 오로지 당신으로 하여금 돈을 더 쓰게 하려고 혈안이 되어 있는 종사원 때문일까? 아니면 당신을 왕처럼 대우하는 종사원 때문일까?

▣ 고객 기대 사항 - 구체적 사항

고객이 레스토랑에 들어설 때 어떤 기대를 하는지 알고 있어야 한다. 고객이 기대한 것 이상으로 고객 개개인에게 기억되는 맛있는 식사를 대접하기 위해 심혈을 기울여야 한다. 고객이 무엇을 원하는지 알 수 있는 방법을 소개한다.

• SWOT를 분석한다.

SWOT는 강점(Strengths), 약점(Weaknesses), 기회(Opportunities), 위협(Threats)을 뜻하는 머리글자의 조합이다. 이것은 마케팅전략 개발을 시작하기 전에 해야 하는 중요한 과제이다. 당신 레스토랑과 관련하여 이 4가지 항목들의 윤곽을 간단히 정리해본다. 당신 레스토랑의 장점은 무엇인가? 당신이 직면하게 될 경쟁은 얼마나 강하며 그 경쟁은 어디로부터 오는가? 스스로도 질문해 본다. 그리고 접근 방식을 기획할 때 이러한 환경요인들을 고려한다.

• 마케팅을 필요할 때까지 기다리지 마라.

마케팅은 사업이 부진할 때 하는 것이 아니다. 그때까지 기다린다면 너무 늦을 수 있다. 연구결과에 따르면 마케팅의 효과는 적어도 3개월에서 6개월 후에 나타난다고 한다. 계속 이윤을 높게 유지하고 고객층이 두터워지도록 하려면, 마케팅은 사업의 일상적인 업무가 되어야 한다.

• 한 가지 방법에만 의존하지 마라.

열중해서 레스토랑 광고를 개발하기로 결정했다고 하자. 그렇게 하려면 예산을 다 쏟아부어야 한다. 가까스로 자금을 마련하여 텔레비전에 방영되지만 성공하지 못한다면 어떻게 할 것인가? 일단 고객을 끌어들이긴 했지만, 영업 현장에 고객을 지속적으로 끌어들일 만한 것이 없어 고객이 다시 찾아오지 않는다면 어떻게 할 것인가? 하나의 매체나 한 가지 유형의 마케팅에 온 정력을 쏟아서는 안 된다. 과정의 모든 요소가 똑같이 중요하다는 것을 기억해야 한다.

• 효과적인 것은 바꾸지 마라.

이미 월간 판촉계획을 가동시켜 점심 매출을 배가시켰을지 모른다. 그런데 이 매뉴얼에서 다른 효과적인 아이디어를 발견했다고 해서 기존의 것을 포기해서는 안 된다. 그동안 효과적인 판촉전략이 있었다면 계속해서 추진하라! 혹시 그것을 약간 조정하거나 일부 새 아이디어를 현재의 판촉전략에 도입하려 한다고 해도 이미 효과를 본 마케팅수단을 절대로 버려서는 안 된다. 그것은 레스토랑 메뉴의 최고 인기 아이템을 없애는 것과 같다.

- **목표고객을 확인하라.**

효과적인 마케팅 전략을 개발하기 위해서는 어떤 고객을 레스토랑으로 오게 하고 싶은지 파악한다. 돈이 많은 회사 중역들을 모시고 싶은가? 아니면 가족들이 레스토랑에 자주 방문해 주기를 원하는가?

- **사업목표를 확인하라.**

마케팅 방법에 관해 결정하기 전에 목표를 정해야 한다. 주당 2백만 원의 매출을 더 올리고 싶은가? 해피아워에 오는 고객들의 수를 세 배로 늘리기를 원하는가? 일단 원하는 목표를 정하면 그곳에 도달하는 방법을 정하는 것은 훨씬 용이하다.

- **마케팅에 관한 기록을 비치하라.**

마케팅 활동은 반드시 문서로 작성해야 한다. 현재 실행하고 있는 판촉계획을 기록하고 목표달성 정도를 지속적으로 확인하며, 다른 레스토랑 방문시에 그 레스토랑에 관한 메모를 남긴다.

▣ 고객을 만족시켜라.

고객의 만족만 가지고는 부족하다. 물론 불만보다는 낫지만 지금처럼 힘겨운 시장에서 그것만으로 고객을 지속적으로 불러들이지 못한다. 사방을 둘러봐도 너무나 많은 경쟁업소들이 존재한다. 따라서 매번 고객의 기대를 초과 달성해야 한다. 외식업은 개인적인 관계를 기반으로 성장한다. 한 번에 한 사람을 서비스하라. 상호관계가 보다 친밀할수록, 당신은 고객의 기대를 더욱 뛰어넘을 것이다. 그리고 고객은 더 행복해질 것이다. 기본적인 고객의 기대를 충족시키는 몇 가지 지침과 힌트를 제시하면 다음과 같다.

- **고객은 레스토랑 종사원이 자신에게 관심을 보여주기를 기대**

- **종사원의 직무 지식**

  고객은 종사원이 모든 메뉴와 조리법을 잘 알고 있으며 와인리스트에 관한 질문에 적절히 대답할 수 있기를 기대한다.

- **고객은 뜨거운 음식은 뜨겁고 차가운 음식은 차갑기를 기대한다.**

  차가운 음식은 차갑게 식힌(그렇다고 해서 얼린 것은 아닌) 접시에 담아 내놓는다. 되도록 적외선 램프(Heat Lamp)는 완전히 치우도록 한다. 적외선 램프(Heat Lamp)는 음식을 뜨겁게 유지해 주지 못하며 오히려 종사원의 서비스가 느려질 수 있기 때문이다.

- **타이밍**

  주문을 하고 나서 음식이 나올 때까지 손님들은 음료는 2분 안에, 애피타이저는 5~10분에, 주요리는 15~25분에, 후식은 3~5분에 나오기를 기대한다. 식사를 시작하기 전과 끝낼 무렵에 고객은 서비스가 지체되는 것을 참지 못한다. 고객이 착석하고 난 후, 혹은 나설 차비를 할 때 고객을 기다리게 하지 않도록 종사원에게 반드시 주지시킨다.

▣ 고객에게 당신이 신경쓰고 있다는 것을 보여 주어라.

당신이 고객을 극진히 모시고 있다는 것을 나타내는 방법은 세심하게 신경을 써주는 것이다. 그것은 어쩌다 들르는 고객을 정기적인 고객으로 바꿔주는 가장 확실한 방법이다. 아래의 몇 가지 요령을 시도해 본다.

- **독특하게 테이블을 세팅**

고객은 보통의 상차림을 기대한다. 그러나 단순히 기대만을 충족시켜서는 절대로 차별화된 인상을 주지 못한다. 당신은 고객의 기대 이상이 되고 싶을 것이다. 특이한 그릇, 신비한 은제의 잔이나 유리잔 등을 사용해 보거나 또는 독특한 테이블 장식을 시도한다. 어떤 레스토랑에서는 단골고객이 자신의 마티니 잔에 그림을 직접 그리도록 한다. 뉴욕의 어느 레스토랑은 탁자 위에 엠파이어스테이트 빌딩의 복제품을 놔둔다. 그릇은 유리, 나무판자, 바위, 심지어는 바나나잎이어도 좋다. 음식이 독특하다면 그릇 역시 독특해야 한다. 고객들이 몇 개 가져갈 수 있지만, 그들은 친구들에게 가져간 물건을 보여주며 당신 레스토랑 얘기를 꺼낼 것이다. 또한 조그만 부티크 숍과 레스토랑 웹사이트를 이용해서 그것들을 판매할 수 있다.

- **기다리는 고객에게 페이저[1]를 제공**

바쁜 금요일이나 토요일 밤에 입장을 기다리는 고객을 위하여 충분한 좌석을 갖춘 레스토랑은 거의 없다. 페이저를 사용하면 손님들이 들리지도 않는 각자의 이름에 귀를 기울일 필요 없이 건물에서 조금 더 멀리 나갈 수 있다. 페이저(온갖 다양한 페이저들이 있다)는 자리가 비면 자동으로 울린다. 뿐만 아니라, 페이저는 기다리지 못하고 돌아가는 고객수를 줄여준다.

---

1) FM전파에 사용되는 일부 주파수를 이용하여 제공하는 호출기 서비스

• 현금 자동지급기를 설치

당신과 고객 사이에 가로놓인 장애물을 가능한 최소화시킨다. 고객의 편의를 도모하기 위하여 로비에 현금 자동지급기를 설치하는 것을 고려한다.

• 화장실을 청결하게 유지

레스토랑이 고객을 위해 최선을 다한다는 첫 번째 표시 중의 하나는 레스토랑 시설의 청결이다. 고객은 자신의 방문경험을 통하여 레스토랑에 대한 인상을 갖게 된다. 비누, 종이 타월, 화장지를 항상 비치하여 고객이 당황하거나 비위생적인 문제에 봉착하지 않도록 한다. 여성을 위한 화장실의 수는 보통 남자 화장실보다 두 배 많게 만든다. 남자 화장실과 여자 화장실에 기저귀를 갈 수 있는 용품을 비치해 둔다.

• 적절한 배경음악을 선택

고객을 짜증나게 하는 것들 중의 하나가 너무 크거나 적절치 못한 배경음악이다. 레스토랑 분위기에 맞는 적절한 배경음악을 선택한다.

• 장애인 고객을 적절하게 배려

법적으로 레스토랑에 장애인 고객이 들어오는 것을 막을 수 없으며 그들을 환영해야 한다는 강제 법률 또한 없다. 당신 자신의 신념에 따르도록 한다.

• 브라유[2)] 점자로 된 차림표를 준비

브라유 점자와 그림으로만 된 차림표를 사용할 수 있다. 휠체어를 탄 고객들이 레스토랑에서 편안하게 식사를 할 수 있도록 배려한다. 또한 이들의 특별한 요구를 배려하도록 종사원들에게 몇 가지 훈련을 하는 것이 좋다.

---

2) 루이 브라유(Louis Braille, 1809~1852)는 점자를 창안한 사람. 위로 돋아 있는 1개에서 6개의 점을 손가락을 이용하여 읽고 쓸 수 있는 문자체제인 점자를 고안함

- **혼자 온 고객들에게 읽을거리를 제공**

고객이 혼자 식사를 하러 들어오면 신문, 책, 잡지 등 읽을거리를 제공하여 레스토랑 체험을 좀더 쾌적하게 만들 수 있다. 각기 혼자 온 두 사람이 대화를 하도록 주선하는 것도 멋진 방법이다. 이렇게 해서 커플이 되는 경우, 그들은 몇 번이고 다시 방문해서 자신들의 순간을 재현할 것이다.

- **계산서와 함께 계산기를 제공**

고객들이 식사비를 각자 내거나 팁을 주려고 할 때, 암산을 하거나 주머니를 뒤져 계산기를 찾는 것이 귀찮을 수 있다. 계산서와 계산기를 같이 주면 문제는 쉽게 해결될 수 있다. 고객은 계산기를 사용하고, 서버는 돈과 함께 계산기를 회수하면 된다. 혹은 레스토랑의 이름과 팁 계산표가 적힌 계산기를 무료로 제공한다.

- **지정 운전기사 프로그램을 유도**

음주 운전은 커다란 문제이다. 고객을 보호하고 사고를 예방할 수 있도록 함께 온 일행을 위해 지정 운전기사 프로그램을 시행한다. 일행 중 누군가 알코올 음료를 한 잔 시키면, 종사원은 고객들에게 그 프로그램을 알려주고 동참을 유도하는 교육을 시킨다. 테이블 위에 놓인 테이블텐트에 구체적인 사항을 소개한다. 일행 중 운전기사로 지정된 사람에게 알코올이 들어가지 않은 음료를 무료로 제공하거나 커피, 차, 콜라로 제한한다. 프로그램에 무료 택시 서비스도 포함한다.

- **노인 고객에게 배달 서비스를 제공**

노인 고객들은 마음과는 달리 레스토랑에서 외식을 하고 싶어도 집을 나서지 못할 수도 있다. 그들에게 배달 서비스를 제공해 줌으로써 그들의 문제를 해결해 줄 수 있다. 적정 가격대의 배달 서비스용 특별 메뉴를 마련하기를 원한다면 레스토랑에 오는 노인 고객들에게 메뉴 사본을 증정한다. 메뉴를 노인 클럽과 교회에 배포하는 것도 고려한다. 한 걸음 더 나아가 식탁 위에 놓을 장미 한 송이도 함께 배달한다.

- **되돌려 보내는 고객에게 할인권을 제공**

레스토랑에 고객들이 넘치는데 아직 들어오고 싶어하는 고객이 있다면 일부 고객을 돌려보내야 한다. 그러나 돌려보낼 때에는 반드시 다음에 다시 와야 할 이유를 제공한다. 그들이 당신 레스토랑을 방문해주는 것이 당신에게 매우 중요하다는 것을 보여주어라. 다음 방문시 무료 디저트나 할인을 받을 수 있는 할인권을 제공하는 것도 좋은 방법이 될 것이다.

- **애완동물을 배려**

레스토랑에 옥외 좌석이 있다면 애완동물에게 서비스를 제공할 수도 있다. 애완동물 주인은 이들과 깊은 정을 나누고 있어 이들을 한 가족으로 생각한다. 소풍 때 애완동물을 밖으로 데리고 나갈 기회가 있다면 고객들은 대단히 좋아할 것이다. 애완동물에게 물과 음식을 제공하고 고객이 자신의 개를 다른 고객에게 방해가 되지 않도록 조치한다.

- **무엇이든 보장**

이상하게 들릴지도 모르겠으나, 고객은 그들이 잃을 것이 없을 때 기꺼이 모험을 하고자 한다. 보장이란 모든 것을 환불해주겠다는 단순한 약속이 아니라, 당신이 언제라도 고품질의 음식과 서비스를 제공하겠다고 하는 약속 이상을 의미한다.

▣ 추가 서비스를 제공

특별 행사가 있을 때, 대회나 판촉행사로 인해 고객의 숫자가 늘어나면 이익을 내는 데 상당한 도움이 된다. 그렇지만 생존의 핵심은 재방문 고객에 바탕을 두고 있다. 어떻게 한 번 들른 고객을 정기적인 단골로 만들 것인가? 기억에 남는 체험을 제공해 고객들에게 다시 찾아올 수 있는 이유를 만들어준다. 위의 두 가지를 다 제공한다면, 저녁식사 생각을 할 때 당신 레스토랑을 가장 먼저 떠올리는 사람들의 숫자가 늘어날 것이다. 다음에서 목표를 달성할 수 있는 몇 가지 방법을 소개한다.

- **고객이 기다리는 동안 무료 음료나 스낵을 제공**

  사람들은 대부분 기다리는 것을 싫어한다. 그러므로 10분이 넘게 기다릴 정도로 충직한 고객이라면, 추가 서비스를 받을 자격이 있다. 그들에게 무료 스낵이나 음료(콜라, 물 등)를 제공한다. 칵테일 서비스를 제공할 수 있는 옥외 테라스 등의 대기 공간을 만드는 것을 고려한다. 여름에는 선풍기, 겨울에는 히터를 제공한다.

- **무료 엽서를 제공**

  관광객이 많은 지역이라면 손님들에게 무료 엽서를 제공한다. 도시의 명소, 혹은 당신의 레스토랑을 소개하는 우편엽서를 만들 수 있다. 무료로 엽서를 부쳐주겠다는 제안도 할 수 있다.

- **무료 주차 서비스를 제공**

  주차문제는 늘 골칫거리다. 고급 레스토랑이 아니라면, 주차 대행 서비스에 대해 기꺼이 추가 요금을 내려는 고객은 거의 없다. 대기하고 있다가 무료 서비스를 제공하며, 특히 금요일과 토요일 밤에 무료 주차 서비스를 제공한다. 고객들은 이런 추가 서비스를 감사하게 여길 것이다.

• 날씨가 궂을 때 무료 우산을 제공

때로 소나기와 눈보라가 느닷없이 닥치기도 하고 단골들이 폭풍우에 미처 대비하지 못할 수도 있다. 고객에게 무료 우산(레스토랑의 로고가 부착되거나 혹은 아닌)을 제공하는 서비스를 할 수 있다. 고객은 다음 방문 시에 우산을 되돌려 줄 수 있다(일부는 실제로 그렇게 한다). 우산은 비가 올 때마다 레스토랑을 크게 선전해주는 구실을 한다.

• 무료 지역통화 서비스를 제공

당신의 업장전화를 불통시키지 않기 위하여 휴대전화를 사용할 수 있다. 고객을 위하여 지역 내 무료통화서비스를 제공한다.

• 무료 이벤트 케이크를 제공

고객들이 생일, 기념일, 또는 다른 특별 행사를 기념하기 위해 레스토랑을 찾는다면 이는 당신의 레스토랑이 그들에게 특별하다는 의미이다. 무료 케이크를 제공해서 그들의 방문이 당신에게 얼마나 중요한지를 보여준다. 케이크가 대형일 필요는 없으며, 여섯 사람이 먹을 정도면 족하다. 축하나 기념을 하러 온 고객들은 대형 파티를 열어 많은 돈을 지출한다. 좋은 인상을 주도록 특별 이벤트 방문에 소액을 투자한다. 한 걸음 더 나아가 고객의 이름을 케이크에 써넣어라. 남은 케이크를 집에 가져갈 수 있는 케이크 상자를 마련한다.

• 테이크아웃 주문과 남는 음식을 싸갈 때 간단한 놀랄 거리를 곁들임

누군가 집에 가서 식사할 것을 주문하거나 남은 음식을 싸가겠다고 요구할 때, 추가 서비스를 곁들이면 멋진 인상을 줄 수 있다. 약간의 추가 소스, 곁들이는 음식, 박하 제품, 디저트나 애피타이저 등을 곁들일 수 있다. 선택할 아이템은 무궁무진하다.

- **무료 시식거리를 제공**

고객이 좌석이나 음식이 제공되기를 기다리는 동안에 주요리, 사이드 메뉴, 또는 애피타이저 등 무료 시식거리를 제공하면 고객에게 그 인상이 오래도록 남아 매출이 상승한다. 그러나 시식용 음식은 앞으로 제공될 음식의 맛을 선보이는 선에서 그쳐야 한다.

- **식탁에 코트나 가방걸이를 마련**

저녁 식탁을 방해하지 않기 위해 코트와 가방을 어디에 두어야 하는가는 언제나 문제가 되어 왔다. 제한된 좌석에서 코트에 주름이 잡힌다거나 의자 뒤에서 다른 고객이 코트를 밟고 있는 것을 목격할 수 있다. 고객은 자신의 가방이나 코트가 식탁 바깥의 옷걸이에 걸리는 것을 원치 않는다. 식탁에 가방 걸이나 옷걸이를 비치한다. 가까이 위치하면서도 자리를 차지하지 않도록 가방걸이를 식탁 밑에 설치한다. 옷걸이는 좌석 바깥에 배치하거나 고객이 볼 수 있는 거리에 있는 옷걸이를 이용하도록 한다. 이러한 작은 배려를 통해 고객은 다른 레스토랑과의 커다란 차이를 경험한다.

- **멋진 식사 후 서비스를 제공**

저녁식사를 하러 나가 계산서와 함께 박하사탕을 받아본 적이 있는가? 박하사탕을 주는 것은 좋은 아이디어지만 평범하다. 고객을 깜짝 놀라게 하려면 보다 앞서가야 한다. 미니 초콜릿, 특이한 박하사탕, 작은 장미나 우아한 모양의 캔디를 제공한다. 여러 가지 특이한 것들을 제공하면서 늘 다양한 종류의 물건을 제공하려고 노력한다. 아이들에게 막대사탕 같은 식후 특별 서비스를 제공한다. 여기에 레스토랑 이름을 인쇄하거나 이름이 들어간 조그만 스티커를 부착한다.

- **상품권과 추가 선물을 제공**

휴가 시즌에 즈음해서는 상품권이 인기품목이다. 상품권 구입자에게 추가 선물을 주어 상품권의 효용과 인기를 높일 수 있다. 쿠폰, 할인권, 경품은 구입자에게는 작지만 더할 나위 없는 보너스이다. 5만 원 상품권을 구입할 때마다 10만 원 상당의 추가 상품권을 제공한다.

- **전용 회의실을 제공**

회사 중역을 대상으로 마케팅하고자 한다면 일부 레스토랑 공간에 전용 회의실을 만들 수도 있다. 그러나 점심이나 저녁 식사를 하는 혼잡한 분위기에서 중요한 회합을 연다는 것은 쉽지 않다. 회의실이란 낭만적인 분위기와는 무관한 비공개적인 영역이다. 이런 고객들에게 방을 이용할 수 있게 한다.

▣ 충성고객 프로그램(LPP)을 창안

고객을 계속 끌어들이는 가장 쉬운 방법들 중의 하나는 충성고객 프로그램(LPP)을 개발하는 것이다. 우선 이 프로그램은 고객의 지속적인 방문에 대한 보답으로서 무료식사를 제공한다. 실행하기 쉽고 레스토랑의 격조와 어울리는 프로그램을 선택한다. 다음 선택사항들을 고려해 본다.

- **펀치 카드 프로그램을 실시**

충성고객 점심 프로그램을 시작한다. 점심 때마다(일정 가격이 넘는 또는 선택 메뉴에서 고른) 고객은 카드에 한 개의 펀치를 제공받는다. 카드를 채운(보통 10~12 펀치) 고객에게 무료 점심을 제공한다. 어떤 날은 두 개의 펀치를 받는 날로 지정할 수 있다.

- **포인트 적립 프로그램을 실시**

이런 종류의 프로그램으로 고객은 자신이 지불한 액수에 따라 포인트를 받는다. 천 원당 1포인트를 줄 수도 있고, 5천 원당 10포인트를 줄 수도 있다. 포인트에 맞는 적정 수준의 보상을 한다. 예를 들면, 20포인트 정도면 무료 디저트를 제공하고, 50포인트 정도면 무료식사를 제공한다. 구체적인 사항은 가격과 프로그램 시행방법에 따라 다르다. 컴퓨터 데이터베이스 프로그램으로 생일, 기념일 등과 같은 날짜뿐만 아니라 이와 같은 정보를 추적할 수 있다.

- **저녁식사 카드를 판매**

저녁식사 카드는 점심 고객들에게 특히 인기가 있다. 평균 점심 가격이 음료 한 잔을 포함해서 8천 원이라고 한다면 5만 원짜리 점심 카드를 판매할 수 있다. 카드 구입자가 직원에게 카드를 제시하면 점심값을 카드에서 공제한다. 카드로 일곱 번의 점심을 제공받을 수 있다. 이로써 고객은 한 번의 점심식사를 무료로 제공받게 된다. 식사가 무료일 때 팁을 주기가 꺼려지므로 카드에 15%의 팁을 가산한다.

- **열성 팬클럽을 조직**

레스토랑에 자주 방문하는 고객들은 맛있는 음식이 어떻게 만들어지는지 관심을 갖게 된다. 당신 레스토랑이 한 가지 메뉴(보기 : 스테이크, 어류 등)가 전문이라면, 고객은 어떻게 그 음식이 만들어지는지에 관해 궁금해 할 수 있다. 이 호기심 많은 고객들을 위해 열성 팬클럽을 조직하고, 조리시의 요령과 레스토랑 뉴스가 실린 소식지를 발행한다. 고객은 새로운 요리에 대한 시식회나 주방 견학과 같은 특별 행사에 참여할 수 있다. 회원 가입은 무료로 하거나 아니면 약간의 회비를 받아도 좋다. 그럼에도 불구하고 이들 고객들은 지속적으로 방문할 것이다. 저렴하게 소식지를 제작하기 위해 마이크로 소프트 퍼블리셔(Microsoft Publisher)와 같은 컴퓨터 프로그램을 이용할 수 있다. 이메일 주소를 지닌 메일 목록을 작성하면 전 과정의 비용이 들지 않는다.

▣ 비정기 고객을 정기 고객으로 바꾸는 추가 요령

자주 찾아오는 고객이 있다면 그들에게 직접 손으로 쓴 감사 쪽지를 전달해 당신이 그들에게 관심을 갖고 있고 감사하게 생각하고 있다는 것을 알린다. 쪽지 마지막에 "다음에 다시 방문해 주시기를 기대합니다"라는 문구를 첨가하면, 일주일 안에 그 고객이 레스토랑에 다시 들어서는 모습을 보게 될 것이다. 충성 고객을 개발하는 몇 가지 추가 요령을 소개한다.

- **정기 고객들에게 와인 한 병을 제공하라.**

  동일한 인물이 매주, 혹은 격주로 찾아온다면, 이들은 충성 고객이라고 할 수 있다. 그들에게 와인 한 병을 제공해서 지속적인 방문에 대한 감사를 표시한다. 와인 외에 그들이 자주 찾아준 것에 대해 개인적으로 감사를 표시하고 멋진 저녁이 되기를 기원한다. 효과는 지불한 비용 이상일 것이다.

- **정기 고객들에게 '유명인사의 벽'을 만들어 주라.**

  정기 고객들은 자신들이 어느 정도 특별하다고 느끼고 싶어한다. 레스토랑 벽을 그들을 위한 유명인사의 벽으로 만든다. 고객들의 사진을 촬영하고 이름, 좋아하는 음식 등을 포함한 짧은 이력도 첨가한다. 이들 고객은 다시 방문할 뿐만 아니라, 자신들의 '유명인사' 지위를 과시하기 위해 친구들을 대동할 것이다. 이런 '벽' 사진을 웹사이트에 게재한다.

- **식사 카드를 유도**

  식사 카드는 3만 원 정도의 고정 가격으로 판매하는 카드이다. 카드 소지자는 15번 정도 방문하여 한 끼의 무료식사를 제공받는다. 카드값을 미리 지불했으므로 그들은 다시 방문할 것이다. 카드 소지자들에게 특별 행사나 할인을 베풀어 그들로 하여금 카드를 재구입하고 다시 방문할 수 있도록 유도한다.

- **할인 쿠폰을 이용**

할인 쿠폰은 다음 번 방문시 사용하는 용도로 고객에게 제공한다. 할인 쿠폰은 할인이나 무료 음료, 디저트, 애피타이저용일 수 있다. 고객이 할인 쿠폰을 교환 사용하게 되면 판촉활동에 성공적이다. 고객이 자신의 이름과 주소를 할인 쿠폰에 기재하겠다고 요청하면 그것으로 고객 데이터베이스를 작성할 수 있다.

- **고객 추천 우편엽서를 이용**

종사원들에게 고객 추천 엽서를 계산서마다 포함시키도록 한다. 우편엽서에는 현재 방문 고객의 이름과 기타 정보를 기재할 수 있는 공간을 마련해둔다. 추천되어진 고객에게 또한 할인이나 판촉을 제공한다. 손님들이 추천하는 고객 개개인에게 우편으로 감사 선물이 제공될 것이라고 설명한다.

- **추천 고객을 보상**

상환되는 고객 추천 우편엽서 한 장 한 장에 대하여 신규고객들을 추천한 기존 고객에게 무료 디저트, 무료 음료, 할인 등의 쿠폰을 보낸다. 쿠폰을 사용하기 위해 다시 방문하는 기존고객에게 또 하나의 추천 우편엽서와 할인기회를 제공한다.

- **머그 클럽을 시작**

이 아이디어는 머그잔에 국한되지는 않으며, 다양하게 응용될 수 있다. 이것은 무한한 가능성으로 응용될 수 있다. 단골고객은 요금을 지불하고 바에 보관되는 개인 머그잔을 제공받는다. 고객이 방문할 때마다 자신의 특별 머그잔으로 음료를 마시고 음료가격을 할인받는다. 회원제는 고객을 지속적으로 오게 하는 좋은 방법이다.

- **배럴[3] 개념을 적용한다.**

미국의 크래커 배럴 레스토랑에서는 여행자들에게 오디오 북을 대여한다. 고객은 요금을 지불하고 테이프를 가져갔다가 다른 곳의 크래커 배럴 지역 영업점이라도 반환할 수 있다. 이 서비스는 여행자들이 일단 그곳에 들리도록 유도할 뿐만 아니라 다시 찾아올 구실을 제공한다. 전국적으로 인정받는 체인이 아니더라도 유사한 프로그램을 이용할 방법을 찾을 수 있다. 요리책을 대여한다거나 날씨가 궂을 때 우산을 제공하는 것도 한 방법이다.

- **고객을 교육**

한 끼 이상의 시식 체험 기회를 제공하면, 고객은 당신의 레스토랑에 관심을 갖게 된다. 고객에게 요리법을 가르치는 기회를 제공하라. 주방이나 주방도구 등을 전시하고 레스토랑의 별미 요리나 요리재료가 유명한 지역여행을 계획한다. 새로운 고객들에게 주방을 공개하라. 음식관련 정보, 요리법, 완벽한 재료를 고르는 요령이 실린 소식지를 제공한다. 온갖 기회를 이용해서 고객을 접대하고 교육한다.

---

[3] www.crackerbarrel.com 참조

The Food Service Professional

레스토랑 마케팅 노하우

2 메뉴 마케팅

■ 음식/메뉴 마케팅

메뉴는 최고의 마케팅 수단이다. 메뉴 디자인과 프리젠테이션은 음식 주제, 분위기, 고객에 관한 메시지를 전달한다. 음식 종류와 아이템 교체 빈도는 고객으로 하여금 재방문하게 만들거나, 아니면 영원한 결별을 하게 할 수 있다. 어린이, 채식주의자, 건강에 관심이 많은 사람들에게 적합한 메뉴들은 모든 고객들로부터 사랑받을 수도 있다. 이러한 강력한 힘을 발휘하는 메뉴 마케팅은 레스토랑 성공에 중대한 요소이다. 메뉴가 효과적인 마케팅 수단이 될 수 있도록 하는 몇 가지 제안을 살펴본다.

• 레스토랑 고유의 애피타이저를 개발

성공하기 위해서는 독특해야 한다. 전통적인 치즈 스틱, 닭 날개, 양파꽃(onion blossoms)들 중에서 두드러지는 한두 개의 애피타이저를 만든다. 애피타이저를 레스토랑 음식 스타일이나 주제에 맞추고 여기에 단골들이 기억할 만한 독창적인 이름을 부여한다.

• 레스토랑 고유의 디저트를 개발

창의적인 디저트 목록을 만든다. 레스토랑이 디저트로 유명해지기 위해서는 추가 재료나 특별 프로그램만으로도 가능하다. 예를 들어, 커피 맛이 나는 크림과 크럼블 쿠키 또는 망고(mango)를 얹은 전통 치즈 케이크를 제공한다. 기존의 치즈 케이크이지만 약간 특별한 것이 가미된 것이다.

• 디저트 샘플러를 제공

디저트 카트를 보면서 모두 조금씩 다 맛보고 싶다는 생각을 한 적이 있는가? 대부분의 고객들이 그렇게 생각한다. 레스토랑 고유의 모든 디저트들을 조금씩 시식할 수 있도록 한다. 일반 디저트보다 조금 더 높은 가격을 책정하고 스푼을 여러 개 준비한다. 많은 고객들이 이 맛있는 음식을 함께 나누고 싶어할 것이다.

• 애피타이저 샘플러를 제공

고객들마다 좋아하는 음식이 모두 다르다. 그러나 대부분의 레스토랑은 아직도 고객들이 억지로 하나의 애피타이저를 선택하도록 함으로써 일행의 만족도를 떨어뜨린다. 애피타이저 샘플러 메뉴를 만들어 보자. 특별하게 구성된 애피타이저 샘플러를 제공하거나 고객들이 좋아하는 것들을 직접 골라 구성하도록 한다.

• 다양한 사이드 메뉴를 제공

많은 레스토랑들은 전통 스테이크에 구운 감자와 샐러드 같은 특정 재료들이 곁들여지는 주요리를 제공하고 있다. 그러나 고객이 구운 감자를 원하지 않는다면 어떻게 할 것인가? 양상추를 싫어한다면? 당신의 목표는 고객을 만족시키는 것이지, 고객으로 하여금 억지로 음식을 먹도록 강요하는 것이 아니다. 몇 가지 선택이 가능한 창의적인 사이드 메뉴리스트를 작성한다. 사이드 메뉴당 추가 요금과 함께 혹은 다른 것으로 바꿔서 선택할 수 있다는 안내도 함께 게재한다.

• 상상력이 풍부한 사이드 메뉴를 개발

대부분의 레스토랑들은 뛰어난 주요리를 개발하는 데 전력을 기울인다. 그러나 보다 솔직해질 필요가 있다. 최고급 갈비나 바비큐 갈비로 과연 새로운 메뉴를 얼마나 많이 개발할 수 있는가? 그러나 사이드 요리를 활용하면 다양한 변화를 줄 수 있다. 예컨대 마늘향을 첨가시킨 으깬 감자 요리(Smashed Garlic Potatoes)를 사이드 요리로 내놓는다. 즙이 많은 스테이크의 자연 향을 높일 수 없을지 모르지만, 특이하고 맛있는 사이드 요리로 그것을 강조할 수 있다.

• 채식주의자용 메뉴를 제공할 것

과거에는 일시적 유행이라고 여겼으나 요즘에는 더 많은 '정기' 고객들이 점차 건강상의 이유로 혹은 동물보호로 육류요리를 완전히 포기하고 있다. 일부 사람들은 단지 약간 색다른 것, 약간 고기가 적은 것을 좋아한다. 야채 버거를 추가한 것이 시작이지만, 그것이 채식주의자로 개종한 사람의 마음을 사로잡지는 못할 것이다. 화지타나 파스타 같은 인기있는 주요리의 채식 형태의 메뉴를 만든다. 가금류나 어류 대신 후추, 시금치 또는 호박을 주된 재료로 해서 레스토랑 고유의 채식 메뉴를 개발해야 한다. 채식주의자용 메뉴들을 애피타이저 메뉴에 첨가한다.

• 지역 선호음식을 포함

지역에 전통 기호식으로 두드러진 특정 음식이 있는가? 적어도 하나는 있을 것이다. 그것을 그대로 재현하거나, 아니면 그것에 맛을 약간 가미할 수 있다. 이를 통해서 당신 레스토랑은 지역의 음식 맛을 대표하는 곳으로 자리매김할 것이다.

• **무료 리필을 제공할 것**

이 아이디어는 단연코 레스토랑을 차별화할 수 있지만 모든 레스토랑에 적용되는 것은 아니다. 대부분의 단골들은 더 달라고 요구하지 않으나 추가 제공을 해주는 레스토랑을 고맙게 생각한다.

• **사이드 메뉴를 선택할 수 있게 할 것**

일부 사람들에게 맛있는 사이드 메뉴라도 어떤 이들에게는 오히려 입맛을 떨어지게 할 수 있다. 고객이 추가 요금을 지불하지 않고 원하는 대로 다른 사이드 메뉴를 선택할 수 있도록 한다.

• **레스토랑 고유의 따뜻하고 신선한 빵을 제공할 것**

대부분의 레스토랑은 전통적인 빵이나 비스킷으로 식탁을 화려하게 치장하려 한다. 호밀빵(pumpernickel) 덩어리나 호밀 흑빵(rye)을 구워서 제공하거나 머핀(muffin), 꿀맛이 나는 빵 등을 내놓아 당신 레스토랑의 빵을 고유의 것으로 여기게 한다.

• **독특한 버터를 사용**

개성있는 빵에 무엇을 발라먹게 할 것인가? 이왕 시간을 투자해 멋진 빵을 만들었다면, 몇 분 더 투자해서 맛있는 버터도 고려한다. 꿀, 스파이스, 허브를 기존 버터에 가미하여 환상적인 맛을 낼 수 있다. 나름대로 독특한 배합을 시도하자. 맛있으면 많은 고객들의 입에 오르내릴 것이다.

• **때로는 조리장이 직접 음식을 서비스할 것**

조리장이 손수 음식을 들고 나오면 고객이 감동하게 된다. 고객은 뿌듯함을 느끼게 되며, 조리장도 자신이 정성들여 만든 음식을 고객에게 직접 대접하는 기쁨을 느낀다.

▣ 음료와 메뉴 마케팅

음료 마케팅의 몇 가지 요령을 소개한다.

- **레스토랑 고유의 음료를 개발**

당신 레스토랑은 독특하기 때문에 고객들이 이것에 대해 얘기를 계속해야 한다. 레스토랑을 대표하는 몇 가지 고유 음료를 개발해야 한다. 가능하면 창의적이어야 한다. 음료의 맛과 레스토랑 분위기를 맞추도록 노력한다. 또한 눈에 잘띄고 창의적인 장식으로 재미있게 만든다.

- **와인과 알코올 목록을 메뉴에 포함시킬 것**

당신이 권하는 와인을 메뉴에 자세하게 설명한다. 많은 단골들은 흔쾌히 이 권고를 받아들이게 될 것이다.

- **비알코올성 대체음료를 제공**

혼합음료는 대략 5천 원 정도이다. 반면에 콜라나 차는 이보다 저렴하다. 어느 음료를 팔겠는가? 모든 고객이 술을 마실 수는 없다. 일부 고객은 일행을 위해 운전을 해야 할지도 모른다. 일부는 회복단계의 알코올 중독 환자이다. 또 일부는 미성년자이므로 아직 술을 멀리한다. 비알코올 음료를 더 많이 제공하고 광고하여 이들이 콜라만 선택하지 않게 한다. 가장 쉬운 방법은 레스토랑 고유의 비알코올 음료를 제공한다. 또한 아주 새로운 음료를 개발한다.

- **청량음료는 무료 리필을 제공**

대부분의 레스토랑은 커피와 아이스 티의 무료 리필을 제공한다. 단골 고객들은 청량음료를 무료로 제공받기를 원한다. 무료 리필을 실시하면 종사원들이 식탁 하나하나를 보다 세심하게 눈여겨 보면서, 고객의 빈 잔을 계속 채워주어야 한다.

- **양질의 브랜드만 바에 비축**

단골들이 당신의 레스토랑을 고급 음식점으로 여기게 하고 싶다면, 값싼 술을 내놓아서 인상을 구기지 말아야 한다. 바의 선반에 반드시 앱설루트(Absolut), 잭 다니엘스(Jack Daniel's), 하이네켄(Heineken) 등과 같은 톱 브랜드만을 준비한다. 고객은 자신이 인정하고 존중하는 브랜드를 선반에서 봄으로써 당신 레스토랑을 긍정적으로 평가한다.

▣ 메뉴 프리젠테이션

메뉴는 매력적이면서 고객이 원하는 것을 정확하게 제공해야 한다. 적절한 몇 가지 제안을 한다.

- **디저트, 애피타이저, 와인, 비알코올 음료 등에 대하여 별개의 메뉴를 사용**

마실 것으로부터 디저트에 이르기까지 한꺼번에 식사 전체를 주문하는 사람은 거의 없다. 그러나 대부분의 레스토랑은 이 아이템 모두에 대한 메뉴들을 묶어 하나로 만들고, 단골들이 주요리를 주문하면 그것만을 제공한다. 달콤한 디저트와 감미로운 혼합음료를 상세하게 설명하지 않으면 고객은 그런 아이템을 간과하게 된다. 다양한 음식들에 대해 상세하게 묘사하고 생동감 있는 사진을 포함한 조그만 메뉴를 준비한다. 그것들을 테이블에 놓아 고객들이 기다릴 때 훑어볼 수 있도록 한다. 매출은 극적으로 상승할 것이다.

- **이야기가 있는 메뉴를 개발**

사람들은 허구라 할지라도 다소 역사적인 장소를 선호한다. 레스토랑에 관한 이야기(또는 미화한 이야기)를 메뉴의 일부에 기재한다. 이는 고객들이 종사원이나 음식을 기다리는 동안 읽거나 대화를 나눌 소재가 된다. 또한 이 이야기를 이용해서 요리책과 티셔츠 같은 다른 아이템들을 마케팅할 수 있다.

- **레스토랑의 고유 아이템에 대하여 특별 아이콘을 사용**

레스토랑 고유의 주요리, 디저트, 음료 또는 애피타이저를 계획한다면, 단골들에게 적극적으로 알린다. 특별 아이콘을—즉 별, 로고 또는 레스토랑의 상징물—만들어 레스토랑 고유 아이템 옆에 부착한다. 충성 고객들이 새로 개발된 메뉴를 찾을 때 이 아이콘으로 쉽게 찾을 수 있다.

- **건강메뉴는 별도로 소개**

일부 건강식 옵션을 추가하는 것은 좋지만, 아이콘으로 표시를 하는 것은 피한다. 연구결과에 따르면 아이콘은 실제로 건강메뉴 아이템의 판매를 저하시킨다고 한다. 저지방 주요리에 대한 메뉴 설명이 붉은 빛깔의 고지방 쇠고기에 대하여 맛있게 설명한 메뉴 위에 위치하는 경우 맛있게 보이는 경우는 드물다. 건강선택식에 대한 별도 섹션을 만들라. 이렇게 하면, 건강에 도움이 안되는 유혹적인 음식과의 경쟁을 최소화할 수 있다.

- **브랜드 이름을 메뉴명 또는 메뉴 설명에 활용할 것**

T.G.I 프라이데이즈(T.G.I. Friday's)에 가본 적이 있는가? 잭 다니엘에 관련된 주요리를 많이 보았을 것이다. 대부분의 주요리, 애피타이저, 그리고 심지어 많은 디저트들은 유명 브랜드 식재료를 쓴다. 그 브랜드들을 메뉴명이나 메뉴 설명에 삽입해서 고객에게 알린다. 상품의 명성이 아이템 매출을 올리는 데 도움이 될 것이다.

- **그림 하나는 천 마디의 말보다 낫다.**

사람들은 식사할 때 모든 감각을 동원하는데, 특히 시각으로 음식을 먹는다. 메뉴가 얼마나 맛있는가를 그림으로 보여주면 그것은 잘 팔릴 것이다. 사진을 찍어 메뉴의 모습을 정확하게 제시한다. 그러나 제시된 사진과 다른 음식을 제공한다면 고객은 실망할 것이다.

- **메뉴에 부정적 표현을 삼갈 것**

메뉴에 "수표는 안 됩니다."라거나 "특정한 사람들에게는 서비스를 거부할 권리가 있습니다."라고 적혀 있는 레스토랑에 가본 적이 있는가? 부정적인 문장이나 규칙은 부정적인 인상을 준다. 그 대신 수용할 수 있는 사항을 싣는다. 현금, 모든 신용카드 등이라고 적어 부정적인 인상 대신 핵심을 전달한다.

- **음식에 독특한 이름을 부여할 것**

햄버거는 단순히 햄버거일 뿐인가? 매출에 신경을 쓰지 않을 때는 그렇다. 사람들은 스파게티, 미트로우프, 샐러드와 같이 손쉽게 집에서도 만들 수 있는 것을 먹기 위해 식당에 가지는 않는다. 전국의 체인점들 모두 이것을 잘 알고 있으므로, 그들이 제공하는 음식은 특이한 이름을 갖고 있다. 독특한 이름을 부여해서 평범한 음식도 개성있게 보이게 한다.

- **메뉴 아이템에 고객 이름을 붙일 것**

아이템에 재미있는 이름을 부여하고 싶은가? 혹은 충성 고객의 방문에 보답할 방도를 찾고 있는가? 고객의 이름을 인용해서 메뉴에 이름에 붙여본다. 그 메뉴는 단골의 이름을 붙인 것이라고 메뉴에 설명한다. 친구, 동료, 친척을 대동하고 자신의 이름이 붙은 음식을 권할 고객을 확보하게 된다. 자신의 이름이 들어간 메뉴를 먹고 싶어하는 충성 고객이 늘어날 것이다.

▣ 다양한 메뉴 개발

메뉴는 영원불변한 것이 아니다. 메뉴를 정기적으로 점검하고 융통성 있게 조정하는 것이 중요하다. 아래에 몇 가지 제안을 한다.

- **정기적으로 업데이트 할 것**

  충성스런 단골일지라도 새로운 것을 먹어보고 싶어 한다. 계속 선두를 달리려면 메뉴를 정기적으로 업데이트해야 한다.

- **메뉴들의 인기를 추적**

  메뉴를 효과적으로 업데이트 하려면 메뉴들의 인기도를 점검한다. 주문을 받기 위해 컴퓨터나 포스 시스템을 사용한다면 쉽게 분석할 수 있다. 그렇지 않은 경우라면 수동 시스템을 이용한다.

- **가치**

  메뉴를 만들 때 단골고객의 최대 관심사는 가격이 아니라 고객 자신이 인정하는 가치라는 것을 명심해야 한다. 고객의 인정을 얻게 되면 그들은 기꺼이 지불한다. 반드시 음식의 가치가 메뉴의 설명과 사진에 명백히 드러나 그것의 가치가 가격과 조화를 이루도록 한다.

- **영양정보를 제공**

  사람들은 건강을 의식하고 있기 때문에, 자신들이 먹는 음식에 관해 알고 싶어한다. 메뉴에 초콜릿 케이크에 관한 영양 정보를 열거할 수는 없지만, 고객이 그 정보를 어떻게 얻을 수 있는지를 알려줄 수 있다. 소책자를 만들거나 웹사이트에 지방의 함량, 칼로리 등을 상세하게 설명하는 페이지를 첨가한다. 당신 지역에 위치한 비만관리센터에서 이러한 정보를 이용할 수 있도록 만든다.

• 문화적 동향을 고려

성공적 레스토랑 운영이나 사업은 문화적 추세를 바탕으로 한다. 예컨대, 부모들과 외식하는 어린이들이 늘어난 것은 채식주의자가 증가한 것과 마찬가지로 영업에 영향을 주는 문화적 추세이다. 이러한 경향을 파악하면 레스토랑이 그것을 수용할 수 있도록 변화할 수 있게 된다. 레스토랑 경향에 관한 유용한 자료를 제시한다.

• 민족 고유 음식을 제공

인구집단이 날로 다양해짐에 따라, 사람들은 그들이 문화적으로 익숙하지 않았던 음식에 대해 이전보다 기꺼이 시도해보려고 한다. 전통음식을 이용해서 다양한 메뉴를 만들 수 있다. 인도, 일본, 멕시코, 이태리 음식 등을 포함해도 좋다. 재료 소개와 음식사진을 첨부한 상세한 설명을 제공한다. 시각적인 것은 보다 효과적이다. 민족 고유음식을 소개할 수 있는 좋은 출발점은 애피타이저 메뉴이다.

• 휴일 메뉴를 만들 것

사람들은 성탄절, 추수감사절, 부활절, 공휴일 등의 휴일에 특별한 종류의 음식을 요구한다. 특별 휴일 메뉴를 개발해서 레스토랑에 축제 분위기를 조성하고 사람들의 요구에 부응한다.

• 인기가 적은 메뉴 아이템을 보완

메뉴 중에 인기가 없는 한 두개의 품목이 있을 수 있다. 이런 경우 그것들을 완전히 삭제하지 말고 수정·보완한다. 새로운 식재료를 첨가하거나 프리젠테이션 방법을 바꾸거나 또는 그것의 특징을 살리는 방법을 적용해 본다. 이 때 사진이나 음식에 관한 설명이 정확해야 한다. 사이드 메뉴를 바꾸어도 좋다.

• **기획성 메뉴를 개발**

특별식이나 계절요리를 제공할 경우, 임시 기획 메뉴를 활용한다. 이것은 기존 메뉴 외에 제공되는 한 장의 종이 메뉴로, 상시 제공하는 음식이 아닌 것을 홍보할 때 이상적이다. 이 방법은 또한 메뉴를 모두 바꾸기 전에 시험적으로 새로운 요리를 광고할 때에도 바람직하다.

• **야식을 개발**

늦은 저녁시간에 영화나 연극, 무도회가 끝난 후에는 음식을 선택할 수 있는 레스토랑은 제한되어 있다. 야식메뉴를 개발함으로써 이런 시장을 확보할 수 있다. 주요리를 제공하는 대신 애피타이저, 디저트, 샌드위치를 개발한다. 특별한 커피, 차, 디저트, 커피 음료를 제공한다. 금요일이나 토요일 파티 후에 사람들이 다시 모이게 할 장소로 만든다.

• **특선 메뉴를 활용**

어떤 음식의 매출을 올리는 방법 중 하나는 그것을 특선 메뉴로 만드는 것이다. 몇 년 동안 메뉴에 올라있어도, 많은 고객들은 잘 모를 수 있다(특히 특정 메뉴를 선호하는 고객의 경우 더욱 그러하다). 무엇을 골라야 할지 확신을 못하는 신규 고객들은 당신의 의견에 따르게 된다. 특별히 홍보하는 메뉴들은 반드시 음식의 질, 맛, 프로그램이 최고 수준이어야 한다.

• **세트 메뉴를 만들 것**

애피타이저, 주요리, 디저트를 하나의 가격으로 세트 메뉴로 판매한다. 2인용 세트 메뉴를 만드는 것을 고려할 수 있으며, 이는 발렌타인데이나 기념일 등에 적합하다. 세트에 샴페인이나 와인을 곁들여서 특별하게 만든다.

• **단일 가격제를 개발**

가족단위의 사람들과 노인들은 식사를 위해 지불하는 액수를 알고 싶어 한다. 두 집단 모두 얼마든지 먹을 수 있는 뷔페와 패스트푸드의 세트 메뉴를 좋아한다. 동일한 아이디어를 레스토랑에서 응용할 수 있다. 샌드위치, 사이드 메뉴, 음료를 포함한 몇 가지 점심 특선을 하나의 가격으로 제공한다. 저녁식사에도 마찬가지로 적용할 수 있다.

▣ 메뉴 서비스 선택

서비스의 선택 폭을 늘릴 수 있는 혁신적인 방안을 모색한다. 고객의 기호는 끊임없이 변화하고 그들의 요구를 확인하는 것은 당신의 몫이다. 아래의 항목을 업장에서 시험해 보라.

• **저렴한 얼리버드(early bird) 메뉴를 추가**

은퇴자나 주머니 사정이 넉넉하지 못한 이들을 위해 제한 시간 동안 '얼리버드' 메뉴를 제공한다. '얼리버드 메뉴' 시간은 대개 4시부터 5시 반까지이다. 플로리다와 애리조나 같은 은퇴자 주거지역에는 이 시간대에 주요 영업을 하는 상점들이 많다.

• **테이크아웃 메뉴를 제공**

고객들은 주문 전화를 해서 번거롭게 기다리지 않고 음식을 가져가기를 원한다. 모든 메뉴를 포장판매 하는 것이 쉽지 않으므로 이 목적에 맞는 소형메뉴를 만들 수 있다. 포장메뉴만을 적은 메뉴에 가격, 전화번호, 팩스번호를 기입한다. 포장해 가는 고객을 위한 특별 주차공간을 마련한다. 차에서 내리지 않고 음식을 찾아갈 수 있는 서비스도 고려해본다. 날로 확장하는 이 테이크아웃 시장을 주시하고 적극적으로 마케팅한다.

- **간이 판매대를 사용**

새로운 고객을 끌고 싶은가? 간이 판매대를 이용한다. 대형 쇼핑몰, 쇼핑센터, 혹은 상가지역에 간이 판매대를 설치하고 지나가는 이들에게 제한된 메뉴를 제공한다. 간이 판매대를 이용해서 메뉴정보를 배포하며 레스토랑을 광고하도록 한다.

- **24시간 서비스를 제공**

야간 근로자, 여행자, 대학생을 포함해서 많은 이들은 간단한 식사와 한 잔의 커피를 마실 수 있는 레스토랑을 즐겨 찾을 것이다. 다른 레스토랑에서는 제한된 야간 메뉴만을 취급하는 반면, 대부분의 24시간 영업 레스토랑들은 아침, 점심 옵션 두 가지를 야간 단골들에게 제공한다. 음식과 서비스는 오후 2시와 마찬가지로 오전 2시에도 훌륭하게 제공한다.

- **일요일 브런치를 제공**

많은 가정은 일요일에는 멋진 식사를 하려고 한다. 그러나 멋진 식사를 만들 시간이 없거나 여력이 없다. 커플들 역시 낭만적인 일요일 브런치를 즐기고 싶어한다. 대부분 브런치는 뷔페식으로 제공되므로 종사원이나 인건비로 인한 스트레스를 최소화시킬 수 있다.

- **샐러드 바를 제공**

샐러드 바는 거의 모든 종류의 레스토랑에 적용할 수 있다. 채식주의자나 건강을 생각하는 단골들 모두 좋아할 것이다. 이것은 인기 있는 점심 옵션이 되고 어떤 주요리에도 어울린다. 포장판매의 경우 대부분 중량으로 가격을 정한다. 고객이 이용할 수 있는 선택의 폭이 넓을수록 좋다.

- **음식 패키지 버전을 만들 것**

저녁식사 공간을 늘리지 않고 매출을 올리려면 주요리, 애피타이저, 디저트를 포장해서 판매한다. 웹사이트를 이용하거나, 레스토랑에서 직접 판매하거나, 지역 슈퍼마켓에서 판매할 수 있다. 그렇게 하면 전체 매출이 상승하고 레스토랑을 한 번도 방문한 경험이 없는 새로운 고객들에게도 판매할 수 있다.

- **뷔페를 제공**

뷔페 전문식당이 아닐지라도 월요일이나 화요일 저녁, 혹은 주 중 점심시간에 뷔페를 제공하는 것을 고려해 볼 수 있다. 디저트는 대부분 포함되지 않고 음료는 별도로 구매하도록 한다.

The Food Service Professional

레스토랑 마케팅 노하우

3 종사원은 최고의 재산

채 용

사람을 좋아하는 종사원을 고용한다. 열정이 있고 활기가 넘치고 재치 있는 이들을 고용하라. 사람을 사랑하고 사교성이 있는 이들을 채용한다. 이들은 당신에게 성공을 안겨줄 자질이 있는 이들이다. 종사원을 고용할 때 고려해야 할 중요한 점들을 몇 가지 구체적으로 기술한다.

- **가르칠 수 없는 것이 있다.**

  주문하는 법, 흘리지 않고 물을 따르는 법, 그리고 특별 메뉴를 매일같이 반복 준비하는 법은 가르칠 수 있다. 그러나 미소짓는 법, 성실하고 진실한 성품, 고객을 편안하게 해주는 방법은 가르칠 수 없다. 이것은 타고난 기술이다. 지원자의 성품에서 우러나오는 것이므로 훈련으로 되는 것이 아니다. 지원자의 경험 유무에 지나친 비중을 두지 말고 본질적인 사교술을 간과하지 않도록 주의한다.

- **멋진 바텐더를 고용할 것**

  바에 들어갔을 때 충성 고객이 미소를 짓거나 웃으며 즐겁게 시간을 보내고 있는 모습이 보인다면 다음의 두 가지 때문이다. 그것은 바텐더가 멋진 역할을 했기 때문이고, 이 바텐더는 당신에게 돈을 많이 벌어 주고 있다는 것이다. 멋진 바텐더는 대화술이 뛰어나고 사람을 좋아한다. 이런 바텐더들은 술자리를 환상적으로 만드는 방법을 알고 있으며, 단골들이 무얼 좋아하는지 잘 알고 있다. 고객이 당신 레스토랑을 택하는 것은 이러한 유능한 바텐더 때문일 수 있다.

- **유능한 호스트나 호스테스를 채용**

호스트나 호스테스는 단순히 고객을 맞아들이고 자리를 정해주는 역할 이상을 수행한다. 그들은 손님들을 맞이해 메뉴를 보여주고, 자리를 안내하고, 저녁식사 전체의 분위기를 조성한다. 훌륭한 호스트와 호스테스는 주체적으로 고객의 욕구를 예상하여 어린이를 위한 의자를 준비하거나 냅킨을 추가로 제공해 주면서 그 자리를 든든하게 뒷받침하는 소중한 존재이다. 그들은 진정으로 고객 한 사람 한 사람을 서비스하는 것에 기쁨을 느낀다. 그들은 서버들이 적합한 테이블에 배치되도록 한다.

- **대학생들을 효과적으로 활용**

많은 레스토랑의 서버 중에는 대학생들의 비중이 높다. 그러나 많은 경우 학생들의 능력을 낭비하고 있는 것이다. 대학생들 중 많은 이들은 당신에게 도움이 되는 분야를 전공하고 있다. 마케팅, 판매, 홍보, 컴퓨터 등이다. 그들로 하여금 다른 분야에서 레스토랑에 기여하도록 하라. 이러한 경험은 그들에게 커다란 학습체험이 될 것이다. 당신 역시 그들의 능력 발휘를 통해 더 많은 이익을 얻을 수 있다. 또한 그들에게 지불하는 경비는 노련한 프로에게 지불하는 것보다 적다. 자격이 있는 학생을 찾으려면 종사원에게 문의하거나 지역 대학의 취업 정보실에 문의한다.

▣ 종사원이 레스토랑의 성패를 좌우한다.

종사원은 고객을 즐겁게 해줄 수 있다. 그들은 손님에게 이야깃거리를 제공하고 그들과 중요한 친분 관계를 맺는다. 종사원들은 판촉활동과 프로그램의 대부분을 수행하고 당신 레스토랑이 다른 레스토랑보다 나은 점에 관해 고객을 교육하며 그들에게 정보를 주어 그들이 자신의 친구들에게 그것을 전하도록 한다. 종사원들을 다음과 같이 활용한다.

- **고객과 친분을 쌓는 것은 종사원이 만드는 최고의 이익**

  종사원이 팁 수입을 올리는 것은 고객과의 친분을 통해서이다. 종사원들은 당신이 고객을 대하는 것처럼 고객을 접대할 것이다. 종사원이 정중하게 고객들의 말을 경청하고 고객의 분위기를 맞춰주기를 원한다면 주인인 당신이 솔선수범해야 한다.

- **종사원을 격려할 것**

  매출을 올리도록 종사원을 재촉하는 대신 고객 접대를 잘하도록 격려해서, 고객이 한 달에 한 번 더 찾아온다면 그 종사원은 팁 수입을 50%나 더 올리게 된다. 이는 단골고객의 요구를 친절하고 헌신적으로 맞춰줄 때 가능하다. 종사원을 잘 아는 고객은 더 많은 팁을 지불한다. 종사원이 고객과 친해지면 그들은 일을 통해 더 많은 수입을 올리게 되며, 고객과의 개인적 친분을 쌓았기 때문에 보다 많은 팁을 받게 된다.

- **종사원은 중요한 판매**

  종사원은 어떤 고객이 애피타이저를 주문할지, 디저트를 나눌지, 아니면 그냥 계산서를 청구할지 잘 안다. 고객 서비스는 서버의 관심사일 뿐만 아니라 호스트나 호스테스, 조리장, 경영진, 바텐더 그리고 바로 주인인 당신에게도 중요하다.

▣ 종사원 훈련

레스토랑의 성공, 즉 효율성뿐만 아니라 종사원의 충성심과 헌신을 얻어내기 위해 훈련의 중요성을 과소평가해서는 안 된다. 몇 가지 훈련요령을 소개한다.

- **서버들이 틀에 박힌 대본을 이용하도록 강요하지 않을 것**

  "저는 ○○○라고 합니다. 오늘밤 제가 모시겠습니다. 음료는 무엇으로 하시겠습니까?" 이 말을 얼마나 많이 들어보았는가? 대신 이렇게 말하는 것은 어떨까? "안녕하세요? ○○○입니다. 처음 오셨나요? 환상적인 딸기 케이크를 추천하겠습니다." 이들의 차이를 확인할 수 있다. 각본은 훈련을 할 때에 도움이 된다. 종사원은 자신이 무엇을 전달해야 할지 알 수 있기 때문이다. 그러나 실전에서 성공하려면, 그들은 굉장한 기억력을 가진 로봇이 아니라 독립적인 존재가 되어야 한다. 종사원 훈련에 관한 정보를 얻으려면 http://www.foodbank.co.kr을 참조한다.

- **시식 모임을 열어라.**

  적어도 한 번, 가능하면 그 이상의 시식회를 훈련프로그램에 포함한다. 서버들은 자신들이 무엇을 판매하는지 알고 있어야 한다. 이렇게 하면 종사원도 메뉴에 그들 자신이 좋아하는 음식을 개발해 넣을 수 있다. 누군가 추천 음식을 물을 때, 종사원의 추천은 설득력이 있을 것이다.

- **종사원에게 와인을 서비스하는 훈련을 시킬 것**

  레스토랑에서 와인을 판매한다면 와인 판매는 종사원 훈련의 핵심이 되어야 한다. 메뉴를 시식하면서 와인 시음회를 열 수 있다.

- **종사원에게 애피타이저 판매 훈련을 시킬 것**

  다음 표현 중 어느 것이 더 효과적일까? "오늘 저녁 애피타이저를 들어

보시겠습니까?" 혹은 "맛있고 신선한 새우 칵테일이나 저희 레스토랑에서 만든 조개수프를 들어 보시겠어요? 정말 맛있답니다! 매일같이 저희 조리장님이 이 지역의 작은 조개로 신선하게 조리합니다." 고객이 잠시 머뭇거린다면 무료 시식거리를 제공하겠다고 제안한다. 과연 애피타이저가 맛있다면 고객의 마음을 사로잡을 것이다. 판매술이란 고객이 'No'라고 말할 기회를 주지 않는 것이다. 반드시 종사원이 이 기술을 숙달하도록 한다.

- **훈련과정을 기록으로 남길 것**

종사원 훈련과정을 비디오 테이프에 기록하라. 종사원과 함께 다시 보면서 개선할 수 있는 부분을 지적한다. 자신의 잘못을 스스로 보고 고치는 방법을 배움으로써 보다 잘 학습할 수 있다. 종사원이 일을 잘하게 되면 더욱 자신감을 가지게 되므로 업무에도 반영될 것이다.

- **종사원 스스로 자신을 평가하도록 할 것**

훈련 비디오 테이프는 종사원이 스스로를 평가하는 데 사용될 수 있다. 서버들은 실수를 하면서도 정작 자신들은 모를 수 있다. 비디오 테이프를 보면서 자신의 업무수행을 평가하며 개선하게 된다.

- **종사원들이 서로를 평가하도록 할 것**

학생들이 동료 학생들에게 많은 것을 배울 수 있듯이, 훈련을 받는 종사원들은 동료 종사원에게 많은 것을 배울 수 있다. 어려운 상황에 대처하거나 보다 효과적으로 주문을 받는 요령들을 제안한다. 테이프를 함께 검토하면 서로 귀중한 피드백을 제공할 수 있고, 신참 종사원 또한 배우고 개선하는 데 도움이 된다.

• **고객을 훈련과정에 초대**

훈련 중인 종사원에게 실제 현장감을 주기 위해 고객을 훈련과정에 초대해도 좋다.

▣ 종사원에게 정보 제공

매일 5~10분의 교대근무 사전 회의를 열어라. 교대근무가 시작되기 전에 종사원들을 불러모아 특별 메뉴, 광고, 오늘의 특선메뉴, 음료 판매와 관련해 그들의 지식을 업데이트 시킨다. 격려의 말과 개선할 수 있는 몇 가지 요령을 포함한다. 종사원들의 질문을 유도한다. 다만, 회의는 간단해야 한다. 효과적인 종사원 회의란 정보를 제공하는 한 사람과의 모임이 아니라, 집단구성원 전체에게 긍정적인 감정을 불러일으켜야 한다. 서버들은 오늘의 특선메뉴들을 시식해보고 조리사들은 고객 서비스종사원들에게 특선메뉴에 관해 설명할 수 있다.

고객 서비스종사원들은 이 시간 동안 급료를 받고 있으며 팁을 받는 것이 아니므로, 종사원 개인의 시간으로 이용하면 안 된다. 효과적인 종사원 회의에는 다음의 세 가지 주요 목표가 있다.

• **긍정적인 집단 감정을 조성할 것**

종사원들이 자신들이 가진 공통분모를 발견하고 개인적으로 일하는 것이 아니라 함께 일한다는 관점에서 생각하는 것을 도와 준다. 좋은 감정을 키울 수 있도록 좋은 소식을 나눈다. 종사원 회의에서 개인적이거나 집단적인 결점을 이야기하는 것은 적절하지 않다. 긍정적인 것들을 찾아내어 이야기한다. 서로 사기를 북돋우며 대화하게 한다.

• **대화 시작**

바람직한 대화는 편안하게 생각을 주고받으며 서로 친분을 쌓고 종사원들이 레스토랑의 일부라는 느낌을 갖도록 해주는 것이다. 당신은 종사원으로부터 배우고 종사원은 당신에게 배운다. 이렇게 서로의 생각이 교류하게 되면 종사원들은 이질감이 완화되거나 사라지고 누구나 동일한 일원으로 느끼게 된다. 이렇게 되면 서비스가 개선되고 생산성과 이익이 상승한다.

- **훈련**

훈련은 종사원에게 요령을 전할 뿐 아니라 서로에게서 배울 수 있는 기회이다. 종사원들은 현명하기 때문에 무엇이 효과가 있는지 본능적으로 안다. 그들이 업무에 대해 생각을 나누도록 격려하면 종사원 회의가 서로의 생각을 의논하는 장소가 될 것이다. 이러한 분위기는 그들의 학습능률을 극적으로 올려줄 것이다.

▣ 종사원의 능력을 극대화시키는 추가요령

종사원들은 동기부여를 받아 업무를 잘 파악하고 있고 고객을 즐겁게 해줄 열의에 차 있다 할지라도 언제나 개선의 여지는 있다. 기회가 주어지면 언제나 직원들을 칭찬한다. 누구나 다 종사원이 일을 잘한다는 사실을 알면 좋아한다. 고객에게 칭찬을 받거나, 일을 멋지게 하는 종사원이 있는 경우 반드시 종사원들에게 그것을 알린다. 이를 통해 종사원의 사기가 오르고 당신이 그들의 일거수일투족에 관심을 기울이고 있다는 것을 알게 될 것이다. 종사원들이 레스토랑을 마케팅하고 광고하도록 격려할 수 있는 몇 가지 추가요령이다.

- **전 종사원들에게 명함을 줄 것**

명함은 종사원이 자신들을 판촉하는 수단일 뿐만 아니라, 레스토랑을 판촉하는 수단이다. 서버들은 명함을 사용해 고객이 다시 찾아줄 것을 요청한다. 조리장은 명함을 이용해 자신이 어디서 일하는지를 광고한다. 매니저들은 가능한 한 모든 기회에 명함을 쓸 것이다. 명함을 사용함으로써 레스토랑의 이름을 많은 이들에게 알릴 수 있으며, 또한 사람들은 그들의 기억을 오래 지속시켜줄 훨씬 더 유형적인 것을 제공받게 된다.

- **종사원들에게 특별 행사나 광고정보를 알릴 것**

정기회의를 가져 앞으로의 특별 메뉴와 광고를 발표한다. 그리고 그 사본을 종사원들이 볼 수 있는 곳에 게시한다.

- **종사원 버튼을 활용해 메뉴를 광고**

고객은 자신이 주문할 음식을 결정하려고 할 때 늘 단서를 찾는다. 버튼을 이용할 수 있다. 종사원이 달고 있는 유니폼의 버튼에 메뉴명을 새긴다. 반드시 그 음식은 고객의 관심을 끌 수 있는 이름이어야 한다. 고객이 메뉴를 훑어보거나 주문을 할 때 그들은 늘 흥밋거리를 염두에 둔다.

- **종사원 유니폼을 신중하게 선택**

유니폼은 중요하다. 유니폼은 고객들이 서버와 호스트(호스테스)를 구분하고 서버와 고객을 구별하도록 한다. 그리고 '당신 레스토랑만의 이미지'를 나타낸다.

- **판매하고 있는 주류에 대해 종사원들을 숙지시킬 것**

서버들은 바텐더에게 어떤 음료나 술을 마실 수 있는지 묻기 전에 어떤 종류의 포도주, 맥주, 칵테일을 내놓는지 알고 있어야 한다. 고객이 물어볼 때 서버들은 고객에게 즉시 답변을 해야 한다.

- **종사원 인센티브 프로그램을 시작할 것**

종사원은 고객과 마찬가지로 자신이 특별하며 인정받고 있다고 느끼길 원한다. 종사원 인센티브 프로그램을 시작한다. 종사원이 이룬 업적의 대가로 그들에게 보상을 해준다. 보상 아이디어로는 상품권, 유급 일일 휴가, 소액 현금 보너스, 우수 종사원 프로그램, 종사원 특별주차 공간 제공 등을 생각할 수 있다.

- **종사원이 솔선수범하도록 격려할 것**

대부분 매니저나 경영자들은 종사원이 고객에게 얼마나 최선의 서비스를 하는지 그들 스스로 평가하는 것을 꺼린다. 종사원으로 하여금 자발적으로 주도권을 가지고 문제를 해결하도록 격려한다.

- **종사원의 견해를 존중할 것**

종사원은 자신의 직업에 만족하고 있는가? 그들은 당신을 좋은 사장으로 생각하는가? 이 질문들은 중요하다. 종사원이 자신의 지위, 당신 그리고 레스토랑을 어떻게 생각하는가 하는 문제는 그들이 고객들을 대하는 태도를 결정한다. 행복하다고 느끼지 못하는 근로자는 뛰어난 서비스를 제공하지 못한다. 만족한 종사원들은 보다 나은 판매자, 보다 나은 서버, 보다 나은 주방장이 되며 함께 일하기가 쉽다. 설문조사나 포커스 그룹(상품에 대하여 토의하는 소비자 그룹)을 실시하고, 제안이나 개선사항을 묻고 시정한다. 당신이 종사원의 견해를 존중하는 것을 보여줌으로써 그들의 사기를 진작시킬 수 있다.

- **조리장이 모험을 하도록 허용**

조리장이 약간 특식에 대해 창의적인 자유를 누리게 한다. 새로운 것을 고안해 메뉴에 더하거나 다른 아이템을 개선할 수 있는 제안을 하도록 한다. 신규메뉴를 추가하거나 메뉴를 바꾸기 전에 시식회를 가진다. 단, 메뉴 가격은 당신이 결정해야 한다.

- **손님을 맞은 종사원이 첫 주문을 받도록 할 것**

레스토랑이 바쁠 때 서버들은 방금 착석한 고객에게 다가가 음료 주문을 받는 데 시간이 많이 소요될 수 있다. 고객은 안절부절 못하고 초조해진다. 고객에게 자리를 안내한 호스트나 호스테스가 음료, 물 그리고 애피타이저 주문을 받게 한다. 또한 고객에게 특별 메뉴를 설명하게 한다.

- **매니저에게 고객과 어울릴 시간을 줄 것**

매니저들은 수많은 책무와 씨름하느라고 사무실에서 많은 일을 한다. 하지만 매니저는 현장에서 종사원들이 어떻게 일을 하고 있는지 정확히 알아야 한다. 그렇게 할 때 불만과 문제를 보다 신속히 해결할 수 있다.

▣ 종사원이 고객의 욕구를 예상할 수 있도록 격려할 것

훌륭한 서버는 고객의 요구나 필요가 무엇인지 알아차리는 안목이 있다. 제대로 훈련받은 서버들은 언제 고객에게 음료를 더 채워주거나 빵을 더 가져다 줘야 하는지 본능적으로 알고 있다. 이는 모든 종사원들이 갖춰야 할 이상적인 자세이다. 뿐만 아니라, 고객보다 앞서 아이들이 있는 식탁에 추가냅킨을 가져다주거나 고객이 자리에 앉자마자 흡연구역의 식탁에 반드시 재떨이가 놓여 있도록 배려한다. 고객의 욕구를 미리 예상하는 서버들은 충성 고객의 수를 늘어나게 할 것이다. 몇 가지 검증이 된 요령을 소개한다.

- **고객과의 눈맞춤이 중요**

직접 고객을 마주보고 미소를 지으면 이는 고객을 환영한다는 표시이고 편한 느낌을 준다. 눈을 맞추지 않는 서버는 초조하거나 불안해하는 느낌을 준다. 이는 고객의 마음도 불안하게 만든다. 눈맞춤은 단지 몇 초 정도이며 너무 길어지면 오히려 상대를 불안하게 한다.

- **고객들에게 저녁 인사를 할 것**

홀륭한 서비스란 시종일관 한결같고 고객이 레스토랑을 떠날 때까지 멈추지 않는다. 어떤 서버들은 잔돈을 가지고 즉시 돌아서서 사라진다. 훌륭한 서버는 고객이 떠나기 전에 걸음을 멈추고 저녁 인사를 하며 잘 가라고 말한다. 처음에 편안하지 않았다고 해도 진실한 끝맺음으로 고객의 마음에 남아 있는 부정적인 마음을 불식시킬 수 있다.

- **음료에 서로 다른 빛깔의 머그잔이나 유리잔을 사용**

이로써 서버들은 고객의 욕구를 예상하는 데 보다 도움을 받을 수 있다.

- **뷔페와 샐러드 바의 고객동선이 자연스럽게 흐르도록 할 것**

뷔페나 샐러드 바에서 줄이 어느 쪽으로 움직이는지 모르면 짜증이 난다. 서버들은 고객에게 뷔페가 어디서 시작하는지 설명해 줄 수 있다. 화살 표시를 하거나 식기를 줄의 한 쪽 끝에만 배치하는 것도 도움이 된다.

- **흡연구역 탁자에 재떨이를 비치**

흡연구역에 앉겠다고 요청하는 고객은 서버가 재떨이를 가져다주는 것을 기다리지 않고 담배를 피울 수 있기를 기대한다. 기다리는 시간이 길어진다면 그들이 다시 찾아올 가능성은 더욱 줄어든다.

- **뷔페와 샐러드 바 음식은 풍성하고 신선하게 유지**

음식이 떨어져 다시 채워지는 동안 고객을 계속 기다리게 하면 고객 만족도는 매우 낮아지고 종사원들의 서비스 평가도 하락하게 될 것이다.

- **입구 가까이에 디저트 카트를 둘 것**

대부분의 고객들은 레스토랑에 들어설 때 디저트에 대하여 생각하지 않는다. 입구에 아주 맛있는 디저트들을 늘어놓아 고객에게 디저트를 인식시킨다. 그리고 고객의 식사가 끝나면 디저트 카트를 밀고 고객의 식탁을 돌며 그들의 기억을 새롭게 한다.

- **식탁에 있는 모든 이들에게 물을 제공**

전에는 손님들 누구에게나 물을 가져다주는 것이 일반적인 관행이었지만, 이제는 그렇게 하는 경우가 많지 않다. 그러나 누군가가 커피나 술을 마시고 있다면 반드시 물을 제공해야 한다.

- **개인 커피포트를 사용**

식사와 함께 커피를 마시는 사람들은 보통 한 잔에 그치지 않는다. 두 잔에서 세 잔까지의 양이 되는 커피가 담긴 개인 커피포트를 이용해서 서버의 수고를 덜어 준다.

- **"어떤 디저트를 원하세요?"라고 물어볼 것**

애피타이저와 마찬가지로 고객에게 "노"라고 말할 기회를 주지 말라. 많은 서버들은 "어떤 디저트를 드시겠습니까?"라고 물어야 할 경우에, "디저트를 드시겠습니까?"라고 묻는다.

The Food Service Professional

레스토랑 마케팅 노하우

4 경쟁 – 늘 한걸음 더 앞서 간다

■ 레스토랑의 영업을 평가

영업을 얼마나 잘하고 있는지 객관적으로 관찰한다. 영업실적을 평가할 수 있는 다음의 옵션을 고려한다.

- **암행(暗行)고객을 이용**

  고객에게 최고 수준의 서비스를 하고 싶다면 암행고객을 이용한다. 이들은 다른 고객과 같이 레스토랑을 방문해 자신이 경험한 것을 긍정적인 것이든 부정적인 것이든 시시콜콜 당신에게 모두 보고해야 한다. 이렇게 하면 신문에 광고를 실어 고객을 유인하는 비용을 줄일 수 있다. 암행고객을 찾는 방법은 지역의 경영대학에 가보는 것이다. 많은 경영대학들이 고객서비스에 관한 강좌를 열거나 이 주제를 다른 강좌에서 다루고 있다.

- **전화나 이메일 조사를 할 것**

  고객의 전화번호나 이메일 주소(제안 카드, 대회 응모자 또는 예약명단 등에서)를 가지고 있다면, 그 귀중한 정보를 이용해 그들이 받은 서비스를 평가할 수 있도록 전화를 걸거나 메시지를 보낸다. 정중하게 자신을 소개하고 그들의 방문에 관해 잠시 시간을 내어 몇 가지 질문에 답을 할 수 있는지 묻는다. 대부분은 피드백을 할 수 있다는 사실에 흐뭇해할 것이다. 주저하는 이들에게 무료 디저트 쿠폰과 함께 간단한 설문지를 보내도 좋은지 묻는다.

- **종사원들을 경쟁업소에 보낼 것**

경쟁업소를 연구하는 것은 레스토랑의 성공을 위해서 필수적인 일이다. 그러나 당신이 직접 간다면 실제 체험을 얻기가 어려울 수 있다. 종사원들을 경쟁업소에 보내 서비스, 음식, 판촉활동, 고객의 숫자 등에 관한 종합보고를 들을 수 있다.

- **제안함을 이용**

많은 사업장에서 제안함을 사용한다. 그러나 실상 제안된 것이 수용되는 경우는 드물다. 고객이 어떤 것을 제안하면, 그들에게 이름과 전화번호를 함께 적어달라고 부탁한다. 매주 건의함의 내용을 검토하면서 고객들에게 전화를 걸어 그들의 체험과 관련한 이야기를 나눈다. 고객은 보다 많은 의견을 가지고 있을 것이다. 영업을 더 잘할 수 있는 방법을 찾을 뿐만 아니라 고객에게 진정으로 그들의 피드백과 의견을 존중한다는 인상을 줄 수 있다.

▣ 기본적인 서비스에 그치지 않고 환대

경쟁에서 앞서는 좋은 방법은 단순히 서비스를 하는데 그치지 않고 환대를 베푸는 것이다. 이 차이가 무엇인가? 환대란 고객이 선호하는 것들을 기억하고, 그들을 개인적으로 인정하고, 고객의 요구를 예상하며 그들과 개인적 친분을 맺는 것이다. 서비스란 단순히 주문을 받고 그들에게 음식을 제공하고 돈을 받는 것이다. 그러나 환대는 고객으로 하여금 지속적으로 다시 찾아오게 한다. 기본적인 서비스만 한다면 고객은 계속 다른 곳을 찾아갈 것이다. 다음 요령으로 올바른 방향을 찾는다.

• 충성고객이 좋아하는 것들을 기억

정기적으로 방문하는 고객의 경우, 당신은 그들이 좋아하는 것을 파악해야 한다. 많은 이들은 방문할 때마다 같은 것을 주문한다. 예를 들어, 레스토랑 경영진이 특정 메뉴의 판매를 중지하려고 했을 때, 종사원이 나서서 단골들 몇몇이 정기적으로 그 메뉴를 주문한다는 것을 설명할 수 있어야 한다. 고객의 주문을 늘 중요하게 생각해야 한다.

• 고객과 지나친 수다를 삼갈 것

서버가 고객과 가벼운 대화를 나누는 것은 바람직하다. 그러나 서버는 담소와 수다를 구분해야 한다. 때때로 서버는 잘 아는 고객과 조금 더 많은 시간을 보내어도 좋다. 그러나 음식을 내놓기 전까지만 그렇게 해야 한다. 일단 고객이 음식을 제공받으면 서버는 고객이 추가로 요구하는 것을 체크하기 위해서만 나타나야 한다. 다시금 대화를 나누기 위해 나서지 않는다.

• 고객이 선호하는 것들을 기억할 것

고객을 감동시키는 것은 고객이 방문할 때마다 그가 좋아하는 것을 기억해주는 서버이다. 고객이 자리에 앉으면, 서버는 고객에게 무엇을 마시겠냐고 물을 필요도 없이 늘 즐겨 마시던 음료를 내놓는다. 고객은 감동할 것이다.

• 고객을 가족이나 가까운 친구로 생각할 것

가족이나 친구가 방문하면 그들이 무얼 좋아하고 싫어하는지를 파악해야 한다. 레스토랑 영업은 이와 같이 가려운 데를 긁어주는 접대가 바탕이 된다.

• 개인기록 카드 작성

단골이 좋아하는 것들을 기록한 조그만 카드를 만든다. 그 카드는 고객의 선호 유형과 요구에 관한 정보를 저장할 수 있다. 카드는 그들을 한

식구처럼 대우하는 데 필요한 모든 정보가 된다. 고객이 방문할 때마다 카드에 추가사항을 적는 것에 대해 서버들에게 보상을 할 수도 있다. 이러한 전 과정에 있어서 중요한 점은 결코 꼬치꼬치 캐어물어서는 안 된다는 것이다. 고객의 프라이버시를 존중한다. 고객이 사생활에 관한 정보를 나누는데 인색하다면, 현명한 서버는 '질문을 너무 많이 하지 말 것'이라고 고객 신상카드에 기록할 것이다. 이러한 경우, 고객을 내버려두는 것이 그에게 적합한 서비스를 제공하는 것이다.

▣ 경쟁보다는 불만을 더 잘 다루는 방법

직접 부딪쳐라. 레스토랑이 아무리 효율적으로 운영된다고 해도 때로는 불만을 처리해야 한다. 그러나 부정적인 상황을 긍정적으로 바꿀 기회가 되도록 상황에 잘 대처한다. 그러면 고객은 당신 레스토랑에 매료될 것이다. 아래에 그 방법을 소개한다.

- **고객이 요구하기 전에 환불(refund)해 줄 것**

  고객이 음식에 대한 불평을 하면 그들이 환불요구를 하기 전에 환불해 주거나 그 음식을 치우고 즉시 다른 음식으로 교체해 준다. 이런 태도는 고객의 만족을 가장 중요하게 생각하고 있다는 것을 증명하는 것이다. 고객은 그 얘기를 자신의 친구들에게 전하며 당신이 재빠르게 사태를 해결한 것을 칭찬할 것이다.

- **고객의 불만을 그들 입장에서 해결할 것**

  고객이 음식, 서비스 등에 대해 불평을 할 때, 보충해 주거나 교체해 주고, 고객에게 사과를 하여 문제를 고객의 입장에서 해결하려고 노력해야 한다. 고객은 자신들의 불만을 신속히 개선하는 레스토랑에 대해 좋은 기억을 간직한다.

▣ 할 인

소폭의 할인제도를 활용한다. 이 법칙은 매우 중요하다. 경쟁에 도전하면서 할인제도를 지나치게 이용하면 전반적인 가격책정 구조를 약화시킨다. 치킨 샌드위치를 쿠폰으로 3천 원에 팔다가 정상가격으로 6천 원에 판매하려 한다면, 고객은 지불을 망설이게 된다. 할인을 최소한으로 현명하게 활용하면 영업을 진작시키고 경쟁에서 한 발 앞서 나가도록 도와준다. 할인만을 유일한 마케팅 원천으로 의존한다면 영업수익은 전반적으로 감소할 수밖에 없다. 다음에서 검증된 할인 가능성을 검토해 볼 수 있다.

- **쿠폰을 만들 것**

  쿠폰은 주로 패스트푸드 레스토랑들이 고객을 모으는 마케팅 수단으로 활용했는데, 이제는 거의 모든 레스토랑 체인, 심지어는 티지아이 프라이데이즈(TGI. Friday's)와 같은 인기있는 레스토랑에서도 채택되고 있다. 쿠폰의 가능성은 광범위하다. 총액에서 일정금액을 감해주거나 추가구매시 할인가격으로 한 끼를 제공할 수 있다. 무료 애피타이저와 디저트용 쿠폰을 사용해도 좋다. 쿠폰의 목표는 신규 고객을 끌어들이는 것이다. 쿠폰 이용시 가장 맛있는 메인 메뉴의 매력적인 사진들을 싣는다.

- **특정 그룹에 할인혜택을 제공**

  상이한 그룹에 할인혜택을 제공하는 방법으로, 특정 고객을 유치해서 음식을 시식하게 하는 것이다. 학생, 노인 또는 다양한 집단의 사람들에게 할인혜택을 줄 수 있다.

- **특별 기간에 할인을 실시할 것**

  주중이나 점심시간에 판매를 촉진하려 한다면, 그 기간 중에는 특별 할인을 실시할 수 있다. 한 끼를 특별 메뉴로 한다거나 일정한 시간 동안 모든 티켓에 대하여 백분율 할인을 해주는 것은, 정해진 시간 외에는 외식을 고려하지 않는 사람들의 발걸음을 이끌 수 있다.

- **비밀 봉투할인을 배포**

수수께끼 봉투할인 접근법을 이용해 영업을 활성화하고 할인 전략에 몇 가지 유인책을 더할 수 있다. 계산서를 가져갈 때 봉인된 봉투도 동봉한다. 봉투 안에는 다음 방문시 유효한 쿠폰이나 할인권이 들어 있다. 백분율 할인, 복권 티켓, 무료 디저트 등을 포함할 수 있다. 봉투는 재방문시까지 오픈할 수 없다. 고객은 깜짝 세일을 즐기게 되고 할인혜택을 받기 위해 기쁜 마음으로 다시 찾아올 것이다.

- **쿠폰과 상품권을 추적**

쿠폰이나 상품권을 이용하기로 결정하면, 반드시 그것들을 추적한다. 그것들을 추적하면 고객들이 상품을 살 때 어느 것들을 이용하는지, 그것들을 이용하는 데 얼마나 시간이 걸리는지, 쿠폰을 쓸 때는 얼마나 사용하는지 알 수 있다. 이것을 추적하면 효과가 없는 쿠폰을 없앨 수 있고 캠페인의 전반적인 성공 여부를 가늠할 수 있다.

- **재구매시 사용하는 할인쿠폰을 이용**

재구매시 사용하는 할인쿠폰은 훌륭한 아이디어이다. 이 할인쿠폰은 할인이나 무료 아이템을 주는 용도로 발행되며 고객이 레스토랑에 들렀을 때 받아서 그 이후 방문할 때 음식으로 교환할 수 있다. 어떤 고객에게 첫방문이 멋진 인상을 주면 그들은 이 쿠폰을 가지고 다시 찾아올 것이다. 계속해서 무한정으로 제공할 필요는 없다. 일단 두 번이나 세 번 찾아오게 된 고객은 정기적인 고객이 된다.

• **경쟁자들의 쿠폰을 받을 것**

쿠폰을 인쇄하는 것은 경비가 비쌀 수 있다. 경비를 줄이는 방법으로 경쟁자들의 쿠폰을 받아 이용할 수 있다. 주변 레스토랑의 고객을 몰래 빼내올 수 있을 뿐만 아니라 비용을 들이지 않고 쿠폰 캠페인의 혜택을 얻을 수 있다. 당신의 캠페인을 전개하기 전에 이 아이디어를 연구에 반영할 수도 있다. 어떤 종류의 쿠폰이 가장 빈도가 높은지 확인할 수 있다.

• **예상치 못한 시간에 무료 음료를 제공**

시계는 오후 5시 46분을 가리킨다. 그것은 무엇을 의미하는가? 바에 있는 모든 고객에게 무료 음료를 줄 시간이다. 특이한 시간에 무료 음료를 제공하는 것은 고객을 유인하는 좋은 구실이 된다. 고객은 무료로 받는 것을 원하기 때문이다. 무료 음료를 기다리는 동안, 고객이 아무것도 마시지 않고 기다리지는 않을 것이다. 사람들이 들어와서 무료 음료를 마신 후 집에 갈 계획을 세울 수 없도록 하려면 매일 시간을 바꾸어야 한다.

• **티켓영수증으로 할인**

외식과 영화관람은 보통 병행한다. 고객들의 그런 성향을 지역 영화와 연계하여 활용한다. 영화티켓 영수증을 소지한 고객에게 할인을 해주거나 무료로 무언가를 제공한다. 이 영업 방식이 영화관 측에도 호감을 살 수 있도록 가능하다면 매일의 영화 상영 목록을 테이블이나 바에 올려놓아 판촉활동을 돕겠다고 한다.

The Food Service Professional

레스토랑 마케팅 노하우

5 레스토랑 판매 촉진

입소문

좋은 입소문은 가장 효과적인 마케팅이며 광고이다. 그러나 우연이나 맛있는 음식만으로 좋은 입소문을 기대하지 말자. 좋은 입소문이란 좋은 이야깃거리를 서로 효과적으로 나누는 손님들에게서 생긴다. 좋은 소문을 만들 수 있는 창의적이고 진실한 계획을 가지고 있는가? 사람들이 상대에 대해 관심을 갖지 않는다면 그 상대에 관한 이야기를 하지 않는다. 당신은 고객이 당신 레스토랑에 대해 제대로 평가해 주기를 원한다. 고객으로 하여금 왜 당신 레스토랑을 방문해야 하는지 제대로 주지시켜야 한다. 당신의 레스토랑은 경쟁자들과 분명히 차별화되어야 한다. 그렇게 되면 사람들은 자신의 친구들에게도 왜 당신의 레스토랑에서 식사를 해야 하는지 설득할 것이다.

효과적인 입소문 프로그램은 다섯 가지 주요 목표가 있다.

1. 단골들에게 정보를 주어 교육한다.
2. 고객을 당신 레스토랑의 세일즈맨으로 만든다.
3. 고객에게 재방문할 구실을 제공한다.
4. 서비스를 독특하고 개별적인 것으로 만든다.
5. 영업을 경쟁업소들과 차별화한다.

- **마지막으로 고객을 끌어들일 수 있는 성공 공식을 항상 기억할 것**

  훌륭한 음식 + 탁월한 서비스 = 엄청난 가치가 있는 입소문 마케팅

▣ 고객과 친분쌓기 - 당신 자신과 레스토랑을 마케팅할 것

개인적인 친분에 의해 좌우되는 영업에서 고객을 아는 것은 중요하다. 서비스 차원을 넘어 고객들을 한 사람 한 사람의 개인으로 생각하자. 200명의 고객들을 서비스하는 것과, 30주년 결혼기념일을 맞은 부부를 서비스하는 것, 또는 커뮤니티 영화동호회(Friends of the Community Theater)를 위한 모금을 하는 것은 차이가 있다. 숫자도 중요하지만 고객과의 관계가 사업을 활성화한다. 고객에 관해서 간단히 알 수 있는 유용한 방법 두 가지를 소개하면 다음과 같다.

- **고객은 누구인가**

  신규 종사원들에게 이 중요한 사람들이 누구인지를 가르쳐 주는 적절한 시스템을 가지고 있는가? 고객들이 식사를 하는 동안, 서버들이 참조할 수 있도록 계산서 뒷면에 고객 이름을 써보라고 하며 서버들을 훈련시킬 수 있다. 또한 고객이 도착할 때 그들을 맞이하는 종사원들이 고객의 이름을 계산서에 적도록 한다. 지속적으로 익명의 입들에게 서비스하는 것이 아니라 사람들을 서비스한다는 것을 서버들에게 일깨워준다. 고객 이름을 이용하는 것은 윈-윈 전략이다. 고객 이름을 사용하면 고객이 더욱 쉽게 기억될 수 있고, 고객을 개인으로 대우하기가 더 쉬워질 것이다.

- **고객은 무엇을 좋아할까**

  고객을 개별적으로 대하며 대화를 하고 있다면, 다음 단계는 그들이 원하는 것을 알아내는 것이다. 고객에게 묻고 직접 본 것을 기억한다. 고객이 특정 재료에 알레르기를 일으키는 경우, 레스토랑을 방문한 그 다음

번에 레스토랑 측에서 메뉴에 없는 요리를 이 고객에게 제공하겠다고 제안한다면 고객은 얼마나 기뻐하겠는가? 고객은 음식이 매우 마음에 들었으나 에어컨에서 너무 가까운 자리에 앉았다면, 다음 번에는 에어컨에서 떨어진 곳으로 고객을 안내한다면 매우 기뻐할 것이다.

▣ 예외적인 서비스 - 가장 좋은 마케팅 수단 중의 하나

어떻게 하면 고객 입맛을 떨어지게 해서 고객이 다시는 찾아오지 않게 할 수 있을까? 서비스를 나쁘게 하면 된다. 외식산업은 평균보다 높은 종사원 이직률로 몸살을 앓고 있다. 서비스 질을 특별하게 유지하는 것은 어렵고도 지속적으로 고민해야 할 과제이다. 레스토랑은 고객의 입장에서 볼 때 두 가지, 즉 음식과 종사원으로 이루어져 있다. 고객이 받는 서비스의 질이 레스토랑에 대한 고객의 의견을 결정한다. 특급 서비스로 고객에게 감동을 줄 수 있는 방법을 소개한다.

- **고객 서비스 점검표를 개발**

서비스를 개선하려면 가장 약한 부분이 어디인지 찾아내야 한다. 고객 서비스 점검표를 만들면 정확한 평가를 내리는 데 도움이 된다. 고객과 관련된 모든 것들을 목록으로 만든다. 종사원들이 고객 서비스를 한 후에 점검표를 다시 살펴보며 차후에 어느 부분을 개선해야 할지 알아보게 한다.

- **전략적 서비스 사명(Strategic Service Mission)을 개발**

전략적 서비스 사명(SSM)이란 서비스의 질이나 속도와 관련해서 하는 보증이다. 좋은 예는 30분 혹은 30분 미만의 점심시간이다. 전략적 서비스 사명제도를 채택하여 레스토랑을 홍보할 수 있다.

- **스케줄 효용을 극대화**

스케줄 조정은 가장 어려운 것들 중 하나이다. 효과적인 근무스케줄을 짜려면 종사원들을 잘 알아야 한다.

- **예약을 받을 것**

일부 레스토랑에서는 예약없이 오는 순서대로 고객 서비스를 제공한다. 예약 테이블이 식당을 채우는 것을 원치 않는다면, 바쁜 저녁시간대나 점심시간대에는 한 구역을 비워 고객들에게 할당한다. 특별한 행사나 정기적인 충성 고객들만을 위해 예약을 받고 싶겠지만 최소한의 일부 예약은 수용해야 한다.

- **콜 파티(Call Party)를 권장**

콜 파티란 식사시 특정 서버를 요구하는 고객을 말한다. 어떤 고객이 그런 요구를 한다면, 그가 지난 번에 들렀을 때 받은 서비스가 특별히 좋았다는 의미이다. 서버들로 하여금, 고객의 재방문시 서버의 이름을 불러 달라고 요청하도록 적극 권한다. 서버들에게 고객에게 나눠줄 명함을 제공한다.

■ 해피아워(Happy Hour)

해피아워는 최근에 많은 레스토랑들이 소홀히 여기고 있으나 그 시간을 마케팅을 위해 멋지게 이용할 수 있다. 아래의 가능성을 고려해 보라.

- **시식용 음식을 제공**

고객에게 애피타이저를 제공하는 대신 시식용 음식을 제공한다. 일단 내놓은 음식이 입맛에 맞으면 고객들은 식사 자리에 오래 앉아있게 되거나 가까운 미래에 다시 찾아올 것이다.

- **껍질을 벗기지 않은 새우를 무료로 제공**

완벽한 입소문 광고를 자극하는 방법은 해피아워를 이용해 상당히 귀한 음식을 제공하는 것이다. 껍질을 벗기지 않은 새우를 예로 들 수 있다. 껍질 있는 새우는 그리 비싸지 않다. 그러나 먹기가 용이하지 않으므로 고객들이 많이 먹지 않을 것이다. 그러나 그렇게 해서 고객에게 대화거리를 줄 수 있다.

- **가벼운 저녁을 제공**

해피아워의 특별가격 음료를 제공하는 대신에 정상가의 음료에 무료의 가벼운 저녁식사 뷔페를 제공하는 것을 고려해 보자. 핑거푸드와 이와 유사한 값싼 음식들을 제공한다. 이것은 특히 퇴근 후 혼자서 요리를 만들고 싶어 하지 않는 바쁜 독신자들에게 환영받는다.

▣ 점심시간을 선용

점심시간의 기회를 최대로 활용하는 열쇠는, 고객에게 그들이 원하는 것을 정확하게 제공하는 것이다. 빠르고 효율적으로 그리고 적정한 가격으로 제공하는 양질의 음식이 그것이다. 점심시간 고객을 잘 대접하기 위해 다음을 명심하자.

- **점심 서비스에 시간을 제한**

대부분의 점심 고객은 30분 내지 1시간의 시간제한이 있으므로 특히 시간을 엄수해야 한다. 피자 헛에서 처음에 퍼스널 팬 피자로 점심 고객을 파고들기 시작할 때 30분의 시간 보증을 했다. 서버는 점심 고객 식탁에 타이머를 놔두기까지 했다. 시간이 지체되면 그 음식은 무료였다. 이와 유사한 점심 전략을 시행하라. 종사원들이 철저하게 데드라인을 지키도록 훈련한다. 그렇지 않으면 많은 돈을 잃게 된다.

• 점심 특별 메뉴를 개발

동일지역의 업체들과 사업계획이 있다면 몇 가지 솔깃한 점심 특별 메뉴를 고안해 낼 수 있다. 점심 특별 메뉴는 전형적으로 주요리와 음료들의 축소판을 포함한다. 상상력이 넘치는 샌드위치와 샐러드도 매우 인기가 있다. 점심 영업을 활성화시키기 위해 자주 방문하는 고객 클럽(이것은 다음 장에서 다룬다)을 결성하는 것을 고려한다.

• 업체들에 전화해서 점심 특별 메뉴를 홍보

서버들에게 점심 특별 메뉴 마케팅을 돕도록 격려한다. 오전 9시 30분이나 10시경에 출근해서 인근 업체에 전화를 해 점심 특별 메뉴를 홍보하라고 격려한다. 잠재고객들이 점심을 먹으러 레스토랑을 방문할 때, 서버가 고객에게 자신을 호명해 달라고 부탁하면 훌륭한 효과를 거둘 수 있다. 뿐만 아니라 30분 내에 점심을 제공하고, 그렇지 못할 경우 무료 제공이라는 식의 서비스에 관한 보증을 제시하도록 한다.

• 시식거리를 가지고 지역 내 업체들을 방문

레스토랑을 고객으로 북적이게 하고 싶다면, 효과적인 아이디어이다. 인근 업체를 돌며(먼저 전화해도 좋다) 만나는 사람에게 시식거리를 제공한다. 한 번 방문해 달라고 그들을 초청하고 소책자와 안내문을 배포하고 특별 메뉴에 대해 설명한다. 시식거리가 남아 있는 한 사람들은 음식을 맛볼 것이다. 그들 중 일부는 점심을 먹기 위해 당신의 레스토랑을 찾을 것이다.

• 점심시간 배달 프로그램을 시행

점심을 먹기 위해 당신의 레스토랑에 오고 싶어도 시간이 없어 못 오는 사람들도 많다. 인근 업체들에게 점심 배달 프로그램을 시행하라. 배달이용이한 음식들의 제한된 메뉴를 만든 후에 팩스나 편지를 보내어 서비스를 할 수 있는 곳들에 복사본을 배포한다. 또한 몇몇 사무실에 전화를 걸어 배달을 한다는 사실을 공지한다. 최저 주문기준을 설정한다. 적어도 세 가지는 주문할 수 있도록 하고 점심시간이 시작할 때까지 배달해 줄 수 있다는 것을 보장한다. 주문을 받기 위해 웹사이트를 개설한다. 점심을 배달할 때마다 해피아워, 저녁 특선, 쿠폰에 관한 정보를 상세히 알려줘야 한다.

- **주말에는 점심 서비스를 중단**

점심 특별 메뉴 아이디어는 지역 내 근로자들이 당신의 레스토랑을 정기적으로 방문하도록 하기 위한 것이다. 이는 주말에는 주목을 끌지 못한다. 토요일과 일요일에도 점심 특별 메뉴를 제공한다면 수익을 잃게 된다.

▣ 특별 행사

특별 행사는 레스토랑의 영업을 촉진시킬 수 있는 중요한 기회를 부여한다. 기회를 최대한 활용할 수 있는 몇 가지 아이디어를 소개한다.

- **레스토랑 내에 폴라로이드 사진기를 비치하여 활용**

특별 이벤트를 위해 레스토랑을 찾아오는 경우에도 모두가 자신의 사진기를 지참하고 오지는 못한다. 종사원이 폴라로이드 사진기를 들고 돌아다니며 재미있는 사진을 찍도록 한다. 사진을 즉석에서 현상할 수 있는 폴라로이드나 디지털 사진기를 사용한다. 특별 이벤트 벽면과 웹사이트에 올릴 추가 사진을 촬영한다.

- **대형 단체고객에게 개별적인 편지를 보낼 것**

레스토랑에서 대형 파티(10명이 넘는 사람)를 주재할 때, 모임을 준비한 사람들에게 손으로 쓴 간단한 편지를 보내 레스토랑을 방문해 준 것에 대한 감사와 잘 끝났음을 확인하는 뜻을 전한다. 작은 설문지와 차후 방문시에 사용할 수 있는 감사의 쿠폰을 곁들여도 좋고, 레스토랑 이름과 날짜가 인쇄된 소형 종이 프레임의 이벤트 사진을 보내도 좋다.

- **개별 식사공간을 제공**

특별한 밤을 보내고 싶어하는 사람들도 있다. 그들은 시끄러운 사람들에게 둘러싸이는 것을 원치 않는다. 특히 기념일, 청혼, 발렌타인데이의 저녁식사가 그렇다. 개인적인 식사를 할 수 있는 공간을 제공한다. 그곳은 예약 전용 구역으로 한다. 예약이 없을 때에는 그곳을 비예약 고객들에게 개방한다.

- **생일 클럽을 시작**

생일 클럽은 어린이들에게만 한정할 필요가 없다. 어떤 고객이 클럽에 가입하면, 개인적인 생일카드를 발송할 때 반드시 무료 디저트, 음료 또는 식사 등 적절하게 선택해서 그들의 특별한 날을 위해 사용할 수 있는 쿠폰과 함께 보낸다. 그들을 정기메일 목록에 추가한다.

- **게시판을 이용해서 특별 행사들을 발표**

눈에 띄는 곳에 게시판을 비치한다. 그것을 이용하여 생일 손님들이나 각자의 저녁을 축하하는 다른 식사 손님들에게 축하인사를 전한다. 축하는 반드시 전통적인 이벤트일 필요는 없다. 승진, 아기의 탄생, 우수한 성적 등에 대해 축하의 자리를 마련할 수 있다.

- **'특별 이벤트'를 알리는 서비스를 제공**

이 서비스는 너무 바빠서 생일과 기념일을 기억하지 못하는 이들에게 아주 좋다. 충성고객으로 하여금 그냥 지나쳐서는 안 될 중요 행사들을 꼼꼼하게 서식에 기입하도록 한다. 그리고 특정 일이 이르기 한 주일 정도 앞서, 고객이 특별한 누군가를 대동하고 식사를 할 수 있도록 고객을 상기시키는 안내장과 할인 쿠폰을 우송한다. 이에 더해 "당신의 (특별 이벤트)를 위하여 (레스토랑 이름)과 (손님 이름)이 드리는 선물"이라는 메모가 든 무료 쿠폰을 동봉해서 직접 생일 당사자에게 카드를 보낸다. 이메일과 데이터베이스 프로그램을 이용해 이 과정을 전산화할 수 있다.

- **리무진 서비스를 제공**

생일, 기념일, 청혼, 학년말 무도회 데이트 같은 특별 행사에 리무진 서비스를 실시하면 멋진 저녁을 완벽하게 보완하는 서비스가 된다. 지역의 리무진 서비스 업체와 협정을 체결할 수 있다. 고객은 행사당일 저녁의 일정을 예약할 필요가 있을 것이다. 계산서 금액에 리무진 서비스 요금을 더할 수 있다. 이 서비스를 홍보하자. 다른 옵션으로는 마차 드라이브도 제공할 수 있다.

- **기념품을 이용**

사람들은 특별한 날을 기억할 수 있는 기념품 같은 것을 소지하고 싶어한다. 식사에 기념품을 포함하거나 별도로 기념품을 구입할 수 있도록 한다. 고객이 기념품을 볼 때마다 식사 자리를 기억할 수 있도록 레스토랑과 어떤 연계가 되어야 한다.

▣ 판촉, 판촉, 판촉

고객 기반을 확충할 수 있는 가장 쉬운 방법 중 하나는 대회, 할인, 홍보를 통해 고객을 불러들이는 것이다. 아마 단 한 번으로도 좋은 인상을 줄 수 있을 것이다. 이러한 판촉행사들의 파급효과는 일단 고객이 레스토랑 안에 들어섰을 때 안에서 무슨 일이 진행되고 있느냐에 좌우된다. 다음의 가능성을 시도해 본다.

- **야간 무료식사 추첨**

월요일이나 화요일 밤 레스토랑에 손님을 가득 채우는 멋진 방법은 무료식사 추첨 대회를 여는 것이다. 그러나 중요한 것은 대회를 광고하는 것이 아니다. 고객들의 소문을 통한 마케팅으로 알린다. 밤의 일정한 시간에(시간은 비공개로 하고 매주 바꿔야 한다) 한 테이블이나 심지어는 한 좌석을 선정한다. 당첨자에게 그 날 저녁식사를 무료로 제공한다.

- **비공개 식사 제공**

다음 대회에 줄 멋진 상으로 비공개 식사를 제공해 본다. 저녁식사는 당신이 원하는 만큼의 사람들에게 제공하며 애피타이저, 주요리, 디저트, 차나 커피를 포함해야 한다. 알코올 음료는 포함되지 않는다고 명기한다. 반드시 정기적인 충성 고객들에게 이익이 돌아가도록 고객에게 영수증을 가입 용지로 사용하게 한다.

- **정기적인 명함 추첨**

이 대회는 고객정보를 모으고 점심고객을 증가시키는 멋진 방법이다. 레스토랑 앞에 컨테이너를 두거나 서버가 식사 구역을 돌아다니며 충성 고객들에게 대회를 알리고 명함을 넣어주기를 부탁할 수 있다. 매주 또는 매달, 명함 하나를 골라 당첨된 고객에게 무료 점심을 제공하라. 또 다른 가능한 상은 명함 소지자와 동료 다섯 명의 무료 점심이다. 이 명함들을 통해 개인 고객들에 관한 정보를 수집할 수 있다. 또한 점심 고객이 레스토랑에 오기 위해 얼마나 멀리서 오고 있는지 확인할 수 있다. 이렇게 함으로써 판촉활동을 적절하게 조절할 수 있다.

- **조리장과 함께 하는 이벤트**

대부분의 고객들은 자신들이 즐겨 찾는 레스토랑의 조리장과 마주할 기회가 거의 없다. 조리장이 맛있는 음식을 어떻게 조리하는지 볼 수 없음은 말할 것도 없다. 조리장을 중심으로 대회를 조직해본다. 우승자는 조리장을 도와주며 그 날을 보내고 요리를 도와준 대가로 특식을 상으로 받을 수 있다. 조리장이 고객의 생일을 축하하기 위한 특별행사로 이 대회를 조직할 수 있다.

- **성인 '부활절 달걀 찾기' 행사를 개최**

부활절 달걀 찾기 대회는 어린이들만을 위한 것은 아니다. 사람들은 상품을 타기 위해 스릴감을 즐긴다. 놀이는 기대이다. 서버가 플라스틱 달걀을 계산서와 함께 제시한다. 달러 지폐, 쿠폰, 무료식사 또는 복권을 비롯해 다양한 상품을 넣어둔다. 고객은 상품을 탈 수 있다는 기대감을 가지며 놀이를 즐기고, 기회를 다시 얻기 위해 차후에 재방문할 것이다.

- **고객 아이디어 대회를 개최**

레스토랑에서 색다른 일을 시도하라. 실내 장식을 바꾸고, 신규 아이템을 메뉴에 더하고, 새로운 음료를 만들라. 고객으로 하여금 아이디어를 제안하게 한다. 손님들에게 그들의 아이디어를 어항(또는 건의함)에 이름, 주소, 전화 번호(이것을 메일 목록에 이용한다)와 함께 넣어줄 것을 요청한다. 그들의 아이디어 중 어느 것을 시행하기로 채택하면, (그 중 적어도 하나나 둘을 적용하도록 노력하며) 제안을 한 고객에게 무료식사나 다른 상으로 보답한다. 또한 아이디어가 그 고객에게서 나온 것이라는 것을 홍보한다. 레스토랑은 언론의 호평을 받게 되고 충직한 고객을 확보하게 될 것이다.

- **패자들에게 참가상을 보낼 것**

어느 대회를 치르건 일부는 우승자가 되고 대부분은 그렇지 않다. 수상하지 못하는 사람들에게 그들의 참여를 사례하고 차후에도 참여할 수 있도록 격려하는 선물을 준다. 모든 탈락자들에게 다음 방문시 상환받을 수 있는 무료 디저트나 애피타이저 식권과 더불어 개인편지를 우송한다.

- **어린이 대회를 개최**

특별 대회를 열어 어린이들을 참가시킨다. 색칠하기 대회, 맞추기 대회(보기: 단지에는 콩 모양 젤리 과자가 몇 개나 들어 있는가), 퀴즈 게임 혹은 추첨식 판매법을 이용할 수 있다. 어린이들은 무료식사의 가치를 잘 알지 못한다. 아이들이 받고 싶어할 만한 상들(장난감, 문화상품권, 영화 쿠폰, 놀이공원 입장권, 비디오테이프 등)을 준비한다.

▣ 재미있는 '이벤트'를 고안

흥미를 유발하기 위해서 재미있는 이벤트를 고안한다. 이벤트는 최저 비용으로 레스토랑을 광고하는 훌륭한 방법을 마련해 준다. 몇 가지 아이디어를 소개한다.

- **다양한 오락을 포함할 것**

고객들이 다른 레스토랑으로 가지 않도록 만든다. 가라오케 음악, 코미디언, 지역 밴드, 시 낭송 또는 피아노 연주자들을 끌어들여라. 유일한 한계는 공간, 가용성, 상상력이다. 적어도 반드시 2주 전에 홍보하고 오락 프로를 알차게 만들어 고객으로 하여금 당신의 레스토랑을 자신들의 계획 속에 포함시키도록 한다. 어떤 종류의 오락이 진행되는 것을 선전하는 가장 손쉬운 방법은 광고를 신문에 싣거나 전단지를 대학 교정, 서점, 음악 상점 등의 주변에 배포하는 것이다.

- **음식 축제를 개최**

레스토랑은 음식에 관한 모든 것이다. 특정한 재료를 골라 가능한 한

다양하고 창의적인 요리를 만들어 보자. 감자와 같은 간단한 것을 선택하거나 굴 같은 이국적인 것을 선택해도 좋다. 일주일이나 한 달 간 특별 음식 축제 메뉴에 그 요리들을 모두 포함시킨다. 또한 해묵은 기호식을 계속해서 제공한다. 그러나 신메뉴들을 강조해서 선전한다. 축제 말미에 그 요리들 중 하나를 정식 메뉴에 추가하기 위해 고객들에게 투표를 하도록 한다.

- **레스토랑 기념일을 축하**

대부분 사람은 기념일 파티에 명예 손님으로 초대되어 선물을 받으며 기념일을 축하하지만, 당신은 이를 고객들을 위한 파티로 만들어야 한다. 고객들은 당신을 지금까지 존재하게 해준 사람들이다. 할인 애피타이저나 무료 디저트 같은 특별 메뉴를 제공하거나 새로운 메뉴 아이템을 만든다. 오락을 포함시키고 풍선이나 파티 선물 등을 제공한다. 이 아이디어로써 레스토랑 분위기를 재미있게 만들고 고객들의 후원에 대해 고객에게 감사를 표시한다.

- **경쟁업소들과 '나무 동전 전쟁'을 할 것**

경쟁업소와 협력할 필요가 있을 것이다. 사람들은 경쟁에 흥분하므로 그러한 흥분을 유리하게 이용한다. 나무로 된 10원짜리 동전인 황동(실제로 그것은 쿠폰, 카드 또는 조그만 아이템일 수 있다)을 소유한 고객에게 바에서 무료 음료를 마실 수 있는 권한을 준다. 당신이 이 나무 동전을 가지고 해야 할 일은 경쟁업소에 가서 그것을 손님에게 나누어주는 것이다. 그러면 경쟁업소는 보복을 한다. 이 게임을 바쁜 밤에 하면 도시 전체가 이 게임으로 화제를 모을 것이다. 이것은 호기심을 자극하여 당신과 경쟁업소 양쪽의 영업실적을 올려줄 것이다.

- **자발적인 경쟁을 시킬 것**

외향적인 서버들이나 종사원들이 있다면, 이 아이디어는 멋진 효과를 거두고 레스토랑에 자발적인 감정을 만들어낸다. 아이디어란 두 종사원이 식사장소에서 서로에게 도전하는 것이다. 그들이 서로 도전할 대상은 당신이 선택한다. 서버들이 숟가락에 달걀을 올려놓거나 또는 색종이 조각이 가득 든 플라스틱 포도주 잔들을 담은 쟁반을 들고 식당을 가로질러 경주를 하게 할 수 있다. 손님들로 하여금 승자를 결정하도록 한다.

- **지역사회 구성원들을 위해 감사의 밤을 개최**

지역사회에서 헌신적으로 공헌을 하지만 다른 사람들에게 감사를 받지 못하는 이들이 많다. 선생님, 소방수, 경찰관, 비서 등의 사람들이 그런 부류에 속한다. 그들에 대한 특별 감사의 밤을 개최한다. 그들에게 무료 디너를 제공하고(그들은 함께 식사를 할 손님들을 대동할 것이다), 조그만 성의 표시를 한다. 이 이벤트에 관해서 언론의 주목을 끌게 되며 당신에게 감사를 받은 이들이 충성스러운 고객이 됨으로써 이를 보상해줄 것이다.

- **초대자에 한해서 시식회를 주선**

일단 충성스러운 고객들의 리스트가 있으면, 시식회 같은 초대자만의 이벤트를 주선한다. RSVP[4]로 초대장을 보내 고객들을 이벤트에 초대한다. 시식 거리, 차, 커피, 물을 제공하고 고객들이 음료 주문을 할 수 있도록 바텐더를 둔다. 그들에게 의견을 물어 가장 좋은 반응을 얻은 메뉴들을 선택한다. 새로운 메뉴들은 충성고객 심사위원단이 선정한 것이라는 것을 언급한다.

---

4) 불어인 'Repondes s'il vous plait'의 약자로 '답장해 주십시오'라는 뜻

• 글로벌 음식 축제를 개최

글로벌 음식 축제란 특정 문화의 레시피를 선택하여 음식을 제공하는 것이다. 멕시코, 이태리, 프랑스, 중국 음식들이 모두 효과가 있지만, 좀더 모험을 할 수도 있다. 아프리카 요리나 동유럽 요리를 시도한다. 다양한 문화의 음식을 뷔페로 내놓아 고객들로 하여금 이전에 맛보지 못한 음식을 맛볼 기회를 제공한다.

• 경연대회를 개최

재미있는 아이디어로서 일부 경쟁업소들과 요리 경연대회를 열 수 있다. 당신의 레스토랑에서(홈그라운드의 이점을 살리도록) 이벤트를 열겠다고 제안하고 고객들로 하여금 승자를 결정하도록 한다. 소요비용을 충당하기 위해 입장시에 요금을 받거나 음료에 대해 요금을 부과할 수 있다. 또 다른 방법은 박람회, 체육행사, 자동차 쇼 등 동일지역 모임에서 경연을 하는 것이다. 경쟁에 이기는 것이 이벤트를 마감하는 멋진 방법이기는 하지만, 일차 목표는 고객들에게 그들이 기억할 만한 체험을 제공하고 그들에게 당신 레스토랑의 맛있는 음식을 제공하며, 또한 고객이 당신 레스토랑의 판촉자료를 가지고 가도록 하는 것이다.

• 특별 이벤트를 개최

레스토랑 기념일 등의 특별 행사를 이용한다. 이런 큰 기념일들에 앞서 약 한두 달 동안 판촉행사를 진행한다. 손님이 들어와 1만 원, 2만 원, 혹은 3만 원을 지출할 때마다 특별 이벤트로 천 원씩 보상을 한다. 이와 같은 빅 이벤트가 열리는 날 고객들은 자신들이 축적한 돈을 가지고 와서 지불한다. 그 기간 동안 손님들을 자주 불러 레스토랑 전체를 빅 이벤트에 할애하는 것도 좋은 방법이다. 지역사회 이벤트는 많은 이들을 모이게 한다. 그 이벤트들의 일부가 되면 당신의 레스토랑이 홍보가 되므로 이득을 볼 것이다. 광고주가 되거나 발표자가 될 수 있다. 음식과 청량음료를 제공하거나 모금을 도와줄 수 있다. 레스토랑에서 이벤트를 촉진하여 간단하게 도울 수 있다. 어떤 식으로 참여하든 지역 주민들인 레스토랑 고객들은 당신을 지역의 귀중한 일원으로 생각할 것이고, 레스토랑에 자주 들러 감사를 표할 것이다.

- **지역 라디오 방송국들과 교류**

원격 생방송이 방영되는 광고 패키지 전체를 구매한다. 대부분의 방송국들은 클럽, 연주회, 레스토랑을 방문하여 방영을 하는 이동 방송시스템들이 있다. 방송국의 대회와 경품 퀴즈 프로에 상을 제공할 수도 있다.

- **당신의 서비스가 필요한 세 사람을 도와주겠다고 제안**

형편이 어려운 사람들을 휴일 무렵에 돕는다면 매체의 긍정적인 주목을 쉽게 끌 수 있다. 레스토랑이나 어떤 다른 곳에서도 식사할 형편이 못되는 세 사람이나 세 식구를 찾는다. 그리고 그들에게 무료로 멋진 식사를 대접한다. 다음 날 아침 당신의 선행에 대한 이야기가 지역신문에 특집으로 실릴 때 그 상황이 어떨지를 상상해 본다.

- **대회에 참가할 것**

언론보도 자료를 만드는 좋은 구실들 중의 하나는 무엇인가? 방금 대회에서 우승했기 때문이다. 그러나 어떻게 그 대회에서 우승할 것인가? 첫째, 모든 대회에 참가해야 한다. 이 대회들은 레스토랑과 외식산업 전문 출판물들에 실릴 것이다. 전국 경연대회에서 이기지 못하더라도 단순히 참가하거나 감투상을 받는 것으로써 보도자료의 가치가 있다. 레스토랑이 중소형 도시에 위치하고 있다면, 대회에 참가하기 전에 기자들을 초청해 레스토랑에서 취급하는 음식들을 맛보게 할 수 있다. 그렇게 한다면 추가 기사거리가 될 것이다.

- **음식을 기증**

학교, 상가, 그리고 지역사회 전체에 레스토랑 음식을 기증할 기회가 있다. 이는 학생들에게 판매하는 할인 책에 쿠폰을 포함하거나, 회사에서 종사원에게 나누어 줄 보상 또는 지역 기관에서 개최한 대회에서 상을 제공하는 경우가 포함된다. 음식을 기증하는 것은 이중의 혜택이 있다. 많은 긍정적인 홍보 이익을 누릴 수 있고 음식을 기증받은 사람들은 레스토랑의 고객이 될 것이다. 뿐만 아니라, 당신의 기증은 모두 세금공제를 받을 수 있다.

- **캔 음식 추방운동을 벌일 것**

많은 레스토랑들이 이런 이벤트를 열어 대대적인 호평을 받았을 뿐만 아니라, 매출이 극적으로 신장했다. 캔 음식을 가지고 오는 손님들에게 보상을 한다. 그들에게 무료 음식을 제공한다거나 할인을 해주거나 특별 그림그리기 행사에 참가시킬 수 있다. 행사가 성공한 후에 성공의 공로를 행사를 지원한 고객들에게 돌려라. 자신들이 한 일을 흐뭇하게 생각하면서 고객들은 당신 레스토랑에서 음식을 먹는 것을 흡족하게 생각할 것이다. 사진을 찍어 신문과 웹사이트에 게재한다.

The Food Service Professional

레스토랑 마케팅 노하우

6 어린이, 부모, 가족들에 대한 레스토랑 마케팅

▣ 어린이들이 좋아하는 아이디어

최근까지 아이들을 기쁘게 하는 데 우선적으로 관심을 두는 레스토랑은 패스트푸드 체인점이었으며, 이들은 햄버거 하나를 사면 조그만 장난감 하나를 주는 것에 그쳤다. 멋진 레스토랑에서의 저녁식사는 가족을 위한 행사이다. 많은 경우, 아이들은 가족들이 어디서 식사할 것인가를 결정하는 경우에 동일한 발언권을 행사한다. 열두 살 이하의 고객들을 위한 깜짝 체험을 마련하지 않으면, 당신은 그들의 인기를 얻지 못할 것이다. 어린이들로 하여금 당신에게 한표를 던지도록 하기 위한 몇 가지 제안을 한다.

- **어린이 메뉴를 항상 비치**

  어린이들이 멋진 레스토랑 내부에 별로 관심을 갖지 않던 시절이 있었다. 그러나 이제는 더 이상 그렇지 않다. 부모는 아이들과 동행한다. 그러므로 어린이 메뉴는 필수적이다. 어린이 메뉴가 없다면, 부모는 아이들이 좋아하지 않는 메뉴를 시켜놓고 돈을 지불해야 한다는 심리적 압박감을 느낄 것이다. 아이들은 가족이 함께 외식을 하게 될 때 메뉴를 결정하는 커다란 역할을 한다. 어린이들이 원하는 것을 만족시키는 것은 그들의 부모를 만족시키는 것만큼 중요하다.

- **어른 메뉴를 축소한 어린이 메뉴를 제공**

어린이 메뉴에는 어떤 것을 올릴 수 있을까? 대부분의 레스토랑에서 햄버거, 구운 치즈, 핫도그, 마카로니와 치즈를 메뉴에 올려놓았다. 그러나 그 아이들이 언젠가는 자라서 더 이상 열두 살 미만의 메뉴를 주문을 하지 않는 성인 고객이 될 것이다. 이런 어린 고객들에게 그들이 스테이크를 좋아했었다는 기억을 갖게 할 수 있다. 어린이 메뉴에 한두 가지의 전통적 음식 이외에 스테이크, 파스타, 화지타와 같은 성인 기호식의 메뉴를 제공해 보라. 당신은 평생고객을 얻게 될 것이다.

- **어린이 식사는 무료로 제공**

가족의 환심을 사는 방법으로, 성인 메뉴를 하나 주문하면 어린이 식사를 무료로 제공하는 것이다. 당신의 레스토랑에서 가족을 위한 서비스를 하고 있다는 것을 보여줄 수 있다. 부모들은 이것을 무척 좋아할 것이고, 어린이들도 레스토랑을 선택하고자 할 때 당신 레스토랑의 이름을 떠올릴 것이다.

- **아이들의 이름을 사용할 것**

모든 고객들은 개인적으로 인정받고 싶어 한다. 아이들 역시 마찬가지이다. 서버들은 항상 아이들의 이름을 처음에 물어보고 가능하면 자주 그들의 이름을 불러야 한다. 고객이 좌석에 앉을 때 이름표 스티커를 제공할 수 있도록 준비해 둔다. 아이들은 자신들이 특별하고 중요한 존재라고 느끼게 된다.

- **아이들이 무엇을 원하는지 직접 물어볼 것**

많은 서버들은 별다른 생각없이 부모가 자녀 대신에 주문을 하도록 요청한다. 조금 나이가 든 아이들은 자신을 빼놓았기 때문에 무시된 기분을 느낄 것이다. 아이에게 직접 주문을 받고 그 다음에 동의를 얻기 위해 부모를 쳐다보아야 한다. 대부분의 부모와 아이는 그들이 주문을 할 것에 대해 이미 합의를 마친 후이다. 이와 다르게 디저트를 주문할 시간에는 부모가 디저트를 주문하려고 관심을 표시할 때까지 아이에게 먼저 말을 걸지 않는 것이 좋다. 그렇지 않을 경우 부주의로 인해 부모들이 바라지 않는 상황을 초래할 수 있다.

- **작은 선물을 준비할 것**

작은 것일지라도 어린이들은 누구나 선물을 좋아한다. 크레용이나 스티커는 인기 있는 선물이다. 다양한 장난감들을 상자에 넣어두고 아이가 식사를 마치면 장난감 하나를 고르도록 한다. 나이에 맞는 장난감을 선택한다. 질식의 위험이 있는 것을 주어서는 안 된다. 또한 사탕은 피하는 것이 좋다. 많은 부모들이 사탕을 먹지 못하게 금지하고 있기 때문이다. 지역의 파티 상점, 문구재료 상점, 장난감 상점에는 대량으로 살 수 있는 작고 값싼 품목들이 많이 있다.

- **작은 포크를 사용**

어린 아이들은 자신의 포크를 가지게 되면 으쓱한 느낌을 갖게 될 것이고, 식사시 그런 포크를 사용하는 것이 아이들에게 훨씬 더 편리하다.

- **무료 풍선을 제공**

어린 아이들이 레스토랑에서 나갈 때 그들에게 레스토랑 이름과 로고가 적힌 풍선을 줄 수 있다. 아이들은 레스토랑 방문을 기억할 수 있는 풍선을 갖게 되고 당신은 무료 광고를 하게 된다.

- **아이들을 위한 설문조사를 실시**

당신의 주요 목표 중 하나는 고객들이 음식과 서비스에 얼마나 만족하는지를 평가하는 것이다. 아이들을 위한 설문조사를 계획하는 것도 좋다. 아이들은 자신들이 피드백을 할 수 있는 이런 기회를 반길 것이다. 또한 당신은 아이들의 기발하고 독창적인 아이디어와 제안에 감탄하게 될 것이다.

• **사진 찍을 기회를 제공**

대부분의 어린이들은 사탕을 좋아하는 만큼이나 사진 찍는 것을 좋아한다. 사진 찍을 기회를 많이 제공한다. 부활절이나 성탄절에는 부활절 토끼와 산타클로스를 사진용으로 주위에 비치한다. 봄이나 여름에는 조랑말이나 다른 조그만 애완용 동물을 주차장에 데려다 놓아 고객의 자녀들과 스냅 사진을 찍도록 배려한다. 어린이들이나 성인이 다시 찾아와 사진을 볼 수 있도록 사진의 일부를 레스토랑 벽에 붙이거나 웹사이트에 올린다. 웹사이트가 없다면 즉시 개설한다.

• **가족 세트 메뉴를 만들 것**

가족 세트 메뉴는 가족 마케팅의 또 하나의 방법이다. 많은 패스트푸드 레스토랑에서 이미 이 방법을 쓰고 있다. 켄터키 프라이드 치킨은 저렴한 가격으로 모든 사이드 메뉴와 비스킷, 그리고 치킨 10조각을 제공한다. 이 아이디어는 하나의 가격으로 한 가족에게 충분한 음식을 제공하는 것이다. 가정식 요리 전문점에서는 고기 한 조각, 야채, 롤빵을 모두 합해 일괄 가격에 제공함으로써 이런 서비스를 제공한다. 거의 모든 레스토랑에서도 비슷한 영업을 할 수 있다. 애피타이저 하나, 두 개의 성인용 주요리, 어린이 음식 둘, 디저트 둘을 모두 합해 일괄 가격에 제공할 수 있다.

• **물수건을 제공**

아마도 어린이들은 물수건의 효용성을 부모만큼 감사하게 여기지 않을 것이다. 그러나 그들은 집에 갈 때까지 끈적끈적하고 더러운 것보다는 젖은 냅킨을 사용하는 것을 좋아할 것이다.

- **가족의 밤을 주최할 것**

가족의 밤은 영업이 저조한 월요일이나 화요일에 적합한 훌륭한 아이디어이다. 아이들 음식을 할인해주고 가족 영화, 음악가, 마술사 같은 오락을 제공할 수 있다. 이 아이디어는 가족들이 특별한 밤에 외식할 수 있는 좋은 구실을 부여한다.

▣ 그들만의 공간

식사나 놀이를 위한 별개의 어린이 공간을 개발한다. 부모가 아이들을 데리고 식사를 하러 온다고 해도, 부모에게 다소 휴식을 할 수 있도록 배려한다면 그들은 감사하게 생각할 것이다. 식당의 일부를 할애해서 아이들을 위한 공간을 제공할 수 있다.

어린이들에게 이들만의 서버와 특별 장식을 제공한다. 게임, 장난감, 책 등을 아이들 전용 공간에 비치하여 식사를 기다리는 동안 아이들이 그것에 열중할 수 있도록 한다. 어린이 전용 공간을 잘 감독해야 한다. 부모는 자기 아이들이 잘 보살펴지고 있다는 것을 알기 때문에 편하게 휴식을 하면서 더 오래 머물 수 있고 포도주나 디저트 하나를 추가로 주문하면서 멋진 저녁을 보낼 수 있다. 다음 가능성들도 고려한다.

- **토큰으로 게임 룸을 만들 것**

대개 어린이들은 부모보다 먼저 식사를 마친다. 부모가 식사를 하는 동안 아이들을 안전하게 한 곳에 두기 위해서 게임방을 만들 수 있다. 방에서 어린이들의 마음을 사로잡을 수 있는 비디오 게임이나 게임(스피드

볼, 야구 등)을 할 수 있다. 게임은 동전 대신에 토큰을 사용하도록 하고 어린이 식사에 몇 개의 토큰을 포함시킬 수 있다. 추가 토큰은 서버에게 구입하여 그냥 전체 계산서에 추가할 수 있다. 추가 보너스로 상을 줄 수도 있다.

- **'아이 돌봄이'를 채용할 것**

아이 돌봄이란 레스토랑에 온 아이들을 즐겁게 해주기 위해 고용하고 있는 사람이다. 그들은 광대 차림을 하거나 아이들을 데리고 주방 나들이를 한다. 마술 트릭이나 공, 접시 등의 곡예를 할 수 있을 것이다. 아이디어는 무궁무진하다. 아이 돌봄이는 매일 근무할 필요는 없다. 주말 오후와 가족의 밤에 근무하게 하라. 아이 돌봄이는 손님맞이 종사원으로 이중의 임무를 수행할 수 있다. 유능한 아이 돌봄이를 찾는 좋은 방법으로는 유아교육과정을 가르치는 지역 대학교와 접촉하는 것이다.

- **어린이 마스코트를 만들 것**

레스토랑의 컨셉과 부합하는 어린이 마스코트를 개발해서 아이들의 '놀이공간'을 활성화한다. 예를 들어, 물고기 요리를 전문으로 하고 있다면, 돌고래나 해적을 마스코트로 삼을 수 있다.

- **수족관을 마련할 것**

수족관을 들여다보는 어린이의 얼굴을 본 적이 있는가? 아이들은 화려한 빛깔과 이색적인 물고기에게서 눈을 떼지 못한다. 아이들의 식사공간에 수족관을 설치할 수 있다. 가족들이 음식을 기다리는 동안, 아이들이 지루해 하고 짜증을 내지 않도록 종사원은 아이들을 수족관으로 데리고 가서 물고기를 보여줄 수 있다.

- **아이들 놀이공간에 색칠하기 대회를 개최할 것**

  어린이들은 색칠하기 대회를 좋아한다. 이 대회를 정기적으로 개최한다. 부상으로는 레스토랑 식사/상품권이나 무료식사나 디저트 쿠폰을 제공한다. 이로써 아이들을 행복하게 해줄 수 있고 이들이 다시 찾아올 구실도 부여한다.

▣ 지역학교 이용

지역학교를 이용하는 것은 매우 효과적이며 지역사회에 레스토랑을 마케팅하는 훌륭한 방법이다. 교사, 학생, 부모들에게 호소할 수 있는 몇 가지 아이디어를 소개한다.

- **지역학교에서 요리쇼를 개최**

  조리장을 대동하고 가서 학생들이 어떻게 윤기 있는 디저트와 맛있는 애피타이저를 조리하는지 참관하게 한다. 일부 학생들을 무대 위로 불러서 참여하게 한다. 끝난 후에는 아이들에게 인쇄된 조리법과 무료 어린이 식사권을 배포한다.

- **학교 행사를 지원**

  대부분의 지역학교에서는 자원자와 후원자들을 필요로 하는 스포츠 팀, 학술 프로그램 그리고 기타 과외 활동들을 운영하고 있다. 인근의 지역학교 행사에 참가해서 당신의 레스토랑이 지역사회의 후견인이라는 것을 보여줄 수 있으며 수백 명의 잠재 고객인 학부모와 교사들에게 레스토랑을 홍보할 수 있다.

- **우수 아동에게 포상**

  좋은 성적을 받은 학생들은 언제나 이를 기념할 방법을 찾는다. 그들에게 외부적인 동기부여를 한다. 성적이 우수한 학생들에게 무료 디저트나 무료 어린이 식사를 제공한다. 지역학교와 접촉하거나 교사들에게 식권을 배포해서 당신의 레스토랑을 알린다.

- **쿠폰 모금 행사에 참가**

많은 학교에서는 다양한 활동이나 새로운 장비구입을 위한 모금을 위하여 쿠폰 책자를 판매한다. 가능한 한 많이 참가한다. 이는 광고 효과가 있을 뿐만 아니라, 부모들은 쿠폰을 상환하기 위해 레스토랑을 찾게 된다.

- **이익을 나눌 것**

학교 기금을 모금하기 위해 최근 인기 있는 방법은 인근 소매상점이나 레스토랑과 연계하는 것이다. 학생들은 쿠폰을 받아 그것을 가족, 부모님의 동료, 이웃에게 나눠준다. 그리고 정해진 날(보통 평일)에 쿠폰을 가지고 와 식사를 하는 사람은 구매액의 일정 비율(10~20%)을 학교에 기부하게 된다. 이것은 영업이 저조한 밤에 매출을 신장시키며 지역사회에 이윤을 환원할 수 있는 훌륭한 방법이다.

- **학교 점심 프로그램을 고려**

모든 지역학교는 개인 급식업체가 점심 급식 프로그램에 참여하는 것을 허용하지는 않지만, 당신은 최소한 레스토랑 메뉴의 일부를 제공하거나 또는 학교급식 운영 전체를 위탁받거나 모든 기능을 수행하고자 할 때 입찰할 수도 있다. 지역학교의 급식서비스 담당자와 접촉해서 가능성을 타진한다.

The Food Service Professional

레스토랑 마케팅 노하우

7 외부 마케팅

▣ 당신 레스토랑은 뭔가 다르다는 메시지를 전달

이 매뉴얼에 열거되어 있는 것 같은 멋진 아이디어가 있다는 것만으로는 충분하지 않다. 고객에게 그것에 관해 알리고 그들이 그것을 다른 사람에게 전하도록 하여야 한다. 당신은 이런 정보를 어떻게 전달할 것인가? 여기에 그 비결을 소개한다.

- **대화에 적용할 수 있는 편안한 말로 종사원들을 훈련할 것**

  자정까지 전체 메뉴를 서비스하고 있는가? 손님이 전화로 언제까지 영업을 하는지 문의할 때, "○○○카페는 자정까지 모든 메뉴를 서비스합니다. 저희 레스토랑은 이 지역에서 그렇게 하고 있는 유일한 곳입니다."라고 대답한다. 손님이 밤 11시에 들어와서 그때까지도 영업을 하고 있는지 묻는다면, "영업을 할 뿐만 아니라 자정에 문을 닫을 때까지 전체 메뉴를 서비스합니다."라고 대답한다. 얼마 후 고객들은 이렇게 말할 것이다. "○○○카페는 자정까지 전체 메뉴를 제공하니 그리로 가자."

- **당신이 고객에게 멋진 경험과 이야깃거리를 제공한다면, 그들은 그들의 친구들에게 그것을 이야기할 것**

  친구들에게 자신이 정말 좋은 시간을 보냈다고 말하는 고객이 있다면 좋을 것이다. 그의 친구에게 당신 레스토랑 뒷편에 유기농원이 있어서 샐러드를 요리하기 5분 전에 뜯어온 상추로 만든 최상의 샐러드를 먹었다고 말하는 고객은 황금과 같이 귀한 존재이다. 세부적인 것들로 인해 음식이 차별화되고 당신 레스토랑은 특별한 것을 먹기 위해 반드시 찾아야 할 곳으로 인정받게 된다.

▣ 외부 마케팅과 광고 필수사항

매뉴얼의 대부분은 내부 마케팅에 치중되어 있다. 내부 마케팅은 메뉴를 업데이트하거나 대회를 후원하는 것과 같이, 소문을 퍼뜨리기 위해서 영업활동 내에서 당신이 기울이는 노력이다. 이것은 당신이 '마케팅'이란 용어를 들으며 생각하는 종류의 변화가 아니다. 실제로 그것은 당신이 참여할 약 75%의 마케팅이다. 나머지 25%가 광고, 언론 보도 등과 같은 외부 마케팅이다. 광고에 관한 기본을 파악한다. 레스토랑은 광고의 기본이 없이 생존할 수 없다.

- **키스(KISS) 원칙을 따른다.**

키스는 "Keep It Simple, Stupid(단순하고 고지식하게 행하라)"는 의미를 가진 머리글자 약어이다. 이것은 모든 광고의 핵심이다. 메시지는 대다수 고객이 이해하기 쉽고 간결해야 한다. 당신의 레스토랑에 맛있는 해산물 뷔페가 있다는 것을 알기 위해 어느 누구도 장문의 글을 읽으려고 하지 않을 것이다.

- **24시간 광고할 것**

영업이 잘되고 현재 올리는 수익에 만족하더라도 광고를 중단하면 안 된다. 많은 업소들이 사업이 잘될 때 광고를 중지하는 실수를 저지른다. 오늘의 광고는 차후 여섯 달 동안의 영업을 창출한다는 것을 명심한다.

영업이 여섯 달 후에도 지금처럼 호황이라는 것을 어떻게 아는가? 잠재 고객들의 마음속에 당신 레스토랑을 담아두면, 현재의 영업실적을 유지하는 데 도움이 된다. 그것은 장기적인 성공을 위해 당신이 원하는 것이다.

- **적절한 수단을 선택할 것**

광고를 결정할 때 우선 사용매체에 관해 결정한다. 이 결정은 예산과 독자, 또는 시청자라는 두 가지 요소의 영향을 받는다. 텔레비전 광고는 라디오 프로 특별코너보다 가격이 높다. 신문광고는 광고게시판보다 저렴하다. 예산에 맞는 매체를 선택한다. 신문광고는 노년층에게 효과가 있다. 광고게시판은 여행자들을 끌어모으는 훌륭한 수단이 된다. 텔레비전 광고는 일반 가족상대 영업에 완벽하다. 광고로 끌어 모으기를 원하는 고객의 명단을 만들고, 얼마나 예산을 지불할지 결정하고, 선택폭을 좁혀가며 가격책정에 진입한다. 확신하기 전에는 장기적인 광고협약을 맺지 않는다. 사업에 도움이 되지 않는 광고게시판에 일년 동안 광고하기를 원치 않을 것이다.

- **독창적인 짧은 문구를 작성할 것**

광고 캠페인을 결정하기 전에 창의적인 짧은 문구를 작성할 필요가 있다. 이 짧은 문구는 효과적인 광고전략을 설계하고 시행할 때 필요한 중요 정보의 일부 윤곽을 잡아준다. 이 짧은 문구는 고객이 이미 당신 레스토랑에 관해 알고 있는 것, 광고를 통해 그들이 얻기를 바라는 것, 당신이 원하는 것뿐만 아니라 목표로 하고 있는 독자, 평가방법, 예산문제를 포함하도록 한다.

- **3마일 규칙을 기억할 것**

어떤 종류의 광고를 계획하더라도, 고객들은 5km 반경 이내에서 온다는 일반규칙을 기억한다. 광고게시판을 지나치게 멀리 설치하는 것은 효과적인 광고가 아니다. 지역지도를 참조해서 영향권을 결정한다. 판매, 광고의 모든 것은 그 지역 안에 집중해야 한다.

- **정오부터 5분 규칙을 기억할 것**

상기 규칙과 마찬가지로 이 규칙은 점심시간 무렵과 오후에 맞게 될 고객에게 중점을 두고 있다. 대부분 이 고객들은 레스토랑까지 방문하는데 5분 정도 투자한다. 점심 특별메뉴에 관한 전단을 보내거나 해피아워 예약에 관해 팩스를 보내기 전에 당신의 잠재고객은 5분 미만의 운전거리에 있다는 것을 명심한다.

- **효과적인 이미지를 이용할 것**

광고에는 대부분 일종의 이미지를 포함하고 있다. 선택하는 이미지는 특정 광고의 성공 여부에 많은 영향을 미친다. 대부분의 광고전문가들은 가장 효과가 있는 11종의 이미지가 있다는 것에 동의한다. 그러나 이들이 모두 레스토랑과 잘 어울리는 것은 아니다. 메뉴, 만족한 고객의 사진, 상반되는 사진(지루하게 가정에서 식사하고 있는 가족의 모습과 즐겁게 레스토랑에서 식사하는 가족의 모습), 메뉴의 비교 등을 이용한다.

- **로고를 개발**

로고는 레스토랑에 작은 개성을 부여할 수 있는 멋진 방법이다. 로고가 화려할 필요는 없다. 그러나 사람들의 이목을 끌 수 있어야 하고 메뉴, 장식, 판매상품, 명함 등에 모두 사용할 수 있어야 한다. 로고를 저렴하게 제작할 수 있는 한 가지 방법은 지역사회 예술가들과 협력하는 것이다. 레스토랑에 작품을 전시해주는 조건으로 로고 제작을 협의할 수 있다. 그래픽 디자인 전공 학생들도 전문 포트폴리오용으로 싼값에 양질의 작품을 제공할 수 있다.

- **외우기 쉬운 슬로건을 개발**

어떤 로고도 멋진 슬로건이 없이는 완전하지 않다. 1980년대 웬디스(Wendys)의 표어 "소고기는 어디 있을까(Where's the beef?)"를 기억하라. 지금도 사람들은 그 문장을 기억하고 그것을 레스토랑과 연관짓는다. 사람들이 당신의 슬로건을 기억할 수 있다면, 당신 레스토랑을 기억할 수 있다. '친구들과 만나는 장소(The Place Where Friends Meet)'나 '날개는 곧 우리(Wings are Us)'를 들 수 있다.

- **광고의 책임을 요구**

어떻게 광고를 하든 결과를 예측해야 한다. 당신은 영업을 촉진시키기 위해 귀중한 광고비를 지출한다. 그러므로 광고가 제 구실을 하는지 알아야 한다. 고객들이 몰려온다고 해서, 그들이 당신의 광고를 보았으며 또 좋아한다고 단순하게 생각하지 않도록 한다. 고객에게 당신의 레스토랑에 대해 들어보았는지 물어본다. 고객이 광고를 보았는지 그리고 광고에 대해 어떻게 생각하는지 확인한다. 고객의 피드백을 적극적으로 모니터링한다. 진행 중인 광고가 별다른 효과가 없다면, 그것을 포기하고 다른 것을 시도한다. 효과 있는 방법을 발견하면, 한동안 그 방법을 사용한다. 사업이 안정상태에 들어서기 시작하면, 다시 모든 방법을 사용한다.

▣ 특정사항 광고

다음 아이디어는 마케팅 비용의 가치를 극대화해 줄 것이다.

- **레스토랑을 전화번호부에 등재**

고객이 레스토랑을 찾을 때, 전화번호부를 최초의 수단으로 이용하지 않을 수도 있다. 그러나 그 지역에 처음 와서 색다른 레스토랑을 방문하거나 찾는다면 전화번호부를 뒤져볼 것이다. 전화번호부에 등재되어 있지 않으면, 그들은 당신 레스토랑이 존재하는지 알 수 없다. 반드시 전화번호부에 당신 레스토랑을 등재한다.

- **여행자용 소책자를 비치**

휴가 중에 식사할 수 있는 멋진 곳을 찾으려고 하나 길가에 있는 패스트푸드 체인점밖에 보지 못한 경험이 있는가? 주유소에 소책자를 비치하여 여행자에게 주변 지역의 동물원, 박물관, 놀이 공원 안내와 함께 지역 레스토랑 안내 소책자를 참고할 수 있도록 한다. 사진과 텍스트가 있는 소책자는 컴퓨터를 이용해 그것에 패키지로 딸려오는 소프트웨어와 스캐너 또는 디지털 카메라를 이용해서 값싸게 제작할 수 있다. 그러나 여유가 있다면 전문 제작업체에게 맡기는 것이 좋다. 소책자를 주유소, 병원, 우체국 또는 사람들이 지루하게 기다려야 하는 곳 등에 비치하라. 상세한 지침, 영업시간, 전화전호를 적어 넣어 고객이 레스토랑을 쉽게 찾을 수 있도록 한다.

- **영업시간을 명시할 것**

위에서 언급한 바와 같이 언제나 영업시간을 포함시킨다. 소책자뿐만 아니라 모든 종류의 광고나 세일즈 자료에도 영업시간을 기록한다. 많은 레스토랑이 아침식사를 제공하지 않고, 또 다른 레스토랑들은 저녁시간 전에는 문을 열지 않지만, 몇몇 레스토랑은 매우 늦게까지 영업을 한다. 영업시간을 광고하지 않으면, 사람들은 짐작으로 알 수밖에 없다. 자정에 먹을 것을 원하는 고객이 당신 레스토랑은 영업을 하지 않을 것이라고 짐작하고 다른 곳으로 갈 것이다.

- **옥외 광고게시판에 광고를 할 것**

광고게시판을 레스토랑 가까이에 배치하면 음식을 광고하는데 매우 효과적이다. 신선한 닭고기나 육즙이 많은 스테이크 접시가 도로 위에 둥둥 총 천연색으로 떠있는 광고를 본다면 일부 운전자와 승객들은 문득 배가 고프다는 것을 깨닫게 된다. 옥외 광고게시판이 레스토랑과 가까이 위치한다면, "다음 신호등에서 오른쪽으로 회전하십시오."와 같은 방향까지 적어 넣을 수 있다. 잠재 고객들은 레스토랑을 찾느라고 애쓸 필요가 없게 된다. 그러나 이 방법은 전형적으로 비용이 많이 소요되고 장기적인 계약이 필요하므로, 예산범위에 합당하며 광고가 효과적인 경우에만 고려한다.

- **비즈니스 디렉토리(會社名錄集)에 당신 레스토랑을 기재**

고객이 점심을 먹기 위해 비즈니스 디렉토리를 뒤져보지 않을지 모르나 전문 직장인들(business professional)이 지역에서 일하는 동안 회의를 개최하거나 방문할 장소를 물색할 것이다. 이외에도 명단에 올리면 전략적 동맹을 형성하거나 교차판매(cross-promotional) 이벤트를 마련하는 것과 관련해서 다른 업소가 당신에게 접근할 수 있다.

- **여행안내소에 자료를 비치**

방문자들이 당신 도시에 오는 경우 그들은 이미 여행안내소에 들렀거나 또는 방문할 것이다. 당신의 자료들은 다른 여행 명소들과 함께 전시될 수 있다. 그러므로 방문자들이 지역 동물원에 관한 소책자를 찾을 때에 당신 자료를 보게 될 것이다. 도로변의 패스트푸드 체인이나 항공사 음식에 대한 훌륭한 대안이 된다.

- **전단을 이용할 것**

전단은 값싸게 제작할 수 있고 손쉽게 배포할 수 있다. 당신에게 필요한 것은 한 꾸러미의 밝은 빛깔 종이와 컴퓨터이다. 즐길거리, 특별 메뉴, 새로 개발한 음식, 이벤트 등을 알리는데 전단지를 이용한다. 인쇄는 글자가 크고 읽기 쉬워야 하며 대량으로 인쇄하는 것이 좋다. 전단지는 레스토랑에서 배포하거나 공공장소에서 나누어 줄 수 있다. 전단지는 5km 영향권 이내에서 배포해야 한다는 것을 명심한다.

- **쇼핑몰(Shopping Mall), 화장실, 그리고 현금 자동지급기에 광고를 할 것**

최신의 경향은 화장실과 같은 특이한 장소에 광고를 하는데 이는 완벽한 아이디어이다. 영화가 종영된 후 화장실에 들어간 모습을 상상해 보라. 사람들은 화장실 문을 쳐다보게 되고 거기에 광고물이 부착된 것을 목격한다. 사람들은 어쩔 수 없이 광고를 읽을 수밖에 없는 처지에 놓이게 된다. 광고는 또한 화장실 밖에서도 효과적이다. 화장실에서 사람들은 흔히 줄을 서서 기다려야 하나 눈에 띄는 것은 벽지밖에 없다. 당신의 레스토랑 광고가 그 벽지라면, 사람들은 당신의 광고를 읽게 된다.

- **광고를 테스트해 볼 것**

이것은 특히 규모가 작은 레스토랑에 매우 중요하다. 광고 예산은 매우 제한돼 있기 때문에 광고를 디자인하고 그 광고 캠페인을 시작하여 그것이 효과가 없다는 것을 발견하면, 당신은 귀중한 돈을 낭비하게 되는 것이다. 그러나 사전에 광고를 테스트하면 그런 손실을 최소화할 수 있다. 종사원과 고객들의 시험집단을 조직하여 그들로 하여금 광고를 평가하게 하거나, 특정 구역에 조그만 표본광고를 내보낸다. 그리고 반응 속도를 모니터링한다. 결과가 긍정적이면 캠페인을 펼치고 그렇지 못하면 다시 계획단계로 되돌아간다.

- **전략적 제휴를 맺을 것**

한 남자가 여자 친구에게 약혼반지를 사준다고 하자. 다음 단계는 무엇일까? 일반적으로 여자 친구를 데리고 나가 외식을 할 것이다. 휴가 중에 호텔에 머무는 커플은 어떻겠는가? 그들 역시 적어도 한 번은 저녁을 먹으러 나갈 것이다. 이는 전략적 동맹을 맺을 수 있는 두 가지 가능성이다. 지역의 보석상, 호텔, 극장 등과 접촉하여 레스토랑 프로모션에 관심을 갖도록 만든다. 반지를 사는 사람에게 무료 샴페인 한 병이나 무료로 주 요리를 시식할 수 있는 교환권을 줄 수 있다. 교환조건으로 당신은 그들의 영업을 촉진해준다. 그들이 당신 레스토랑에서 이벤트를 개최하도록 후원하거나(이름으로만), 충성고객들에 대한 서비스에 대해 할인을 해줄 수 있다. 좋은 예로, 레스토랑에서 2만 원 이상의 비용을 쓴 고객에게 무료 영화 관람권을 줄 수 있는데, 대부분의 고객은 레스토랑과 극장의 소유주가 동일하다는 사실을 모르므로, 이것은 훌륭한 전략적 제휴라고 할 수 있다.

- **학교와 대학신문에 광고할 것**

요즈음 지역신문은 광고를 게재하는 유일한 정기 간행물이 아니다. 고등학교와 대학신문들도 광고를 이용한다. 이런 신문들은 더 저렴하게 광고를 실을 수 있다. 그러나 단점은 독자층이 젊은 사람들에게 한정된다는 것이다. 한 달 정도 시험적으로 해보고 추진하도록 한다.

- **영화관 슬라이드에 광고할 것**

최근의 광고 요령 중 하나는 지역의 멀티 영화관을 이용하는 것이다. 영화 상영 전이나 시사회가 시작되기 전에 손님들은 대형 자막광고 공세를 받는다. 많은 광고들은 펩시 같은 대형 회사의 것들이지만, 대부분의 극장에서는 지역회사를 위한 광고를 방영한다. 지역 영화관들의 경영진과 접촉하여(당신 레스토랑과 가장 가까운 영화관들이 좋다) 가격책정(이것은 천차만별이다)이나 다른 요건들을 검토한다.

• **지역 명사들을 초청**

사람들이 언제나 자신의 판단만을 믿는 것은 아니다. 그들은 다른 사람들이 상점, 영화, 음악, 음식에 관해서 하는 말에 관심을 기울인다. 자신이 신뢰하는 사람의 말일 수록 더욱 귀를 기울인다. 지역 명사들로부터 먼저 인정을 얻는다. 인기가 있는 선생님, 시장, 언론인, 지역 언론기자 등이 그런 사람들이다. 그들을 초대하여 환상적인 식사를 제공하고 평을 받는다. 그들의 피드백을 광고에 활용하기 전에 반드시 문서로 승인을 받는다.

• **급여봉투에 끼워주는 선전물을 이용할 것**

사람들은 긍정적이고 즐거운 분위기에 있을 때 광고를 긍정적으로 받아들인다. 모든 사람들이 평소보다 더 행복해지는 때인 급여일에 광고해보는 것이 어떨까? 지역 업소들의 급여봉투에 쿠폰이나 할인권을 끼워 넣는다. 회사의 인사팀을 접촉한다. 어느 업소들이 가장 나은 결과를 보이고 있는지 알 수 있도록 일주일에 한군데씩 회사를 방문한다. 인사과 사람들이 꺼려한다면 음식을 들고 방문하거나 선물 바구니를 보내본다.

• **운송수단에 광고할 것**

오늘날 광고는 어디에나 존재한다. 버스, 택시, 지하철 등 모든 종류의 이동운송의 경우 한두 개의 광고를 게재한다. 기회를 놓치지 마라. 가격은 광고 크기, 수송 유형 등에 따라 다르다. 결정을 내리기 전에 지역 내 여러 곳에 전화를 걸어 예상 견적을 뽑아본다. 광고하기로 결정했다면, 당신의 레스토랑에서 가장 좋게 보이는 음식의 총 천연색 사진을 싣도록 한다.

▣ 기 술

최근의 외부시장은 월드 와이드 웹과 웹사이트의 출현으로 확장되고 있다. 레스토랑을 광고하기 위해 인터넷과 기술 통신을 최대한 활용할 수 있는 몇 가지 아이디어를 소개한다.

- **웹사이트를 만들 것**

일차 목표가 인터넷 사업을 하는 것은 아니므로, 사이트가 화려하거나 복잡할 필요는 없다. 사이트에는 레스토랑의 배경, 음식의 사진, 지도, 연락처 정보, 그 밖에 이벤트 등에 관한 세부사항 등을 제공할 필요가 있다. 보도자료와 소식지는 훌륭한 자료이다. 로고가 들어간 제품이나 또는 인기있는 주요리를 포장 판매할 수 있도록 장보기 섹션을 포함시킨다.

- **웹사이트를 검색엔진에 등록**

웹사이트가 존재하면 검색엔진에 그 주소를 제출한다. 웹사이트를 잘 만들었다면 많은 사람들이 보아주기를 원할 것이다. 일부 웹디자인 회사들은 제출에 관련된 업무를 대신 처리해 준다. 직접 해야 하는 경우, 검색엔진 사이트(Yahoo.com, MSN.com, Google.com 등)의 홈페이지 아래에서 웹사이트 제출 섹션연결 항목을 찾는다. 주서식을 작성하기 전에 주의깊게 요구조건을 읽는다. 그러나 그렇게 했다고 해서 당신 사이트가 검색결과에 즉시 나타나지는 않는다. 대개 며칠이나 몇 달이 소요된다.

- **이메일 데이터베이스를 만들 것**

웹사이트가 있으면, 그것을 이용하여 사이트를 방문하는 개인들로부터 이메일 주소를 수집할 수 있다. 정기적인 고객들에게 대회 참가와 고객조사를 요구하거나 명함을 이용하여 이메일 주소들을 수집할 수 있다. 이 주소들을 가지고 데이터베이스와 전송 이메일목록을 만든다. 이메일을 이용하여 고객, 종사원, 대회, 광고, 특별 메뉴에 관한 소식지를 발송할 수 있다. 그렇게 하면 우편 요금과 시간을 크게 줄이면서 순식간에 일처리를 할 수 있다.

- **기사들을 온라인으로 발표**

인터넷을 이용하여 약간의 홍보효과를 보는 한 가지 방법은 기사를 써서 온라인으로 발표하는 것이다. 많은 사이트에는 기사들을 이용하는 소식지나 전자잡지(ezines)들이 있다. 일부 사이트들은 또한 그것들을 내용으로 이용한다. 레스토랑 관련 사이트들을 찾아, 어느 사이트들이 기사를 수락하는지를 알아내어 지침(보통 사이트에 게시하거나 메일로 얻을 수 있다)을 인쇄한 다음에 기사를 작성한다. 발표되는 경우, 반드시 당신 이름과 레스토랑에 관한 정보가 포함되도록 한다. 지역 매체에 기사 발표를 알리는 보도자료를 내보낼 수도 있다.

- **통화를 기다리고 있는 고객들을 위해 녹음된 광고물을 제공**

고객들이 전화를 할 때, 통화를 기다려야 할 일이 생기는 것은 불가피하다. 사람들은 길게 줄을 서서 기다리는 것만큼 통화 대기를 싫어하므로 대기시간을 즐겁게 만든다. 일반적인 '승강기음악' 대신에 경쾌한 광고, 일련의 조크 혹은 상세한 음식 소개를 사전 녹음하여 전화를 건 사람들이 통화를 기다리면서 즐거운 광고를 들을 수 있도록 제공한다.

- **폐점한 경쟁업소에 걸려온 전화를 당신 레스토랑이 받을 수 있도록 조치**

인근 카페가 폐점했다면 어떻게 해야 할까? 전화회사와 접촉하여 카페 번호로 걸려오는 전화를 당신 레스토랑으로 연결되도록 요구하거나 카페 전화번호를 입수할 수 있다. 잠재고객들이 폐점한 레스토랑에 전화할 때, 이들의 폐업 소식을 전해주고 그 대신 당신 레스토랑에서 시식을 하도록 권유할 수 있다.

• 메뉴를 웹사이트용 PDF로 전환

웹사이트에 대한 또 다른 아이디어를 소개한다. 기존 메뉴를 PDF문서(Adobe Acrobat가 필요하다)로 바꾸어 그것을 사이트에 올릴 수 있다. 방문자들은 메뉴 전체를 온라인으로 보고 다운받을 수 있다. PDF 포맷의 이점은 무단도용을 방지할 수 있는 보안 옵션 기능을 제공할 수 있다는 점이다. 뿐만 아니라 그것을 이용하면 메뉴 디자인 그대로 저장할 수 있다.

• 인근회사에 특별 메뉴를 팩스로 보낼 것

과거에는 대형 업체들만이 이용했지만, 팩스는 일반 고객들도 가지고 있을 정도로 보급되었다. 근처에 위치한 회사에 전화하여 매일의 점심특선메뉴 사본을 팩스로 받을 의사가 있는지 문의한다. 점심 고객들에게 당신 레스토랑을 알리는 좋은 방법이다. 팩스목록이 많아지면 팩스전송 소프트웨어나 아트파일과 데이터베이스를 받아서 대신 팩스를 보내주는 서비스기지국을 이용하여 컴퓨터에서 직접 팩스를 보낼 수 있다. 걸려오는 팩스를 받아 이메일로 전환해주는 서비스도 있다. 이 서비스의 장점은 팩스 선이 불통되는 일 없이 주문을 받을 수 있다는 점이다. 이렇게 하면 이메일로 동시에 20개의 점심 주문을 받을 수 있고 고객은 통화 중 대기 신호를 받지 않아도 된다.

• 간단한 메뉴와 주문서들을 팩스로 송신

팩스를 이용하는 또 다른 방법은 1~2쪽 분량의 간단한 메뉴(간단한 설명, 사진 없음)들을 주문서와 함께 송신하는 것이다. 모든 사람들의 주문을 적어 당신에게 팩스를 보낼 수 있다. 업체에 주문받은 음식들을 배달하거나 아니면 고객들이 방문하여 점심을 받아갈 수 있다. 어느 쪽이든 고객들은 그 귀중한 시간을 어디서 보내야 할지 더욱 쉽게 결정할 수 있게 된다. 팩스를 보내기 전에 먼저 그들의 동의를 받는 것을 잊지 말아야 한다.

▣ 판매자료

아래의 지침으로 고객의 마음을 사로잡는 홍보용 광고문안을 만들 수 있고 이는 마케팅전략의 성공과 실패를 좌우할 것이다.

- **효과적인 광고문안의 아홉 가지 요소를 이용**

세일즈 카피를 작성할 때 아홉 가지 주요소를 포함시킨다. 이 아홉 가지를 적재적소에 활용하면 성과를 얻을 수 있다.

■강력한 헤드라인	■간략한 레스토랑의 역사
■계획	■정확한 제안
■보증	■행동 요청
■이름	■위치
■독특한 판매기법(USP)	

- **독특한 판매기법을 만들 것**

독특한 판매기법(USP)이란 경쟁업소와는 구별되는 당신만의 것이다. 독특한 음식을 팔고 있는가? 실내 장식에는 특별한 주제가 있는가? USP를 글로 작성하든 하지 않든, 당신은 경쟁자들과 자신을 차별화하기 위해서 적어도 의식적으로 USP를 가지고 있어야 한다. 두드러지지 못하는 레스토랑은 장수하지 못한다.

- **상투어로 가득한 마케팅 카피를 피할 것**

가장 경계해야 할 것은 세일즈나 마케팅 카피를 '군침 도는' 혹은 '입안에서 녹는다'와 같은 진부한 묘사로 채우는 것이다. 오감을 이용해서 제품을 묘사한다. 어떤 냄새가 나는가? 음식을 내놓을 때 무엇이 눈에 띄는가? 주요리를 묘사하기 위해 사용할 모든 낱말의 목록을 만든다. 그리고 그것을 원래의 표현에 적용한다. 동일한 아이디어가 레스토랑 묘사에도 효과가 있다.

• AIDA 원칙을 따를 것

AIDA 원칙은 세일즈 자료를 설득력 있게 한다. AIDA는 단순한 4단계 과정이다. 편지, 소책자, 웹사이트 또는 우편엽서를 만들 때 이 4단계를 이용하여 원하는 결과를 얻을 수 있다.

- 주의(Attention) : 독자들의 주목을 끈다(커다란 표제, 강력한 주장, 놀라운 통계 등).
- 흥미(Interest) : 흥미를 갖게 만든다(독특한 판매 강점을 설명한다).
- 소원(Desire) : 독자가 당신 레스토랑을 원하도록 만든다(음식과 서비스를 매력적으로 묘사한다).
- 행동(Action) : 마지막으로, 독자로 하여금 행동하도록 호소한다(오늘 방문해 달라고 부탁한다).

• 당신 스스로 카피문구를 작성

때때로 예산이 제한되어 있는 경우 세일즈를 진작시키기 위해 카피문구를 직접 만들어야 한다. 효과적인 세일즈 카피를 만들기 위해서 헤밍웨이나 세익스피어가 될 필요는 없다. 다음의 요령을 명심한다. '당신(you)'을 이용한다. 간결하게, 감정에 호소하며, 직접적으로 표현하고 긍정적이며 솔직하고, 문장은 짧게, 레스토랑 이름을 여러 번 반복하며 증언을 활용한다. 이 요령을 이용하면, 전문가의 도움없이도 성과를 거둘 수 있다.

- **모든 문장은 적극적이고 간결하며 단순하게 할 것**

세일즈 문구는 다음의 세 가지 지침을 충족해야 한다. 첫째, 고객이 메시지를 재빨리 그리고 쉽게 파악할 수 있도록 간결해야 한다. 둘째, 가능한 한 적은 낱말을 사용해서 메시지를 전달한다. 문구를 작성하고 거듭 읽어보며 불필요한 낱말은 모두 제거한다. 이렇게 하면 내용의 10~20%를 줄일 수 있다. 셋째로, 작문은 능동적이어야 한다. 능동적인 문장의 한 예로 "레스토랑 X는 최상의 서비스를 제공합니다."를 들 수 있다. 수동적인 문장의 한 예는 "레스토랑 X의 서비스는 최상의 것입니다."를 들 수 있다. 능동적인 문장은 제공하다(provide), 주다(give), 전달하다(deliver)와 같은 강력한 동사이고, 반면에 연결동사(보기 : is, are, was 등)는 피한다.

- **판매자료를 개발**

판매자료는 '대어(大魚)'를 낚으려고 할 때 편리하다. 인근업체의 근로자들이 당신 레스토랑에서 점심을 계속 먹게 하고 싶다면, 판매자료를 회사 대표에게 보내거나 개인적으로 배달한다. 전문적인 판매자료에는 정보지(음식에 관한 세부 사항인 메뉴 카피), 유명 인사 또는 고객들의 평가, 명함, 약도가 포함된다. 최종 결정을 하기 전에 결정권자가 시식할 기회를 먼저 가질 수 있도록 무료 점심식사 쿠폰을 제공한다.

- **카탈로그를 만들 것**

카탈로그는 효과적인 레스토랑 홍보자료이다. 카탈로그는 소매 카탈로그와 동일하게 가격뿐만 아니라 그림과 설명을 포함한다. 거래를 하기 원하는 회사와 조직에 카탈로그를 보낸다. 카탈로그를 사용해서 상상력이 풍부하고 개성있는 잠재고객의 방문을 유도할 수 있다. 또한 스캐너, 디지털 카메라, 그리고 사무실 컴퓨터 소프트웨어를 이용해서 카탈로그를 제작할 수 있다.

• 유용한 정보를 제공

고객에게 메뉴 이외에 어떤 정보를 제공할 수 있을지 궁금할 것이다. 당신은 이미 많은 정보를 가지고 있다. 메뉴를 예로 들어 저지방, 저염 음식으로 건강을 유지하는 내용의 글을 작성할 수 있다. 요리법에 관한 글을 쓰거나, 음식 재료의 역사를 논하거나, 창의적인 요리 개발 요령을 제공할 수 있다. 이 정보를 레스토랑 소식지의 일부로 배포하거나 학교나 조직에 나눠주거나 고객이 읽을 수 있도록 식탁에 비치한다.

• 표제의 미학을 연구

'단기 수익 투자상품'들의 판매를 위해 쓰여진 광고문안을 본 적이 있는가? 이러한 광고문안은 판매에 매우 효과적이다. 세일즈와 광고 카피에는 언제나 표제가 포함된다. 그러나 모든 표제가 효과가 있는 것은 아니다. 사람들은 자신들에게 혜택을 주고, 새로운 것을 제공하고, 실질적인 조언을 제공하는 표제에 관심을 가진다. 통계수치나 질문 그리고 놀라운 사실 역시 효과가 크다.

• 메일 리스트를 만들 것

메일 리스트와 데이터베이스를 개발하는 것이 마케팅의 중요한 부분이다. 이미 데이터베이스나 스프레드시트 성능을 가진 컴퓨터가 있으면 비용이 거의 들지 않는다. 어려운 점은 목록 정보를 어떻게 모을 것인지를 결정하는 것이다(대회, 명함 작성, 고객만족 조사가 도움이 된다). 이런 것들을 통해 이름과 주소의 데이터베이스를 구축할 수 있다. 일부 포스 시스템을 이용해서 이 정보를 수집할 수 있다. 종사원을 참여시켜, 완성된 고객정보 카드에 대해 약간의 수고비를 지불한다.

• 수집해야 할 정보

메일 리스트 데이터베이스의 핵심부분

- 이름
- 주소
- 우편번호
- 배우자 이름
- 전화번호
- 이메일 주소
- 팩스
- 고객에게 팩스와 이메일 전송하는 것에 관한 허락을 구하는 글
- 좋아하고 싫어하는 것, 기호식 등에 관한 내용
- 중대한 정보(보기 : 생일, 기념일 등과 매년 열리는 개인 행사에 관한 질문)

• 직접 우편 캠페인을 개발

직접 우편 캠페인에는 우송 목록과 좋은 우송품(편지, 소책자 또는 우편엽서)이 필요하다. 특정한 대상(업체, 가족, 점심 고객 등)에 집중하여 직접 우편 캠페인을 실시하는 것을 고려해 볼 수 있다. 캠페인을 실시할 때, 작은 부문으로 나누어 실시하도록 한다. 편지와 함께 쿠폰이나 할인권을 보낼 계획이라면, 결과를 추적할 수 있도록 모든 세트에 다른 코드를 부여한다.

• 직접 우편 카피의 5P를 기억

사진이나 글로 잠재고객이 기대할 수 있는 것의 아이디어를 제공한다. 30분 이내에 점심식사 배달이 가능하다거나 적당한 가격으로 훌륭한 음식을 제공하겠다고 한다. 당신의 약속을 지원하도록 추천이나 사실을 활용하고 고객이 행동(오늘 들어와서 직접 찾아보거나 지금 예약전화를 하라는 등의)으로 옮기도록 독려한다. 마지막에 전화번호 또는 할인권과 함께 추신을 첨부한다.

- **직접 우편 카피의 요령 5P를 소개**

■사진	■약속	■증명
■계속 추진한다	■추신	

- **우편번호의 중요성**

우편번호 정보를 가지고 당신의 상권을 정확하게 결정할 수 있다. 고객의 대다수에게 전달되는 2개 또는 3개의 우편번호에서 기회를 발견할 수 있다. 당신이 전단지를 발송하거나, 우송목록을 대여하거나 또는 지역행사를 위하여 자원할 경우, 이 지역에 초점을 맞추도록 한다.

- **우편과 함께 거절할 수 없는 '미끼'를 포함할 것**

세일즈를 낚시로 비유하면, 고객을 유인하기 위해서는 좋은 미끼가 필요하다. 레스토랑에 가지고 와야만 사용이 가능한 무료 샘플, 무료 음료 또는 대회 입장권을 제공하라. 이런 유형의 미끼는 대개가 속임수이다.

- **우편물과 함께 복권티켓을 우송할 것**

여기 다른 가능한 미끼의 유형이 있다. 긁어서 확인하는 복권티켓, 행운을 기원하고 당신 레스토랑에서 환상적인 저녁식사를 하며 당첨행사에 참가하도록 초대 편지와 함께 복권 하나를 포함해서 우송한다. 당첨자들은 감사하는 마음으로 방문하게 되고, 비당첨자들은 관대함에 매료되어 방문할 것이다. 비당첨 복권은 누구나 다시 당첨에 도전할 수 있도록 1,000원으로 환불해준다.

▣ 외부 마케팅을 위한 추가 요령

레스토랑을 마케팅할 수 있는 필수적인 요령과 가능성을 아래에서 소개한다.

• **저가(低價)에 기반한 마케팅을 피할 것**

소비자는 훌륭한 음식, 탁월한 서비스, 즐거운 분위기를 위해 더 많이 지불하는 것을 개의치 않는다. 이것은 치약 한 개나 음료수 한 병을 사는 것과는 다른 이야기이다. 판매수단으로 저가격을 이용하는 것을 피한다. 저가격 마케팅은 성공을 위해 필요한 고객을 불러들이지 못하며, 결국에는 손실을 가져올 것이다.

• **반복 마케팅을 이용**

일부 세일즈맨은 자료가 매번 독특해야만 한다고 생각한다. 그러나 인기 있는 광고와 판매요령은 특정 주제, 캐릭터, 문구를 반복하는 것이다. 성과가 있는 판매요소가 있다면, 이것을 반복할 필요가 있다. 캠페인을 변경할 시기가 오면 캠페인의 어느 부분을 지속하면서 나머지를 어떻게 구축할 것인지 결정한다.

• **잠재고객에게 선물바구니를 보낼 것**

점심, 특별이벤트 또는 전략적 제휴를 실시하려고 시도한다면, 선물 바구니를 보내는 것을 고려해보라. 바구니에는 가장 훌륭한 음식의 샘플과 아울러 함께 일하고 싶다는 바램을 적은 편지(AIDA 원칙을 이용하는)를 동봉한다. 당신의 이름과 연락사항을 알 수 있도록 반드시 명함을 함께 보내도록 한다. 바구니를 개인적으로 전달한 후 2~3일 이내에 전화연락을 한다.

• **전화마케팅 전격작전**

전화마케팅은 가장 효과가 좋다. 지역 텔레마케팅 전문 회사를 고용하거나 혹은 직원으로 하여금 지역의 선택된 업체에 전화하도록 한다. 당신 레스토랑에 대해 들어본 적이 있는지, 당신 레스토랑에서 식사해 보았는지 질문한다. 그렇다고 대답하면 그들의 경험에 관한 피드백을 받고, 특별메뉴나 할인목록을 팩스로 보내겠다고 제안한다. 아니라고 대답하면 음식과 레스토랑에 관한 이야기를 나누고 방문해달라고 하며 초대한다. 방문시 찾을 사람을 알려주고 예외적인 서비스를 제공해준다. 또한 그들에게 할인권을 제공해서 재방문이 가능하게 한다.

- **지역의 팀이나 비영리 단체를 이용해서 마케팅 할 것**

지역의 선수단, 비영리 단체와 클럽은 마케팅활동을 할 수 있는 훌륭한 장소이다. 운동시합이나 회합을 마친 후 사람들은 음식을 나누며, 쉬고 이야기할 수 있는 장소를 찾는다. 당신의 레스토랑이 그들의 선택 장소가 되어야 한다. 한 단체에서부터 시작한다. 그들에게 정중한 소개편지, 소책자 그리고 할인 쿠폰을 보낸다. 편지에, 예약을 하면 이용할 수 있는 개인 회의실을 제공할 수 있다는 것을 알리고 또는 단체 고객을 환영한다고 알림으로써 그들이 당신의 레스토랑에서 전체회의를 여는 것을 고려할 수 있도록 한다.

- **혜택을 판매할 것**

경험이 부족한 세일즈맨이 범하기 쉬운 실수의 하나는, 혜택보다는 상품의 특징에 치중하는 것이다. 고품질의 스테이크, 신선한 딸기 또는 풍부한 크림소스에 관해 거듭해서 강조하더라도 고객은 쉽사리 감동하지 않는다. 그것들은 상품의 특징에 지나지 않는다. 신형 CD플레이어가 100개의 CD를 보유하고 있다고 말하며 고객을 설득하는 것과 같다. 구체적으로 상품이 고객에게 어떠한 이익을 가져다 줄 수 있는지 제시해야 한다. CD플레이어가 고음질의 명곡을 지속적으로 들려주고, 훌륭한 음악이 집안을 가득 채우게 되어, 누구라도 당신의 시디플레이어에 감명을 받으리라는 것을 구체적으로 제시한다. 이와 마찬가지로 당신 레스토랑의 환상적인 스테이크는 입에서 살살 녹으며, 신선한 딸기는 즐겁고 황홀한 식사를 더욱 낭만적이고 무드 있는 분위기로 만든다고 말한다. "스테이크를 판매하는 것이 아니라, 스테이크를 굽는 맛있는 소리(sizzle)를 경험하게 한다."

- **대학생들에게 마케팅 할 것**

피자 배달을 말하는 경우가 아니라면, 일반식사 고객 중에서 가장 간과되기 쉬운 집단 중 하나가 대학생이다. 대체적으로 대학생들은 일, 공부, 그리고 사교생활로 분주하게 지내기 때문에, 대부분이 직접 요리하지 않는다. 소책자나 쿠폰을 대학 캠퍼스에 보내는 것을 고려해 본다. 대학의 밤을 주최할 수 있으며 특별가격을 제시하거나, 그들이 학생증을 제시할 경우 대학생들에게 할인을 해줄 수 있다.

- **고객에게 어떻게 당신 레스토랑에 오게 됐는지 물을 것**

세일즈와 광고효과를 추적하기 위해, 당신의 고객들이 당신에 대해서 어떻게 들었는지를 알아본다. 많은 레스토랑에서 이런 종류의 정보를 얻기 위해 고객만족 조사를 실시한다. 그러나 실제로 많은 이들은 조사용지에 기입을 하지 않는다. 당신이나 매니저는 적어도 한 시간에 한 번, 레스토랑을 돌아보며 고객이 음식서비스에 대해 어떻게 느끼는지 묻고, 중요한 것을 질문(우리 레스토랑을 어떻게 아셨어요?)한다.

▩ 홍 보

보도 가치가 있는 일을 홍보한다. 레스토랑을 홍보(흔히 무료)할 수 있는 가장 좋은 방법은 복잡하게 말할 것도 없이 보도가치가 있는 일을 하는 것이다. 지역 팀을 후원하거나, 자선행사에 음식이나 돈을 기증하거나, 모금행사에 참여하거나, 학교에 방문하여 학생들과 담화를 하는 등의 일을 할 수 있다. 매체의 주목을 끌기 위해 그저 형식적으로 참여하지 말라. 당신이 진정으로 원하는 일을 하라. 그런 노력은 더욱 진솔하게 보이고 잠재고객들은 이것을 진심으로 받아들인다. 아래에서 몇 가지 가능성을 소개한다.

- **성공담을 홍보할 것**

  영업이 잘되면 혼자만 알고 있지 말라. 보도자료를 제공하여 잠재고객과 경쟁업소에게 당신이 영업을 잘하고 있으며 광고를 할 계획이라고 알린다. 사람들은 성공의 가능성이 있는 사람 그리고 그런 장소와 거래하는 것을 좋아한다. 여러 사람들이 당신의 레스토랑을 좋아하게 되면 그들 역시 그렇게 될 것이다.

- **언론발표 자료를 기록하고 배포할 것**

  당신의 레스토랑이나 종사원이 뉴스거리가 될 만한 일을 할 때, 예를 들어, 대회에서 우승하거나, 어떤 사람의 목숨을 구해주거나, 새 조리법을 창안하거나 하는 등의 일을 할 때마다, 보도자료를 써서 그것을 매체에 발표한다. 지역 내에서 배포하기 때문에 비용은 별로 들지 않을 것이다.

- **기자회견 자료집을 개발할 것**

  큰 사건이나 영화상영과 관련된 기자회견 자료집에 대해 들어봤을 것이다. 그러나 언젠가 그것을 이용할 것이라는 것은 생각해 보지 않았을 것이다. 지금이 바로 그때이다. 언론인들이 당신의 레스토랑을 방문하거나 당신이 주최하는 특별 이벤트를 취재하도록 유도하기 위해 기자회견 자료집을 개발하여 지역신문, 텔레비전 방송국, 잡지사에 보낼 수 있다. 대부분의 기자회견 자료집은 조합하기가 어렵지 않지만, 다음 항목들을 포함시켜야 한다. 소개장, 요약문, 이력, 보도자료, 사진, 설명문(제품에 관한 정보를 제공한다), 광고자료 등이 그것이다.

- **소식지에 단골들의 프로필을 포함시킬 것**

소식지를 정기적으로 발송할 때, 고객홍보를 위해 적어도 한 명의 고객 프로필을 포함시킨다. 프로필에는 이름, 직업, 메뉴에 있는 기호식, 기호 음료, 제공하기를 원하는 다른 정보를 포함한다. 일반 고객을 선정해서 프로필 자료를 받고, 소식지는 공개적으로 레스토랑에 비치한다(사본을 식탁마다 비치한다).

- **지역 상공회의소에 가입할 것**

다른 회사에 당신의 레스토랑을 알리기 위한 가장 쉬운 방법은 지역에 있는 상공회의소에 회원으로 가입하는 것이다. 능동적 회원으로서 다른 회사 대표들을 만나, 매출을 올리는 데 도움을 줄 수 있는 사람들과 인맥을 구축할 수 있는 기회를 얻게 된다. 당신의 레스토랑에서 회의를 개최할 수도 있다.

- **창문 포스터**

레스토랑이나 메시지를 창문에 크게 두드러지게 함으로써 주위의 이목을 끌 수 있다. 레스토랑 주위에 창문 포스터나 대형 간판과 배너를 설치해 본다. 특별 메뉴나 다가올 이벤트를 알리되 과장해서는 안 된다.

- **비행기**

비행기를 대여해서 레스토랑을 광고하는 깃발을 달고 지역 이벤트 행사장 위를 비행하거나, 공중에서 쿠폰을 떨어뜨리는 것도 좋다.

- **(언제나 인기 있는) 풍선을 이용**

애드벌룬을 주차장에 설치하거나, 이벤트 또는 대규모 모임 시에 설치하여 눈에 잘 띄게 한다. 당신의 레스토랑은 단연코 화젯거리가 될 것이다.

- **지역 명사들의 등장을 유도**

 대부분의 사람들은 지역 명사들에게 관심이 있다. 고등학교의 관현악단이 소공연을 위해 방문할 때, 시장이 그들과 악수하기 위해 들를 수 있다. 가능성은 무수하다. 대개 상당수의 팬을 확보하고 있는 잠재적인 '명사들'을 찾기 위해 뉴스에 주목하고 자주 거론되는 사람을 잘 알아둔다. 또한, 지역방송 기자나 앵커들도 고려해 본다.

- **이동 무대차**

 대부분의 지역은 적어도 일 년에 한 번은 퍼레이드가 열린다. 때로는 한 번 이상일 수도 있다. 행렬 이동 무대차가 없으면 퍼레이드를 할 수 없고, 이동 무대차에는 후원자가 필요하다. 지역 퍼레이드는 군중의 이목을 집중시킨다. 군중은 당신의 레스토랑 이름이 실린 아름다운 무대차를 바라본다. 어린 아이들에게 조리장과 서버들과 같이 의상을 입혀 행렬 이동 무대차에 태우거나, 실제 종사원들이 승차하여 미소를 지으며 손을 흔든다. 이에 참가하고 싶으나 여유가 없을 경우, 행렬 이동 무대차를 헌납하는 것도 효과적인 방법이다. 당신의 사심없는 행위로 인하여 당신은 더욱더 인정을 받게 될 것이다.

▣ 휴일 행사와 특별 행사

 사람들은 휴일을 기념하고 싶어하고 훌륭한 음식이 곁들여지면 효과적이다. 고객들이 당신의 레스토랑에서 기념행사를 열 수 있도록 특별 판촉행사를 해서 휴일을 최대한 활용한다. 레스토랑에서 파티를 개최할 수 있는 특별 행사뿐 아니라 전통 휴일에 할 수 있는 몇 가지 마케팅 아이디어를 제안한다.

▣ 새해 첫날

• 전통 '행운'식 메뉴를 제공

새로운 한해를 기념하기 위하여 다른 음식을 먹는 전통에 대해서 들어본 적이 있는가? 정월 첫날에 이러한 음식들을 제공하는 것을 고려해본다.

• 신년 계획추진 경연대회를 시작

1월 첫 주일 동안 손님들을 초대하여 새해 계획을 적도록 한다. 명단을 만들어두고 2~6개월 뒤에 전화를 걸어 진척상황을 검토한다. 성공적인 고객을 특별 축하행사에 초대한다.

▣ 발렌타인데이

• "우리는 이렇게 만났어요" 대회

고객이 꿈에 젖은 눈동자로 행복에 겨워 들어오는가? 그들은 "우리는 이렇게 만났어요" 글짓기 대회의 완벽한 후보가 될 수 있다. 대회를 1월 초에 시작하고 커플을 초대하여 500단어나 그 미만으로 첫 만남의 낭만적 이야기를 상세히 담은 간단한 작문을 작성하도록 한다. 당선작들 중 넷이나 다섯을 골라 발렌타인 주일에 레스토랑에 초대해 무료 낭만식을 제공한다. 당선작들을 웹사이트, 소식지에 게재하거나 레스토랑에 게시한다. 참가자 전원에게 무료 디저트나 와인 한 병을 마실 수 있는 쿠폰을 제공한다.

• 낭만적인 저녁식사 패키지

낭만적인 저녁식단을 계획한다. 당신 레스토랑에서 완전한 패키지를 제공하여 일을 순조롭게 진행할 수 있다. 하나의 가격으로 다음의 어느 것이나 또는 모두를 포함시킨다. 장미 한 다발, 리무진 드라이브, 샴페인 병이나 촛불 밝힌 저녁식사. 식사 후에도 사랑의 감정을 느끼는 낭만적인 고객이 그들의 특별한 저녁을 아침까지 지속하도록 하기 위하여 당신은 한 단계 더 박차를 가할 수도 있고, 지역 호텔과 연계할 수 있다.

약혼의 밤

이 판촉행사를 두 가지 측면에서 진행할 수 있다.

- **첫째 방법은 결혼 의사가 있는 커플에게 약혼의 밤을 열어주는 것**

  예약을 통해서 개별적이며 독립된 식사공간을 제공한다. 예비 신랑이 청혼을 할 수 있도록 완벽한 방법을 계획하는 것을 돕고 그와 협의한다.

- **둘째 방법은 당신 레스토랑에서 약혼한 커플에게 파티를 열어주는 것**

  위의 두 가지 경우에 여러 가지 샴페인, 낭만적인 분위기의 음악, 촛불, 가득한 메뉴를 포함한다.

- **싱글들의 밤**

  발렌타인데이가 모든 사람들에게 다 행복한 이벤트는 아니다. 함께 모여서 재미있게 지내는 특별 저녁에 싱글들을 초대한다. 반(反) 발렌타이데이 파티라고 부를 수 있다. 싱글들에게 특별한 밤을 제공하거나 서로 인연을 맺을 수 있도록 도울 수 있다.

만우절

- **만우절 놀이**

  이런 종류의 기념행사는 서버를 상상력이 풍부한 창의적인 존재로 만들며 재미있게 놀 수 있는 기회이다. 서버는 고객에게 이국풍의 이야기를 들려주어 이들을 감쪽같이 속인다.

부활절

- **부활절 달걀찾기**

어린이들은 부활절 달걀찾기 놀이를 좋아한다. 아이들만을 위한 특별 찾기놀이를 개최한다. 레스토랑의 식사공간(만일 이 구역이 만찬 고객에게만 개방되어 있다면), 주차장 또는 당신이 선정한 다른 위치를 이용할 수 있다. 레스토랑의 무료음식을 상품으로 제공한다.

- **부활절 토끼 사진**

부모는 자녀와 사진찍는 것을 좋아하고, 자녀들은 부활절 토끼를 좋아한다. 의상을 빌려 부활절 토끼에게 입히고, 특별 점심이나 아침 예약 식사를 부활절 토끼와 함께 할 수 있도록 한다.

- **부활절 바구니 식사**

아이들 음식을 평소의 그릇 대신에 부활절 바구니에 담아서 제공한다. 바구니는 재활용할 수 있고 조그만 사탕들과 플라스틱 달걀 한두 개를 함께 제공한다. 부활절 이후의 할인 기간에 달걀과 바구니를 구입해서 미리 준비해 둔다.

어머니날

- **어머니날 글짓기 대회**

글짓기 대회는 어린이들에게 좋은 마케팅 방법이다. 아이들은 어머니가 자신들에게 얼마나 중요한지에 관해 짧은 글을 지을 수 있다(주제는 다양할 수 있다). 다양한 연령대의 여러 우승자들을 선발한다. 가장 훌륭한 글을 선발하고 필자들과 그들의 어머니들을 어머니날이 들어 있는 주간에 무료 점심에 초대한다. 선발되지 못한 이들의 어머니들에게도 아이들의 글과 함께 무료 디저트나 애피타이저 식권을 보낸다.

- **무료 음식을 제공**

어머니날은 레스토랑이 가장 붐비는 날 중의 하루이다. 그러나 이는 감사받는 어머니들에 대한 경쟁이 치열하지 않다는 것을 의미하지는 않는다. 어머니들 모두에게 무료식사를 제공해서 레스토랑의 두각을 나타낸다. 가족들이 당신의 레스토랑에 와서 식사를 할 때, 자신들의 음식값을 지불하는 반면 어머니들의 음식은 무료로 제공한다.

- **예비 어머니를 위한 특별한 밤**

임신한 여자들은 자신을 아직 어머니라고 생각하지 않을 수도 있겠으나, 그들을 위한 멋진 축하행사를 열 수 없는 것은 아니다. 그들에게 무료식사(또는 디저트나 애피타이저), 비알코올성 샴페인, 즐거운 분위기를 제공한다. 이날은 그들이 기억할 수 있는 밤이 될 것이다. 주차장에 특별간판을 세워 '임신부용' 주차공간을 마련한다.

▣ 현충일

- **무료 깃발**

모든 고객에게 무료 국기를 배포하여 애국적인 레스토랑의 이미지를 보여준다. 고객은 레스토랑에서 국기를 제공하는 의도를 고맙게 생각할 것이다. 대안으로 인근에 있는 세탁소에서 국기를 세탁할 수 있는 무료쿠폰을 배포한다.

• **소풍 음식**

누구나 현충일에 소풍 가는 것을 좋아한다. 그러나 날씨가 좋지 않다거나 시간이 부족하기 때문에 소풍을 가지 못하는 경우도 있다. 그런 사람들을 위해 소풍 음식을 만든다. 보통 음식 대신에 프라이드 치킨, 구운 콩, 다진 양배추 샐러드 등과 같은 전통적인 소풍 음식(혹은 뷔페)을 제공한다. 식탁은 희고 붉은 체크무늬 식탁보로 덮고 옥외의 식사공간을 공개한다. 레모네이드와 아이스티와 같은 전통적인 소풍 음료를 제공한다.

▣ 아버지의 날

• **아버지의 글짓기 대회**

어머니들과 마찬가지로 아버지들은 자신들이 특별한 존재라는 것을 알아야 한다. 어머니의 날 대회가 끝난 직후에 아버지에 관한 에세이 대회를 연다. 우승자들을 뽑아서 그들을 초대하여 특별식사를 제공한다.

• **아버지와 자녀의 신나는 밤**

대부분의 가정에서 어린이들은 아빠와 시간을 많이 보내지 못한다. 아버지날에 아버지와 아이들을 위한 저녁식사 자리를 마련한다. 어린이들에게 아빠와의 유대를 굳힐 기회를 주고 아울러 아빠들도 느긋하게 쉴 수 있는 기회를 갖게 된다.

▣ 노동절

• **근로자들에게 축하**

노동절에 해야 할 가장 중요한 일은 직원 모두에게 감사를 표하고 그들의 서비스에 대하여 어떤 식으로든 보상을 하는 것이다. 노동절을 전 세계의 다른 모든 근로자에 대하여 감사를 표시할 수 있는 기회로 삼는다. 일할 수 있는 나이대의 사람들에게 할인을 해주고 무료 맥주를 제공한다. 추첨하여 휴가를 상품으로 준다. 이것은 열심히 일한 사람들에게 더할 나위 없는 상이 될 것이다.

재향군인의 날

• 재향군인에게 축하할 것

하루 동안이라도 모든 재향군인들에게 무료식사를 제공하여 그들이 조국을 위해 행한 일에 대해 감사를 표시한다. 그들은 가족을 대동할 것이고, 그렇게 되면 동시에 일부 지불고객들도 얻게 된다.

추수감사절

• 한 접시 음식

누구나 가족들에게 풍성한 추수감사절 만찬을 마련해줄 시간이나 능력을 가지고 있는 것은 아니다. 조리된 음식 접시를 판매하여 그들의 고충을 덜어준다. 전통 음식이 주로 인기가 있으나 사이드 메뉴는 다양하게 변화를 줄 수 있다. 반드시 디저트도 포함시키고 미리 주문을 받는다.

• 추수감사절 전야 특별 메뉴

집에서 요리를 장만하는 가족모임을 위해서 추수감사절 전에 여유있게 식사할 시간을 제공한다. 추수감사절 전의 수요일에 할인이나 특별 메뉴를 제공한다. 추수감사절 이전에는 칠면조와 같은 요리를 제공하지 않는 것이 좋다.

크리스마스

- **산타클로스**

산타클로스를 레스토랑으로 초빙하여 아이들과 사진 찍을 기회를 마련한다. 산타클로스로 하여금 많은 사탕과 폴라로이드를 가져오도록 한다.

- **합창 공연**

성탄에 성가를 부르는 합창 공연만큼 성탄절 분위기를 조성하는 것은 없다. 지역의 학교나 교회 합창단을 초청하여 고객들을 위해 12월 내내 노래하도록 한다.

- **포장된 상품권**

상품권으로 휴일 장보기 분위기를 맞출 수 있다. 고객을 위해 좀더 노력을 하여 사전 포장을 한 것을 주면 매출을 올릴 수 있다. 12월에 상품권 좌판을 지역 쇼핑몰과 쇼핑센터에 세워 고객들이 이 상품권으로 돈이 부족한 모든 가족을 위한 선물을 고르게 한다.

- **쇼핑 고객을 위한 특별 메뉴**

크리스마스 쇼핑은 대단히 피곤한 일이기 때문에 식사를 할 곳을 찾게 된다. 당신 레스토랑이 주요 쇼핑 구역 가까이에 위치하고 있다면, 인근 상점의 영수증을 제시하는 사람들에게 할인을 해준다. 또한 그 상점들로 하여금 고객에게 저축을 촉구하도록 요청한다. 다른 대안은 인근 상점에서 쇼핑을 하는 사람들이 지불하는 각각의 1만 원, 2만 원, 3만 원에 대해서 음식 교환권으로 보상을 하게 한다. 음식 교환권으로 식사를 하거나 상품권을 구입할 수 있게 한다.

▣ 섣달 그믐밤(양력)

- **일찍 방문한 고객을 위한 특별 메뉴**

섣달 그믐밤 파티는 저녁 늦게 시작된다. 행사장에 일찍 온 사람들에게 저녁 특식을 제공한다. 손님들이 파티를 원활하게 시작할 수 있도록 모든 것을 경쾌하고 재미있게 진행한다.

- **패키지 판매**

섣달 그믐 저녁 패키지를 제공하기로 결정한다면, 반드시 예약하도록 한다. 이른 저녁식사를 제공한다. 다양한 오락을 마련하고 현금 바를 열어 둔다. 파티 선물을 이용할 수 있게 하고 레스토랑을 장식 리본, 풍선, 배너(광고 현수막)로 치장한다. 각 패키지마다 적어도 한 잔의 샴페인을 포함시킨다. 또 다른 가능성은 인근 호텔과 연계하여 패키지에 호텔방을 포함시킨다. 가장 중요한 것은 술을 마신 고객은 운전하지 못하도록 한다. 운전할 수 없는 사람들에게 저녁 내내 택시를 이용할 수 있도록 배려한다. 지정 운전자에게는 할인된 패키지를 제공한다.

▣ 다른 특별행사

다음의 특별행사들로 더욱 많은 마케팅 기회들을 얻을 수 있다. 다음 사항들을 고려해 본다.

- **전국 수프의 달(1월)**

수프 메뉴를 확대하여 고전 요리에 대한 일부 특이한 새 조리법이나 다른 시도들, 예컨대 치킨 누들 같은 음식을 포함시킨다. 고객들에게 월말에 어떤 수프를 메뉴에서 삭제하는 것이 나을지 투표를 부탁한다.

• **음력설(2월)**

이달에는 일부 아시아 음식을 첨가한다. 젓가락을 제공하고 식사마다 행운의 과자(fortune cookie)를 서비스한다. 메뉴에 좀더 전통적인 중국 요리를 포함한다. 아름다운 금룡(金龍)들로 실내를 장식한다.

• **초콜릿 칩 쿠키 주간(3월 5~11)**

이 기간에는 주방장이 다양한 쿠키를 만든다. 초콜릿 칩 쿠키를 여러 가지 모양으로 구워 고객들에게 판매한다. 혹은 고객들이 직접 초콜릿 칩 쿠키를 구워 만들게 한다. 이 경우 고객들은 선수가 되고 주방장은 심판을 맡는다.

• **전국 호두의 달(4월)**

피칸은 단순히 요리 위에 곁들인 것일 필요는 없다. 샐러드를 비롯하여 기존 조리법들의 일부에 맛있는 호두를 첨가한다. 그것을 창의적인 방식으로 이용하거나 땅콩을 호두로 교체한다.

• **전국 햄버거의 달(5월)**

패스트푸드 레스토랑이 아니라도 햄버거의 달을 기념할 수 있다. 속을 채워 넣은 버거, 후추열매 버거, 멕시코 버거 또는 베기 버거와 같은 최신 패티(다진 고기 등을 둥글납작하게 만든 요리) 작품을 만든다.

• **전국 바비큐의 달(5월)**

바비큐에 초점을 맞추고 있다면, 이달은 큰 파티를 열 수 있는 기회이다. 그렇지 않다면, 메뉴에 전통적인 미각을 첨가한다. 선수로 참가한 단골고객들과 인근 경쟁 레스토랑의 주방장과 바비큐 소스요리 경연대회를 개최한다.

- **전국 유제품의 달(6월)**

새콤한 크림, 아이스크림, 버터!

이달에는 아이스크림 국자를 다양하게 만들 수 있다. 그 외에 가장 인기 있는 메뉴들의 유제품적 측면을 강조하도록 노력한다. 신선한 빵에 바를 수 있는 특별 버터를 소개할 수 있는 달이 될 수 있다.

- **전국 블루베리 달(7월)**

이 달콤한 파란색 요리는 다양하게 이용할 수 있다. 블루베리 요리를 아침메뉴에 제공한다. 새로운 블루베리 디저트를 만든다. 블루베리를 장식물로 음료에 넣는다. 뷔페에 블루베리 요리를 추가한다.

- **복숭아의 달(8월)**

달콤한 복숭아는 8월의 후덥지근한 날씨를 잊게 하는 훌륭한 메뉴가 된다. 복숭아맛이 나는 아이스티를 제공한다. 복숭아 소스를 만들어 돼지고기 음식의 맛을 살린다.

- **겨자의 날(8월 3일)**

해피아워 중에 음료를 할인해 주고 겨자가 들어가 맛이 나는 해피아워 음식을 제공하여 이 날을 기념한다. 다양한 변형 겨자들(꿀 겨자, 갈색 겨자, 매운 겨자, 황색 겨자)을 제공한다. 겨자나 겨자씨가 재료로 필요한 음식을 8월 3일의 특별 메뉴로 제공한다.

- **닭요리의 달(9월)**

닭요리를 다양하게 제공하고 싶다면, 이달은 새로운 조리법을 시험할 수 있는 이상적인 기간이다. 사람들이 붉은 고기를 많이 소비하지 않게 됨에 따라, 점점 더 많은 사람들이 닭을 선호한다. 닭을 이용하여 여러 가지 방식으로 다양한 요리를 시도해본다. 기름에 튀긴 닭, 구운 닭, 찐 닭 등 고객은 가장 마음에 드는 것을 고를 수 있다.

- **꿀의 달(9월)**

  오늘날 가장 간과되고 있는 감미료에 이목을 집중시킨다. 디저트에 뿌리고, 일부는 차에 첨가하고, 닭을 꿀에 담가 요리하고, 또는 고객들이 사용할 수 있도록 식탁에 비치한다.

- **세계 채식주의자의 날(10월 1일)**

  이 날은 고기를 전혀 제공하지 않으며 단골고객에게 신선한 인상을 준다. 고기가 들어가지 않아도 맛이 있다는 것을 고객이 깨닫도록 일부 환상적인 채식요리를 만들어 시식하게 한다.

- **집에서 구운 빵의 날(11월 17일)**

  갓 구운 빵만큼 맛있는 냄새가 나는 것은 없다. 레스토랑을 매혹적인 빵의 향기로 가득 채운다. 고객이 맛볼 수 있는 신선한 빵을 다양하게 만들고, 곁들이는 음식으로 특별한 잼이나 꿀을 제공한다.

▣ 다양한 마케팅 요령

다른 경우에는 적합하지 않은 몇몇 레스토랑의 성공 요령은 늘 존재한다. 이 매뉴얼의 다른 요령들과 달리, 이를 시행하려면 돈이 더 들어갈 수 있다. 그러나 그것으로 인해 레스토랑 수입이 몇 배로 늘어날 수 있다. 다음 가능성들을 연구해 본다.

- **상점이나 서점 등을 함께 운영**

  많은 레스토랑들은 레스토랑의 컨셉에 적합한 상품이나 다른 아이템들을 파는 조그만 상점을 운영하고 있다. 사람들이 자리를 기다리거나 계산대에서 줄을 서 있을 때, 그들은 캔디, 셔츠, 장난감, 자질구레한 장신구를 고를 수 있다. 마케팅 대상 고객에 따라 어떤 상품을 판매할 것인지 결정한다.

- **상품을 개발할 것**

상점과 연계해서 레스토랑에서 판매할 일부 상품을 개발할 수 있다. 로고가 들어간 티셔츠, 야구 모자, 원통형 커피 찻잔은 모두 훌륭한 선물과 기념품이다. 일련의 요리기구를 명시하거나 특별 소스, 양념이나 심지어 주요리의 일부를 포장하여 레스토랑 이름으로 판매한다.

- **요리책을 만들 것**

당신의 레스토랑이 요리로 잘 알려져 있다면 멋진 조리법이 실린 요리책을 만들면 호응이 좋을 것이다. 요리책으로 수입을 얻으면서 레스토랑의 입소문을 낼 수 있다. 사람들은 조리법을 훑어보고 당신의 레스토랑을 방문하여 환상적인 요리를 맛볼 것이다.

- **연회와 파티를 유치할 계획을 세울 것**

영업을 신장하는 훌륭한 방법은 적극적인 특별 이벤트 연회, 대형 파티 같은 빅 이벤트들을 능동적으로 모색하는 것이다. 제공하는 음식의 종류, 분위기, 서비스 질의 윤곽을 제시하는 소책자와 세일즈 편지를 작성한다. 사람들에게 견본 바구니나 세일즈 키트를 보낸다. 새로운 시각으로 바라볼 수 있도록 연회와 대형 파티를 다룬다는 광고를 시작한다. 그러나 정기적인 충성고객을 방해하지 않도록 커다란 집단을 수용할 수 있는 공간을 확보한다.

- **출장요리 서비스를 시작할 것**

출장요리는 연회를 하는 것보다 좀더 할 일이 많다. 이동할 수 있는 종사원과 수송수단이 필요하다. 또한 출장요리 메뉴를 개발해야 한다. 그것은 전통적인 메뉴와 약간 다르거나 유사할 수도 있다. 가장 인기있는 출장요리 이벤트의 하나가 결혼식이다. 잔치메뉴를 선정하는 것을 돕기 위해 예비신부와 어느 정도 시간을 함께 보낸다. 수익성이 있고 경쟁적인 가격의 윤곽을 제시한다.

- **특이한 실내 장식을 선택**

처음 방문하여 둘러보았을 때 이전에 와본 적이 있다는 생각이 드는 것은 진부하다. 실내 장식은 레스토랑을 돋보이게 해야 하며 당신 자신과 음식, 종사원에 관하여 설명을 해야 한다. 보다 특이하게 만들라. 경쟁업소를 조사하고, 그들이 해놓은 것을 살핀다. 이들과 정반대의 것을 시도한다.

- **오픈 주방을 활용**

스시 바가 인기가 있는 이유는 고객의 눈앞에서 조리사가 음식을 조리하는 것을 직접 볼 수 있다는 점이다. 이로써 고객은 오락과 같은 식사시간을 즐길 수 있다. 당신의 레스토랑에서 스시를 취급하지 않으면 오픈 주방을 이용한다. 이때 주방은 항상 최고의 모습을 보여야 한다. 당신의 레스토랑이 진정으로 독특해지기를 원한다면 오픈 주방은 필수이다.

- **토론집단을 개발**

마케팅전략이나 레스토랑에 대대적인 변화를 일으키고자 한다면, 토론집단을 개발한다. 당신을 비롯해서 몇 명의 직원(서버 포함), 정기 고객들을 참석시킨다. 함께 변화에 관해 토론하고, 시식과 브레인스토밍 아이디어에 관해 이야기를 나눈다. 토론집단을 통해 변화에 영향을 줄 수 있는 모든 이들의 피드백을 수용할 수 있으며 결정적인 실수를 피할 수 있다.

- **음식, 서비스 등에 관해 고객 조사를 실시**

고객은 무엇보다 가장 중요하다. 레스토랑의 변화를 시도하려고 할 때, 당신은 고객이 만족하기를 원한다. 충성고객 조사를 시행한다. 전화로 조사하거나 서식을 만들어 기입하게 한다. 음식, 서비스, 분위기 등에 관해 질문한다. 고객이 이를 위해 시간을 할애한 것에 대해 보상하고 그들의 피드백을 경청한다. 이들 고객으로부터 일부 귀중한 제안이 창출될 것이다.

▣ 미래의 성공

본 매뉴얼에 있는 마케팅, 광고전략, 그리고 제안은 레스토랑의 매상과 고객을 극적으로 증가시켜 준다. 그러나 이것은 안내자일 뿐이다. 상상력을 풍부하게 활용하고 창의적인 능력을 가미하며 때로는 계산된 모험을 하는 것을 두려워하지 말아야 한다. 이를 위해서는 반드시 연구와 계획을 선행해야 한다. 마지막으로 번창하는 레스토랑의 미래 성공을 위한 몇 가지 지침을 소개한다.

- **반드시 영업 확장에 필요한 공간과 종사원들을 확보**

본서의 어떠한 아이디어라도 시행하기 전에 반드시 영업 확장을 수용할 수 있도록 종사원들과 공간을 확보한다. 많은 레스토랑 주인들은 더 많은 고객을 추가하는 것이 수익을 증가시키는 유일한 방법이라고 믿는다. 하루에 20명이나 50명의 고객을 더 수용할 만한 자원이 충분하지 않은 채 입장시킨다면, 고객은 길게 줄을 서서 기다리게 될 것이고 서비스는 형편없이 될 것이다. 이는 결과적으로 레스토랑에 대해 나쁜 홍보를 하는 것이다.

• **장단기 목표에 집중**

마케팅 성공의 열쇠는 장기적으로 생각하고 단기적으로 행동하는 것이다. 본질적으로 2년 뒤, 5년 뒤, 심지어 10년 뒤에 레스토랑이 어느 위치에 있기를 원하는지를 지금 이 순간에 결정하고, 그곳에 도달하는 것을 도울 수 있는 소목표들을 설정한다. 소목표들을 달성함에 따라 당신은 당신 자신과 레스토랑에 대해 더욱 만족하게 될 것이다.

• **고객의 기대에 부응**

고객의 기대에 부응하는 것은 무엇보다 중요하다. 고객에게 고품질의 음식과 신속한 서비스를 약속하고 평범한 음식으로 느린 서비스를 제공한다면, 많은 단골고객을 잃게 된다. 고객에게 당신이 실제로 제공할 수 있는 것 이상을 약속하지 말라. 오히려 고객이 기대했던 것보다 더 나은 서비스를 제공할 때, 고객은 당신에게 감동할 것이다. 고객이 기대보다 더 나은 경험을 하게 되면 그들은 자신의 친구들에게 당신의 레스토랑에 관해 얘기할 것이고, 나아가 더 많은 것을 기대하게 될 것이다. 종사원들과 당신은 계속해서 서비스를 개선시켜 나가야 한다.

행운과 성공적인 마케팅을 기원한다.

The FOOD Service Professional
GUIDE TO

2

레스토랑 마케팅 노하우

돈 들이지 않고 할 수 있는 레스토랑 판매촉진과 선전

The FOOD Service Professional GUIDE TO SERIES

INTRODUCTION

완벽한 분위기, 최고의 음식, 그리고 성실한 종사원만으로 레스토랑을 창업할 수 있지만, 제대로 홍보하지 않는다면 외식업은 실패할 수 있다. 광고와 판촉은 모든 사업에서 중요하나 특히 외식산업 성공에 있어 더욱 중요하다.

많은 사업자들은 광고를 어쩔 수 없이 하거나 지출하고 싶어 하지 않는 비용으로 간주한다. 주요 일간지에 광고를 싣는 경우 보통 표준 명함 크기의 흑백광고가 일주일에 10~100만 원 정도가 든다.

왜 레스토랑들은 광고캠페인에 투자하지 않는 걸까? 사실 이러지도 저러지도 못하는 상황 속에서 갈등하고 있는 경우가 많다; 광고를 할 경우 투자를 회수하지 못하는 수가 많고, 그렇다고 광고를 하지 않으면 그만큼 손실을 입을 수도 있기 때문이다.

이 장은 큰 돈을 들이지 않고도 레스토랑을 판촉할 수 있는 비밀을 알려준다. 아이디어나 실전 팁들은 레스토랑의 매출을 증대시키고 레스토랑의 입지를 확고히 하는 데 필요한 것들이다. 실제로 든 비용보다 마케팅 노력의 성과가 훨씬 크도록 해야 한다.

이 장에서 제시하는 모든 제안들은 시간을 들이지 않고 바로 적용해 볼 수 있는 것들이다. 더욱이 대부분의 제안들은 어느 레스토랑에서나 저렴하게 적용할 수 있는 컨셉들이다. 매출을 증대하기 위한 판매촉진 컨셉부터 언론에 광고하는 방법까지 모두 알려주고 있다.

본론으로 들어가서, 어떻게 하면 무료 광고를 할 수 있는지 가르쳐 줄 것이다. 돈 한푼 들이지 않는 방법! 다음 2가지 예를 보면 쉽게 이해할 수 있다.

- 일간 신문의 음식점 광고란을 펼쳐 멕시칸 레스토랑에 대한 작은 흑백광고를 보았다. 로고와 레스토랑을 소개하는 문구가 있고 영업시간과 전화번호가 나와 있다.
- 같은 신문에 푸드 컬럼니스트가 쓴 기사가 있는데, 내용은 동일 지역의 다른 멕시칸 레스토랑에서 모든 음식 판매 금액의 일부를 자선단체에 기부하는 행사를 하고 있다는 것이다. 푸드 컬럼니스트는 마지막에 그 레스토랑의 음식 맛이 좋았다는 평을 덧붙였다.

오늘밤 당신은 어디에서 식사하고 싶은가? 전혀 돈을 쓰지 않은 광고가 더 효과적이라는 것에 의심의 여지가 없을 것이다.

The FOOD Service Professional

레스토랑 마케팅 노하우

1 언론매체의 영향력

■ 성공을 높이는 공휴일 이벤트 헤드라인

공휴일은 가장 효과적인 마케팅도구 중 하나이다. 많은 상점들이 가을부터 크리스마스 상품들을 팔기 시작하고, 크리스마스 지나서부터 발렌타인데이(Valentine's Day) 상품을, 그리고 7월 중순부터는 할로윈데이(Halloween Day) 상품을 팔기 시작한다. 레스토랑 내에서의 판촉뿐만 아니라 레스토랑을 홍보하기 위해 외부 언론에 공휴일을 활용한다. 신문이나 라디오 방송국에 보도자료를 보내 편집인이 당신 레스토랑을 특집기사로 보도할 수 있게 한다.

본문에서 설명을 돕기 위해 가상의 레스토랑 이름인 '로즈'를 사용할 것이다. 다음은 언론에 레스토랑을 홍보하는 데 사용할 수 있는 12개의 헤드라인과 아이디어(한 달에 한 개)를 소개한다.

- **1월**

  "로즈 레스토랑은 새해 첫날 오전 11시에서 오후 9시까지 무료 떡국 파티로 고객들에게 행운을 선사합니다." 그 지역에 맞는 새해 음식을 제공한다.

- **2월**

  "발렌타인데이에 로즈 레스토랑에서 약혼하는 행운의 한 커플에게 결혼 및 신혼여행 패키지를 선물합니다." 돈이 많이 들 것 같지만 누군가 대신 돈을 지불해준다면 쉽게 해결된다. 제휴마케팅을 통해 패키지 관련 상품들(예를 들면, 무료웨딩케이크)을 기부하고자 하는 회사를 쉽게 찾을 수 있다.

- **3월**

"부활절 토끼가 로즈 레스토랑에서 무료 사진촬영과 부활절 달걀 색칠하기 대회를 진행합니다." 부활절 토끼 의상을 빌려서, 직접 토끼가 되보고 싶어 하는 고객들에게 폴라로이드 사진을 제공한다. 고객들은 테이블에서 부활절 그림이 그려진 달걀을 색칠해 25,000원 상당의 무료식사권을 얻을 수 있는 기회를 가진다. 식사권을 얻지 못한 사람들에게는 쿠폰이나 기념품을 증정한다.

- **4월**

"4월 21일은 과학의 날입니다. 로즈 레스토랑에서 식사하시고 과학박물관 무료입장권을 받으세요." 무료입장권은 제휴를 맺은 박물관에서 제공한다. 레스토랑은 돈 한푼 쓰지 않으면서, 박물관은 홍보 효과와 방문 고객을 증대할 수 있다.

- **5월**

"5월 21일, 부부의 날에 로즈 레스토랑에서 식사하신 분 중 행운의 한 커플을 추첨하여 호텔서울에서 낭만적인 하룻밤을 묵으실 수 있는 숙박권을 드립니다."

- **6월**

"배우자에게 화가 나셨습니까? 6월 14일, 키스데이를 맞이하여 로즈 레스토랑에서는 섹시키스 콘테스트를 개최합니다."

• **7월**

"7월 17일 ○○○ 대통령 로즈 레스토랑 방문", 이 행사를 위해 시내에서 닮은 사람들을 발굴한다. 만약 찾지 못했다면, 의상을 준비하여 종사원 중 한 명에게 입힌다. 레스토랑은 무료 광고 효과를 얻고, 고객들에게는 하룻밤 대통령을 함께 만날 수 있다는 즐거움을 제공할 수 있다.

• **8월**

"8월 15일, 광복절을 맞아 광복회원 및 동반가족에 대해 8월 14일부터 8월 16일까지 3일 동안 식사금액의 40%를 할인해 드립니다."

• **9월**

"로즈 레스토랑의 개학 맞이 행사에 아이들을 데려오십시오. 개학 첫주 동안 동반된 어린이 고객에게 무료식사를 제공합니다." 9월 14일은 포토데이이기도 하다. 커플사진을 가지고 레스토랑을 방문하는 연인들에게 무료 디저트를 제공한다.

• **10월**

"로즈 레스토랑에서 할로윈 의상 파티를 개최합니다. 가장 멋진 의상을 입으신 분에게는 10만 원 상금을 드립니다." 다음에는 저녁 내내 고객들의 의상을 폴라로이드로 찍어 1등에게는 10만 원의 현금을 지급한다고 공지한다. 입장권에 이름, 주소, 전화번호를 기재하는 것은 향후 홍보메일 발송을 위해 고객정보를 수집하는 좋은 방법이다.

• **11월**

"11월 한 달 동안 로즈 레스토랑에서 식사하는 고객이 100명이 될 때마다 10박스의 과일을 노숙자들에게 기증합니다."

- **12월**

"로즈 레스토랑에서 산타와 함께 하는 크리스마스 장식 행사에 참여하세요. 오실 때 불우 어린이들에게 줄 포장된 장난감 선물을 가져오시고 산타와 찍은 기념사진을 받아가세요." 사진, 산타의상, 그리고 고객들이 장식하는 크리스마스 트리는 고객들로 하여금 레스토랑에 대해 지역사회 발전에 기여하는 레스토랑이라는 좋은 인식을 갖게 만든다.

매체를 이용한 7가지 마케팅 비법

매체하면 떠오르는 대표적인 종류로는 TV, 라디오, 신문, 인터넷 등이 있다. 무료 또는 저렴한 레스토랑 광고 효과를 얻기 위해 이러한 모든 매체를 활용한다. 매체 전문가들은 기본적인 규정만 어긋나지 않는다면 제출한 보도 자료에 관심을 가질 것이다. 매체와 일을 할 때 알아두어야 할 7가지 비법을 소개한다.

- **보도 가치가 있는 정보 제공**

언론에 보도하는 정보는 광고가 아니므로 보도할 수 있는 뉴스 형식으로 쓰여져야 하고 뉴스꺼리로서 가치가 있어야 한다. 최고라고 자랑하거나 과장된 문구는 자제한다.

- **기사의 헤드라인을 현재 진행하고 있는 이벤트와 연결**

앞 장에서 배웠듯이 공휴일을 활용한 이벤트는 편집인들에게 유용한 기사거리가 될 수 있다. 그러나 만약에 경기가 열어있다면, 공휴일 이벤트 말고 어려운 경제상황과 관련된 아이디어나 슬로건을 활용한다.

- **지역 관점에서 제공**

레스토랑을 국제적으로나 국가적으로 선전하는 것보다 그 지역 내 인쇄물에 알리는 것이 더 좋은 효과를 얻을 수 있다. 레스토랑의 주고객은 그 지역의 주민과 그 지역을 방문하는 사람이기 때문이다.

- **육하원칙에 맞게 작성**

기사의 첫 번째 문장에 누가(who), 언제(when), 어디서(where), 무엇을(what), 왜(why), 어떻게(how)의 6가지 조건에 대해 명시한다.

- **표준 원고규정 준수**

어떤 종류의 기사든 간에 흰색 그리고 A4 종이를 사용한다. 편집인에 따라서는 우편을 선호하거나 또는 팩스를 선호한다. 첨부로 보내는 이메일은 부탁받지 않은 경우 되도록 피하는 것이 좋다.

- **다양한 연락처 제공**

편집인은 보내준 보도자료를 그대로 싣고 싶어하지 않을 수 있다. 오히려 기자를 시켜 당신과 통화하도록 하여 기사를 쓰게 할 수도 있다. 핸드폰 번호뿐만 아니라, 당신에게 연락할 수 있는 이메일 주소나 우편주소 등을 남긴다.

- **편집인의 전화 유도**

기사가 나올지 안 나올지 마냥 기다리는 것은 물론 힘든 일이다. 그리고 만약 기사가 실리지 않는다면 왜인지 궁금해지고 이유를 알고 싶어진다. 그러나 편집인에게 전화하는 것은 편집인들의 업무를 방해하므로 전화를 자제하는 것이 좋다. 잘못하면 편집인에게 찍히거나 앞으로 기사를 싣는 것이 어려워질 수 있기 때문이다.

지역사회 공헌을 통한 매출 증대

레스토랑을 선전하고 이익을 더 남길 목적으로 지역사회 활동에 참여하는 것에 대해 죄책감을 느끼지 않아도 된다. 대부분의 회사들은 후원사업을 관리하는 부서가 있고, 이 부서에서는 회사와 사회 모두에게 도움이 되도록 지혜롭게 업무를 수행한다. 지역을 후원하고 그 결과로 레스토랑의 매출을 활성화할 수 있는 8가지 판매촉진 방법을 소개한다.

- **헌혈행사에 동참**

  혈액사업본부에 전화해서 헌혈 차량을 레스토랑 주차장에 설치해 주도록 요청한다. 헌혈을 하는 고객이나 방문자들에게 쿠폰이나 무료 디저트를 제공할 수도 있다.

- **어린이병원 기부금 모금**

  고객들이 1년 동안 매월 1만 원(대부분의 사람들에게 부담 없는 액수)을 기부하는 행사를 한다. 일 년이면 한 사람당 12만 원이고, 만약에 100명이 기부를 한다면 1,200만 원을 모금할 수 있다.

- **어린이 스포츠팀 후원**

  대부분의 도시에 혜택을 받지 못하는 어린이 스포츠팀들이 있다. 모든 음식판매 금액의 1%가 꿈나무 어린이 스포츠팀에 기부된다는 보도자료를 배포한다.

- **집짓기 행사 참여**

  Habitat for Humanity[1]는 집을 필요로 하는 사람들에게 아주 짧은 시간에 도움을 주는 훌륭한 조직이다. 행사에 레스토랑 직원들이 자발적으로 참여하도록 하고 홍보효과를 극대화하기 위해 단기간에 10채의 집을 짓는 등 집중적으로 봉사한다.

---

1) www.habitat.org 어려운 이웃들이 살아갈 집을 지어주는 비영리 종교단체

- **책모으기 행사 실시**

새로 나온 어린이 책을 가져오는 모든 손님들에게 무료 디저트를 제공하고 모아진 책들은 지역 도서관에 기부한다.

- **난치병 퇴치를 위한 기금 모금**

암, 다운증후군, 에이즈 등 난치병과 관련된 기념일을 알리고 모아진 기금은 이러한 난치병 연구에 활용된다고 홍보한다.

- **폭력예방 기금 모금**

가정폭력, 약물남용, 10대 폭력 등의 사회문제들을 예방하는 기금을 모은다. 학교폭력대책국민협의회, 청소년폭력예방재단, 전국가정폭력상담소협의회 등에서 더 많은 정보를 얻을 수 있다.

- **안전을 위한 기금 모금**

화재안전, 총기안전, 어린이안전 등을 위하여 소방관, 경찰, CPR[2] 전문가 등을 초청하여 고객과의 만남행사를 마련하고, 참석한 고객들에게 스티커, 팸플릿이나 다른 아이템들을 나눠준다.

▣ 홍보용 경품행사

경품행사를 하는 것은 언론의 관심을 얻기에 충분하다. 경품 그 자체 말고는 별로 비용이 들지 않는다. 경품에 지불할 돈이 있다면 차라리 크게 광고를 하는 것이 낫다고 생각하는 사람도 있다. 그러나 꼭 그렇지만은 않다. 그 이유는 첫째, 경품행사는 광고보다 재방문고객을 더 많이 끌어들이기 때문이며, 둘째, 경품행사와 광고 중 경품행사를 하는 것이 더 저렴하기 때문이다. 다음을 생각해본다.

---

2) CPR은 cardiopulmonary resuscitation(심폐 소생술)의 약자로, 생명을 구하는 기본적인 응급 술식으로서 인공호흡, 외부에서 손으로 시행하는 심장 마사지 등으로 구성되어 있다.

- **경품 제조업자와 제휴**

  많은 회사들은 경품으로 쓰이는 물품을 제공하고 레스토랑 제휴 마케팅의 혜택을 얻는다. 자선활동과 연계해 판촉한다면 더 많은 포상과 경품을 협찬받을 것이다. 경품 판촉행사를 할 때마다 단지 지역 언론에만 홍보할 것이 아니라 다른 매체들도 참여하도록 유도한다. 타 대중매체 기자들이 경품행사에 꼭 참여하도록 해야 하는데, 그 이유는 대중이 많이 모이고 경품행사가 성황리에 개최된다면 많은 매체들은 그 행사를 취재하기 위해 기자들을 보내고자 할 것이기 때문이다. 제조업체나 대리점에게 행사에 참여할 수 있는지 물어보는 것은 전혀 손해가 되지 않는다는 것을 기억한다. 만약 자신이 없다면 당신이 접촉할 수 있는 가장 높은 직위의 책임자에게 편지를 보낸다.

▣ 접촉할 기자 알아보기

알리려고 하는 내용만큼 언론사의 누구와 얘기하느냐도 중요하다. 제대로 홍보하려고 한다면, 가장 영향력이 있는 기자를 찾아서 당신을 신뢰하게 해야 한다. 기자를 내 편으로 만들고 일년 내내 보도기회를 극대화할 수 있는 5가지 팁이 있다.

- **첫째, 찾는 사람이 누구인지 이해할 것**

  언론 기자들은 다양한 종교, 성별, 성향 다양한 지역 출신들로 구성되어 있다. 텔레비전, 라디오 그리고 인쇄물의 성격이 서로 많이 다르고, 기자들 각자의 기준과 요구사항을 가지고 있다.

- **둘째, 리스트를 만들고 재확인할 것**

  매체별 담당자 연락리스트를 만드는 것은 홍보전략의 시작이다. 제대로 된 리스트를 만들었다면, 매번 힘들게 부탁하지 않아도 기자들이 최근 기사거리를 얻기 위해 당신을 먼저 찾을 것이다. 리스트를 활용할 때는 이름에 오자가 없는지 현직에 있는 사람인지 등을 꼼꼼히 확인해야 한다. 퇴직한 지 2년이 넘은 편집인에게 기사를 보낼 수는 없기 때문이다.

- **셋째, 기자들에게 무료식사를 제공할 것**

무료식사나 특별행사에 기자들을 초대한다. 그렇게 함으로써 그들을 개인적으로 만나고 일종의 관계를 맺을 수 있다. 약간의 친절은 오랜 관계를 유지하는 데 도움이 된다.

- **넷째, 기자들이 오지 않는다면 당신이 찾아갈 것**

기자들이 초대를 거절하고 오지 않는다면 직원을 통해 편집인 및 직원들에게 무료디저트를 보낸다. 달콤한 것을 싫어할 사람은 아무도 없다.

- **마지막으로, 한곳에만 특종을 제공할 것**

하나의 미디어를 선택해—아마도 가장 광고효과가 있을 만한 곳에—보도 자료를 보낸다. 제공되는 정보가 누구에게나 제공되는 것이 아니라는 것을 정확하게 설명한다. 기사가 공개되면 구체적인 내용을 알고 싶어하는 다른 기자들이 찾아올 것이다. 이때는 원본 보도자료를 공개해도 좋다.

▣ 기자를 내 편으로 만드는 방법

대중에게 편파적인 보도를 하는 매체는 없다고들 알고 있다. 하지만 그건 틀린 말이다. 특히 외식산업에서는 대부분의 기사들은 기자들의 의견이 반영된다. 예를 들면, 외식전문 신문기자가 당신이 운영하는 레스토랑 컨셉에 관심이 없다면, 레스토랑을 취재하는 그 기자를 믿어서는 안 된다. 하지만 관심이 많은 기자라면 취재에 협조한다. 다음의 몇 가지 방법을 고려해 본다.

- **기자에 대한 정보 수집**

도서관에 가서 그 기자가 쓴 지난 몇 년간 및 현재의 기사를 검색해 본다. 기자의 성향을 파악하고 기자가 방문할 때마다 직원들로 하여금 특별히 신경쓰도록 주지시킨다.

- **약간의 광고비 지출**

기자들이 좋은 기사를 써서 레스토랑의 고객을 확보해주기 전에 당신이 먼저 신문사의 좋은 고객이 될 수 있는지 확인하는 기자들이 있다. 적어도 한 번이나 두 번 정도 작은 광고를 내본다. 신문사는 광고수입으로 운영된다는 것을 명심한다.

- **편견**

기자들 또한 사람이다. 공정한 기사를 쓰려고 노력하지만 약간의 편견이 더해질 수 있다. 외식산업의 기사는 개인 의견이 배제될 수 없는 분야이다. 매체에 기사를 싣거나, 또는 원하지 않는 다른 그룹들과 제휴행사를 하게 될 때 이 사실을 명심해야 한다.

▣ 매체 초청

텔레비전 및 라디오 방송국, 신문사의 종사자들 모두 즐거운 삶을 살고자 할 것이다. 파티에 대해 전혀 얘기해주지 않고 그들을 이벤트 특별 손님으로 초대한다. 이벤트에 대해 알고 오는 것보다 와서 직접 보고 듣는 것이 훨씬 더 효과적이기 때문이다. 다음은 홍보 효과를 높일 수 있는 몇 가지 제안들이다.

- **재밌고 별난 라디오 진행자 구하기**

방송국은 이벤트가 열리는 곳에서 방송을 진행하고 경품과 티셔츠를 나눠줄 것이다.

• **사회자로서의 책임감 부여**

지역 자선단체 활동들을 스포트라이트를 받게 함으로써 자선단체 활동과 선전을 동시에 할 수 있다.

• **지역 자선단체와 연계**

자선행사는 불치병 아이들의 소원을 들어주고 그들의 소원 중 하나를 실현하게 해준다. 소요되는 비용은 사전에 기부자를 찾아 해결한다. 방송국에 이 행사를 진행해줄 것을 요구한다. 예를 들면, 텍사스의 한 아이가 실제 하얀 눈을 보길 원했다. 텍사스에는 눈이 많이 오지 않기에 라디오 방송국은 전문 인공눈 제조기술자를 고용하여 아이가 일어나기 전에 그 집 마당에 하얀 인공눈을 채운다. 방송국의 디제이는 그 광경을 생방송으로 보도하여 모든 사람들의 가슴을 눈녹이듯 감동시킬 수 있다.

▣ 레스토랑 내부에서의 광고선전

레스토랑을 이미 방문하고 있는 고객들을 대상으로 판매촉진할 수 있는 방법에 대해 관심을 갖는다. 레스토랑을 방문한 고객들에게 선전 캠페인을 하는 것은 새로운 고객을 끌어들이는 것만큼 중요하다. 레스토랑 판촉의 목적은 고객들이 다음 번에 재방문하도록 하는 데 있다. 다른 고객들이 재미있어 하고 즐거워하는 것을 보게 된다면 자연히 레스토랑에 대해 좋은 첫인상을 갖게 될 것이다. 다음은 고객들이 입구에 들어설 때, 첫인상을 좋게 할 수 있는 몇 가지 아이디어들이다.

• **액자**

지역신문에 보도된 레스토랑에 대한 기사를 오려 액자를 만들어 건다. 로비의 한쪽 벽을 이런 내용으로 채우면 고객들이 들어오는 순간 액자들을 보게 될 것이다.

- **인용문구 사용**

  레스토랑에 대해 고객이 좋은 평을 했거나 기자들이 좋게 보도했다면, 고객과 기자들에게 허락을 받고 그들이 했던 말을 홍보물에 인용한다.

- **이벤트 사진**

  모든 판촉 이벤트에서 즐거운 순간들을 사진으로 기록한다. 많은 레스토랑들이 사진들을 로비의 벽에 걸거나 레스토랑 실내에 장식하고 있다.

▣ 인상적인 로고 활용

이벤트를 매체를 통해 무료로 홍보하고자 할 때, 선전과 함께 사용할 수 있는 효과적이고 전문적인 레스토랑 로고를 준비하는 것이 좋다. 아래는 레스토랑의 스타일과 분위기를 전달하는 브랜드 이미지를 사용해 고객수를 늘리는 5가지 방법을 소개하고 있다.

- **로고는 전문적으로 디자인**

  저렴한 가격으로 전문적인 로고를 만들 수 있다. 이런 투자는 그 이상의 가치를 제공한다. 외식업에서 로고는 일반적인 것들과 차별화되게 만들어야 하며, 때로는 추상적인 것이 더 기억에 오래 남는다. 인터넷을 통해 로고제작 전문업체를 찾아본다.

- **레스토랑 로고 새기기**

  로고를 너무 지나치게 사용해선 안 된다. 냅킨 및 간판, 카드, 성냥, 메뉴 등에 로고를 새긴다. 이렇게 할 경우 레스토랑 방문 후에 로고가 오래도록 기억 속에 남게 된다.

- **티셔츠 판매**

보스턴의 오리지널 치어스(cheers) 바에서 치어스 로고가 새겨져 있는 특별한 티셔츠가 벽 전체에 걸려있는 것을 발견할 수 있다. 하드락 카페도 같은 방법을 사용한다. 고객들이 티셔츠를 입을 때마다 해당 레스토랑은 무료 선전을 할 수 있다. 가장 중요한 것은 눈에 띌 만한 로고이다.

- **휴대용 컵 제공**

많은 레스토랑들이 재사용할 수 있는 플라스틱 어린이용 컵을 제공한다. 어른들 또한 이런 선물을 좋아하는데, 물을 마시려고 컵 선반을 열 때마다 로고를 보게 될 것이다.

- **프리스비(frisbee)에 음식 제공**

여름동안 로고가 새겨진 프리스비(던지는 원반)를 뒤집어 그곳에 음식을 서빙한다.

The Food Service Professional

레스토랑 마케팅 노하우

2 꼭 알아두어야 할 판촉전략 기초

판촉의 기본

외식사업에서 제공하는 음식을 판촉하고 선전하는 데 꼭 알아두어야 할 것들이 있다. 다음을 항상 기억해둔다.

- **선전과의 차이점**

  선전은 매체보도를 말한다. 반면에, 판촉은 사람들이 레스토랑을 방문하도록 만드는 다양한 수단들을 말한다.

- **판촉전술들**

  경쟁사에 대해 연구하고 그들의 아이디어를 변형하여 적용하고 알아차리지 못하게 한다.

- **정기적인 판촉활동**

  한두 가지 판촉만으로는 고객들이 레스토랑을 기억하기 힘들다. 항상 지켜보는 고객들 앞에서 사업을 지속적으로 영위해 나가기 위해서는 가능한 한 자주 그리고 더 크게 판매촉진 활동을 해야 한다.

▣ 칵테일 시간 활성화

먼저 칵테일 시간의 진짜 의미를 정의해 본다. 몇몇 사람들은 칵테일 시간이 고객들을 흥분시키는 뮤지컬 시간 또는 파티시간, 아니면 반대로 고객을 잠재우는 시간이라고 생각한다. 하지만 이와는 반대로 칵테일 시간은 동료들이 와서 업무 중에 일어난 좋은 일, 속상한 일 등 모든 것에 대하여 얘기하고 해소하는 시간이라고 할 수 있다. 또한 거래를 성사시키는 시간이다. 많은 기업의 간부들은 크고 중요한 거래를 성사시키기 위해 칵테일 시간에 고객들과 회의 약속을 한다. 그렇다면 칵테일 시간을 어떻게 성공적으로 활성화시킬 수 있을까? 다음의 아이디어를 시도해 본다.

- **긴장을 풀 수 있는 특별한 음료 제공**

  반값의 음료, 우산으로 장식한 음료나 아주 큰 사이즈의 음료는 분위기를 상승시키고 고객들의 얼굴에 웃음을 가져다준다.

- **과대 서빙은 금물**

  바텐더와 서비스종사원들은 칵테일 시간 손님들에게 관심을 갖도록 하고, 특정손님에게 과대 서빙하는 것을 삼간다. 대부분의 사람들은 기다리는 동안 약간의 스낵과 단지 한두 잔의 음료를 원한다.

- **스낵을 무료로 제공**

  그릇에 가득 찬 땅콩이나 피스타치오를 주거나, 아니면 애피타이저 스페셜 뷔페를 제공하는 것에 상관없이 고객들은 칵테일 음료를 즐길 것이며 저녁식사 때까지 앉아 있게 될 것이다.

- **편안한 분위기 제공**

  칵테일 시간은 생음악 연주나 요란한 음악을 연주하는 시간이 아니다.

사람들은 그 시간에 긴장을 풀며, 음악이 너무 커서 사람들이 의사소통을 할 수 없다면 돈을 낭비하는 것이다. 조명 밝기는 평상시보다 약간 어둡게 하고 분위기를 친근하게 한다. 이러한 요소들이 칵테일 시간을 성공적으로 이끄는데 매우 중요한 요소이다.

- **칵테일 시간은 많은 돈을 버는 시간이 아님을 기억**

장기적으로는 돈을 벌 수 있게 해주지만 그 순간은 아니다. 어떻게 돈을 벌 것인가? 만약 사람들이 칵테일 시간에 충성심이 있다면 정기적으로 방문할 것이고, 레스토랑의 바(bar)는 사람들이 특별함을 느끼기 위해 방문하는 장소가 될 것이다.

- **서비스종사원들의 기억력 높이기**

서비스종사원들이 고객들과 친근한 관계를 유지하도록 한다. 고객들과 자연스럽게 농담을 주고받을 수 있는 분위기가 되도록 한다. 서비스종사원들이 고객들의 이름을 더 많이 기억할수록, 더 많은 고객들이 소속감을 느끼고 매일 혹은 매주 레스토랑을 방문하여 돈을 쓸 것이다.

▣ 손님들의 요구사항에 대한 대응

오피스 빌딩에서 근무한 적이 있다면, '오늘 점심을 어디서 먹을까?' 라는 질문을 들어본 적이 있을 것이다. 오피스의 어디에서나 듣게 되는 가장 흔한 질문이다. 상사가 시키든 그렇지 않든, 직원이 주문들을 모아서 한 레스토랑에 주문하는 것이 일상화되어 가고 있다. 고객이 점심메뉴에 대해 더 이상 고민하지 않으면서 이익을 가져다주는 몇 가지 해답이 있다. 다음의 방법들을 따라해 본다.

- **레스토랑 홍보**

가까운 주차장에 가서 직원들이 자동차의 앞유리에 전단지를 배포한다.

• **맞춤 고객서비스**

기업의 사장들과 경영자들을 위해 특별한 판매촉진 패키지를 만들 수 있다. 또한 직장 동료들이 은퇴하거나 승진될 때 단체고객들을 수용할 수 있는 넓은 연회석이 완비되어 있다는 것을 알린다.

• **시식**

근처에 아주 큰 사무실이 있다면, 오후 출출한 시간에 주요리, 애피타이저나 디저트를 들고 방문한다. 모든 사람들이 먹을 만큼 충분한 양을 제공할 필요는 없다. 단지 몇 사람만이 시식하고 얼마나 맛있는지 알게 하면 된다.

• **고객이 주문할 때마다 광고**

새로운 건물에서 누군가 첫 번째로 배달 주문을 했다면, 다음 번 배달 주문에 사용할 수 있는 쿠폰을 보낸다. 모든 피자박스에 붙이는 쿠폰처럼 쿠폰에는 이름과 전화번호가 있어야 한다. 유효기간을 명시하는 것은 쿠폰이 조만간 현금화될 것을 의미한다.

• **왜 당신을 선택해야 하는가?**

이 질문에 답하는 것은 쉽다. 고객들에게 맛있는 음식, 고객들을 유혹하는 무료 샘플, 칵테일 시간 판촉, 즐겁고 여유로운 분위기 등의 서비스를 제공하기 때문이다. 최고의 선택속성이 무엇이든지 간에 당신이 최선을 다하는 만큼 고객들을 끌 수 있다.

▣ 풍선을 활용한 매출 증대

풍선은 저렴하지만 축제 분위기를 띄우기에 최고이며 레스토랑의 부가적인 매출을 가져다 줄 수 있다. 풍선은 모든 사람들의 식사 분위기를 밝게 돋보이게 해주고 아이들을 행복하게 해준다. 특히 아이들은 모든 모양, 크기, 색깔의 풍선을 좋아한다. 어린이에게 풍선은 고급스러울 필요는 없고 단지 풍선을 채우는 것만으로 충분하다. 만약 풍선 캠페인을 하고자 한다면, 가장 바람직한 방법을 배운다.

- **헬륨 사용**

  자주 사용하지 않을 것이므로 헬륨기계를 대여한다. 기계를 사용하는 것과 직원들이 풍선을 부는 것과는 고객들의 눈에 큰 차이가 있을 것이다.

- **특별한 것으로 풍선 채우기**

  풍선의 좋은 점은 충전하는 가스에 제한이 없다는 것이다. 물 풍선을 만들 수도 있고 풍선 안에 경품을 채울 수도 있다. 풍선 안에 쿠폰이나 작은 플라스틱 장난감을 넣어 고객들에게 나눠주고 고객들마다 경품을 받을 수 있게 한다.

- **풍선에 회사이름 새기기**

  약간의 비용으로 레스토랑의 이름을 새긴 풍선을 대량으로 구입한다. 또는 풍선을 사서 불어 이벤트하기 전에 레스토랑 스탬프를 풍선 위에 찍는다.

- **배포 장소**

  문에서 나눠주거나, 테이블에 놓아두거나, 아니면 테이블로 가져간다. 재밌는 효과를 더 할 수 있는 곳에 풍선을 뭉치로 놓아둔다. 더 나아가서 법적으로 문제가 없다면 지붕에 풍선들을 매다는 것도 생각해 볼 수 있다.

▣ 재방문 유도

새로운 고객들을 확보하는 것은 쉽지만, 계속해서 고객들을 재방문하도록 하는 것이 진짜 전략이다. 최고의 서비스와 친절한 종사원들만으로 충분하지 않다. 오늘날 고객들은 선택의 폭이 너무 넓기 때문이다. 고객들이 다른 곳이 아닌 당신의 레스토랑을 선택하는 아주 좋은 이유가 있어야 한다. 어떻게 다른 업체들과의 경쟁에서 이기고 동시에 성공을 확신할 수 있는가? 다음의 가능성들을 생각해 본다.

• 펀치 카드 사용

고객들이 방문할 때마다 펀치해 주는 고객 재방문 카드를 이용할 수 있다. 예를 들면, 두 번째 방문 이후에 고객들은 10% 할인을 받을 수 있게 하고, 5번째 방문시에는 1인분을 주문하면 다른 1인분의 식사를 무료로 제공받을 수 있다. 고객들이 재방문할수록, 무료 디저트, 무료 애피타이저 등의 인센티브 가치는 증가한다.

• 재방문을 위한 쿠폰

이러한 쿠폰은 부메랑효과를 가져온다. 고객들은 레스토랑에 방문하고 다음 방문을 위한 쿠폰을 가지고 떠난다. 쿠폰은 고객들이 사용할 수 있는 현금과 같기 때문에 심리적인 효과가 있다. 다음 번 저녁식사 때 고객들은 유사한 경쟁 레스토랑에서 더 많은 돈을 지출하려고 하기보다 레스토랑에서 쿠폰을 사용하여 절약하려고 할 것이다.

• 실수 정정

주문이 잘못되거나 오랫동안 서비스종사원이 고객들에게 신경을 쓰지 않거나, 분위기가 적절하지 않거나 하는 실수들은 항상 발생한다. 이럴 때 어떻게 할 것인가? 먼저 사과를 하고 재방문하도록 고객에게 식사 초대권을 준다면 고객들은 무료식사를 거절하지 않을 것이다. 고객이 재방문했을 때에는 최고의 서비스종사원이 그 고객을 서비스하도록 한다.

호텔을 이용한 레스토랑 판촉

다른 도시를 방문해 지역호텔에 머무를 때 여행자들은 식사할 장소 정보를 어디서 구할까? 대부분 호텔에서 정보를 얻는다. 많은 방문객들은 호텔 룸서비스를 통한 주문으로 방에서 식사하는 것보다는 외출해서 그 지역의 음식을 경험하는 것을 선호한다. 대부분의 호텔들은 방마다 전화번호부를 비치해 놓지만, 많은 호텔들은 그 지역 레스토랑과 연계를 맺고 호텔 고객들에게 특정 레스토랑을 소개하고 있다. 호텔 투숙 고객들을 확보할 수 있는 두 가지 방법이 있다.

- **호텔의 특별한 리스트에 레스토랑 이름올리기**

  대개의 경우 호텔 콘시어지(concierge)[3]는 고객들에게 제공할 특별한 엔터테인먼트와 식당정보에 대한 리스트를 가지고 있다. 콘시어지에게 레스토랑의 이름을 리스트에 올려달라고 요청한다.

- **레스토랑 홍보물이나 메뉴 제공**

  많은 호텔들은 투숙객들을 위해 각 방마다 레스토랑들의 메뉴를 비치해 둔다. 홍보물이 지저분해지거나 잘못 놓이는 것을 대비해서 충분한 양을 제공한다. 물론 메뉴 홍보물을 바인더에 예쁘게 담아서 호텔에 제공하도록 한다.

3) 특급호텔에서 주로 볼 수 있는 서비스로서 고객의 개별적이고 특별한 요구사항을 해결해주는 서비스를 말함

▣ 단체고객 유치

고객들은 흔히 단체고객을 수용할 수 있는 레스토랑을 찾는 데 어려움을 겪기도 한다. 12명 정도의 단체라 할지라도 미리 예약을 하지 않는다면 장소를 못구하거나 한참을 기다려야 할 때도 있다. 웨딩파티나 동창모임 같은 대형 단체고객들은 어떠한가? 그들 또한 레스토랑에서 행사를 치루는 것을 좋아한다. 많은 광고비용을 지출하지 않고도 향후 레스토랑 영업을 크게 활성화시켜 줄 이러한 단체고객들을 어떻게 유치할 수 있을까? 다음과 같이 해본다.

- **사람들에게 홍보**

  12명 이상 또는 레스토랑의 최대 수용인원만큼 충분히 수용할 수 있는 넓은 공간을 가지고 있고 단체 손님을 환영한다는 사실을 많은 사람들에게 알린다.

- **특정 그룹 방문**

  지역 내에 대기업들의 지사가 있다면 직접 찾아가 담당자를 만나고 레스토랑이 이벤트를 주최하고 싶어한다는 것을 알린다. 좋은 고객이 될 수 있다고 생각되는 모든 기관과 단체를 접촉한다.

- **단체고객을 위한 메뉴가격을 정하고 제한된 메뉴 제공**

  이렇게 하면 고객의 비용을 다소 절약해 줄 수 있고, 주방의 조리사들과 서버들이 음식을 사전에 준비하는 것을 용이하게 한다.

- **프린트 자료 제공**

  전화가 도움이 되기도 하지만 행사가 있기 2개월 전에 통화했다면 그룹이 모임장소를 물색할 시점에는 당신 레스토랑의 이름을 기억할 수 없을 것이다. 레스토랑 관련 프린트 자료물을 만들어 제공한다.

• **홍보자료 제작**

레스토랑에 대한 개요, 위치, 단체고객들에게 제공하는 서비스와 혜택 등을 설명하는 브로슈어를 소프트웨어 프로그램(예 : Microsoft Publisher 등)을 이용하여 스스로 제작한다. 또는 전문적인 디자인 업체를 이용한다.

• **별실 마련**

단체손님들은 대개 아주 떠들썩하다(가장 조용한 그룹일지라도 때로는 시끄럽다). 단체고객들에게 조용히 해달라고 하는 것보다 단체손님들을 따로 서비스할 수 있는 별도의 공간을 마련해 다른 손님들의 식사를 방해하지 않도록 한다.

• **특별한 관심과 서비스**

대형 파티를 주최할 때 단체고객들만을 위한 종사원들을 배치한다. 종사원들은 단체고객과 일반고객들을 함께 서비스하지 않는다.

• **업무회의 유치**

많은 기업들이 몇 개의 회의실을 가지고 있지만 종종 임원들의 긴급회의가 있을 때 회의실이 이미 모두 예약된 경우가 많다. 이런 회의를 위해 장소를 제공할 수 있다는 것을 알린다. 기업들을 직접 방문하여 소개한다.

• **단체손님의 운전기사들을 위한 프로그램 설계**

단체고객들이 저녁식사를 할 때, 각 단체의 지정 운전기사들에게 무료 음료(무알코올)를 제공한다.

▣ 음악으로 분위기 연출

칵테일 시간은 생음악을 위한 시간이 아니지만, 적절한 시간에 적절한 방법으로 사용한다면 음악은 레스토랑 영업에 긍정적인 영향을 미칠 수 있다. 미국의 경우 1980년대로 거슬러 올라가면 일반적으로 샘(Sam)이라고 불려지는 레스토랑은 입소문으로 유명한 샘의 잼(Sam's Jam)을 여름에 개최하는 것으로 유명했다. 샘 레스토랑은 아주 커다란 주차장을 가지고 있었는데, 매월 주말에 한두 번씩 주차장을 폐쇄하고 음악밴드 콘테스트를 개최했다. 고객들은 음악을 듣기 위해 돈을 내지는 않았지만 많은 음식과 술을 주문했다. 고객들은 이른 시간부터 레스토랑에 식사하러 와서 늦은 밤까지 머물렀다. 밴드는 대중에게 즐거움을 제공하기에 충분한 재능이 있는지 먼저 심사된 후에 공연하게 했다. 음악을 활용할 때 해야 할 것과 하지 말아야 할 것들이 있다.

- **생음악 밴드는 사전심사 실시**

  재즈를 즐기기 원하는 사람들은 헤비메탈 밴드를 원하지 않을 것이고, 반대로 헤비메탈을 즐기는 사람들은 재즈 밴드를 원하지 않을 것이다.

- **한가한 시간 때나 칵테일 시간은 피하기**

  관중들이 뮤지컬 이벤트를 원할 때나 즐거운 시간을 원하는 사람들이 많을 때 밴드를 고용한다. 썰렁한 빈 방에서 연주하고자 하는 음악가들은 없을 것이다.

- **손님들의 참여 유도**

  가라오케는 음악 밴드를 대체할 수 있는 좋은 아이디어이다. 가라오케 기계를 많이 사용할 계획이라면 초기에 투자비가 들어도 가라오케 기계를 사는 것이 현명하다. 그러나 가라오케 기계를 구입하기로 결정하기 전에 먼저 기계를 대여해서 고객들이 사람들 앞에서 노래부르기를 좋아하고 용기가 있는지를 알아본다.

- **공연자들이 그 지역에서 널리 알려져 있지 않다면 무료입장**

 만약에 이것이 밴드의 첫 공연이라면 고객들은 어설픈 공연에 돈을 내고 행복해 하지 않을 것이다.

▣ 오늘의 특선요리

오늘의 특선요리는 정기적으로 재방문하는 고객들을 유지하는 데 큰 부메랑 효과가 있다. 제공하는 음식의 종류와 시간에 관계없이 오늘의 특선요리를 활용할 수 있다. 아침, 점심 및 저녁의 모든 메뉴에 오늘의 특선을 선보일 수 있다. 고객들은 오늘의 특선 때문에 레스토랑을 방문하고 정해진 날에 좋아하는 음식들이 특별한 가격으로 제공되는 것을 좋아한다. 매출을 증대하고 재방문 고객의 수를 늘릴 수 있는 몇 가지 오늘의 특선 아이디어를 소개한다.

- **파스타 월요일(Pasta Mondays)**

 일주일 중 특정일에 고객들이 선호하는 특정메뉴를 할인된 가격으로 제공한다. 지역신문에 작은 광고를 게재하여 오늘의 특선요리를 소개할 수도 있다.

- **입소문**

 일반 메뉴만을 제공하지 말고 일주일 동안 제공될 오늘의 특선메뉴를 소개하는 테이블텐트[4]를 고객들이 확인하도록 한다. 서비스종사원들이 특선메뉴들을 기억하도록 해서 고객이 오늘의 특선에 대해 물을 때 요일별 특선메뉴를 잘 설명하도록 한다.

---

[4] 텐트 모양으로 테이블 위에 세워 놓는 홍보물

- **일관성 유지**

이번 주 월요일에 파스타 메뉴를 특선으로 제공했다면 다음번에도 월요일에 제공하는 것이 바람직하다. 고객들에게 신뢰를 주기 위해 항상 일관성을 유지하도록 노력한다.

- **인기없는 메뉴는 삭제**

만약 파스타 월요일에는 특선메뉴를 주문하는 사람들이 많지만, 수요일에는 당일 특선메뉴인 샐러드를 주문하는 고객이 별로 없다면 수요일 특선메뉴에 대해 다시 생각해 볼 필요가 있다. 종사원이나 조리장의 의견을 참조한다.

▣ 어린이 고객 유치

대부분의 레스토랑들은 레스토랑 분위기가 아이들에게 적합하지 않기 때문에 어린이 고객들에게 음식 서비스를 하지 않는다. 그러나 많은 외식 전문가들은 어린이 고객들을 중요하게 생각하는데, 그 이유는 아이들이 "엄마, 나 그 레스토랑에 가고 싶어요."라고 부모를 매우 성가시게 하기 때문이다. 많은 부모들은 어쩔 수 없이 아이들의 뜻을 따르게 되어 있다. 어린이 고객을 위한 몇 가지 아이디어를 제시한다.

- **크레용 준비**

크레용과 인터넷에서 구할 수 있는 색이 칠해지지 않은 아이들의 얼굴 그림을 준비한다. 어린이를 동반한 고객이 올 때마다 아이들을 집중시킬 수 있도록 4개의 크레용과 색이 칠해지지 않은 그림을 제공한다. 색칠한 그림을 집에 가지고 가도록 하거나 매월 무료 디저트를 제공하는 '어린이 색칠대회'에 참여시킨다.

- **편안한 분위기**

어린이들은 오랫동안 앉아있질 못한다. 좌석이 딱딱하고 불편하다면 시간은 더욱 짧아진다. 어린이들을 위한 부스(아이들은 부스를 좋아한다)에 앉히거나 다른 고객들이 어린이들로 인해 방해받지 않도록 조금 떨어진 곳에 아이들의 공간을 만든다.

- **다양한 모양의 음식 준비**

괴물모양의 치킨 너겟이나 자주 색깔의 케첩을 바른 감자튀김 등을 준비할 수 있다. 베이컨 눈썹과 해쉬 브라운 머리카락을 가진 계란 프라이 등 다양한 아이디어를 적용해 본다. 남자 및 여자 어린이 모두가 좋아할 수 있는 모양을 만드는 것이 좋다. 왜냐하면 남자아이들은 괴상하고 이상한 것을 좋아하고, 여자아이들은 귀엽고 예쁜 것을 좋아하는 경향이 있기 때문이다.

- **장난감 준비**

크레용 및 그림과는 별개로 레스토랑은 어린이에게 개별적으로 레스토랑 밖에 있는 보물상자에 다녀올 수 있는 기회를 제공한다. 보물상자는 다이소와 같은 1,000원 숍에서 대량으로 구입한 장난감들로 가득 채워 놓는다. 장난감들 중에는 벌레가 붙어있는 인형 등도 함께 섞어 놓으면 과반수의 어린이들은 장난감 선택을 연기하기 쉽다.

▣ 경품의 매력

공짜로 뭘 얻는다는 것은 아마도 지구상에서 가장 훌륭한 컨셉 중의 하나일 것이다. 고객들에게 경품을 전달할 수 있는 방법을 찾는다면, 고객들이 레스토랑에 계속해서 재방문하는 것을 보게 될 것이다. 여러 가지 방법이 있겠지만,

가장 효과적인 경품 판촉방법을 소개한다.

- **어린이에게 무료식사 제공**

다음의 두 가지 방법을 이용할 수 있다. 어른 한 명 식사 때 어린이 한 명 무료식사 제공 또는 어린이에게 무조건 무료식사를 제공한다. 많은 레스토랑들은 창문에 '어린이 무료식사 제공'이라는 판촉문구를 붙여놓기도 한다. 매일 무료식사를 제공하고 싶지 않다면, 일주일 중 하루 저녁을 선택할 수 있다. 예를 들면, '화요일에는 어린이 식사 무료'

- **생일 맞은 어린이에게 무료 디저트 제공**

어른들도 특별한 날에 한 조각의 무료 케이크를 받는 것을 좋아한다. 몇몇 레스토랑들은 테이블의 모든 사람들이 맛보기에 충분한 크기의 작은 케이크를 무료로 제공하기도 한다.

- **지역 이벤트에 참여할 수 있는 무료 티켓 제공**

대부분의 이벤트들이 무료이지만, 부가적인 인센티브로서 모든 식사 고객에게 티켓을 나눠준다. 가능하다면 티켓 뒷면에 다음 번 방문에 10% 할인을 해준다는 할인 도장을 찍어준다.

- **무료식사 제공**

많은 패스트푸드 레스토랑에서는 종사원이 고객에게 영수증 주는 것을 잊어버리면 고객들에게 식사를 무료로 제공한다. 종사원들을 항상 긴장하게 하면서 고객들을 행복하게 할 수 있는 이와 유사한 인센티브를 개발할 수 있다. 예를 들면, "종사원이 고객들에게 오늘의 특선요리를 말씀드리지 않았다면 무료 디저트를 제공합니다." 이런 방법은 고객들의 관심을 끌 뿐만 아니라(고객들은 종사원들이 실수하는지를 지켜본다) 고객들은 레스토랑의 부가적인 판촉행사에도 관심을 가질 것이다. 가끔은 고객들에게 무료 디저트를 제공하기 위해 일부러 실수를 해보는 것은 어떨까?

▣ 레스토랑 명함

만약 제대로 디자인했다면 레스토랑 명함은 큰 보상을 해줄 수 있는 가장 중요한 수단이다. 그렇게 되면 명함은 고객의 지갑 속에 항상 머물게 될 것이다. 문제는 많은 레스토랑들이 고객에 나눠주는 명함을 유인물로 생각하지 않는다는 것이다. 이것은 커다란 실수이다. 명함은 법조인이나 의사와 같은 전문직 종사자들만이 사용하는 것이 아니다. 명함은 광고와 판촉의 조금 비싼 형태의 미니어쳐 버전이다. 작긴 하지만 당신의 명함을 특별한 선전 패키지로 사용하는 몇 가지 방법을 소개한다.

• 명함을 광고판으로 활용

지역 전체에 광고판을 붙이는데 수십만 또는 수백만 원의 비용을 사용할 수 있는 예산이 있다면, 광고판을 어떻게 디자인할 것인가? 틀에 박힌 정보를 담고 있는 표준 명함일 필요는 없다. 광고판 명함은 원하는 어떤 형태로든 만들어질 수 있다.

• 중요한 문구 강조

명함에 캐치프레이즈를 넣고 굵은 글씨체로 강조한다. 명함의 어떤 내용은 다른 내용들과 구별되게 부각시키고 싶을 때가 있다.

• 특별하게 제작

다른 명함들과 차별화하기 위해서는 색다르게 만들 필요가 있다. 보통의 명함보다 작거나 크게 만들 수 있고, 혹은 동물이나 음식 모양처럼 아주 특별한 방법으로 디자인한다. 명함을 CD롬에 인쇄할 수도 있다. 명함

CD는 고객이나 잠재고객에게 메시지를 전달하는 좋은 방법이다. 대부분의 명함 CD는 일반 CD드라이버에 적합하고, 음악, 비디오, 텍스트에 충분한 정도의 용량을 가지고 있다.

- **독특한 질감 이용**

특이한 명함을 수집하는 고객들의 관심을 끌 수 있도록 하는 또 다른 좋은 방법은 독특한 질감을 갖도록 한다. 부드러운 실크, 거친 나뭇결 혹은 지그재그 등의 질감을 사용할 경우 레스토랑의 이름을 오래 기억하게 하는 데 큰 효과가 있다.

- **미니어처 메뉴 제작**

명함 크기의 명함을 만들 수 있지만 실제로 접는 미니어처 메뉴로 바꿀 수 있다. 카드의 안과 뒷면에 애피타이저나 디저트, 또는 오늘의 특선요리 등 특정 메뉴를 삽입할 수 있다.

▣ 레스토랑을 판촉하기 위한 사무용품 패키지

대부분의 레스토랑은 로고나 판촉문구가 새겨진 선전물들이 외부로 나갈 때 브랜딩이 얼마나 중요한지 깨닫지 못한다. 선전물들이 몇 일 후나 몇 분 후에 버려질지라도 활용할 수 있는 마케팅 도구로 고려되어야 한다. 종이용품을 도시 전체의 오피스 빌딩이나 집에 주요한 비품으로 만드는 몇 가지 방법이 있다. 냉장고에 부착하는 피자 판매촉진 마그네틱을 얼마나 많이 받았는가? 사람들이 무엇을 먹을지 결정할 때, 가장 먼저 보는 곳 중의 하나가 냉장고이다. 냉장고 앞보다 더 좋은 장소는 무엇일까? 다음은 판촉용품으로도 사용하고 대중에게 레스토랑의 이름을 알리는 몇 가지 방법이 있다.

- **명함정리기**

점심고객으로 직장인들이 많은 레스토랑이라면, 고객들의 명함정리기에 끼워 넣을 수 있는 무료카드를 배부한다. 비서들이 점심시간에도 일하는 수많은 임원들을 위해 급하게 점심식사를 준비할 때, 명함정리기는 요긴할 수 있다. 또한 당신의 카드가 다른 카드와 구별되게 하기 위해 카드의 탭(tap)은 밝은 색깔을 사용하도록 한다.

- **엽서 캠페인 실시**

엽서 캠페인은 비용 측면에서 지역 고객들에게 접근하기 위한 매우 효율적인 방법이다. 우체국에서 미리 스탬프가 찍힌 엽서를 사서 캠페인에 대해 프린트 한 후에 고객들에게 보내면 된다. 지역의 기업체 명단은 지역 상공회의소에서 구할 수 있고, 고객들이 레스토랑을 방문하도록 유도하기 위해서 엽서에 쿠폰을 동봉할 수도 있다.

- **뉴스레터**

고객 의견카드에 이름과 주소를 기입함으로써 고객들은 뉴스레터를 받아볼 수 있다. 뉴스레터에 레스토랑이 위치한 도시의 다가올 모든 이벤트와 엔터테인먼트 뉴스를 강조할 수 있다. 물론 레스토랑에 대한 괜찮은 광고(쿠폰과 함께 또는 쿠폰없이)도 항상 싣는다. 전자 뉴스레터를 보내기 위해서는 레스토랑의 웹사이트를 통해 고객의 이메일 주소를 수집한다. 전자 뉴스레터는 100 또는 100,000통의 이메일을 보내도 전혀 비용이 들지 않는다는 장점이 있다.

- **테이크아웃 용품들에 인쇄**

레스토랑에서 음식을 포장해가는 고객들이 많은 경우 테이크아웃용 봉투나 포장지 등에 고객들이 이용할 수 있는 판촉 쿠폰이나 메뉴를 함께 인쇄한다. 테이크아웃 고객들 전용 주차공간을 제공하거나 자동차 안에서 주문할 수 있는 드라이브 드루(drive-thru) 창구를 만든다. 배달사원을 생각해 볼 수도 있다. 고객들이 서비스에 쉽게 접근하도록 한다.

▣ 교차 판촉 가능성

경쟁자들과 전쟁할 필요가 없다. 때로는 지역시장 마케팅을 위해 그 지역 내 다른 사업자들과 협력하는 것도 좋은 방법이다. 교차 판촉은 캠페인 비용을 다른 사업자들과 공동으로 나누는 방법으로 결과적으로 두 업체 모두 이익을 얻을 수 있다. 먼저 판매하는 음식과 무엇이 잘 어울리는지를 결정해야 한다. 피자를 주문하면 피자박스에 비디오 대여 쿠폰이 들어 있는 것이 전혀 이상하지 않는 것처럼, 많은 비디오 대여점들에는 피자쿠폰이 쌓여 있다. 제휴를 할 수 있는 기타 방법과 교차 판촉하는 몇 가지 아이디어가 있다.

- **영화와 저녁식사**

  연인들은 데이트할 때 대부분 저녁식사와 영화를 계획한다. 지역 영화관과 접촉해서 고객들에게 서로의 점포를 이용할 경우 가격을 할인해 주는 쿠폰을 제공하도록 한다.

- **어린이들 장난감 가게**

  어린이를 고객으로 생각하는 레스토랑인 경우 할인쿠폰을 제공하는 장난감 가게와 제휴할 수 있다.

- **지역 테마공원**

  서울랜드, 롯데월드, 에버랜드 등 이들 테마공원들은 음료수 캔, 전단지, 음식 쿠폰 등에 광고를 많이 한다. 레스토랑 고객들에게 시즌권 할인 쿠폰을 제공하고 대신 레스토랑 홍보물에 테마공원 행사 중에 하나를 인쇄해 준다.

- **타회사와 제휴**

단골고객 프로그램이나 할인카드가 있는 다른 사업자를 알고 있는가? 많은 슈퍼마켓들은 다른 사업자들의 행사나 이벤트를 홍보하는 쿠폰을 고객 영수증 뒷면에 인쇄하기도 한다. 극장이나 영화관 티켓도 생각해 볼 수 있다.

▣ 관광명소로서의 레스토랑

관광수입은 테마공원이나 유명관광지에 의해서만 발생하는 것이 아니다. 만약 관광객들을 위한 아래 9단계 마케팅을 적용해 본다면, 이들로부터 관광수입을 올릴 수 있다.

- **택시**

택시기사들을 잘 대접한다. 그러면 그들은 모든 승객들에게 당신의 레스토랑을 추천할 것이다. 차 안에 활용할 수 있는 로고가 새겨진 머그잔을 나눠주고, 승객들에게 나눠줄 수 있는 쿠폰카드와 미니 메뉴를 제공한다. 고객들이 5개의 쿠폰을 가져올 때마다 택시기사들에게 무료식사 쿠폰을 우편으로 발송한다.

- **호텔 콘시어지**

콘시어지를 친구로 만들 수 있다면 레스토랑에 고객들이 몰려드는 것을 발견하게 될 것이다. 콘시어지는 매년 수많은 방문자들에게 식사장소를 추천하는 직접적인 정보제공자이다.

- **컨벤션 뉴스**

만약 도시가 1년 동안 수많은 컨벤션을 개최할 수 있을 정도로 크다면, 컨벤션 행사에 참여할 수 있다. 어떤 그룹이 컨벤션에 참석하는지 스케줄을 확인하고 주최자와 직접적으로 접촉해 참석자들에게 쿠폰과 미니 메뉴를 제공한다.

• **민트 초콜릿**

여행 중 침대 베개 위에 예쁘게 놓여 있는 민트 초콜릿을 발견한다면 기분이 좋아진다. 호텔 투숙객에게 제공할 민트 초콜릿에 레스토랑의 로고를 새겨 지역 호텔에 무료로 나눠준다. 인터넷을 통해 맞춤식 초콜릿을 주문할 수 있다.

• **객실문 행거**

만약 호텔이 '방해하지 마세요(Do Not Disturb)'라는 객실 문에 거는 행거를 아직 준비하지 못했다면, 레스토랑의 로고와 전화번호를 함께 인쇄한 행거를 무료로 제공한다.

• **상공회의소**

상공회의소의 출판물에 광고하고 멤버로 가입하는 것보다 네트워크를 더 잘할 수 있는 방법은 없다. 여행자들은 종종 직접 상공회의소에 찾아가거나, 상공회의소에 전화를 걸어 그 지역 정보를 얻고자 한다.

• **항공기 기내식**

텍사스의 신규 항공사는 지역 요리사가 비행기의 기내식을 제공하도록 했고, 어떤 항공사는 심지어 어린이들이 좋아하는 패스트푸드 체인으로부터 어린이용 식사를 제공받고 있다고 한다. 항공사와 계약을 체결하게 되면, 당신 레스토랑은 최고의 항공기 기내식이 될지도 모른다.

• **셔틀버스 운행**

지역 공항 근처에 호텔들이 많다면, 방문기간 동안 렌트카를 빌리지 않은 호텔 투숙객을 위해 매일 밤 1회에서 2회 정도 호텔과 레스토랑을 왕복하는 무료 셔틀버스를 운행한다.

온라인 홍보

인터넷은 비즈니스를 위한 금광이다. 광고, 홍보와 선전하는 데 비용이 거의 들지 않으면서 전 세계의 사람들에게 다가갈 수 있다. 이보다 더 좋은 것이 있을까? 만약 온라인 사이트가 없다면, 당신은 더 이상 존재할 수 없다. 모든 사람들은 웹사이트를 가지고 있고, 원하면 무료로 웹사이트를 만들 수도 있다. 판매를 촉진하고 온라인에 레스토랑의 이름을 알릴 수 있는 8가지 실제 방법들이 있다.

- **검색엔진에 등록**

  검색엔진에 URL을 등록하지 않았다면, 당신의 사이트는 절대 찾을 수 없을 것이다. 인터넷에 도메인 등록기관을 방문하여 레스토랑 사이트 주소를 한 번 등록하면, 당신의 정보는 기타 주요 검색엔진을 포함한 다양한 검색엔진에 전달될 것이다.

- **배너 광고**[5)]

  레스토랑 이름이 위치해야 할 관련된 사이트에 배너 광고를 넣는 경우 고객들이 당신 사이트로 방문하기 위해 실제로 클릭할 때만 비용이 계산된다. 또는 레스토랑 사이트에 다른 회사의 배너 광고를 실을 수도 있다.

- **지역 웹사이트 파트너십**

  대부분의 큰 도시는 해당 도시의 웹사이트를 가지고 있어 그 지역 사업자들에 대한 광고 및 배너 광고를 실을 수 있다.

---

5) 인터넷 홈페이지 한쪽에 레스토랑의 이름이나 관련 내용을 띠 모양으로 만들어 부착하는 그래픽 이미지 광고. 마치 현수막처럼 생겨 배너(banner)란 명칭으로 불림.

- **전 세계의 관중**

www.travelocity.com과 같은 여행자를 위한 웹사이트에 레스토랑 사이트를 광고해 전 세계 관광객을 끌어들인다. 또한 모든 무료 예약 사이트에 레스토랑 정보를 올린다. 어떤 검색엔진에서나 '레스토랑 예약'이라는 검색어를 치면 레스토랑을 찾을 수 있도록 한다.

- **온라인 주문**

웹사이트에 테이크아웃 주문서를 만들어놓고, 온라인 주문이 들어올 때마다 알려주도록 한다.

- **온라인 전자상거래**

하드록카페와 같은 테마 레스토랑에서는 로고가 새겨진 모자, 티셔츠 등을 온라인으로 판매한다. 레스토랑 로고를 전 세계에 알릴 수 있는 좋은 방법이라고 볼 수 있다. 어떤 레스토랑들은 샐러드 드레싱, 소스, 빵 그리고 갈비 등을 전 세계에 배송 판매하기도 한다.

- **이메일 광고**

자동 응답시스템은 방문자들의 이메일 주소를 포착해서 이메일을 통해 고객들에게 레스토랑을 홍보할 수 있다. 고객이 의견카드 작성시 고객의 이메일 주소를 꼭 남기도록 한다.

- **온라인 뉴스레터**

수천 명의 수신자를 가진 온라인 뉴스레터를 활용한다. 필요하다면 약간의 비용을 지불하고 레스토랑에 대해 광고해 줄 것을 요청한다. 많은 온라인 뉴스레터는 웹사이트에 온라인 뉴스레터 배너 광고를 실어주는 조건으로 제안을 받아들여 줄 수 있다.

▣ 효과적인 마케팅 기술

대중의 마음 속에 다가가는 새로운 마케팅 기법을 찾고자 할 때 때로는 간결함이 가장 핵심이 된다. 레스토랑을 판촉하고 선전효과를 높일 수 있는 5가지 방법을 더 소개한다.

- **파격적인 메뉴가격 인하**

  점심에 치킨 샌드위치를 1,000원에 판매하고 다른 아이템들은 모두 제 가격으로 판매한다. 모든 사람들이 치킨 샌드위치를 시키지 않을 것이며, 만약 다른 메뉴를 선택하면 음료와 사이드 메뉴 모두 정상가격을 지불하게 된다. 신규 고객을 창출하고 신메뉴를 홍보하는 데 좋은 방법이라고 할 수 있다.

- **고유판매 제안**

  비즈니스는 고유판매 제안(Unique Selling Proposition)이 있어야 한다. 저렴한 가격, 고품질의 해산물 등…… 다른 곳에서 얻을 수 없는 차별화된 속성을 의미한다. 이것이 바로 고객이 원하는 상품을 얻기 위해 꼭 방문하도록 레스토랑을 포지셔닝하는 전략이다.

- **고객 설문 조사**

  고객의 이메일 주소를 활용할 수 있다면 레스토랑에 대한 장점과 단점 등을 묻는 고객 설문지를 발송한다. 어떤 서비스가 추가되길 원하고 개선되길 원하는지 고객의 의견을 듣는다.

- **간이 매대 설치**

  손님들이 방문하기 어렵다면 손님들에게 찾아간다. 점심시간의 바쁜 지역에 간이 매대를 설치하거나, 식당차를 가져가 식사를 제공한다. 배달사원을 두는 것도 고려해 본다. 건설인부들은 특히 이러한 서비스를 고마워할 것이다.

The Food Service Professional

레스토랑 마케팅 노하우

3 영업 활성화를 위한 대담한 선전

얼마나 대담해져야 하는가?

일반적으로 '나쁜 선전만한 것이 없다'라고 말한다. 영화에서는 사실일지 모르나 실제 세상에서는 대중의 의견이 큰 힘을 발휘한다. 선전의 효과는 대단한 힘을 가진다. 간염 발생이나 식중독 전염은 좋지 않은 PR이다. 그러나 부정적인 캠페인이 마술처럼 전체 지역사회에 재미난 일로 변하게 하는 방법이 있다.

- **대담성**

  영업을 활성화하는 가장 좋은 방법 중의 하나는 약간 대담하게 접근하는 것이다. 어떤 관측이 일반적으로 대중과 매체의 눈을 사로잡는가를 보면 대개 엉뚱하고 별난 것들이다.

- **엉뚱함을 선전**

  주요 대중매체가 당신의 아이디어를 실어주지 않는다고 걱정하지 않아도 된다. 여전히 상당하게 많은 고객들을 확보할 수 있을 것이다. 어떻게 하면 될까?

- **입소문**

  사람들이 레스토랑을 방문하도록 하는 아주 자발적인 인센티브이다. 친구들이 레스토랑에 대해 언급하거나, 사람들이 레스토랑에 대해 일반적으로 이야기한다면 한 사람당 적어도 10명의 다른 사람들에게 당신 레스토랑을 입소문으로 홍보할 수 있다.

▣ 경쟁자들에게 전쟁 선포

모든 사람들은 특히 건설적이면서 깔끔하고 재미있는 말다툼을 좋아한다. 중요한 포인트는 어느 누구도 경쟁자가 당신 계획에 대해 이미 알고 있고 그 이벤트에 동의했다는 사실을 알아서는 안 된다. 미리 알아버린다면 흥미는 줄어들고 재미가 사라지게 될 것이다. "어떻게 그럴 수가 있지?"라는 충격적인 반응이 중요하다. 그런 다음, 지역사회가 지지해주기 시작하고 충성고객을 놓고 전쟁이 시작될 때, 당신은 경쟁자와의 전쟁을 즐기고 있는 것처럼 보이도록 한다. 다음은 경쟁자와의 선포된 전쟁을 돕는 몇 가지 아이디어이다.

- **경쟁사와 합의**

  경쟁사와의 합의 없이 '즐거운 전쟁'을 시작하기는 어렵다. 계획에 기꺼이 참여하고자 하는 유사한 경쟁 레스토랑을 찾는다.

- **계획서 입안**

  문서로 작성된 제안서를 상대방의 관리자와 오너에게 제공하면 서로 의아해 하는 일은 없을 것이다. 크게 다른 편에 손해를 끼치지 않는 한, 몇 가지 작은 기습공격을 하기로 동의하는 것도 재미있을 것이다.

- **시기 결정**

  '전쟁'은 가장 적합한 시점에 일어나야 한다. 일반 고객들이 주말 외식 계획을 세울 때쯤이 좋을 것이다. 따라서 월요일에 시행해 본다. 사람들은 금요일이나 토요일 저녁이 되는 시점에는 아마도 잊어버릴지도 모른다.

- **대중매체 참여**

재미있는 이벤트를 계획한다면, 그 내용을 보도해줄 매체를 초대하기 전에 보도자료를 내보낸다. 경쟁 레스토랑 간에 별난 콘테스트 등도 개최할 수도 있다.

- **전쟁 시작**

전쟁 전략에 따라 일반 고객들이 보는 앞에서 다툼을 시작할 사람을 미리 찜해 놓을 수 있다. 생각지 않았던 다른 사람이 전쟁을 시작해준다면 더 좋을 수도 있다.

- **홍보**

이 도시에서 당신의 버거(burger)가 최고라고 말하는 대신에 예를 들면, "밥스(Bob's)의 버거보다 더 맛있는"이라는 경쟁사와 직접적으로 비교하는 슬로건을 사용한다. 물론 밥(Bob)도 똑같이 광고할 것이다. 그러나 모두가 재미있어 하는 전쟁이 될 것이다.

- **고객들의 참여 유도**

다투고 있는 그림이 그려진 재미있는 자동차 범퍼 스티커, 핀 혹은 티셔츠를 무료로 나눠주거나 판매한다. 또한 지역의 유명 장소에서 레스토랑 티셔츠를 입고 찍은 사진을 가져온 고객들에게 무료 디저트를 제공한다.

- **마그네틱 교환**

좋아하는 피자 브랜드의 마그네틱을 냉장고문에 붙여 놓은 적이 있을 것이다. 경쟁업체 중 한 곳의 마그네틱을 가져와 당신 레스토랑 마그네틱으로 교환하는 고객들에게 식사 할인쿠폰을 제공한다.

- **전화번호부 찢어오기**

  전화번호부에 실린 경쟁업체들의 광고를 찢어서 가져오는 고객들에게 쿠폰을 나눠준다.

엉뚱하고 별난 판매촉진

때로는 전쟁에서 이기기 위해서는 극단적인 수단을 동원할 필요가 있다. 몇몇 유명한 바와 그릴들은 고객들의 옷을 걸도록 하고 바의 카운터에 올라가 춤추고 노래하게 하는 것으로 알려져 있다. 기대하지 않았던 판매촉진을 통해 고객들을 놀라게 하면서 만족시키는 판촉방법들을 제시한다.

- **인라인 스케이트**

  드라이브인 햄버거 레스토랑인 소닉(Sonic)[6] 종사원들만이 인라인 스케이트를 타고 주차장을 오고가며 음식 서비스를 제공하는 것은 아니다. 어느 정도의 위험을 감수할 수 있다면, 서비스종사원들이 레스토랑 내에서 인라인 스케이트를 타고 음식을 제공하도록 한다.

- **정장 차림 출입금지**

  항상 똑같은 차림으로 레스토랑을 방문하는 고객들을 보면 때로는 지루하다고 느껴지지 않는가? 어떤 레스토랑은 실제로 남자의 넥타이 차림을 허용하지 않기도 하고, 누군가 대담하게 실내에서 넥타이를 맨다면, 바의 뒷면 벽에 타이를 트로피처럼 걸어 놓는다.

- **연인들을 위한 세레나데**

  커플들이 다정하게 저녁을 즐기러 오는 장소라면, 커플들이 저녁식사를

---

6) www.sonicdrivein.com.

하는 동안 그들을 위해 세레나데를 노래해 줄 가수를 고용한다. 레스토랑 내부를 걸어다니면서 커플들을 위해 노래를 부르게 한다. 이러한 서비스는 고객들에게는 부가적인 보너스이다.

- **구두닦이 서비스**

  레스토랑에 옛날 스타일의 구두닦이 공간을 마련한다면 점심시간의 회사원 고객들은 좋아할 것이다. 점심식사 후 단조로운 업무 일상으로 복귀하기 전에 다시 한번 긴장하게 해주기 때문이다.

- **보름달의 공포**

  보름달이 뜰 때가 되었다면 으스스한 밤에 즐길 수 있는 특별한 판매촉진을 계획하여 고객들을 초대한다. 흥미를 더하기 위해 종사원들은 늑대 의상을 입는다.

- **윤년 행사**

  윤년은 4년에 한 번씩 일어난다. 따라서 하룻밤 정도 레스토랑 내부가 밖으로 변하는 '윤년 야외파티'를 선전한다.

▣ 건강메뉴 제공

오늘날 사람들이 과체중이라고 말하는 것은 무례하게 들릴지도 모른다. 그러나 우리는 매년 급성장하는 다이어트 산업을 보고 있다. 사람들이 맛있는 빵과 밥을 열망하는 만큼이나 건강과 잘 만들어진 몸매를 원한다. 사람들이 여전히 레스토랑에서 즐거움을 느끼고 재미를 즐기면서 체중과 건강한 몸매를 유지하는 데 도움을 줄 수 있는 방법은 없을까? 아주 쉬운 방법이 있다! 바로 레스토랑에서 건강식 메뉴를 제공하는 것이다. 주변 사람들에게 이러한 내용을 알리고, 지역의 외식 전문기자와 신문사를 접촉한다. 지역의 헬스 센터에 전단지를 배부하여 홍보한다. 또한 다음의 기회들을 고려한다.

- **채식 메뉴**

  채식주의를 선호하는 사람들이 이전보다 많아지고 있다. 고객들은 레스토랑에서 몇 가지 채식 메뉴를 제공해준다면, 생각하는 것보다 훨씬 더 감사해 할 것이다. 채식 메뉴는 다양한 형태로 제공하도록 하고, 유제품을 먹지 않는 채식주의자들도 고려한다.

- **다이어트 스페셜**

  다양한 다이어트 스페셜 메뉴를 제공한다. 예를 들면, 웨잇와처(weight watchers)[7] 프로그램은 포인트 시스템을 가지고 있다. 웨잇와처 종사원들로 하여금 레스토랑에서 제공하는 식사에 대해 '포인트' 가치로 평가하도록 하고, 포인트 정보를 메뉴에 추가한다.

- **탄수화물 또는 무탄수화물**

  또 다른 건강 유행으로는 탄수화물에 중독되는 것과 탄수화물을 기피하는 것이다. 따라서 접시에 하나 가득 탄수화물 메뉴를 제공받기를 원하는 고객들과 탄수화물을 전혀 원치 않는 고객들을 위한 스페셜 메뉴를 제공할 수 있어야 한다.

- **건강 메뉴**

  유명인사들과 부유한 사람들은 건강식품들을 집으로 배달시켜 먹는데 많은 돈을 지출한다. 많은 고객들도 레스토랑 메뉴에서 이러한 건강 메뉴를 보길 원할 것이다.

---

[7] www.weightwatchers.com 미국에서 상업적으로 판매되는 다이어트 프로그램

- **반접시 스페셜**

지난 10년 동안 식사량은 2배 이상 늘어난 것으로 추정된다. 식사 접시의 크기도 커졌다고 한다. 고객들에게 칼로리 양을 반으로 줄일 수 있는 반접시 스페셜을 제공해 본다.

- **건강식 애피타이저 제공**

대부분의 다이어트 성공사례를 보면 많은 사람들이 체중 감소를 돕기 위해 저녁식사 전에 건강 스낵을 먹는다. 고객의 건강을 촉진하고 매출을 증대시키기 위해 옵션으로 건강식 애피타이저를 제공한다.

▣ 혁신적인 독서인 상

우리나라뿐 아니라 전세계의 모든 교육자들이 가장 중요하게 생각하는 것 중의 하나가 바로 독서이다. 우리나라에도 들어와 있는 미국의 피자 레스토랑 체인인 피자헛과 같은 많은 레스토랑들은 젊은 세대들이 더 많은 책을 읽도록 하기 위해 독서 프로그램을 스폰서한다. 유행을 선도하고 젊은이들에게 독서가 최고의 우선순위가 되도록 돕는 몇 가지 방법을 소개한다.

- **진행상황 공지**

독서 캠페인을 진행하는 동안 모두가 볼 수 있도록 레스토랑 내에 참가자의 이름과 진행상황을 전시한다는 것을 알린다. 이것은 참가자들이 경쟁에서 이기기 위해 더 많은 책을 읽도록 부추길 뿐 아니라, 참가자들 본인이 얼마나 잘하고 있는지 확인하기 위해 레스토랑을 자주 방문하게 할 것이다.

- **이정표마다 깜짝 선물 준비**

참가자들은 매번 10권(숫자는 당신이 정한다)의 책을 읽은 후에 무료 아이스크림이나 어린이 메뉴를 제공받게 될 것이다. 피자헛은 독자들이 스스로 독서량 목표를 정하도록 하고, 아이들은 목표를 달성했을 때 개인용 피자를 무료로 받는다.

- **최고의 승자**

각각 나이대에 따라 승자를 정한다. 대표적인 서적판매 회사로부터 도서상품권 등을 협찬받아 최고 승자에게 경품으로 제공한다.

레스토랑의 비밀 레시피 공개

고객들은 레스토랑에서 맛있게 먹었던 메뉴의 조리법에 대해 궁금해한다. 이러한 고객들을 대상으로 조리법을 직접 가르쳐 주는 판매촉진을 해볼 수 있다. 여기서 말하는 비법은 케이에프씨(KFC)의 비밀 레시피를 말하는 것이 아니라 고객들에게 부담 없이 소개해줄 수 있는 내용을 말한다. 다음에 몇 가지 아이디어를 소개한다.

- **요리교실 개최**

고객들이 가장 좋아하는 메뉴의 요리법을 소개하기 위해서 레스토랑의 요리사나 요리전문가를 활용한다. 메뉴의 건강조리법을 가르쳐주는 요리교실을 생각해 볼 수도 있다. 요리교실은 영업이 한가한 시간을 활용하며, 다른 영업에 방해되지 않도록 한다.

- **정찬 테이블 셋팅하는 법 강의**

많은 사람들은 정찬 파티를 준비하는 방법을 알고 싶어한다. 저녁 식사 시간 이전에 고객들에게 냅킨을 접는 법, 그릇과 실버웨어 배치법, 음식을 돋보이게 하는 장식을 준비하는 법, 아름다운 센터피스를 디자인하는 법 등을 가르친다.

• **케이크 만들기**

케이크 데커레이션은 인기있는 강좌이며, 고객들과 상호 작용함으로써 고객을 알아갈 수 있는 재미있는 시간이다. 고객들이 직접 집에 가져 갈 케이크를 만들게 하고 고객의 가족을 초청해 약간 할인된 가격에 식사를 하고 갈 수 있도록 한다.

• **세계 음식 즐기기**

'세계의 맛' 캠페인을 개최하는 자선단체들처럼, 레스토랑에서 이러한 행사를 개최할 수 있다. 스페셜 이벤트에 고객들을 끌어들이기 위해 초대장을 보내거나 또는 레스토랑에 오는 고객들에게 초대장을 배부한다. 전 세계적으로 유명한 애피타이저, 주요리, 디저트로 구성된 특별한 메뉴를 정한다. 개인적인 아이디어를 반영하고 독특한 연출과 스타일을 만들어 본다면 더욱 즐거운 행사가 될 것이다. 또한 와인 테스팅의 밤, 샴페인의 밤 등도 고려해 본다.

▣ 방송출연 또는 신문기고

외식업 경험이 풍부하거나 비교적 짧은 시간에 성공을 했다면, 스스로를 외식경영 전문가로서 자리매김할 수 있다. 당신의 전문성을 판매하여 레스토랑 판촉을 해 본다.

• **텔레비전 방송국과 접촉**

대도시, 지역 방송국은 시청자들에게 매주 최신 정보를 제공해 줄 수 있는 전문가를 찾고 있다. 대개 주 중에 한두 번씩 의학에 대한 최신 뉴스를 전해주는 의사를 예로 들 수 있다. 지역의 음식과 레스토랑 뉴스를 홍보하기 위해 방송국 PD를 직접 찾아가 아이디어를 전달해 본다.

- **지역신문도 같은 방법으로 접촉**

큰 도시라면 아마도 주중이나 일요일 신문의 한 면 전체가 음식에 대한 뉴스로 가득 차 있는 것을 보았을 것이다. 견본 칼럼을 써서 외식전문기자에게 보내본다. 칼럼이 마음에 들면 신문사는 그것을 기사화할 것이다. 만약 외식면에서 고정적으로 한 칼럼을 맡게 된다면, 레스토랑은 지속적으로 무료선전이 될 것이다.

▣ 할리우드 연출

할리우드는 남자 및 여자, 아이들을 포함하여 거의 모든 세대의 사람들이 열광한다. 좋아하는 스타들이 무엇을 입고, 어디에 가고, 누구랑 데이트를 하는지를 보기 위해 몇십 년 동안 텔레비전에 집착해 왔다. 이러한 상황을 영업 활성화에 활용한다.

- **종사원들의 유명 연예인 복장**

종사원 스스로 선택하도록 한다. 복장은 가수, 영화배우, 시트콤 주인공 또는 만화영화 주인공 등이 될 수 있다.

- **과거로 돌아가기**

레스토랑의 실내 인테리어를 과거 모습으로 바꾼다. 종사원들은 20년대, 50년대, 60년대, 70년대 혹은 80년대의 사람처럼 옷을 입힌다. 또한 실내 분위기도 그 시대에 맞게 꾸미고 그 시대에 맞는 음악으로 완성한다.

- **고객들의 참여**

금요일은 50년대의 밤, 화요일은 20년대의 밤, 토요일은 60년대의 밤이라고 광고한다. 고객들은 경품을 타거나 식사 할인혜택을 받기 위해서는 그 시대의 복장을 하고 와야 한다.

▣ 고객들과의 게임 진행

게임은 모든 레스토랑에서 환영받을 수 있다. 고급 레스토랑에서 패스트푸드 레스토랑까지 모든 사람들은 게임에서 이기면 뭔가 받을 수 있다는 것에 매력을 느낀다. 작은 경품조차도 고객들을 기쁘게 할 수 있다. 맥도날드는 해피밀을 이용하고 있고, 미국 내의 거의 모든 패스트푸드 레스토랑들도 이를 모방하고 있다. 아이들은 감자칩이나 너겟보다는 장난감을 가지고 싶어한다. 작은 봉투를 열어 경품을 찾으려는 마음은 어른들이나 아이들이나 똑같다. 고객들과 게임을 즐기고, 고객을 행복하게 만드는 방법들을 소개한다.

- **퀴즈 게임**

고객들과 함께 퀴즈 게임을 할 수 있다. 인터넷 검색을 통해 문제들을 만든다. 맞히는 답의 개수에 따라 수준을 매긴다. 첫 번째 수준에 도달하면 할인쿠폰을 제공하고, 두 번째 수준은 1인분을 주문하면 다른 1인분은 무료로 제공되는 쿠폰, 세 번째 수준에 도달하면 무료 디저트나 애피타이저를 제공한다. 마지막으로 최고의 대상에게는 무료식사권을 제공한다. 그 지역의 사업자로부터 주요 경품을 제공받을 수도 있다.

- **자동차 게임**

게임의 변수를 선택한다. 대전제는 사람들이 우승하기 위해서는 오랜 시간을 견디도록 해야 한다. 때로는 제조업자가 큰 경품으로 차를 기부해 준다면 레스토랑은 매우 효과적으로 선전될 것이다.

- **서바이벌 판매촉진**

인기있는 리얼리티 쇼의 승부를 예측하고 큰 경품을 받는다면 고객들은 매우 좋아할 것이다. 이 게임은 신나고 생생한 분위기에서 재미있는 관중들과 함께 할 때 최고의 게임이 될 수 있다. 관중들이 게임의 마지막 승자를 투표하게 하고 참가자들에게 누가 쇼 전체에서 승자인지 맞추는 질문에 답하도록 한다.

- **보물상자 열쇠**

  수십 개의 가짜 열쇠와 진짜 열쇠 하나를 보물상자와 함께 준비한다. 다양한 경품을 준비해 제공한다.

- **미스터리 봉투 판매촉진**

  쿠폰이 들어 있는 봉인된 봉투를 고객들에게 나눠주고 다음 방문 때까지 봉투를 열어보지 못하게 한다. 고객들이 재방문했을 때, 종사원이 테이블에서 봉투를 열고 경품이나 할인 종류를 확인한다.

▣ 파자마 파티

밤을 새우는 파티가 아니라 퇴근 후 직장인들이 집에 가기 전에 즐길 수 있는 장소를 제공한다. 특히 주말에 올빼미족들에게 늦게까지 식사를 제공한다. 올빼미족들을 모이게 하고 해뜨기 전까지 그들을 머물게 하는 몇 가지 방법을 소개한다.

- **늦은 밤에 개최**

  주방이 문을 닫기 때문에 바 근처에 고객들을 위해 뷔페를 차려놓는다. 고객들이 늦은 밤을 즐기는 동안, 한 명의 바텐더와 한두 명의 종사원을 대기시키고 나머지 공간들은 문을 닫는다.

- **식사할인**

  밤늦게 많은 음식들이 종종 남는 수가 있어 영업종료 전에 남은 음식을 팔도록 한다. 10시 이후나 늦은 시간에 오는 고객들에게 반값으로 스페셜을 제공한다. 보통 영업종료 한 시간 전에 실시하고 야참이나 극장메뉴를 제공한다.

▣ 코리안 시리즈 개최

코리안 시리즈를 활용해 판매촉진을 계획해 본다. 신문사의 관심을 끌만한 이벤트를 개최하고 조명을 받는다.

• 홈런 주자들

경쟁 레스토랑에 대항해서 코리안 시리즈를 개최한다고 선전한다. 이벤트를 개최하기 위해 지역의 야구장을 빌리고, 레스토랑의 음식을 맛볼 수 있는 스탠드를 야구장에 마련하고 기념품을 판매한다.

• 모든 기구와 비품에 로고 새기기

당신이 이벤트를 주최하기 때문에 모든 야구용품에 레스토랑 로고를 새긴다. 로고가 새겨진 티셔츠를 판매하거나 무료로 제공한다. 또는 음료수를 제공하는 플라스틱 컵에도 로고를 인쇄한다.

▣ 댄스의 밤

나이가 들수록 춤출 기회가 줄어들고 있다. 학교 다닐 때는 댄스파티가 정기적인 행사였으나, 어른이 된 이후로는 단지 추억 속에 남아 있다. 하룻밤 정도 또는 영업시간 이후에 레스토랑을 댄스장으로 바꾼다. 중간에 춤을 추다가 쉴 수 있는 테이블을 두고 맛있는 음식을 주문할 수 있도록 한다. 원한다면 입장료를 받을 수도 있다. 아래 아이디어를 시도해 본다.

- **테마가 있는 밤**

디스코, 컨트리 혹은 록과 같은 음악에 따라 정할 수 있다. 가족 댄스의 밤, 싱글의 밤 등 다양한 아이디어에 따라 정한다.

- **종사원들도 함께 참여**

스피커에서 흘러나오는 음악에 맞춰 종사원들이 함께 춤을 추며 서비스를 제공해본다.

- **과거 장식품으로 장식**

골동품 가구는 비싸지만 할인매장이나 중고시장에서 구식 장식품을 싼 가격으로 구할 수 있다.

The Food Service Professional

레스토랑 마케팅 노하우

4 특별한 감동이 있는 판촉

고객에 대한 열정을 보여줄 것

밖에 나가 식사하는 것이 스트레스 받는 일이 될 필요는 없다. 그러나 고객들은 종종 스트레스를 받는다. 누군가 대신 저녁을 요리해 주고 설거지까지 대신 해주는 곳에서 여유로운 식사를 하기 위해 돈을 모으지만, 막상 가보면 무례한 웨이터, 잘못된 주문, 그리고 오랜 대기시간만이 그들을 기다리고 있다. 고객들에게 관심을 가져서 좋은 명성을 얻도록 하려면, 다음 사항을 꼭 명심해야 한다.

- **고객들을 애타게 찾고 있다는 사실을 선전**

  오늘날 사람들이 살고 있는 소모성 삶으로부터의 스트레스를 벗어버리도록 도와주고 그들을 만족시키는 데 최선을 다한다. 섬세한 조명 및 싱싱한 꽃, 편안한 가구 등은 고객들의 웰빙을 생각하고 있음을 말해준다.

- **고객감동 서비스**

  지역의 스파(헬스/건강/美 관련 서비스)나 스페셜한 서비스로부터 한 수 배워 매출을 올린다. 여성고객들에게만 관심을 가져야 한다고 생각하지 않는다.

- **고객들에게 작은 배려 베풀 것**

부모들, 아이들, 싱글 등 모든 사람들은 가끔 작은 배려를 이용할 수 있다. 부드럽고 관심어린 접근이 고객들을 놀라게 하고 감동을 준다. 특히 고객들이 서비스를 기대하지 않고 있을 때 성공할 확률은 높다. 레스토랑이 고객들이 가장 좋아하는 레스토랑으로 기억되게끔 만든다.

▣ 아이들을 위한 식사공간 제공

착한 아이일지라도 아이들은 산만하다. 아이가 없는 고객들이 아이들의 소음 때문에 방해를 받거나 불안해하지 않도록 아이들을 재미 있는 방법으로 놀게 할 수 있다는 것을 알아야 한다. 부모들이 여유로운 저녁을 즐기면서 아이들이 노는 것을 지켜볼 수 있도록 아이들만의 전용 공간을 만든다. 아이들도 격리되어 있다고 느끼지 않을 것이다. 제대로 만들었다면, 아이들은 레스토랑에 다시 가자고 매번 부모에게 조를 것이다. 다음의 아이디어를 시도해 본다.

- **베이비시터 고용**

많은 십대와 젊은이들은 이런 레스토랑 환경에서 베이비시터로 용돈을 버는 것을 좋아할 것이다. 레스토랑 내 어린이들만의 공간에서는 어린이들이 좋아하는 메뉴를 주문하고, 어린이용 작은 테이블에서 식사를 하게 하며, 그리고 부모들이 평화로운 식사를 즐기는 동안 놀게 한다. 부모들이 식사하면서 아이들을 지켜볼 수 있도록 모니터를 설치할 수도 있다.

- **놀이공간 설계**

어린이용 테이블, 부엌 공간, 인테리어 디자인 등으로 어린이 사이즈의 레스토랑을 꾸며볼 수 있다.

- **동화책 읽어주기**

많은 동화 작가들은 동화책을 아이들에게 읽어주고 책을 홍보(또한 서명한 복사본을 판매)하는 기회를 가지고 싶어 한다. 책을 읽어주는 베이비시터를 고용하고 그들이 읽는 동화 속의 주인공처럼 아이들에게 옷을 입힐 수 있다.

- **다양한 미술활동**

아이들은 그림을 그리거나 반죽이나 뭔가 만들어낼 수 있는 재료를 가지고 노는 것을 좋아한다. 충분한 덧옷을 준비해서 아이들의 옷이 지저분해지지 않도록 하고, 다른 방에서 식사하고 있는 부모를 위해 예쁜 그림을 그리도록 한다.

▣ 매월 스파 행사 실시

스파 서비스는 매일 직장에서 받는 스트레스로부터 회사원들을 해방시키기 위해 전국에 많이 생겨나고 있다. 요즈음은 더 긴 시간을 일하고, 가족의 삶을 요금으로 내고 있다. 사람들은 종종 스스로를 위해 좋은 일을 하는 것을 꺼린다. 이러한 고객들을 위해 레스토랑에서 스파 서비스를 제공해본다. 많은 전문가들이 제공하는 이완 기술을 경험하게 한다. 아래 몇 가지 제안을 고려해 본다.

- **대기 고객들에게 편하게 쉴 수 있는 의자 제공**

레스토랑이 항상 만원이고 고객들이 기다려야 한다면, 마사지 전문가를 초청해 일반 시중가격에 비해 50% 할인된 가격으로 10분 마사지 서비스를 제공하면 고객의 기다림을 긍정적인 경험으로 변화시킬 수 있다. 고객들도 이러한 서비스를 좋아할 것이고, 마사지 전문가는 매일 밤 고객들을 돌봐주면서 돈을 벌 수 있다.

• **엄마와 딸이 함께 하는 서비스**

고객이 별로 없는 시간대를 활용한다. 엄마와 딸을 위한 스파 서비스를 제공하기에는 일요일 브런치가 가장 좋은 시간이다. 레스토랑의 한쪽에 작업대를 설치하고 브런치 고객들이 밀려들기 전에 대폭 할인된 가격으로 페티큐어, 메니큐어, 화장서비스를 제공한다.

• **남자 고객을 배려**

남자들을 위한 서비스도 필요하다. 일요일 큰 경기를 시청하기 전에 성인 남성들을 스페셜 어깨 마사지 서비스에 초대한다.

• **커플들을 위한 스파세트**

어떤 남자들은 남자들만을 위한 스파 데이에 참여하는 것을 꺼려할지도 모른다. 따라서 여자들이 남자들을 데리고 와서 함께 스파서비스를 즐길 수 있도록 한다.

• **고객들에게 가벼운 식사 제공**

고대 로마시대에는 하인들은 포도농장의 주인들에게 식사를 제공하고 털로 부채를 부치곤 했다. 이런 정도까지 할 필요는 없지만 고객들이 스파 데이에 참석할 때 가벼운 뷔페 식사를 제공한다. 신선한 과일, 야채와 찍어먹는 소스 등은 식욕을 돋을 수 있는 좋은 방법이다.

▣ 지역사회 봉사자들에게 감사한 마음 전달하기

2001년 9월 11일(9·11테러) 이후로, 지역사회를 보호하고 봉사하는 사람들에게 관심을 가지게 되었다. 우리의 고마움을 봉사자들에게 표시하는 것은 더욱 중요해지고 있다. 경찰, 소방서, 구급대원, 군인 등이 우리에게 얼마나 고마운 존재인지를 보여줌으로써 지역사회에 기여할 수 있는 몇 가지 방법들을 제안한다.

- **봉사자들에게 할인 서비스 제공**

  많은 레스토랑들은 경찰관들에게 평생 할인이나 적어도 무료 음료를 제공하고 있다. 나라와 지역사회를 위해 봉사하는 다른 분들에게도 같은 서비스를 제공해본다.

- **관심 표현**

  군인들에게 존경심을 보여주기 위한 현수막을 레스토랑의 내부나 외부에 설치한다. 고객들에게 차량용 스티커나 배지를 나눠준다.

▣ 새로 이사온 고객 유인

새로 이사온 사람들은 어디에서 외식과 엔터테인먼트를 즐겨야 할지 모른다. 어떤 곳이 좋고 나쁜지를 충고해 줄 친구나 친척이 없기 때문에 여러 번의 시도와 실패를 반복해야 할 때가 있다. 이럴 때 지역에서 외교사절의 역할을 할 수 있다. 새로 이사온 사람들에게 관심을 가져주고 그들이 편안함을 느끼도록 해준다. 새로 이사온 사람들에게 고향에 왔다는 분위기를 만들어주는 4가지 방법이 있다.

- **전입세대 명단구하기**

  일정기간 동안 특정지역 내에 전입한 거주자들의 명단을 구할 수 있다. 이 주소록을 가지고 그 지역에 새로 이사온 사람이 누구인지 파악하여 당신의 레스토랑을 방문하도록 한다.

- **부동산 중개업소 방문**

  지역 부동산 중개업소와 제휴를 맺어 새로 이사온 사람들에게 레스토랑의 특별 초청장을 나눠주도록 한다. 대신 레스토랑 로비 등에 부동산 중개업소의 명함 및 안내 자료를 놓아둘 수 있도록 한다.

- **특별행사 초대권 우편 발송**

  주소록에 있는 새로운 거주자들에게 1인분을 주문하면 1인분을 무료로 제공하는 행사에 초청하는 우편엽서를 보낸다. 이런 경우 고객들은 배우자나 다른 중요한 사람들과 함께 식사하러 올 것이다.

- **샘플 쿠폰 배포**

  배달서비스가 가능하다면, 새로 이사온 사람들에게 첫 번째 배달 주문 시 할인혜택을 받을 수 있는 샘플 쿠폰을 보낸다.

▣ 커플들을 위한 판촉행사 계획

가족들과 더불어 커플들은 레스토랑에 두 번째로 자주 방문하는 고객이다. 그들은 아이들 없이 혹은 일상의 스트레스에서 벗어나 로맨틱한 밤을 즐기기 위해 외식한다. 이런 고객들을 위해 일상적인 저녁과는 달리 완벽한 분위기를 연출해본다. '커플들만을 위한 밤' 같은 행사를 계획해 선전하거나 보도자료를 내보낸다.

- **테이블의 양초**

  평소에 양초를 제공하지 않는다면, 모든 테이블에 양초를 놓고 조명을 어둡게 조절한다. 전기료를 절약할 뿐만 아니라 고객들은 그러한 분위기를 좋아할 것이다.

- **춤추게 하기**

  부드럽고 감미로운 음악을 연주하는 밴드를 부르고 커플들을 위한 댄스 공간을 제공한다. 정장을 하고 코사지를 단 고객들을 파티에 초대할 수도 있다.

- **퐁듀 메뉴**

기존 메뉴를 퐁듀(fondue)로 바꾼다. 커플들은 자유로운 음식을 좋아하며, 치즈, 초콜릿 등을 묻힌 음식을 서로에게 먹여 주며 즐거워할 것이다.

- **키스 판매촉진**

멋진 디너파티에서는 손님들이 입장할 때 손님의 이름이 호명된다. 커플을 위한 특별 판매촉진에서 모든 손님들의 이름을 호명한다. 새로운 커플이 도착할 때마다 다른 커플들은 키스해야 한다.

- **꽃배달**

정상 가격보다 할인된 가격으로 꽃을 배달해줄 수 있는 지역의 꽃집을 찾는다. 저렴한 꽃을 선정한다. 어떤 꽃이든 여성고객들은 좋아할 것이다. 꽃들이 시들어 버려지는 것이 두렵다면 고객들이 가져갈 수 있는 조화를 주문한다.

▣ 아름다운 베이비 파티

모든 부모들은 자기 자식을 자랑하는 것을 좋아한다. 자랑할 사람이 많으면 많을 수록 더 좋아할 것이다. 아기들을 초청함으로 레스토랑 영업을 활성화할 수 있는 몇 가지 방법을 제안한다. 아래 내용 중 한 가지 아이디어 또는 모두를 선택해 그 지역 아빠와 엄마들에게 선전한다.

- **예쁜 아기 선발대회**

가장 예쁜 아기를 선발한다는 것이 어려울 수 있기 때문에 다양한 상을 마련하여 대회에 참가한 아기들 모두 상을 하나씩 탈 수 있도록 한다. 고객들에게 투표를 하도록 한다. 대회는 고객들이 있는 현장에서 직접 개최해도 되고, 또는 아기 부모들을 초청해 아기들의 사진을 대회 게시판과 웹사이트에 올려놓고 고객들이 투표하도록 한다.

- **3C[8] 선발대회**

하루 날을 잡아 행사를 하기로 했다면 무대 위에 마이크로폰을 설치하고 잘 웃고, 잘 울고, 잘 기는 아기 선발대회를 해본다. 결승선을 가장 먼저 통과하는 아기가 우승이며 이 아기 부모에게 무료식사권을 상품으로 제공하거나 아기의 미래를 준비하는 저축채권을 제공한다.

- **하루 동안 모델 에이전시 되기**

레스토랑에서 신인배우 오디션을 개최할 의사가 있는지 지역의 모델 전문회사에게 물어본다. 대회는 토요일이나 일요일 브런치에 개최한다.

▣ 고등학교 밴드부 활용

거주하는 지역이나 학교의 크기에 따라 유명한 고등학교 밴드부가 있다. 사실상 많은 고등학교 밴드들은 인지도를 얻기 위해 전국대회에 나가 경쟁하기도 한다. 지역에 이런 밴드부가 있다면 이들을 활용하여 영업을 활성화할 수 있으며, 이들을 레스토랑의 단골고객으로 만들 수 있다. 다음의 제안을 시도해 본다.

- **주차장 연주회 개최**

주차장 공간이 넓다면 학생들을 초청하여 연주회를 갖는다. 연주회의 목적은 여행자금을 마련하기 위해서일 수도 있고, 아니면 레스토랑에 식사하러 오는 고객들에게 자신들의 재능을 선보이기 위해서일 수도 있다.

- **학생들의 방문에 고마움 표시**

오늘날 어린이들은 거대한 구매력을 가지고 있다. 레스토랑을 방문하도

---

8) crying, cooing, crawling의 약자

록 학생들에게 가격을 할인해주고 당신의 레스토랑에서 돈을 쓰도록 하게 한다.

▣ 남성고객에게 관심갖기

거리에서 만난 남자들에게 가장 좋아하는 것이 무엇이냐고 묻는다면, 아마도 대부분이 야구나 축구라고 대답할 것이다. 남자들은 다가오는 가을에 열릴 큰 스포츠 이벤트를 즐기는 것을 기대하고 있다. 많은 레스토랑들이 경기를 함께 관전하는 판촉행사를 하고 있지만, 여기서 한 발짝 더 나아가 매주 일요일 남자들이 친구들과 함께 레스토랑에 와서 텔레비전으로 경기를 관전하도록 한다. 레스토랑에서 적용할 수 있는 몇 가지 아이디어가 있다.

- **티켓 배부**

  스포츠팀의 홍보담당자로부터 무료입장권을 쉽게 구할 수 있을 것이다. 담당자에게 개별적으로 편지를 보내면 거의 100% 입장권을 얻을 수 있다. 홍보담당자에게 고객들에게 나눠줄 좋은 좌석 두 장을 부탁해보고, 만약 이것도 어렵다면 입장권 2매를 구매하여 응모한 고객들 중 추첨을 통해 나눠준다.

- **무료 월드컵 경기와 파티 개최**

  월드컵 경기와 같은 큰 이벤트에 사람들을 모으기 위해서는 무료 스낵, 할인된 음료, 큰 화면의 텔레비전 정도만 준비해도 될 것이다.

- **경기하는 동안 무료 뷔페식사 제공**

  일요일 경기를 관전하기 위해 레스토랑을 방문한 고객들에게 간단한 스낵과 애피타이저로 구성된 저렴한 뷔페 코너를 마련하여 제공한다.

- **주요 선수들의 이름을 붙인 메뉴 제공**

  홈팀의 주요 선수들을 파악하고 시즌 동안이나 아니면 일요일에만 선수들의 이름을 붙인 메뉴를 제공한다.

- **경기 결과에 대해 내기하기**

  운동복 셔츠, 사인된 축구공, 엽서 등을 기부받거나 구매하여 고객들 중 경기 최종 결과를 맞힌 사람에게 선물로 제공한다.

생일 클럽

괜찮은 레스토랑에서 가장 많이 하는 이벤트는 바로 생일축하 파티이다. 여기서 괜찮은 레스토랑이란, 적어도 주인공들이 특별한 대접을 받고, 함께 온 손님들도 환영과 특별한 서비스를 받는다는 전제 하에 멋지고 재미있는 레스토랑을 의미한다. 생일과 기념일 등을 포함하여 가능한 한 많은 고객들의 정보를 컴퓨터 데이터베이스화해 놓는다. 아래의 3가지 방법으로 진심어린 생일축하 메시지를 고객에게 전달하면 매년 고객들이 생일을 축하하기 위해 레스토랑을 재방문해 줄 것이다.

- **생일카드 발송**

  생일축하 파티를 레스토랑에서 하도록 초청하는 생일축하 엽서를 보낸다. 생일 기념으로 무료식사와 생일 케이크를 제공한다고 설명한다. 버거킹은 어린이들을 위해 생일클럽을 운영하는데, 어린이들이 생년월일을 등록하면 생일에 무료식사를 할 수 있다.

- **생일인 고객에게 무료식사 제공**

  식사 전액 또는 고객들이 선택한 음료에 대해 무료 서비스를 제공할 수 있다. 되도록 다른 곳에서는 받을 수 없는 특별한 서비스를 제공한다.

- **케이크 제공**

  파티 모자와 다른 물품 등을 제공한다. 도매점에서 대량으로 구입할 경우 저렴하게 구매할 수 있다. 조각 케이크나 작은 생일 케이크를 제공하고 종사원들이 생일축하 노래를 불러주도록 한다.

패자에게도 당첨기회 제공

어느 누구도 낙첨되는 것을 좋아하지 않는다. 낙첨은 자존심을 상하게 하고 기분을 가라앉게 한다. 로또 복권을 즐기는 수많은 사람들을 레스토랑에 방문하게 하는 몇 가지 방법이 있다. 아래 사례는 로또에 당첨되지 않은 사람들이 레스토랑에서 돈을 쓰면서, 제2의 성공기회를 찾도록 하는 몇 가지 아이디어이다.

- **식사비에서 티켓값 공제**

  로또에서 낙첨된 티켓을 가진 사람들에게 1,000원을 주고 제2의 기회를 제공하거나, 음식 계산서에서 1,000원을 할인해준다.

- **패자부활 대회**

  고객들의 명함을 추첨하는 대신에 낙첨된 로또의 뒷면에 이름, 주소, 전화번호를 쓰게 하여, 매주 특별한 경품을 걸고 티켓을 추첨하여 고객들에게 선물을 제공한다. 경품은 기부를 받거나 직접 구매한다.

노인 고객을 모실 것

노인들도 외식하기를 좋아한다. 그러나 많은 노인들은 레스토랑들이 보통 실시하는 해피아워와 같은 특별한 판매촉진 시간에는 식사를 할 수 없다. 더욱이 많은 노인들은 돈쓰는 것에 대해 매우 신중하기 때문에, 노인 할인을 제공하는 다른 레스토랑들과 경쟁하기 위해 노인들에게 가치를 제공할 수 있어야 한다.

다음은 노인들을 당신 고객으로 만들어 정기적으로 레스토랑에 재방문하게 하는 몇 가지 방법이다.

- **일찍 식사하도록 권장**

  노인들은 일찍 잠자리에 들기 때문에 약간 일찍 식사한다. 따라서 오후 4~6시 사이에 노인들에게 할인을 제공한다.

- **노인에게 적합한 식사량 제공**

  많은 노인들은 일반 성인들이 먹는 분량보다 훨씬 적게 먹기 때문에 다 먹지 못하는 음식에 대해 정상가격을 지불하길 원치 않는다. 노인들에게 적은 돈으로 적은 양의 음식을 먹을 수 있도록 하면 무척 기뻐할 것이다.

▣ 기업을 상대로 한 판매촉진

레스토랑 부근에 위치한 기업들을 만족시키면 레스토랑 매출에 큰 도움이 될 것이다. 회사 인사팀 직원에게 소개 편지를 보내 레스토랑의 존재를 알리고, 특히 지역사회와 그 기업을 위해 서비스를 제공할 것이라고 알린다. 앞으로 레스토랑에 많은 도움이 될 기업들을 확보하는 3가지 방법이 있다.

- **급료명세서와 함께 쿠폰 지급**

  회계책임자에게 직원들에게 제공하는 특별 할인쿠폰을 급료명세서에 삽입하여 발송해도 되는지를 물어본다.

- **레스토랑 내에 기업 홍보**

  어떤 은행에서는 고객들이 어항에 명함을 넣고 가면 매달 명함을 한 장씩 뽑아 당첨된 기업이 한 달 동안 은행 내에 광고를 할 수 있도록 허락한다. 같은 방법을 활용할 수 있다. 만약에 지역 할인점이 당첨된다면 레스토랑 내부에 할인점을 홍보할 수 있는 공간을 제공하고, 포스(POS)시스템 영수증에 할인점에서 이용할 수 있는 할인쿠폰을 프린트하여 제공하도록 한다.

- **메모장 제작**

  레스토랑 이름, 메뉴 아이템, 배달주문 전화번호, 팩스번호가 인쇄된 종이 메모장을 제작하여 사무실의 비서들에게 배포한다. 비서의 임무 중의 하나는 방문한 그룹이나 회의를 위해 식사를 주문하는 것이다.

▣ 특별한 감동이 있는 판매촉진

인생에서 때로는 큰 이벤트보다 아주 작은 것이 우리에게 더 큰 영향을 미칠 수 있다. 당신을 위해 버스에서 자리를 양보해주거나 식료품점에서 잔돈이 모자랄 때 대신 지불해주는 사람이 바로 특별한 감동을 준다. 레스토랑을 특별하게 홍보할 수 있는 7가지 방법이다.

- **감사카드 발송**

  사람들은 더 이상 선물을 받는 것만으로 만족하지 않는다. 레스토랑을 방문했던 그룹이나 회사 내에서 레스토랑을 홍보할 수 있도록 해준 사장님들께 짧은 감사의 글을 보낸다.

- **포인트 프로그램 운영**

  많은 레스토랑들은 고객이 1,000원을 쓸 때마다 고객에게 1점을 제공하는 프로그램을 운영한다. 고객들은 포인트를 언제든지 사용할 수 있다. 예를 들면, 300점을 모으면 25,000원의 상품권을 받을 수 있고, 10,000점을 모으면 집까지 배달되는 무료식사권을 받을 수 있다. 항공사를 따라해 본다.

- **방문판매 식사권**

1인분을 주문하면 1인분을 무료로 주는 쿠폰 책자를 저렴하게 판매한다. 고객은 1장의 쿠폰으로 1끼의 무료식사를 제공받는다. 조건은 책자에 유효기간이 명시되어 있어 모든 쿠폰들을 그 기간 내에 사용해야 한다.

- **레시피의 비밀**

레스토랑에서 인기있는 메뉴의 레시피를 묶어 특별한 요리책을 만들고 지역의 소매점에서 판매하도록 한다. 예를 들면, 지방을 여행하는 사람들은 그 지역 요리책에 관심이 있을 수 있고, 그 지역에 머무는 동안 지역 요리를 직접 먹어보고 싶어 할 것이다. 레스토랑에서도 요리책을 판매한다.

- **회원등록 장소**

지역에 어린이 스포츠팀이 있다면, 이들은 항상 회의를 할 수 있는 장소를 필요로 한다. 많은 팀들은 어린이들이 좋아하는 패스트푸드 레스토랑을 선호하는데, 이때 엄마와 방문한 어린이가 패스트푸드점에서 판매하는 어린이 메뉴를 먹지 않고 그냥 돌아가는 일은 거의 없다.

- **케이블 TV쇼**

케이블 TV 출연료는 일반 방송 TV 만큼 비싸지 않다. 케이블 TV에 레스토랑의 주방장이 진행하는 쌍방향 요리쇼를 만들어 그 지역 사람들에게 레스토랑의 이름을 인지시킨다.

- **종사원 버튼**

베니건스와 티지아이(TGI)는 종종 종사원들의 유니폼에 판매촉진 버튼을 달도록 한다. '오늘의 특선요리에 대해 물어보세요'라고 적혀 있는 버튼은 고객들로 하여금 종사원에게 물어보면 특별한 서비스가 있을지 모른다고 느끼도록 상기시킨다.

▣ 일반인에게는 문을 닫는 특별한 이벤트의 밤

모든 사람들이 주인을 알고 싶어하는 것처럼, 모든 사람들은 특별한 이벤트에 초청을 받는 것을 좋아한다. 하룻밤을 정해 일반인들에게는 레스토랑의 문을 닫고 선택된 사람들만을 초청하는 특별한 행사를 진행한다. 특별한 밤을 빛내주는 7가지 방법을 소개한다.

- **와인 테이스팅 이벤트**

와인 테이스팅은 어느 정도의 소득을 가진 고객들을 유치할 수 있는 이벤트이다. 고품격 생활을 과시하는 자리이기도 하다. 와인 맛을 감별하는 데 도움을 줄 수 있는 전문가를 모시면 최고급 판매촉진을 하게 될 것이다.

- **견학의 밤**

레스토랑이 4급 또는 5급 수준의 고급 레스토랑이라면, 제한적으로 초청된 고객들이 조리하고, 서비스하고, 조리장이 준비하는 훌륭한 요리를 시식해보는 이벤트를 할 수 있다.

- **패션쇼 이벤트**

레스토랑이 대도시에 있다면, 레스토랑을 하룻밤 패션쇼 무대로 바꾼다. 패션 관계자와 유명인사들을 초청한다. 큰 효과가 있을 것이다.

- **탐조등 설치**

탐조등을 대여하는 것은 큰 돈이 들지 않는다. 탐조등은 이벤트에 흥미를 더해주는데, 그 이유는 반경 내의 모든 사람들이 그 불빛의 정체를 알고 싶어하기 때문이다.

• **레드카펫 서비스**

레드카펫 서비스를 제공하면 고객들은 그날 밤 할리우드 스타가 된 것처럼 느끼게 될 것이다. 혼자 방문한 여성 고객들을 도로변에서부터 마중해 에스코트해 주고 레스토랑 안으로 안내한다.

• **공식행사 초대장**

초청장을 멋지게 준비하고 정장을 하고 올 것을 명시한다. 여자들은 멋진 의상을 입을 수 있는 이런 공식적인 행사를 좋아하고, 모든 사람들은 몇 시간 동안 특별함을 느낄 것이다.

• **이목을 집중하게 만드는 유니폼**

후터스(Hooters)[9]는 평범하지 않은 유니폼으로 유명하다. 후터스처럼 짧은 팬츠와 보일 듯 말 듯한 탑을 입을 필요는 없지만 다음날 사람들의 얘깃거리가 될 수 있는 인상적인 유니폼을 마련한다. 유니폼으로 특이한 기억을 가지는 것도 중요하지만 무엇보다도 판매촉진이 즐겁고 유쾌해야 한다.

• **고객들을 위한 즐길거리**

특별한 행사를 위해서는 고객들을 즐겁게 해줄 즐길거리가 필요하다. 특별한 밤에는 록큰롤 밴드보다는 재즈나 클래식 밴드를 시도해 본다. 실습을 원하는 학생 밴드 그룹을 보내달라고 그 지역의 대학 교수에게 요청할 수도 있다. 단, 공연 전에 미리 심사를 하도록 한다.

• **행운의 복권 판매촉진**

각 테이블에 1,000원짜리 복권을 나눠준다. 각 테이블의 매출을 증대할

---

9) www.hooters.com.

수 있는 특별한 디저트나 음료를 판매촉진함으로써 복권 비용은 쉽게 만회할 수 있다.

- **컬러 캠페인**

블루 월요일, 화이트 수요일 등 매일 무지개 색깔 중 한 가지 색을 갖는 판매촉진을 한다. 그날의 색깔에 맞는 셔츠를 입은 모든 고객들에게 식사 할인혜택을 제공한다.

The Food Service Professional

레스토랑 마케팅 노하우

5 매출을 활성화할 수 있는 입소문 판매촉진

▣ 고객만족

만족한 고객보다 더 강력한 선전은 없다. 매출을 올리는 데만 열중하고 고객들이 만족한 경험을 했는지의 여부 등에는 관심이 없는 레스토랑들이 있다. 이러한 레스토랑은 오픈하고 2년 이내에 폐업을 하는 레스토랑들이다. 고객만족 없이 외식산업에서 생존의 기회는 없을 것이다. 따라서 당신의 레스토랑이 최고의 고객서비스를 제공하는 레스토랑이라는 사실을 선전한다. 다음의 지침을 따른다.

- **공손함**

  모든 종사원들은 어떠한 상황에서도 극도로 정중해야 함을 강조해야 한다. 최근 설문조사에 따르면, 고객서비스는 항상 낮은 점수를 받고 있다. 또한 사람들은 무례함이 대중들의 상호작용의 모든 면에 영향을 미치는 가장 일상적인 문제라고 믿는 것으로 나타났다. 외식산업의 넓은 범주에서 모든 레스토랑은 고객만족에 의존한다고 볼 수 있다.

- **개별적인 체험 제공**

  새로 개업한 레스토랑에 외식하러 갔었을 때를 생각해 본다. 배려와 관심으로 고객을 대하는 곳인지, 아니면 서비스를 받기도 전에 돈만 날리는 곳인지를 즉시 판단했을 것이다. 이러한 판단은 다시 이곳을 재방문할 것인지에 대한 결정에 영향을 미쳤을 것이다. 만약 무시당했거나 대접을 대충 받았다면, 다음 번에는 다른 레스토랑에서 식사를 하게 될 것이다. 이러한 냉정한 사실을 결코 잊어서는 안 된다.

• **레드카펫 서비스와 세심한 관심 표현**

고객들을 환영한다. 신뢰할 수 있는 레스토랑이라고 믿게 되면 고객들은 정기적으로 레스토랑을 방문함으로써 감사의 표시를 할 것이다. 고객들에게 관심을 가지는 것은 비용이 전혀 들지 않고 고객들을 계속 재방문하게 한다. 고객들에게 좋은 인상을 남기고 특별한 서비스를 받았다고 느끼게 하는 방법이 있다. 레스토랑에서 받았던 최고급 수준의 서비스에 대해 얘기하도록 만든다.

• **고객의 모든 요구사항 수용**

고객들은 일반적으로 종사원이나 주방장이 좋아하지 않을 것이라는 두려움 때문에 특별한 요구를 하길 꺼려하고 결과적으로 서비스에 대한 만족도는 낮아진다. 레스토랑은 고객들의 모든 특별한 요구사항을 받아들일 준비가 되어 있음을 고객들에게 적극적으로 알리면, 고객들이 편하게 여러 가지 요구사항을 주문할 것이다.

• **무료 주차 대행 서비스 제공**

고객들은 '무료' 주차 대행 서비스 사인을 보면 쉽게 레스토랑을 재방문할 것이다. 특히 주말 밤에 가끔 한 블록 이상을 걸어야 레스토랑 입구에 도착한다면, 주차 대행 서비스는 사람들을 만족하게 해주는 아주 좋은 방법이다.

- **생일 축하 서비스 제공**

많은 레스토랑들은 종사원들이 생일 축하 노래를 불러주고 무료 생일케이크를 제공한다. 한 단계 더 나은 서비스를 해 본다. 생일자의 머리에 헬륨 풍선을 달고 의자 위에 서서 다른 고객들의 축하노래를 듣도록 한다.

교회를 대상으로 한 판매촉진

많은 교회들은 예배 후에 각종 모임을 갖는다. 대부분의 경우 교인들은 교회 안에서 식사를 하고, 음식은 교인들이 만들거나 각자 가져오도록 하고 있다. 그러나 많은 교인들은 예배 후 밖에서 식사하고 편한 마음으로 친교하기를 선호한다. 이런 모임을 끌어들일 수 있는 몇 가지 방법들이 있다.

- **교회 책임자 접촉**

각 집회의 책임자에게 개별적인 편지를 보낸다. 주일 예배 후에 레스토랑을 방문하도록 그들을 초대한다. 때로는 각 종교의 규칙을 이해해야 한다. 예를 들면, 제7일 안식일 예수재림교 신자들은 주일에 외식하는 것은 신성한 날에 다른 사람들을 일하게 만들기 때문에 나쁘다고 믿고 있다.

- **단체할인 제공**

교회 내 많은 모임들은 대체로 규모가 크다. 레스토랑이 단체고객을 수용할 수 있는 충분한 공간(연회장)을 보유하고 있다는 것을 알린다. 20명 이상의 그룹에게 할인혜택을 제공한다.

- **청년 그룹 유치**

대부분의 교회들은 젊은 교인들로 하여금 자체 모임을 만들 것을 권장한다. 청년교인들이 여유자금을 필요로 할 때마다 기금 모으는 것을 지원한다.

사려깊은 배려

작은 배려가 큰 도움이 된다. 조금만 신경을 더 쓴다. 사람들은 바로 친구들에게 얘기하고 레스토랑에 방문했을 때 받은 작은 서비스에 대해 행복해 할 것이다. 고객들에게 보여줄 수 있는 작은 배려를 소개한다. 이를 통해 레스토랑의 좋은 분위기를 입소문 낼 수 있다.

- **대기고객을 위한 음료 서비스**

  고객들을 오랫동안 기다리게 해야 한다면, 작은 사이즈의 무료 음료를 제공하도록 한다. 이러한 서비스는 손님들의 짜증을 완화시키고 고객에게 관심을 가지고 있다는 확신을 갖게 해준다.

- **바에서 제공하는 팝콘**

  손님들이 테이블을 기다리면서 몇 시간 동안 분위기를 즐길 수 있는 바 공간이 있다면 팝콘 기계를 설치한다. 그릇이나 봉지에 팝콘을 가득 채워 제공한다. 이것은 비싼 땅콩에 비해 저렴하다.

- **적은 사이즈 판매촉진**

  모든 사람들이 양이 많은 스페셜 메뉴를 원하지는 않는다. 적은 분량의 음식을 원하는 고객이 많기 때문에 적은 사이즈 메뉴를 할인된 가격에 제공한다.

- **숙녀 화장실 꾸미기**

  미용티슈 및 부드러운 조명, 핸드로션을 비치한 깨끗한 화장실을 만든다. 이것은 공중화장실 사용을 꺼리는 여자들에게 부가적인 인센티브이다. 화장실을 파우더룸 실내 분위기로 바꿔 여성고객을 붙잡는다. 여자와 남자 화장실 모두에 아기 기저귀 교환대를 설치한다.

- **매콤한 칩과 살사를 제공**

식사를 시작하기 앞서 무료 칩과 살사소스 또는 야채와 딥을 선전하여 열기를 띠게 한다. 종사원이 정신없고, 몇 분의 추가적인 서비스 타임이 필요한 바쁜 저녁 시간에는 이러한 서비스가 상당히 도움될 것이다.

- **오버사이즈 판매촉진**

만약 한 시간 내에 음식을 다 먹을 경우 고객에게 무료식사를 제공하는 스테이크 하우스에 가본 적이 있는가? 같은 판매촉진을 해볼 수 있다. 아니면 레스토랑에 오면 맛있는 음식을 접시가 넘쳐흐르도록 제공한다고 선전해 본다.

- **음식 던지기**

일방적인 음식싸움을 말한다. 레스토랑이 젊은 고객들로 가득하다면, 고객들에게 롤빵을 던지는 것을 생각해 본다. 한 종사업원이 홀을 돌아다니다가 테이블 위에 깃발을 세우는 고객에게 맛있는 롤빵을 던진다.

- **쿠폰이 포함된 달력 제공**

보험회사들은 항상 고객들에게 나눠줄 미니달력을 만든다. 왜 같은 방법을 이용하지 않는가? 달력은 대량으로 구매하면 저렴하다. 매달 달력의 밑부분에 식사 할인쿠폰이 들어가도록 디자인한다.

- **무료신문 제공**

아침과 이른 점심 고객들에게 무료 신문을 제공한다.

- **무료전화 설치**

무료 시내전화를 걸 수 있는 공간을 알리는 사인을 건다. 작은 서비스이지만 고객들이 고마워할 것이다.

▣ 성적표를 활용한 판매촉진

많은 대통령들에게 교육은 최우선의 정책과제였다. 학업 중퇴자 비율이 높고 많은 고등학생들이 기본적인 교육 욕구마저 느끼지 못하고 고등학교를 떠나고 있다는 사실에 지역 교육자들도 많은 관심을 보이고 있다. 레스토랑이 지역사회의 젊은이들을 믿고 있다는 사실을 홍보함으로써 교육문제 해결에 조금이나마 도움을 줄 수 있다. 더 나아가서는 학업에 최선을 다해 좋은 성적을 거둔 학생들을 대상으로 고마움을 표해본다. 다음의 전략을 시도해 본다.

- **성적 할인**

  부모들은 아이들만큼이나 좋은 성적 결과에 대해 자랑스럽게 생각한다. 학생들에게 A를 받을 때마다 1,000원을 할인해 주고, B를 받으면 500원을 할인해 준다.

- **기념품 제공**

  모든 과목에서 A를 받은 학생들에게 나눠줄 티셔츠, 펜, 연필 등에 레스토랑의 로고와 캐치프레이즈를 새겨 배포한다.

- **축하 샴페인 할인**

  기념일에 레스토랑을 찾는 고객들이 저녁식사를 주문하면 샴페인을 할인해 준다.

▣ 부메랑 인센티브

부메랑 효과는 손님이 떠나고 어느 일정기간 내에 재방문하게 하는 것이다. 여러 가지 방법이 있을 수 있다. 다음의 세 가지 인센티브는 손님들을 재방문하게 하고 매출을 증대시키는 방법들이다.

• **할인**

레스토랑 로비 입구에 고객들이 명함을 넣을 수 있는 볼을 준비해두고 추첨하여 당첨자에게 2인 무료식사권을 제공한다. 명함들을 모아서 레스토랑 홍보메일 발송시 활용한다. 또한 조조할인 또는 재방문 쿠폰 등을 활용할 수 있다.

• **특별 이벤트 판매촉진**

고객들에게 생일이나 기념일에 제공받는 서비스가 무엇인지 알린다. 특별한 식사가 되도록 서비스한다. 고객정보를 전산화된 데이터베이스에 저장하고 작은 케이크나 무료식사를 제공한다. 예를 들면, 휴일이나 특별한 이벤트를 위해 특별한 것을 제공한다. 즉 크리스마스 때는 크리스마스 쿠키를, 발렌타인데이 때는 빨간 장미를 제공한다.

• **고객충성 프로그램**

때로는 고객들이 레스토랑을 왜 재방문해야 하는지에 대해 좋은 서비스 이외에 다른 이유가 있음을 말해줄 필요가 있다. 특히 다른 레스토랑들이 하고 있다면 더더욱 필요하다. 펀치카드는 선택이지만 매니저가 테이블에 와서 자주 오는 고객에게 "디저트가 준비되어 있습니다."라고 말해보는 것도 좋다. 이런 서비스는 고객을 정말 기분 좋게 만들 것이다.

▣ 티켓 영수증을 활용한 판매촉진

지역사회에 환원하는 것은 자원봉사에만 국한되는 것은 아니다. 지역 비즈니스의 성장과 매출증대를 확보하기 위하여 지역경제를 활성화하는 것도 중요하다. 만약 레스토랑이 정기적으로 광고한다면, 금요일 광고란에는 일반 광고 대신 당신 레스토랑에 식사하러 오기 전에 고객들이 지역 엔터테인먼트 이벤트를 참여하도록 촉진하는 프로그램을 실시해 볼 수 있다.

- **영화나 공연 티켓 영수증**

  특정한 영화를 본 관객 또는 어떤 공연을 관람한 사람들에게 할인을 해준다. 고객들이 티켓 영수증을 가지고 오면 10%를 할인해 준다.

- **스포츠 경기 관전 티켓**

  많은 도시들은 실력 있는 스포츠팀을 지역에 영입할 때 번성하고, 또한 스포츠팀은 관중이 많을 때 성장한다. 지역의 경기를 관전한 고객들에게 인센티브를 준다.

생애 휴가 제공

휴가를 보내기 위한 가장 환상적인 휴양지로는 아름다운 섬 하와이를 들 수 있다. 마우이 및 오하후, 하와이는 섬이 선사하는 화려한 태양, 서핑, 만족감을 경험하기 위해 방문하는 전세계 고객들을 애타게 한다. 방문객들이 섬을 방문할 때, 거의 모든 사람들이 섬에서 이루어지는 다양한 여가 및 오락활동에 등록하게 된다. 예를 들면, 특별한 식사, 파티, 댄스파티 등이 포함된다. 하와이에 가본 적이 있어 그곳을 그리워하는 고객이나 한 번도 가보지 못한 사람들을 위하여 아래와 같이 하와이를 레스토랑 내에 재현할 수 있다.

- **하와이식 파티**

  종사원들이 하와이언 셔츠를 입는 하와이언 밤을 만들고 고객들도 이런 스타일의 셔츠를 입고 오도록 한다. 짧은 밀짚모자와 셔츠는 완전한 조화를 이룰 것이다.

- **하와이 음식 제공**

  달콤하고 시큼한 것들을 생각해 본다. 파인애플, 돼지고기 요리 등 다양하다. 하와이식 파티에서 제공되는 음식들을 재현한다.

- **하와이행 티켓 제공**

여행사들은 회사의 이름이 광고매체에 홍보된다면, 이벤트를 위해 무료 비행기 티켓을 기꺼이 제공할 것이다. 라디오 방송국이 고객에게 나눠줄 경품 티켓을 쉽게 구하는 것은 바로 광고 선전효과 때문이다. 업체들에게 요청하는 것을 두려워하지 말아야 한다. 하와이에 대한 더 많은 정보는 www.hawaii.com을 통해 얻는다.

▣ 눈과 귀를 사로잡을 것

때로는 지역 음식에 대한 평을 제대로 하기 위해 들어보고 직접 봐야 한다. 다음은 지역의 관심을 집중시키고 동시에 유입되는 고객수를 증가시키는 7가지 행운의 방법이다.

- **영화관 광고**

영화관들은 본 영화를 시작하기 전에 대략 15~20분의 상업용 광고를 내보낸다. 영화관의 대형 화면에 당신 레스토랑을 광고한다. 영화관의 관람객들은 본인의 의지와는 상관없이 모두 광고에 노출될 수밖에 없다.

- **비행기 광고**

실외 행사가 있을 때는 스카이라이터(skywriter)를 고용하여 관중들 머리 위에서 레스토랑 이름을 홍보하도록 한다.

- **공중 배너(Air banners)**

공중 배너를 이용해 홍보할 수 있다. 흡연에 반대하는 캠페인도 해변에 있는 사람들에게 홍보하기 위해 여러 광고방법 중에 하나로 공중 배너를 사용한다.

• **슈퍼마켓 쇼핑 카트**

식료품 쇼핑은 모든 사람들이 해야 하는 일이다. 사람들이 배가 고플 때나 아니면 음식을 쇼핑하는 순간에 레스토랑을 홍보하면 가장 좋다. 식료품점 카트는 미니 빌보드 역할을 하기 때문에 그 위에 광고를 싣는다.

• **라디오 광고음악**

라디오 광고음악은 하루 종일 대중들로 하여금 무의식적으로 당신 레스토랑을 찬양하도록 만드는 재미있는 방법이다.

• **네온사인**

레스토랑을 선전하는 부드러운 네온사인은 밤에 행인들의 시선을 사로잡는 아주 좋은 방법이다. 레스토랑의 이름뿐 아니라 해피아워, 숙녀의 밤 등의 사인을 내건다.

• **유리창 부착용 비닐 홍보물**

크리스마스 때 볼 수 있는 귀여운 루돌프 빨간코 사슴, 눈사람이 그려진 부착물을 말한다. 유리창에 부착할 경우 차양으로 사용할 수 있도록 크게 만들고 고객들에게도 나눠준다.

The Food Service Professional

레스토랑 마케팅 노하우

6 판매시점에서의 판촉활동

고객들의 관심을 끌 것

도시 전체에 선전하고 광고하는 방법에는 여러 가지가 있다. 그러나 신규 고객들로부터 인정받고 매출도 증대할 수 있는 방법으로 레스토랑 내에서 이루어지는 판매촉진이 있다는 것을 망각하는 사람들이 많다. 신규 고객이건 재방문 고객이건 간에 고객들에게 항상 좋은 인상을 심어주려고 노력해야 한다. 고객들이 특별한 서비스를 받고 있다고 느끼게 하는 것이 중요하다. 고객들이 다시 재방문할 것이라고 결코 믿지 않도록 한다. 대신에, 고객들이 재방문하도록 레스토랑이 최선을 다하고 있다는 것을 보여주는 레스토랑 내부 판매시점 판촉 프로그램을 구축한다. 다음은 고객의 관심을 사로잡는 몇 가지 제안들이다.

- **할인쿠폰**

  경험에 따르면 할인은 고객들이 경쟁 레스토랑 대비 그 레스토랑을 선택하게 하는 주요한 인센티브이다. 따라서 매출을 증대하기 위해서 고객들을 쿠폰으로 유혹할 필요가 있다. 이것은 장기적으로 수익을 가져다 줄 것이다.

- **콘테스트**

  콘테스트와 경품은 레스토랑 경영에서 큰 부분을 차지한다. 돈을 많이

들이지 않고 콘테스트를 열거나 다른 소매업자에게 기부를 부탁하지 않고도 콘테스트를 개최할 수 있는 몇 가지 방법이 있다.

- **숫자를 세는 게임**

콩이나 다른 아이템으로 가득 찬 용기를 준비한다. 콘테스트에서 우승하기 위해 고객들이 예상카드를 작성하도록 한다. 용기에 아이템들이 가득 차 있다면 고객들이 알아맞추기 힘들 것이다.

- **어린이 색칠하기 대회**

레스토랑 로고 디자인이 준비되어 있다면, 주요 장난감 가게의 상품권을 경품으로 걸고 흑백 버전의 로고를 색칠하는 콘테스트를 개최한다. 색칠한 로고를 짧은 기간 동안 레스토랑 벽에 붙여 놓는다. 부모들에게 다음 번 레스토랑 방문 때 아이들의 그림을 볼 수 있고, 그림을 집에 가져갈 수 있다고 알려준다.

- **스크래치 쿠폰**

레스토랑 고유의 로또 티켓을 제작할 수 있다. 만약 제작하기 귀찮다면 조합된 숫자를 읽을 수 있는 일반적인 스크래치 쿠폰을 구매할 수 있다. 한 줄에 5라는 숫자가 3개가 나오면 전체 식사비용 중 5,000원을 할인해 준다.

▣ 고객을 유지하는 임의적인 광고선전

예상치 못했던 서비스를 제공하는 것은 항상 고객들로 하여금 레스토랑을 재방문하게 하는 좋은 방법이다. 선전하고 싶지 않은 광고지만 정기적으로 이러한 서비스를 제공하다보면 사람들은 친구들에게 레스토랑에 대해 입소문을 내기 시작한다. 소문을 내기 위해서 신문기자들에게 보도 자료를 보낼 수도 있다.

하지만 이러한 홍보를 하는 장기적인 목표가 무엇인지 명확하지 않다면, 판촉과 같은 광고를 삼가는 것이 좋다. 다음의 정보들을 염두에 둔다.

- **생일 할인**

  하루를 정해 특정 날짜, 월 또는 연도에 태어난 고객들에게 식사 할인 혜택이나 무료 음식을 제공한다. 날짜를 미리 선전하지 않도록 주의한다. 고객의 신분증이나 운전면허증을 통해 생일을 확인한다.

- **운전면허증을 이용하는 판매촉진**

  대부분의 사람들은 운전면허증의 자기 사진을 좋아하지 않지만 유용하게 사용할 수도 있다. 운전면허번호의 첫 번째 자리 숫자를 보여 주도록 하고, 당첨되는 숫자를 가진 사람에게 무료 음료나 할인혜택을 준다.

- **의류 브랜드 행사**

  시기에 맞는 스타일에 따라서, 해당 지역의 의류 판매점이나 제조업체와 공동으로 행사를 진행한다. 레스토랑을 방문하는 고객이 판매촉진을 하는 브랜드와 동일한 브랜드의 옷을 입고 오면 고객에게 티셔츠와 같은 의류 한 가지를 선물한다. 이것 또한 미리 선전하지 않는다.

- **철자 판매촉진**

  알파벳 중에서 무작위로 한 글자를 선택한다. 고객 중 그 철자로 시작하는 이름을 가진 사람에게 10% 할인혜택을 준다.

▣ 고객을 놀라게 하고 기쁘게 할 서비스

기대하지 않았던 콘테스트처럼, 계획되지 않은 판매촉진은 고객들을 들뜨게 하는 효과가 있다. 고객 방문을 증대하기 위해 시도해 볼 수 있는 5가지 방법이 있다.

- **식사하는 동안 세차 서비스**

기금 모금을 원하는 지역의 학교를 찾는다. 학생들이 주차장에서 세차하도록 초청하고, 고객들이 식사하는 동안 학생들이 무료세차 서비스를 실시한다. 서비스 제공 후 전체 매출의 10%를 학교에 기부한다. 정말로 멋진 지역사회 공헌이다.

- **비오는 날의 즐거움**

비는 어떤 이들에겐 기쁨이 되고 어떤 사람들에겐 시시할 수 있다. 밖에 비가 퍼붓는 날 방문하는 고객들에게 무료 음료나 쿠키를 제공한다.

- **골프 놀이**

바쁜 저녁 넓은 주차장에 차가 가득 찬다면 골프 카트를 이용하여 고객들을 주차장에서 레스토랑 입구까지 모셔다 드린다. 식사 후 레스토랑을 떠나는 고객들에게도 같은 방법으로 고객 차문 앞까지 모셔다 드린다.

- **즉석사진 촬영**

레스토랑에서의 즐거웠던 순간을 영원히 간직하길 원하는 그룹, 커플, 가족 고객들에게 즉석 사진을 찍어준다. 아니면 디지털 카메라로 사진을 찍어 웹사이트에 올리는 것도 좋다. 사진을 끼워 넣는 종이 액자에 레스토랑의 이름을 새겨 판촉목적으로 함께 제공한다.

- **축배**

특별한 날을 기념하는 커플이 방문하였거나 결혼파티 등이 열릴 때 레스토랑에 있는 모든 고객들이 이들 커플을 위해 모두 특별한 건배를 들게 한다.

레스토랑의 기념일 축하

레스토랑 개업일을 기억해 둔다. 이를 통해 지역사회와 장기적인 유대관계를 가질 수 있다. 만약 오픈한 지 25주년이 되었다면, 당연히 축하해야 할 일이다. 만약 지역사회와 함께 한 지 단지 일년밖에 안됐다면, 그것 또한 축하한다. 지역 주민들에게 더 열심히 할 것을 약속하고, 레스토랑이 아직까지 오픈하고 있다는 사실과 많은 고객들이 방문하고 있다는 사실을 축하하기 위한 방법이 있다.

- **옛날로 돌아가기**

  레스토랑이 1980년에 개업을 했다면, 고객들에게 감사의 표시로 하룻동안 식사가격을 1980년도 가격으로 내린다. 만약 가격이 다르지 않다면, 고객들로 하여금 그 당시에 좋아했던 것을 적도록 하는 방명록을 쓰게 한다.

- **기념품 제공**

  지속적으로 레스토랑을 이용해준 것을 감사하는 선물을 제공하거나, 고객들이 돌아갈 때 재방문하게 만드는 쿠폰이나 재미있는 물건들로 가득 찬 파티 기념품을 나누어준다.

- **파티 개최**

  정말로 답례를 하고 싶다면, 하룻밤 문을 닫고 단골손님들이나 유명인사, 기자들을 초대해서 떠들썩한 파티를 연다.

달리기 대회

요즈음 지역사회가 달리기 대회를 개최하는 많은 이유들이 있다. 때로는 암 예방 홍보 또는 AIDS 연구지원과 같은 이유로 대회를 개최하기도 한다. 단지 재미로 대회가 개최될 때도 있다. 이런 대회를 개최할 때 중요한 요소 중에 하나는 누가 이벤트를 스폰서 하느냐 하는 것이다. 누가 대회에서 티셔츠를 나눠주고, 주자들에게 물을 주고 다른 일들을 할까? 다음 아이디어를 따라해 봄으로써 달리기 주자들에게 레스토랑을 선전할 수 있다.

- **레스토랑이 주최하는 달리기 대회 개최**

  특별한 행사 취지를 만들거나 아니면 단순히 즐기기 위해 대회를 개최한다. 언제, 어디서, 특히 왜 대회를 개최하는지에 대한 보도자료를 내보낸다.

- **기존 대회 스폰서**

  전 세계적으로 열리는 다양한 마라톤과 달리기 대회를 등록한 웹사이트들이 많다. 어느 대회가 지역에서 개최되는지를 찾아서 행사를 후원한다.

- **미리 계획**

  상업용 전화번호부에서 지역 달리기 모임이나 그룹들이 있는지 찾아보고 자체 달리기 행사가 있다면 후원을 해준다.

- **레스토랑이 결승점**

  레스토랑 주차장을 달리기 대회의 출발점과 결승점으로 만든다.

- **다른 업체들과 제휴**

  지역의 많은 다른 업체들도 공동스폰서가 되기를 원하며, 달리기 대회에 참가하고자 할 것이다. 달리기 주자들과 레스토랑이 모두 도움이 될 수 있는 기업들, 스포츠용품점과 같은 업체들과 계약한다. 이런 경우 경쟁이 없고 달리기 주자들은 무료식사 기회를 얻을 수 있다.

동물 울음소리 흉내내기

고객들이 재미있어 하는 한 때로는 고객들 스스로 바보스러운 짓을 하도록 하는 것도 재미있다. 이런 종류의 판매촉진을 하기 위해서, 의무감에서 참여하는 것이 아니라 선택할 수 있도록 해야 한다. 몇 가지 제안이 있다.

- **닭울음 흉내내기**

  버거킹은 스페셜 치킨 샌드위치를 출시했다. 고객들이 참여하도록 하기 위해서 닭처럼 울면 500원짜리 쿠폰을 준다고 홍보했다. 레스토랑에서 치킨 메뉴를 제공한다면 같은 방식으로 판매촉진을 할 수 있다.

- **소울음 흉내내기**

  쇠고기 바비큐 뷔페나 스페셜 스테이크 디너를 제공한다면, 소처럼 우는 소리를 내는 고객들은 다음 번 식사에서 1,000원 할인을 받을 수 있는 쿠폰을 받는다.

- **돼지 흉내내기**

  포크, 소시지, 햄을 먹는 사람들이 돼지처럼 꿀꿀 소리를 내면 할인혜택을 받을 수 있다. 아이들이 얼굴에 착용할 수 있는 귀여운 돼지 코를 제공한다.

운송수단을 이용하기

운송수단을 이용하는 것은 좋은 선전 캠페인이다. 자동차를 이용하면 정적인 판매촉진보다 더 많은 사람들에게 선전을 할 수 있다. 다음의 6가지 방법 중에서 한 가지를 시도해 본다. 방문 고객수가 늘어나는 것을 보게 될 것이다.

- **자동차 와이퍼 쿠폰**

  주변에 커다란 주차장이 있다면, 대학생 아르바이트를 고용해서 자동차의 앞유리 와이퍼에 쿠폰과 전단지를 끼우도록 한다. 대개 최소의 비용이 들면서 시간당 넓은 공간을 커버할 수 있다.

- **주차 및 차량운행 서비스**

오늘밤 커다란 이벤트나 콘서트가 있다면, 고객들이 레스토랑 주차장에 주차를 하고 먼저 저녁식사를 즐기도록 한다. 그런 다음 스페셜 버스로 모든 사람들을 공연장까지 모셔다준다.

- **배달용 차량을 광고판으로 이용**

자동차에 개성 있는 광고 메시지를 적은 자동차 랩(Car Wraps)을 씌운다. 시내를 많이 돌아다니는 차량에 레스토랑의 이름을 새겨 홍보하도록 하고 비용을 지불한다.

- **풍선띄우기**

뜨거운 풍선은 도시 전체에서 고객들이 주목할 수 있는 좋은 방법이다. 밧줄로 묶은 풍선을 이용해 고객들을 하늘로 올리고 레스토랑에서 식사할 시간에 다시 땅에 내려놓는다.

- **주차장에서 애완동물 목욕시키기**

애완동물 목욕의 날을 정한다. 애완동물은 모든 시청자의 관심을 끌기에 충분하기 때문에 매체는 그런 기사를 보도하고자 할 것이다. 또한 주차장에서 애완동물 보호를 위한 마라톤을 개최하고 인권단체를 초청한다.

- **교통수단**

지하철이나 버스의 외부나 내부에 레스토랑을 홍보하는 것은 엄청난 매출 증대효과를 가져올 수 있다.

The Food Service Professional

레스토랑 마케팅 노하우

7 판촉과 선전을 위한 월별 마케팅

성공적인 월별 마케팅

매월 레스토랑을 홍보할 수 있는 새롭고 흥미 있는 선전을 원한다면, 이 장에서 소개하고 있는 쉽게 적용할 수 있는 월별 판매촉진 가이드를 따라해 본다. 그전에, 레스토랑의 매출을 증대시키고 고객들이 매월 재방문하도록 도와주는 몇 가지 일반적인 핵심 포인트를 소개한다.

- **기대하지 않았던 판매촉진**

  일반적으로 대중들은 발렌타인데이에 모든 숙녀들에게 장미 한 송이씩을 나눠주는 것과 같은 간단한 것일지라도 레스토랑과 소매업자들이 어떠한 판매촉진이라도 해주길 기대하고 있다. 그렇지만 사람들의 기억 속에 레스토랑 이름을 남게 하는 판매촉진은 고객들이 예상치 않은 서비스를 받았을 때이다.

- **다음 달의 특별함을 기대하게 만들기**

  미스터리, 흥분, 기대 등의 분위기를 소개한다. 고객들은 매달 레스토랑에서 어떤 판매촉진이 진행되고 있는지 궁금해서 재방문할 것이다. 모든 판매촉진 계획에 대하여 지역 대중매체를 통해 선전한다.

- **월별 이벤트로 예상했던 매출을 달성하지 못했다면?**

  지역신문에 광고를 낸다. 새로 이사온 사람들이나 지역 주민들이 외식할 새로운 장소나 아이디어를 원할 때 광고를 보게 될 것이다. 월간 레스토랑 소식지를 이메일이나 우편으로 보낸다.

▣ 1월

1월은 모든 사람들이 새롭게 시작하는 시기이다. 사람들은 보다 나은 삶을 누릴 수 있는 다양한 방법들을 생각한다. 건강과 체력관리에서 결혼 및 가족, 경력관리까지 이 모든 것들은 신중한 고민 그리고 신선한 아이디어와 보다 체계적인 계획 속에서 이루어질 수 있다. 다음은 레스토랑의 선전 캠페인 결과를 향상시킬 수 있는 몇 가지 독특하고 실제 생활과 연관된 아이디어이다.

- **고객 감사 주간(National Thank-You-Customer Week)**

  1월 7일에서 14일까지 고객성원에 감사하는 의미로 고객들이 1인분을 주문하면 1인분은 무료로 제공한다는 행사를 선전한다.

- **상사 해고 주간(Fire the Boss Week)**

  1월 14일에서 20일까지 이직을 원하는 사람들에게 새로운 취업의 기회를 찾도록 용기를 북돋아 주는 행사를 할 수 있다. 레스토랑 주차장에 지역 기업체들을 위한 채용박람회를 개최할 수도 있다. 지역의 대학교에 홍보 전단지를 배포한다.

- **건강한 체중관리 주간(Healthy Weight Week)**

  1월 21일에서 27일까지는 고객들의 건강을 생각하는 건강박람회를 개최할 수 있는 기간이다. 지역의 비영리 단체의 참석을 요청하여 무료나 값싼 가격의 건강상담 서비스를 제공하도록 한다.

- **생명 감사의 달(Celebration of Life Month)**

1월은 우리의 삶과 인생을 새로이 평가하는 시기이다. 그렇다면 살아있는 것에 대해 감사하는 달을 만들어보면 어떨까? 지역에서 가장 나이 많은 분을 찾아서 기념행사에 초대한다.

- **책의 달(National Book Month)**

오프라 윈프리가 북클럽을 운영하는 것처럼, 레스토랑도 북클럽을 만들 수 있다. 책 시사회 등을 위해 지역에 있는 저자들을 초청한다. 레스토랑 로비에서 사인회 장소를 마련해 준다. 레스토랑의 레시피로 만든 요리책을 제작해 본다.

- **수프의 달(National Soup Month)**

매주 하루나 이틀을 고객들이 그동안 맛보지 못했던 특이한 수프를 제공하는 날로 정한다. 고객들의 선호도를 물어서 어떤 수프를 메뉴에 넣는 것이 좋을지 등의 의견을 수렴한다.

- **무지방 생활의 달(Fat-Free Living Month)**

1월 한 달 동안 메뉴에 지방이 없는 메뉴를 적어도 한 가지 제공한다. 특히 새해를 맞아 다이어트를 시작한 고객들을 목표고객으로 한다.

- **다이어트의 달(National Lose Weight/Feel Great Month)**

무지방 메뉴 대신에 고객들이 선호하여 다시 오게 만들 수 있는 저칼로리 메뉴들을 제공한다. 지역 내 다이어트 클럽 회원들에게 홍보물을 보낸다.

2월

발렌타인데이의 영향으로 2월은 오랫동안 사랑과 연관되어 왔다. 그러나 사실 2월에는 레스토랑의 매출을 증대시키고 지역사회에 레스토랑의 존재를 알릴 수 있는 많은 기회들이 있다. 다음은 레스토랑의 성공을 선전하고 홍보하는 몇 가지 아이디어들이다. 고객이 넘쳐나고 매출이 증대하는 것을 발견할 것이다.

- **국제친선의 달(International Friendship Month)**

  인종이 다른 모든 시민들이 참여할 수 있는 지역 축제를 개최한다. 그리고 세계 각국의 음식을 제공한다.

- **노숙자 초청 행사**

  설날을 맞이하여 그 지역의 노숙자들에게 아침식사로 떡국을 무료로 제공한다.

- **사랑을 기념하는 행사(Celebration of Love Week)**

  사랑을 기념하기에 2월 14일(발렌타인데이) 하루는 충분하지 않다. 10일에서 16일까지 한 주 동안의 행사에 연인들이 동참하도록 초청한다.

- **두 번째 신혼여행 주간(Second Honeymoon Week)**

  25일이 들어있는 한 주간 동안 사랑이 시들한 커플들을 초청해서 로맨스가 부활하도록 돕고 두 번째 신혼여행 패키지 경품행사를 실시한다.

▣ 3월

3월은 사람들이 새해의 결심을 새롭게 다지기 시작하는 달이다. 대부분의 사람은 의욕적으로 새해 결심을 시작했지만 2월 정도가 되면 결심이 시들해지기 시작한다. 고객들이 레스토랑에서 식사하면서 새해 결심을 다시 한번 다지고 새롭게 시작해보려는 분위기를 만들도록 도와준다.

- **자전거 주간(Biking Week)**

3월 첫째 주에 도시 근처에서 자전거 경주대회를 개최한다. 행사 참가비는 유방암이나 소아재단과 같은 단체에 기부한다.

- **걸스카우트 주간(Girl Scout Week)**

또한 3월 첫째주는 오래된 재단인 걸스카우트를 활용한 행사를 진행한다. 걸스카우트 회원들로 하여금 레스토랑 입구에서 고객들에게 유명한 걸스카우트 쿠키를 판매하도록 한다.

- **세계 여성의 날(International Women's Day)**

세계의 여성들은 그들이 가지게 된 독립성과 부과된 책임감을 기념한다. 일하는 여성의 수요일(Working Woman's Wednesday)을 도입하여 3월 8일에 이 날을 기념한다.

- **청소주간(Cleaning Week)**

3월 25일이 들어있는 주간은 공식적으로 봄맞이 청소주간이다. 어머니는 바쁘게 집 밖을 청소하고 아버지는 창고에서 고장난 것들을 고친다. 레스토랑을 방문하는 고객들에게 무료 가정부 서비스나 전문적인 청소 서비스를 받을 수 있는 경품권을 제공한다.

4월

4월은 특별히 기념할 일이 별로 없는 고객들에게 레스토랑을 판촉할 수 있는 아주 적절한 시기이다. 고객들은 외식할 이유와 특별히 당신 레스토랑에 식사하러 올 이유를 찾을 것이다. 고객들에게 그 이유를 제공한다. 다음을 시도해 본다.

• **금주 홍보의 달(Alcohol Awareness Month)**

이 달은 책임있는 음주 습관을 홍보할 수 있는 가장 좋은 시기이다. 술을 마시는 그룹의 지정 운전자에게 무료식사나 음료를 제공한다. 알코올이 들어 있지 않은 음료 메뉴를 판촉한다.

• **고객 충성심의 달(Customer Loyalty Month)**

일 년 동안 레스토랑을 이용해 준 단골고객들에게 뭔가를 보상한다. 고객들에게 단골고객 카드를 만들어드리고, 이 달에 준비한 특별한 인센티브를 함께 제공한다.

• **동물원의 달(National Zoo Month)**

지역의 동물원은 항상 스폰서십을 증대할 수 있는 다양한 판매촉진을 시행하고 있다. 동물원에 요청하면 레스토랑 고객들에게 나눠줄 수 있는 할인 입장권을 구할 수 있다.

• **식목일과 지구의 날(Arbor and Earth Day)**

4월 5일과 22일은 식목일과 지구의 날이다. 나무를 심어서 지역사회에 동참하고 있다는 것을 선전한다. 지역 내 필요한 곳이면 청소 서비스를 제공한다.

▣ 5월

5월은 가족의 중요성을 인식하는 달이기도 하다. 5월의 날씨는 봄의 절정으로서 햇살로 가득한 낮이 길고 빛을 머금은 저녁을 볼 수 있다. 지역 주민들을 하나로 만드는 따뜻한 컨셉의 행사를 개최하여 고객들에게 관심을 보인다.

• **어린이의 달(Kids' Month)**

5월 5일은 공식적으로 어린이 날이다. 한 주 동안 마임 및 그림그리기, 도자기, 어릿광대, 스토리 텔러 등 어린이들에게 즐거움을 줄 수 있는 지역 예술인들을 초청한다.

• **바비큐의 달(BBQ Month)**

많은 사람들이 모일 때는 맛있는 소스와 훈제 갈비가 제격이다. 음식을 먹는 동안 사람들이 서로 잘 어울리도록 야외에서 바비큐를 준비한다. 충분한 냅킨을 준비하는 것도 잊지 않는다.

• **노인들의 달(Senior Citizens' Month)**

5월은 노인들을 위한 특별한 판매촉진을 제공하기 위해 지역 노인 단체들과 주민들에게 연락하기 가장 좋은 시기이다. 기존 메뉴에 없는 특별한 노인 할인혜택을 제공한다.

• **가족 주간(Family Week)**

8일이 들어있는 주간은 가족들이 서로 결속을 다지는 특별한 시간으로 정한다. 어린이를 동반한 부모들에게 어린이 무료식사와 같은 인센티브를 제공하고 가족이 함께 즐거운 식사를 하도록 돕는다.

• **친구 주간(Friends Week)**

시트콤 프렌즈는 오랫동안 인기 있는 프로였다. 20일이 들어 있는 주간은 프렌즈를 기념하는 행사를 진행한다. 1인분을 주문하면 동반한 친구 한 명에게 무료식사를 제공한다.

• **스승의 날(Teacher Day)**

선생님들은 우리의 미래를 만드는 가장 중요한 사람 중에 하나이다. 5

월 15일은 이런 고마움을 기념해서 선생님들에게 큰 할인혜택이나 경품을 제공한다.

▩ 6월

6월은 야외결혼과 야외활동이 적합한 시기이다. 봄의 끝을 말하고 여름 축제의 시작을 의미한다. 또한 지역주민들과 함께 야외에서 어울릴 수 있는 시간임을 홍보하는 시기이다. 뜨거운 계절의 즐거움이 다가오고 있다는 것을 고객들에게 상기시키는 판매촉진을 준비한다. 서둘러 준비하고 아래 6월을 위한 아이디어를 적용해 본다.

- **세계 환경의 날**

  6월 5일 머그잔을 가져오는 고객들에게 커피를 무료로 제공한다.

- **베이비 키스 데이(Baby Kiss Day)**

  6월 14일은 키스데이이다. 레스토랑을 방문한 부부, 연인들이 키스를 할 경우 음료를 무료로 제공한다.

▩ 7월

드디어 여름이다. 지글거리는 태양의 기쁨이 우리에게 다가오고 고객들은 옷을 차려입고 밤 외출을 할 준비가 되어 있다. 또한 가족 피크닉과 야외활동의 시기이기도 하다. 여름은 밤보다 낮이 길다. 여름동안 더 늦은 밤까지 영업하는 것을 계획할 수 있다.

- **지역사회 야유회(Have a community picnic)**

  옛날 사람들은 각자 좋아하는 음식을 가져와서 이웃들과 나눠먹는 파티를 많이 했다. 이러한 파티를 준비해본다. 모든 음식을 레스토랑이 제공하는 주차장 파티를 열거나, 디저트를 제공하는 빵집 또는 야외에서 뷔페 음식을 차려주는 케이터링 회사들을 초대한다. 이 때 음악 밴드와 같은 엔터테인먼트를 포함해야 한다. 어떤 밴드들은 자신들을 홍보하기 위해 무료로 연주할 것이다.

▣ 8월

8월은 아주 흥미진진한 시간이 될 수 있다. 여름이 끝나고 부모들은 학교에 돌아가기 싫어하는 아이들을 즐겁게 해주길 원한다. 즐거움이 가득 찬 이벤트들은 열심히 놀았던 아이들이 개학을 맞이해 차분하게 공부할 수 있도록 도와준다.

- **즐거운 가족의 달(Family Fun Month)**

  공식적으로 즐거운 가족의 달이기 때문에 테마파크의 할인쿠폰을 제공하여 가족들이 함께 외출하도록 돕는다. 여름이 끝나가는 시즌으로, 테마파크는 비수기인 겨울동안 지내기에 충분할 정도의 매출을 여름동안 올리기 원할 것이다. 레스토랑을 방문한 한 쌍의 행운 커플에게 무료입장권을 제공한다.

- **개학맞이 달(Back to School Month)**

  몇몇 학교는 개학이 9월인 경우도 있지만, 대부분의 아이들은 8월에 개학을 한다. 신학기에 필요한 새 책가방, 도시락과 학교 준비물로 채워진 개강 패키지를 기부할 지역의 소매점을 찾는다. 수완이 좋다면, 학용품 제조업자에게 편지를 보내 고객들에게 나눠줄 경품을 구해 본다.

- **자매의 날(Sisters' Day)**

  형제자매들 중에서는 특히 자매 간에 강한 결속력이 있다. 이들은 오랫동안 서로 옷도 빌려 입고, 못된 남자친구 때문에 눈물을 함께 나눠왔기 때문이다. 자매의 날을 정해서 자매가 함께 방문한 경우 전체 식사비에서 일정금액을 할인해 준다고 선전한다.

- **골프의 달(Golf Month)**

K마트나 월마트 같은 곳에서 저렴한 연습용 실내 인조잔디를 구한다. 몇 개의 연습용 잔디를 준비하고 고객들이 홀인원에 도전하도록 초청한다. 홀인원에 성공한 손님들에게는 디저트로(식료품점 사탕코너에서 항상 구할 수 있는) 골프공 모양의 트러플(truffle)을 제공한다. 고객 한 명당 한 번씩 치도록 한다.

▣ 9월

9월은 공식적인 업무로 돌아가는 달이다. 아이들은 학교에 있고, 모든 것들이 일상대로 되돌아간다. 9월을 기념하는 6가지의 새로운 스타일이 있다.

- **학생의 날(National Student Day)**

9월 20일은 학생들의 성취와 노력을 인정하고 기념하는 날이다. 9월에는 올 A 캠페인을 시작한다. 학생들에게 리포트 카드 쿠폰을 지급하고 A를 받을 때마다 카드에 펀치해 준다.

- **싱글 주간(Singles Week)**

16일에서 22일까지 싱글들을 레스토랑으로 초대해 결혼정보회사와 함께 중매를 주선한다. 뷔페 스타일의 디너를 즐기면서 고객들 간에 서로 어울릴 수 있는 파티를 주관할 서비스 업체를 초청하여 레스토랑에서 파티를 연다.

- **닭고기 먹는 날**

9월 9일은 구구데이로 닭고기를 먹는 날이다. 메뉴 중 닭고기를 선택하는 고객들에게 30% 할인을 해준다.

10월

10월은 전통적으로 할로윈의 달로 알려져 왔다. 그러나 많은 사람들이 휴일을 기념하기보다는 즐거운 가을을 기념하는 몇 가지 이유에 감사한다. 10월 한 달 동안 어른과 아이들에게 축제의 분위기를 만드는 몇 가지 판매촉진을 해 본다.

- **상사의 날(Boss' Day)**

대부분의 사람들은 비서의 날을 기억한다. 그러나 좋은 보스 또한 기념되어야 한다. 모든 우편물을 비서가 읽는 회사에 초대장을 보낸다. 10월 16일 레스토랑을 방문하여 직원들이 정상가격을 지불하고 식사할 때 상사에게 무료식사를 제공한다.

- **칠리 주간(National Chili Week)**

칠리 콘테스트를 주최하고, 7일이 들어있는 주간에 콘테스트의 승자는 포상금을 받는다. 콘테스트를 위해 야외에 많은 맥주와 크래커를 준비한다. 고객들은 음악을 즐기면서 주변을 거닐고 여러 음식들을 맛볼 수 있다.

11월

11월은 매우 정신없는 달이다. 쇼핑하는 사람들은 추수감사절 및 크리스마스를 생각한다. 공휴일 쇼핑을 하면서 사람들은 무엇을 할까? 먹는다. 그들을 주차장에서 벗어나게 하는 몇 가지 방법이 있다.

• **영혼을 위한 치킨 수프의 날(Chicken Soup for the Soul Day)**

공휴일 동안 모든 사람들의 마음속에는 향수가 있다. 영혼의 에세이 콘테스트를 개최하고 그날의 경품으로 따뜻한 치킨 수프를 제공한다. 티셔츠나 레스토랑 상품권을 경품으로 줄 수도 있다.

• **산타에게 편지 쓰는 주간("Dear Santa" Letter-Writing Week)**

5일이 들어간 주간에 스탬프가 찍힌 엽서를 미리 준비하여 크레용과 함께 어린이들에게 나눠준다. 아이들은 산타에게 편지를 쓴다. 주소는 북극으로 쓰게 하고, 현관에 놓여있는 산타박스에 아이들이 직접 편지를 넣게 한다.

▣ 12월

12월은 많은 상점들이 고객을 유치하기 위해 각양각색의 광고 선전 및 판촉을 실시하기 때문에, 이렇게 정신없는 가운데서 경쟁하기란 쉽지 않은 일이다. 12월의 전통적인 행사와 차별화되는 판매촉진의 몇 가지 방법이 있다. 새로운 이유를 만들어 고객을 끌어들인다. 다음과 같은 방법을 시도해 본다.

• **진주만 데이(Pearl Harbor Remembrance Day)**

12월 7일은 2001년 9월 11일처럼 모든 이의 가슴에 특별한 날이다. 나라를 위해 희생한 분들과 오늘날 봉사하고 있는 분들을 기념한다. 빨강, 파란, 흰색을 입은 모든 사람들은 식사 할인혜택을 받는다.

• **속임수의 날(Humbug Day)**

모든 사람이 크리스마스를 믿는 것은 아니다. 우리는 스크루지를 선호하는 사람들 속에 살고 있다. 12월 21일은 모든 사람들이 불평장이가 되도록 한다. 소란스러운 관중과 연휴 동안의 우리를 억누르는 탄성으로부터 자유와 휴식을 제공한다.

The FOOD Service Professional

레스토랑 마케팅 노하우

8 우리나라와 세계의 기념일

1월						
1 신정	2	3	4	5 소한	6	7
8	9	10	11	12	13	14 다이어리 데이
15	16	17	18	19	20 대한	21
22	23	24	25	26	27	28
29	30	31				

* 음력을 기준으로 하는 우리나라 명절과 절식 날짜는 매년 바뀔 수 있습니다.

2월						
1	2	3	4 입춘	5	6	7
8 보이스카우트 의 날	9	10	11	12	13	14 발렌타인 데이 설날
15	16	17	18	19 우수	20	21 세계 모어(母語) 의 날
22	23	24	25	26	27	28

3월						
1 삼일절	2	3 삼겹살데이	4	5	6	7
8 세계 여성의 날	9	10	11	12	13 해운의 날	14 화이트 데이 파이데이
15	16	17 세계 해양의 날	18	19	20	21 국제인종 차별해소의 날 춘분
22 세계 물의 날	23 세계 기상의 날 인삼데이	24 세계 결핵의 날	25	26	27	28
29	30	31				

4월						
1 만우절	**2**	**3**	**4**	**5** 식목일	**6** 한식	**7** 세계 보건의 날
8	**9**	**10**	**11**	**12**	**13** 임시 정부 수립의 날	**14** 블랙데이
15	**16**	**17**	**18**	**19** 4·19혁명 기념일	**20** 장애인의 날	**21** 과학의 날
22 정보통신의 날 지구의 날	**23**	**24**	**25**	**26**	**27**	**28** 충무공 탄신일
29	**30**					

5월						
1 법의 날 근로자의 날	2	3 세계 언론 자유의 날 태양의 날	4	5 오이데이 어린이 날	6	7
8 어버이날 재향군인의 날 세계 적십자의 날	9	10	11	12	13	14 로즈데이
15 스승의 날 세계 가정의 날	16	17 세계 전기통신의 날 성년의 날	18 광주민주화 운동기념일	19 발명의 날	20	21 석가탄신일 부부의 날
22	23	24	25 방제의 날	26	27	28
29	30	31 금연의 날 바다의 날				

6월						
1	2	3	4 국제 전쟁희생 아동의 날	5 세계 환경의 날	6 현충일	7
8	9	10	11	12	13	14 키스데이
15	16 단오	17 세계 사막화 방지의 날	18 건설의 날	19	20	21 하지
22	23	24	25 6·25사변일	26 국제 마약남용과 불법거래방지의 날	27	28
29	30					

7월						
1	2	3	4	5	6	7
8	9	10	11 세계 인구의 날	12	13	14 실버데이
15	16	17 제헌절	18	19 초복	20	21
22	23	24	25	26	27	28
29 중복	30	31				

8월						
1	2	3	4	5	6	7 입추
8 말복	9	10	11	12 세계 청소년의 날	13	14 그린데이 뮤직데이
15 광복절	16 칠석	17	18 쌀데이	19	20	21
22	23	24	25	26	27	28
29	30	31				

9월						
1	2	3	4	5	6	7 사회복지의 날
8 세계 문화의 날	9 구구데이	10 중고품 직거래의 날	11	12	13	14 포토데이
15	16 세계오존층 보호의 날	17	18 철도의 날	19	20	21 세계 감사의 날
22 추석	23 추분	24	25	26	27 관광의 날	28
29	30					

10월						
1 국군의 날 세계 노인의 날	**2** 노인의 날	**3** 개천절	**4** 세계 골프의 날 천사데이	**5** 세계 스승의 날	**6**	**7**
8 재향군인의 날	**9** 한글날 세계 우편의 날	**10**	**11**	**12**	**13** 세계 자연재해 감소의 날	**14** 와인데이
15 체육의 날	**16** 세계 식량의 날	**17**	**18**	**19**	**20** 문화의 날	**21** 경찰의 날
22	**23**	**24** 유엔의 날 세계 발전 홍보의 날 애플데이	**25** 피카소 생일	**26** 저축의 날	**27** 대한적십자사 창립일	**28** 동물 애호가의 날 교정의 날
29	**30** 항공의 날	**31** 할로윈데이				

11월						
1 가정 주부의 날	2	3 학생의 날	4	5	6	7 입동
8	9 소방의 날	10	11 빼빼로 데이 농업인의 날	12	13	14 무비데이
15	16 세계관용의 날	17 순국선열의 날	18	19	20 아프리카 산업의 날 세계어린이날	21 세계 인사의 날
22	23	24	25	26	27	28
29	30 무역의 날					

12월						
1 세계 에이즈의 날	2	3 소비자 보호의 날 세계 장애인의 날	4	5 경제사회 발전 자원봉사의 날	6	7
8	9	10 세계 인권의 날	11	12 고래밥데이	13	14 허그데이
15	16	17	18	19	20	21
22 동지	23	24	25 성탄절	26	27	28
29 생물다양성 보존의 날	30	31				

레스토랑 이윤 만들기

The FOOD Service Professional GUIDE TO SERIES

INTRODUCTION

레스토랑 이익에 대한 설계는 당신의 레스토랑 사업에서 이익을 최대화하기 위해 쉽고 빠르게 작업을 수행할 수 있도록 도와준다.

당신은 추가적인 해석 또는 긴 설명, 복잡한 이론을 찾을 수 없다. 수익성 있는 산출 실제 힌트, 불필요한 연구에 쓰지 않을 시간 또는 나쁜 것, 고통스러운 시련의 경험, 위험과 오류 당신이 찾을 수 있다. 이 장은 대응 팁, 적절한 회사 이름과 연락처 정보를 보여준다.

레스토랑 이익에 대한 설계는 효율적 조직과 당신이 쉬운 쉽게 이식할 수 있는 주제목과 헤드라이트 부분에 대한 답변을 직접 이끌어 줄 것이다. 불필요한 설명은 기본적인 사실과 대체된다. 이 장은 평범한 교과서이다. 대신에, 그것은 당신에게 실질적인 전략과 오늘의 수익성이 결과를 제공하는 도움말을 제공한다.

The FOOD Service Professional

레스토랑 마케팅 노하우

1 사업계획

최고의 사업계획을 세우자(아직 계획하지 않았다면).

사업계획을 세우는 데 투자를 아끼지 말아야 한다. 이미 레스토랑을 운영하고 있다해도 계획을 잘 세워 성공하도록 해야 한다. 재무계획도 세워야 한다. 사업계획은 지도와 같은 기능을 하므로 가능하다면 계획수립 단계에 많은 시간을 투자하여 세부적인 사업계획을 수립한다. 사업실패의 가장 흔한 원인 중의 하나가 바로 이 단계를 제대로 준비하지 않아서 생겨난다. 사업계획에는 다음과 같은 기본 사항들이 잘 포함하고 있는지 확인해 본다.

- 예상 창업 비용
- 종사원
- 보험
- 임대료
- 감가 상각
- 대출금 상환
- 광고 / 프로모션
- 법률관계 / 회계
- 세부적인 비용
- 식자재
- 임금 지출

- 급료
- 효용비
- 마케팅 비용
- 재고유지 비용
- 교육 훈련 비용
- 추정 손익계산서
- 추정 대차 대조표
- 그 외의 레스토랑 운영에 있어서 알려진 측면들
- 부가 비용
  - 건설을 위한 외부 인건비
  - 유지비
  - 웹사이트 개설
  - 추가 온라인 매매 비용
- 사업개요 : 사업개요를 포함하여 사업, 역사, 경제, 업계의 경향, 타깃이 되는 대상, 마케팅 컨셉을 설명하고 과정을 포함시켜야 한다.
- 재무조항 : 사업계획의 재무조항에는 다음 항목이 포함되어야 한다.
  - 차용대출금
  - 회사설비와 공급리스트
  - 대차 대조표
  - 손익 분기 분석
  - 추정 손익계산서
  - 예상 현금흐름표
- 손익계산서와 현금흐름표에는 다음 항목이 포함되어야 한다.
  - 3년간의 요약
  - 첫해의 월별 세부사항
  - 2년째와 3년째의 분기별 세부사항

재정 분석

이윤 창출을 위해서는 이윤에 대해서 계획을 해야 한다. 많은 레스토랑들이 좋은 음식과 멋진 분위기 그리고 훌륭한 서비스를 제공하면서 사업에 실패를 하고 있다. 그 이유는 사업의 재정적인 면을 관리하는 데 실패하기 때문이다. 이것은 원가관리 경영을 제대로 하지 못하게 되면 사업에 치명적인 요인이 된다는 것을 의미한다. 훌륭한 재정관리는 재무제표 및 보고서를 해석하여 이용하는 것으로, 사용되고 있는 용어들을 제대로 이해하기 위해서는 몇 가지 구분이 필요하다.

- **재무제표**

  이 수치는 주로 외부기관이 세금을 부과하고 수입 정도를 판단하는 수치이다.

- **관리회계**

  이 수치는 내부 관련자가 운영·관리하는 데 기초가 되는 정보를 제공한다. 이 자료는 부문별 운영을 강조하고 고객의 수나 메뉴의 조합판매, 또는 근로시간 등의 비재정적 자료를 필요로 한다. 이러한 내부의 보고서는 수입과 지출을 해석하기 쉽도록 부문별, 일별, 식사시간대별로 분석하고, 특히 주의를 요하는 부분을 알 수 있게 해준다. 일간·주간 보고서에 새로이 나타나는 경향을 비교하여 보고 변화된 사항을 결정을 하기 위해 작성되어야 한다.

외식산업의 재무상태 현황

최근 전체 외식산업에서 수입관리보다는 비용관리 측면을 더 강화하는 경향이 있다. 대부분의 레스토랑이 세금과 제비용을 제외하면 매출의 0.5 내지 3%

정도의 이익을 낼 뿐이다. 이와 같은 빈약한 이익률로 손해와 이익이 판가름되고 있다. 이는 비용관리가 매우 중요한 것이다.

• 비용관리란 '숫자'를 관리하는 것

자료를 모으고, 배치하고, 해석하고, 손익에 영향을 주는 숫자를 비교하는 것이다. 이것은 다른 사람에게 위임할 수 있는 일들이 아니며 이 수치들을 이용하여 조정해야 한다. 숫자를 통해서 현재 레스토랑 상태를 판단해야 한다.

• 순이익에 대한 이해

손익분기점이 함축하고 있는 의미는 사업에 관련된 일들과 각종 지표들간의 관계를 분석하고 이해하는 것이다. 이러한 일은 힘들고 지루한 것처럼 보이지만 숫자에 감춰진 의미를 이해하는 열쇠가 된다. 그 숫자들에 대해서 파악했을 때 노동생산성, 1인 분량의 조정, 구매비용, 마케팅 프로모션, 새로운 메뉴와 경쟁력 있는 전략 등에 대하여 제대로 이해하게 될 것이고, 이러한 지식들은 레스토랑을 효율적으로 운영하도록 하고 많은 이윤을 내게 한다.

• 투자금 회수 확률

정부 통계에 따르면, 레스토랑 운영자가 5년 안에 투자금을 회수할 확률은 20분의 1이다. 그리고 성공한 레스토랑 경영인의 80%는 공통적으로 그 레스토랑의 성공 여부는 개업 이전에 결정된다고 말한다. 이는 준비가 필수적이라는 의미이다. 이러한 준비의 일환으로 지속적으로 이윤을 얻으려는 계획과 사업체에 있어서는 원가관리 프로그램을 이용하여야 한다.

• **원가관리**

커다란 레스토랑을 운영할 정도의 준비가 되어 있다면 원가관리의 개념은 무엇보다 중요하다. 매출이 부진할 경우에 흔히 나타나는 많은 비효율성이 이윤을 얻지 못하게 한다. 따라서 원가관리의 개념이 중요해진다. 많은 사람들이 고통스러운 실패를 맛본 후에야 원가관리의 중요성을 깨닫는다. 이는 대부분의 사람들이 너무 근시안적이라는 것을 말해 주고 있다. 비용통제의 가장 근본적인 목적은 이익을 극대화시키는 것이지 실패를 최소화하기 위함이 아니다. 원가관리를 한다는 것은 운영상의 모든 측면에서 최소의 비용으로 최대의 이익을 실현시키는 것이다. 제비용을 적절히 통제함으로써 동일한 비용으로 더 많은 이익을 얻을 수 있고 더 나아가서는 경쟁력을 확보할 수 있다.

• **지출관리**

지출관리 과정에서 돈이 어디로 쓰이는지 몰라 소비를 통제하지 못하게 되면 경영상 큰 어려움을 겪게 될 것이다. 더욱이 레스토랑에서 일어나는 대부분의 손실은 표면적으로는 드러나지 않는다. 기록과 보고를 통해서 레스토랑의 관리자는 전체 지출의 흐름을 파악하여 이해하고 비효율성이 발생되는 정도를 인식하게 된다.

The FOOD Service Professional

레스토랑 마케팅 노하우

2 이익계획과 원가관리

이익계획과 원가관리는 회계나 부기를 의미하는 것이 아니다. 정보수집을 위한 도구이다. 이익계획과 원가관리는 그 목적을 이해하므로 의미를 정의할 수 있다.

- **경영에 관련된 유지 및 운용상에 결정을 위한 정보를 제공하기 위해서**
- **각 부문의 효율성을 검토하기 위해서**
- **기준안이나 예산 내에서 발생하는 지출이나 수입, 그리고 지출과 수입의 상승과 하락에 관한 정보를 경영과정에 포함시키기 위해서**
- **사기나 절도를 예방하기 위해서**
- **사업의 목표에 합당한 기반을 조성하기 위해서**
- **사후 교정이 아니라 예방을 강조하기 위해서**
- **손실의 최소화가 아니라 이윤을 최대화하기 위해서**
- **예방과 교정에 대한 인식은 기본적인 것**

  예방은 진취적인 계획을 통해서 발생하는 것이다. 우리가 해야 할 일은 화재가 난 후에 불을 끄는 것이 아니라 예방하는 것이다. 레스토랑 역시 이러한 방법으로 이윤을 최대화하는 것이다.

원가관리 기록

업주와 매니저 사이에 거리가 있다면 효과적인 원가관리 기록이 더욱 필요하다. 이것이 레스토랑 체인의 관리자들이 세계적으로 수천 개의 점포를 관리하는 과정에서 수많은 점포 매니저들은 영업시간 동안에는 세부적인 원가관리 시스템이 불필요하다고 생각한다. 때때로 소규모 점포에서 도난 방지 시스템을 이용하는 것에 대해 직원들은 자신들에 대한 불신감으로 받아들이기도 한다. 그러나 이것은 근시안적인 시각이다. 원가관리의 주목적은 일일 영업관리에 대한 정보를 얻는 것이고 도난방지는 이차적인 기능이다. 원가관리는 사업이 어떤 방향으로 운영되는지를 인식하게 하고, 대부분의 폐기와 비효율이 어떤 부분에서 발생하는지 알 수 있다. 이러한 과정을 제대로 알기 위해서는 그 수치에 대해 이해할 필요가 있다.

- **수치들을 이해한다는 것은 수치들을 해석한다는 것을 의미한다. 이를 효과적으로 수행하기 위해서 관리와 절감의 차이를 이해해야 한다.**
- **관리는 자료와 수입과 지출의 비율에 대한 정보의 통합과 해석을 통해 수행된다.**
- **절감은 원가를 사전 결정된 기준으로 이끄는 실제적인 행위를 말한다. 효과적인 원가관리는 한 조직체의 상층부에서 시작된다. 관리를 위해서는 기준과 순서가 과정의 확립, 지지, 집행이 적절히 이루어져야 한다.**
- **다음의 매출과 원가 통계자료를 참고한다.**

〈표〉 레스토랑의 판매와 원가 분석

	Full-Service Restaurant	Fast-Service Restaurant
매 출		
음식 매출	70~75%	90~95%
*음료 매출	30~25%	10~5%
비 용		
음식가격	26~36%	28~35%
*음료가격	10~22%	5~10%
근로수당	25~35%	25~35%
종사원 연금	4~8%	4~8%
건물임대료	3~8%	3~15%
운영비-기타	1~20%	10~20%
세금지불 이전수입	3~6%	5~12%

* 주류 & 와인 판매 & 가격 포함

전산화

실제로 외식업체의 형태나 규모에 관계없이 운영은 전산화되어야 한다. 전문기술의 활용 없이 경쟁에서 성공하기란 매우 어려운 일이다. 오늘날 기본적인 컴퓨터와 회계 프로그램에 대한 투자는 2,000달러이며, 1,000달러 이하인 경우도 있다. 그러한 투자는 회계에 소비되는 노력과 인력을 감소시킬 것이다.

- **QuickBooks**

가장 선호하는 레스토랑 회계 프로그램은 Intuit사의 QuickBooks®이다. QuickBooks® 2002버전은 원거리 액세스 기능과 웹 인터페이스 등의 기능을 포함한 여러 특징을 가지고 있다. 손으로 몇 시간씩 걸리던 보고서가 몇 초만에 작성된다. 사람의 실수를 배제한다면 그러한 보고서에는 완벽하다. 이 프로그램은 이전 버전의 유일한 한계점이었던 POS 옵션을 포함하고 있다. 2002버전은 www.quickbooks.com에서 이용할 수 있다. 그 외의 인기 있는 회계 프로그램으로는 www.peachtree.com에서 이용 가능한 Peachtree®를 들 수 있다.

- **Tasty Profit software**

만약 회계 프로그램을 설치하고 있다면, 그리고 QuickBooks®을 사용하기로 결정했다면, "The Tasty Profits Guide to QuickBooks® Software for Restaurants."라 불리는 추가제품을 추천한다. 이 유용한 QuickBooks® 가이드는 쉽게 사용할 수 있는 공인된 시스템을 통해, 회계시 수천 달러를 절감할 수 있게 해준다. 'Tasty Profits Guide'가 들어있는 플로피 디스켓을 컴퓨터에 직접 설치한다. 구성 전 레스토랑 회계를 다운로드하면 준비는 끝난다. 모든 회계자료와 정확한 음식과 바의 간단한 원가계산, 은행 및 신용카드 청구서, 신용카드로 지불된 항목, 자동계산된 판매세에 즉시 접근할 수 있게 될 것이다. 이 프로그램은 70달러 정도의 비용이고 www.atlantic-pub.com이나 전화 800-541-1336, Item TP-01에서 이용가능하다.

▣ 회계항목

레스토랑 회계는 특별한 과정을 필요로 한다. 본질에 집중하게 되면, 다음 제안들이 올바른 방향을 지시해 줄 것이다.

- **The Uniform System of Accounts for Restaurants(USAR)**

미국 레스토랑협회(the National Restaurant Association)는 간단하고 쓰기 쉬운 레스토랑 회계분류 시스템을 출간하였다. 공인회계사들이 쓴 이 책은 대차대조표와 임금관리보고서, 지출분류 시스템의 예를 제시하고 있다. 이 책에서 단 한 가지만 이용하겠다면 www.restaurant.org나 전화

(800-424-5156)로 주문할 수 있다. USAR은 레스토랑 회계에 대한 가장 핵심적인 가이드북이다. 이 책은 일반적으로 수익률과 이익을 비교하는 데 관련되는 경영 용어를 정의하고 있다. 이 프로그램은 IRS 보고서뿐만이 아니라 경영도구인 재무제표를 작성하기에도 적절하다.

- **경영보고서**

미국 레스토랑협회에서 발행한 '경영보고서(The Operations Report)'는 레스토랑 경영자들의 손익계산서와 관련된 연간 조사를 기초로 한 것이다. 미국 레스토랑협회와 Deloitte & Touche 회계사무소가 공동으로 시행한 이 보고서는 레스토랑을 네 가지 종류 — 세 가지의 풀 서비스 레스토랑(고객 일인당 매출이 10달러 이하인 경우, 10달러에서 25달러 사이인 경우, 25달러 이하인 경우)과 제한 서비스 레스토랑(패스트푸드점) — 로 분류하여 항목별로 그 자금이 어디서 오고 어디로 가는지에 대한 자료를 상세히 나타내고 있다.

- **다른 레스토랑과 비교하기 위하여 같은 회계 항목을 활용**

회계표의 비율은 특정 호텔이나 레스토랑의 경영 데이터를 유사한 형태의 다른 집단의 평균치와 비교할 수 있게 해 준다. 예를 들어, 어떤 레스토랑의 특정 항목이 재무적으로 필요한만큼 견고한지를 판단하기 위하여 유사한 규모의 다른 레스토랑과 비교할 수 있다. 식자재 비용 및 다른 비용과 쉽게 비교해 볼 수 있다.

▣ 포스 시스템

외식산업에서 가장 널리 사용되는 기술은 터치스크린, 또는 포스 시스템이다. 포스 시스템은 기본적으로 전자 금전등록기(electronic cash register)에서 파생되어 나온 것이다. 터치스크린 포스 시스템(Touch-screen POS systems)은 1980년대 중반에 외식산업 시장에 소개되어 전국적으로 90퍼센트의 보유율을 점유하였다. 고급 레스토랑(fine-dining)에서 패스트푸드점까지 터치스크린은 폭넓게 활용되었다. 실제로 어린아이도 몇 분이면 사용할 수 있을 정도로 쉽다. 미국 레스토랑협회에서 발행한 자료에 따르면, 평균 1,000,000달러의 식음료 매출의 레스토랑에서 연 30,000달러를 절감할 수 있을 것으로 추산된다. 포스 시스템에 의해 취합된 수치를 이해하는 것은 운영자로 하여금 재고, 바 수입, 근무 스케줄, 초과 근무, 고객 교통/주차, 일수입, 평균치 이외의 추정 등의 관리를 더 용이하게 해 줄 것이다. 다음 항목들을 살펴본다.

- **포스 시스템의 두 부분**

포스는 하드웨어 또는 설비와 소프트웨어, 즉 시스템을 운영하는 컴퓨터 프로그램으로 구성되어 있다. 이 시스템은 종사원들로 하여금 고객들의 주문을 즉각 입력할 수 있도록 해주고, 부가적인 키들은 특정 선택과 '설익혀달라'든가, '적당히 익혀달라', '바싹 익혀달라'와 같은 요구들을 입력할 수 있게 한다. 몇몇 시스템은 주문이 들어오면 종사원들이 "감자에 버터나 사워크림, 아니면 차이브(chives)를 곁들여드릴까요?" 등의 부가적인 질문들을 하도록 유도한다. 일부는 사이드 메뉴나 선택한 메뉴에 어울릴 만한 와인을 제안하도록 한다.

- **주문의 처리**

주문은 케이블을 통해 레스토랑의 바와 주방, 사무실에 위치한 프린터로 보내진다. 모든 주문은 시행되기 이전에 프린트 되어 제대로 처리되고 있는지 확인된다.

- **계산**

주문대로 음식이 다 나가면 계산서가 출력되어 식사 후 고객에게 전달된다. 대부분의 포스 시스템은 할인율이 정해져 있고 관리되어진다. 직불카드, 현금, 수표는 각기 다른 방식으로 처리되고 지불수단에 따라 각기 다른 보고서가 만들어진다.

포스 시스템 사용의 이점

- **매출과 회계 정보의 증가**
- **고객의 정보 추적**
- **종사원의 매출과 시행 보고**
- **메뉴 아이템의 시행 보고**
- **재고 사용 보고**
- **신용카드 구매의 처리**
- **정확한 고객 계산서 작성**
- **주문과 다른 음식이 나가는 사태 방지**
- **주방에서의 혼동 방지**
- **돈이나 재고의 도난 보고**
- **종사원들의 시간 준수 보고**

- **준비된 메뉴 내역과 계획된 메뉴 보고**

- **주문을 전달하기 위해 주방과 바 사이를 오가는 데 소비되는 시간 단축**

- **포스 시스템의 향상**

  많은 포스 시스템은 점차 진보되어 이제는 광범위한 가정배달, 방명록, 온라인 예약, 단골고객 모드, 실시간 재고관리 완전 통합시스템, 사용자 ID와 회계, 근로 스케줄, 임금대장, 메뉴 분석, 구매와 취득, 현금관리와 보고의 통합 등이 가능하도록 되었다. 기능상의 발전, 인터넷 연결기능, 매니저가 경보를 발령할 수 있는 기능, 음성인식 포스 기술 등의 기능들이 추가되어 발전되어가고 있다.

- **미래**

  노동시장이 축소됨에 따라 포스 시스템을 장착한 터치스크린은 필수사항이 되었다. 몇 년 후에는 고객이 자신의 주문을 직접 입력하는 시스템까지도 예상되고 있다. 단말기는 보다 간단하게 변화될 것이다. 나중에는 고객이 직접 메뉴를 선택하고 결제를 위해 직접 신용카드를 긁게 될 것이다.

▣ 원가관리의 중요 요소 - 이윤 창출

어떤 식음료 업체든 중심이 되는 10가지 우선 영역이 있으며, 이는 이윤 창출에 중요 요소이다.

- **구매**

  재고 시스템은 중요한 구매요소이다. 공급자가 주문을 수행하기 전에 먼저 무엇을 가지고 있으며 얼마를 사용할 것인지를 알아야 한다. 재고의 잔여분을 염두에 두면 재고가 바닥나지 않을 것이다. 한 번의 구매는 규격화되어 있어 매니저는 공급자에게 주문만 하면 된다. 기록은 공급자, 비용, 구매품목, 상품명세 등을 보여준다. 정보는 문서화되어야 하고 전산화되어 있으면 더 좋다. 사용법에 따라서 식품을 구매한다. 예를 들어, 소스를 만들 때 토마토를 다른 재료와 혼합하여 사용한다면, 그냥 토마토와 구분하여 으깬 토마토를 구매하는 것이다. 그러나 만약 접시에 장식용으로 사용하거나 토핑으로 사용한다면 줄기에서 자란 방울토마토를 선택하도록 한다.

- **검수**

 검수는 주문한 물품이 도착했음을 확인하는 것이다. 정확한 상표와 등급, 종류, 수량, 정확한 비용 등을 확인한다. 주문한 사항과 다를 때에는 그 사실을 기입하고 반품하거나 지불을 유예한다. 무게나 수량으로 구매된 물품은 확인해야 한다.

- **저장**

 모든 재료는 사용될 때까지 보관된다. 순서에 맞게 보관하는 것은 재고를 쉽게 파악할 수 있게 한다. 온도, 통풍, 오염 방지가 적절히 이루어지도록 보관하는 것은 식자재가 사용될 때까지 최적의 상태를 유지하도록 하며, 고가의 제품은 도난방지 장치가 필요하다.

- **반출**

 저장품목에서 재고를 반출하는 것은 원가관리 과정의 일부이다. 주방장과 바텐더는 적절한 저장소에 재고를 저장하거나 방출할 권한을 가지고 있다. 이것은 보이는 것보다 더 중요한 원가관리의 한 부분이다. 식음료 비용을 알기 위해서는 초기 재고자산과 판매량, 그리고 영업 후 재고자산을 알아야 한다. 이런 데이터가 없다면 정확한 비용을 결정할 수 없다.

- **전처리**

전처리 과정 중 종사원이 폐기량을 어느 정도로 최소화 할 수 있는가는 중요한 문제이다.

- **서비스 준비**

1인 분량과 그 외의 기본적인 지시는 규정된 조리법에 따라 폐기되는 양을 결정한다. 전처리한 음식을 조리한 후 접시에 담아서 준비한다. 조리법에 따라 1인 분량을 결정한다.

- **분배와 전달**

식자재는 필요량보다 손실양이 많을 수 있다. 마지막 단계에는 조리된 음식의 품질과 1인 분량을 준수하였는지를 확인하기 위해 규칙적으로 관리해야 한다. 많은 매니저들이 주의깊게 관리하는 주문 횟수, 분배, 전달 그리고 음식의 품질 등이 원가관리의 중요한 요소이다.

- **주문서 작성 및 계산**

판매되거나 주방에서 생산된 제품은 기록되어야 한다. 이것은 문서로 작성될 수도 있고, 컴퓨터상에 기록이 될 수도 있다. 기본적으로 시스템에 접속하지 않고서는 누구도 음식이나 음료를 제공받을 수 없도록 하는 것이 바람직하다. 구두 주문은 매니저나 경영자를 포함해서 누구에게도 받지 않도록 한다.

- **계산서 작성**

판매 모니터링은 원가관리에 중요하다. 비용이 적게 청구되거나 과도하게 청구되는지, 팁이나 분실된 계산서를 허위로 작성하는지는 매 교대시마다 확인해야 한다. 매 식사 시간대의 매출정보는 재정이력 기록으로 취합해야 한다. 이것은 판매를 예측하는 데 도움이 될 것이다.

- **입금/정산**

입금과 비용명세서를 중심으로 회계감사가 이루어져야 한다.

▣ 정확한 일일 원가관리

원가관리는 매 순간사업에서 지속적으로 이루어져야 할 과정이다. 이에 대한 지속적인 평가 역시 레스토랑 영업에 있어서 필수적인 것이다. 다음 사항들을 살펴본다.

- **효과적인 원가관리 전략에는 다섯 가지 중요 요소**

■ 사전계획
■ 관리과정을 용이하게 하는 절차와 수단
■ 이윤창출 프로그램의 수행
■ 종사원 협조
■ 관리의 지속적 강화와 재평가

- **계획은 아래의 질문들로 평가**

■ 원가관리는 적절한 정보를 제공하고 있는가?
■ 그 정보들이 적절한가?
■ 그 정보들의 취합, 분석 및 해석이 용이한가?
■ 이윤의 절감이 관리 비용보다 더 크게 나타나는가?

이 마지막 요점은 특히 중요하다. 관리하기 위해 들어가는 지출이 절감되는 금액보다 초과될 때 낭비이며, 더 이상은 관리되지 못하는 상태이다. 5,000달러를 절감할 수 있는 주류 분배 시스템을 자동화하는데 30,000달러를 지출하는 것은 비효율적인 것이다.

표준화는 원가관리 프로그램의 핵심

실질적으로 측정한 결과 값과 예산한 결과 값의 비교사항은 준비해야 한다. 계획된 방법과 실제로 사용되는 방법에는 차이가 있다. 관리를 통해 기준과 실제 실행에 있어서 부정적·긍정적 요인들을 관찰할 수 있고 수정을 가해야 할 부분이 어딘지를 알게 한다. 다음 사항들은 원가 표준화를 위해 중요하다.

- **다섯 가지 단계의 표준화 활용**

▪모든 개인과 부서에서 표준화된 방법으로 업무를 수행해야 한다.
▪개개인은 낭비와 비효율을 방지하기 위해 표준화를 지키는 것을 각자의 책임으로 생각해야 한다.
▪기준의 준수여부를 관찰하여야 한다.
▪수립된 기준과 실제 실행을 비교하여야 한다.
▪기준에서 벗어난 것이 발견될 때에는 적절한 행동이 취해야 한다.

- **임무는 표준을 확인하고 준수하는 것**

종사원들은 계량용 국자, 계량을 위한 볼, 계량컵을 사용하고 있는가, 하나하나 무게를 재고 있는가, 정확히 재서 1인 분량을 제공하고 있는가? 이들은 모두 기준이 확실한지, 원가관리 프로그램이 효율적으로 수행되는지를 확인하는 유용한 방법이다.

가격 비율

경영자와 매니저는 식재료비와 인건비를 분석하는 데 사용되는 다양한 수치에 대하여 같은 인식을 지녀야 한다. 그 수치들이 어떻게 측정되는지를 이해하는 것이 중요하고, 이는 레스토랑에서의 메뉴 가격이나 영업 활성화 방향을 결정할 수 있다. 원가관리는 이 수치들을 단순히 계산해내는 것이 아니라 그것을 해석하고 그 수치들을 정해진 표준치에 근접하게 만들어야 한다.

- **식재료비 비율**

식재료 비율은 다양한 방법으로 계산되기 때문에 때때로 잘못 이해되곤 한다. 식자재 비용을 매출로 나누는 것이 기본방식이다. 그러나 식자재 비용이 매출에 의해 결정되는지, 식자재 소비에 의해 결정되는지는 중요한 차이가 있다. 마찬가지로 식재료비 백분율을 정확히 계산하기 위해서는 월말 재고치를 고려해야만 한다. 이 수치가 없는 식재료비 산출은 부정확할 수밖에 없다. 이는 월말이라는 것이 늘 다른 요일이기 때문에 비교적 안정적인 환경일지라도 매달 다양하게 변한다.

- **재고 계산**

기말 재고나 실질 재고 산정시 가장 정확한 판단을 위해 식재료용 저울과 음료용 특수저울을 사용한다. 재고목록은 재고품목이 저장되어 있는 것과 같은 순서로 둔다. 각 위치에 각각 분리된 목록을 이용한다. 재고 단위, 케이스 당 유닛, 팩이나 사이즈, 품목코드와 매각인 코드 등의 형식에 따라 분류한다. 두 명의 인원을 이용하여 한 명은 수를 세고, 다른 한 명은 수치를 기록한다. 예를 들어, 바 매니저는 식자재 재고를 돕고 주방 매니저는 음료기록을 돕는 방식으로 서로의 업무를 교환하여 정리한다.

- **비용 계산**

음식 매출과 소비의 구분은 중요하다. 이는 모든 식자재 소비가 매출을 의미하는 것은 아니기 때문이다. 식자재 소비는 식자재 사용과 판매, 폐기, 도난이나 고객, 종사원에게 제공하는 양 등을 포함한다. 매출은 총 식자재 소비량에서 판매가격으로 환산된 식자재 구입비용을 제외하면 된다.

• **최대 식재료비 허용치**

이윤목표에 부합할 수 있는 구체적 수치로 만약 그 달의 식재료비가 MFC(월간 식재료비)를 넘어선다면 기대하는 이윤수준에 도달하기 어렵다. 만약 월말에 식재료 비율이 최대 허용선을 초과하였다면 이윤 기대치에 도달할 수 없다. 이는 다음과 같이 계산한다.

- 노무비와 관리경비 총액을 기재한다. 과거 회계기간과 연평균을 이용하여 실질적인 가격을 측정하도록 한다.
- 월간 이윤 목표치를 화폐단위나 매출 비율로 변환시켜 더한다.
- 비용(경비)을 기간 동안의 식품판매수익으로 나누어 백분율을 계산한다. 이때 최고 최저판매액은 제외하는 것이 일반적이다. 100에서 총 백분율을 빼서 산출된 값이 MFC이다.
- 100 - (월간 경비 - 식재료비) + 월간 이윤 목표 = % MFC

• **실질 식재료비 백분율**

실질적인 운영시 발생하는 식재료비 비율이다. 식품원가를 식품판매액으로 나눈 값이다. 손익계산서에서 종사원의 식비를 공제하여 판매된 식품원가를 계산하는 것이다. 대부분의 레스토랑에서 하듯이 종사원 식비를 제하지 않는다면 식품원가가 소비된 식재료비가 된다. 재고가 파악되면 손익계산서에서 식품비 원가는 구매가에 기초하여 추정될 뿐 정확치 않을 것이다.

• **잠재 식재료비 백분율**

잠재 식재료비는 때때로 이론적 식재료비라고 불리기도 한다. 잠재 식재료비 백분율은 식재료비 중 가장 낮은 수치이며, 이유는 모든 소비된 식품이 판매되었고 전혀 낭비되지 않았다고 가정하기 때문이다. 이 비용은 각 메뉴 아이템의 판매 개수와 이상적인 레시피 비용과 곱하여 계산된다.

- **표준 식재료 원가**

표준 식재료 원가는 비실제적으로 낮은 잠재 식재료비 백분율을 조절하는 방법이다. 여기에는 피할 수 없는 낭비, 종사원 식사 등을 포함한다. 이 식품비 비율은 실제 식재료비 백분율과 비교되며 식재료비 관리시 기준치가 된다.

- **주 식재료 원가는 식재료비와 직접노무비를 함께 포함**

이 비용은 직접노무비와 식재료비를 포함한 값이다. 스테이크와 같이 전처리가 필요하거나 파이나 빵처럼 원재료로부터 인력이 투입되어야 하는 식품아이템의 경우 직접적인 노무비가 포함된다. 이 계산방법은 소비자에게 제공되기 전에 직접인건비가 필요한 메뉴 아이템에 적용된다. 간접노무비는 특정 메뉴 아이템에 부여되어서는 안 되고 관리비에 포함시킨다.

- **음료 원가 비율은 알코올 음료가 판매될 때 계산**

식자재 소모와 마찬가지로 이 수치는 원가를 판매액으로 나누어 산정한다. 단일음료 비율은 강한 알코올 음료와 와인과 맥주의 판매 비율에 따라 백분율이 다양하기 때문에 표준화할 수 없다. 독한 술은 와인이나 맥주와 같은 음료보다 더 낮은 원가 비율을 보이므로 그러한 음료들을 세 가지로 분류하도록 권한다.

- **음료 제외**

음료 매출액은 일반적으로 식품으로 분류되는 커피, 차, 우유나 주스에 포함되어서는 안 된다. 만일 소프트드링크를 식품비에 포함시킨다면 식품원가를 낮추게 되고, 판매가에 대한 원가 비율을 지나치게 낮추게 될 것이다.

▣ 매출과 회전 계산

운영의 측면을 관리하기 위해서는 다음의 계산을 이해해야 한다.

- **객단가**

이 계산은 단순히 총 식음료 판매를 이용고객으로 나눈 것은 아니다. 물론 그렇게 계산하는 것도 한 가지 방법이긴 하지만, 이 수치가 일일 판매목표로 접하게 될 객단가와 어떻게 비교되는가를 보는 것은 중요하다. 만일 필요로 하는 수치에 미치지 못했다면 비용을 살펴보아야 한다. 객단가는 시간대에 따라 결정될 것이며, 특히 각 테이블에 다른 메뉴가 제공될 때에 다르게 나타난다. 기준은 음식 없이 음료만을 주문하는 고객을 어떻게 계산할 것인가를 결정해야 한다.

- **좌석 회전**

이것은 식사시간대 동안 좌석이 다른 고객들로 몇 번이나 채워지는가에 관한 것이다. 객단가가 낮은 레스토랑은 좌석 회전을 높일 필요가 있다.

- **재고 회전**

재고 회전은 소비되는 식자재 비용을 평균 재고로 나눈 것이다(이것은 단순히 기초재고에 기말재고를 더하고 2로 나눈 것이다).

- **식음료 판매비율**

식음료 판매비율이란 단순히 총판매에 대한 비율이다. 음식판매보다 음료판매 비율이 더 높은 레스토랑에서는 일반적으로 높은 이윤을 보이는데, 이것은 음료판매가 더 많은 이윤이 남기 때문이다.

- **판매 총합은 각 메뉴가 판매된 수**

판매된 메뉴의 수는 각각의 메뉴가 다른 식재료비를 가지고 있기 때문에 비용(cost) 분석에 중요한 요소이다. 만약 웬디스를 운영하는데 아침식사 때 매출이 높게 나타나고, 다른 사람이 운영하는 웬디스에서는 점심식사 때 매출이 많았다면 점포 간의 식재료비는 다 다르게 나타날 것이다.

- **손익 분기점은 단순히 판매가 지출과 같을 때**

만약 투자액을 회수하려는 노력이 없었다면 사업이 손익 분기점에 계속 머물러 있을 수도 있다. 손익 분기 분석을 판단하기 위해서는 고정비용과 변동비용으로 분류해야 한다. 고정비용은 판매량을 무시하고 임대료, 보험료, 재산세, 관리임금 등을 포함하는 것이다. 변동비용은 판매가 변화함에 따라 증감하는 것으로 음식과 음료비용이 여기에 포함된다.

- **공헌이익이란 총이윤**

이는 100% 순이익에서 지출을 빼고 남은 것이다.

- **폐점시점**

폐점시점이란 주어진 시간동안의 영업비용이 수입보다 비싸게 나왔을 때를 의미하는 것으로, 만약 200만 원의 비용으로 영업을 시작하여 180만 원밖에 벌지 못했다면 폐점시점의 지출은 20만 원이 된다는 것을 뜻한다.

- **평방피트당 판매액**

이것은 총 레스토랑의 연간 판매를 전체 면적(평방피트)으로 나눈 것을 의미한다. 예를 들어, 총 7,500평방 피트의 레스토랑에서 1년 동안 10억 원어치를 판매했다면 평방피트당 판매액은 133.33달러가 되는 것이다.

- **손익계산서**

이것은 사업의 성적표이다. 회사의 재무제표의 일종으로 특정 기간동안의 수입과 지출을 요약한 것이다. 이것은 수입, 지출 그리고 이윤이나 손실을 보여준다. 손익계산서는 보통 한 달이나 일 년과 같은 어떤 기간 동안의 수치를 보여준다. 손익계산서의 제목은 보통 'X레스토랑의 2003년 12월 31일자 마감까지의 손익계산서'로 정한다.

수익성 비율

수익성은 보통 회사의 재정 성과를 과거의 성과나 다른 회사의 성과와 비교하기 용이하도록 백분율로 계산된다. 수익성이 백분율로 표시될 때, 이윤을 예측할 수 있다. 가장 일반적인 이윤은 순매출 백분율이라 표현된다. 재정의 탄탄함을 측정하고 비교하기 위해 가장 일반적으로 사용되는 배우기 쉬운 몇 가지 이익 이윤을 살펴본다.

- **총이익은 총수익을 순매출로 나누었을 때의 백분율**

총수익이 순매출에서 판매상품 원가를 뺀 것과 같다(총수익 ÷ 순매출 = 총이익). 총이익은 판매상품 원가를 빼고 남은 수입의 백분율이다. 간단한 예를 살펴본다. 순매출은 1,000달러이고 판매 상품 원가는 400달러이며, 총 수익은 600달러라고 했을 때 총 이익을 구하면 다음과 같다.

총이익 = 600 ÷ 1000 = 0.60 또는 60%

이 비율은 영수증 판매와 변동비용(판매상품 원가)만을 고려한 것이기 때문에 레스토랑의 생산과 상품 분배에 있어서의 효율성을 나타내는 좋은 지침이 된다. 이 비율이 높을수록 생산과정의 효율성이 높은 것이다.

- **영업이익**

명칭이 암시하는 바와 같이 운영이익은 운영수입을 순매출로 나눈 결과로 산출되는 비율이다(운영수입 ÷ 순매출 = 영업이익). 이 비율은 레스토랑 운영의 질을 측정한다. 업종 평균과 비교하여 높은 영업이익을 보이는 레스토랑은 더 높은 효율성을 지니고 있는 것이다. 전형적으로 이러한 결과를 얻는다는 것은 그 업체가 더 낮은 고정비용과 더 나은 총이익 또는 둘의 적절한 조합을 나타내고 있다는 것을 말해준다. 적어도 운영면에서 다른 경쟁업체보다 더 나은 효율성을 가진 업체는 훨씬 우세하다는 것이다.

- **순이익**

순이익은 레스토랑 운영금액에 대한 수익성을 측정하는 것이다. 이는 총수익을 총판매로 나눈 것이다(총수익 ÷ 총판매 = 순이익). 다른 비율들과 마찬가지로 순이익을 다른 레스토랑이나 업종 전체의 수치와 비교하고 싶을 수 있다. 이는 '운영보고서(The Operations Report)'라는 제목으로 미국 레스토랑협회에서 출간한 보고서에 나와 있다. 이 보고서는 레스토랑 업체와 Deloitte & Touche 회계사무소가 공동으로 작업한 레스토랑 영업 손익계산서의 연간 조사를 바탕으로 하고 있으며 레스토랑의 자금이 어디에서 와서 어디로 가는지에 대한 상세한 자료를 제공한다. 이것은 표준 회계표의 사용을 강하게 권장하는 이유 중의 하나이다. 업체의 경쟁적 위치가 개선되었는지, 악화되었는지 보기 위해서 순이익의 변화를 추적해 볼 수도 있다.

- **유사업종과 비교하거나 과거 실적과 비교하여 순이익은 높을수록 더 좋음**

보통 높은 순이익을 보인다는 것은 조사하고 있는 업체가 효율적이라는 사실을 나타낸다. 그러나 앞에서의 모든 이윤 측정과 마찬가지로 항상 과거의 성과를 조사해 보아야 한다. 높은 이윤은 지속적으로 경쟁업체보다 더 나은 성과를 보일 수 있다는 징후를 나타낸다.

▩ 대차 대조표

보통 기본 사업 재무제표라고 언급되는 대차 대조표는 사업에 관해 다음의 자산, 부채, 자본의 세 가지를 보여준다. 자산과 부채를 기록하고 대차 대조표를 구성하는 데 사용되는 규칙을 아는 것은 중요하다. 또한 이 계산서의 적절한 사용과 부적절한 사용을 이해하는 것도 중요하다. 이를 이해하지 못한다면 학습을 통해 인식하거나 공인회계사와 같은 조언자를 고용한다. 기본적인 용어를 이해하고 있어야 한다.

- **자산**

  자산은 레스토랑이 소유하고 있는 것들이다.

- **부채**

  부채는 빚지고 있는 것들이다.

- **자본**

  자본은 자산과 부채의 차이이다. 자본은 다음과 같은 방식으로 이해될 수 있다. 레스토랑이 모든 자산을 처분하여 모든 부채를 청산하고 난다면 자산이 자본이 될 것이다. 경영자는 이 자본을 유지할 권리를 가진다. 대차대조표의 자산목록은 관례적으로 비용 또는 조절된 비용에서 이루어진다. 일반적인 자산인 재고는 그것이 처분되는 상황에서 더 비싸거나 더 싼 가격에 팔릴 것임에 분명하더라도 비용가치로 기록된다. 또 다른 자산인 건물은 시세에 의해 평가되지만, 이것은 대차 대조표상에는 나타나지 않는 부가가치이다.

▣ 왜 대차 대조표가 중요한가?

많은 레스토랑 운영자들이 대차 대조표를 보는 데 자주 실패한다. 그러나 대차 대조표는 업체의 소유물과 빚, 투자된 자본에 대한 기본적인 보고서이다. 대차 대조표는 은행이나 투자가가 첫 번째로 보게 될 재정 서류이다. 다음 사항들을 알아둔다.

- **대차 대조표를 다음과 같은 내용을 검토하기 위해 사용하고 있는가?**

▪회사가 재정적 채무를 상환할 수 있는가?
▪이 회사에 투자된 액수가 얼마인가?
▪회사가 지나친 부채를 지고 있는가?
▪회사는 어떤 종류의 융자를 사용하고 있는가?

- **유동성 비율**

유동성 비율은 회사의 단기채권 감당능력을 측정하기 위해 고안된 것이다. 회사는 일반적으로 이자와 현 자산의 다른 단기부채를 지불할 것이다. 따라서 회사가 유동부채를 충당하기 위해서 유동자산의 적정 잉여금을 보유하는 것은 필수적이다. 만일 회사가 유동자산만을 가지고 있다면 부채에 대한 상환은 불가능할 것이다. 회사의 그러한 단기부채의 상환능력을 재기 위해서 다양한 비율이 개발되었다.

- **다음에 나오는 대차 대조표의 비율들을 이해할 필요**

▪유동 비율	▪당좌 비율
▪운영 자금	▪차입자본 이용

- **유동 비율**

유동 비율은 회사의 유동 부채 상환능력을 측정하는 것이다. 유동 자산이 유동 부채보다 크면 클수록 회사는 쉽게 부채를 감당할 수 있을 것이다(유동 자산 ÷ 유동 부채 = 유동 비율). 유동 비율을 계산한 후에 그것을 다른 레스토랑과 비교해 보아야 한다. 업종 평균치보다 낮은 비율은 유동성 문제를 가지고 있는 것이라 볼 수 있다. 그러나 너무 높은 비율은 회사가 그 자금을 사용하는 데에 비효율적이라는 사실을 보여준다고 할 수 있다. 회사에 대한 만족스러운 유동 비율은 업종 평균에 가까운 수치에서 이루어지며, 대부분의 레스토랑이 0.5에서 1.25 사이에 있다. 이것은 다른 업종에 비하여 아주 낮은 수치이다. 그러나 레스토랑 사업은 거의 현금사업이며 낮은 비율에서 더 잘 운영될 수 있다.

- **당좌 비율**

당좌 비율은 재고를 제외하고 있다는 사실만 빼고는 유동 비율과 유사하다. 이러한 이유로 보다 보수적인 비율이라고도 할 수 있다(유동 자산 − 재고 ÷ 유동 부채 = 당좌 비율). 재고는 항상 빠르게 현금화할 수 없기 때문에 이 비율에서 제외된다.

- **운영자금**

운영자금은 단순히 유동 자산이 유동 부채를 초과하는 양이다(유동 자산 − 유동 부채 = 운영자금). 운영자금 공식은 유동 비율 공식과 아주 흡사하다. 유일한 차이점은 비율이 아니라 금액을 나타낸다는 것이다. 운영자금은 회사의 단기 부채 지불능력을 결정하기 위하여 산출된다.

- **부채**

수많은 회사들이 충분한 유동성을 가지고 있지 않다. 이것은 자주 과도한 빚을 지게 되는 이유가 된다.

▣ 현금흐름표

현금흐름표의 가장 간단한 형식은 현금이 레스토랑으로 유·출입되는 것을 목록화한 것이다. 수표장기록부를 생각해 본다. 은행계좌에 예치되는 현금을 기록하고 사용하는 수표를 기록한다. 수입과 지출은 기록하지 않는다. 현금흐름표에 대하여 다음의 사실들을 알아본다.

- **규칙**

사업 현금흐름에 있어서도 마찬가지로 간단한 규칙들이 응용된다. 만일 현금을 받거나 지불할 경우 그것은 기록된다. 현금이 아니라면 기록되지 않는다. 회계에 있어서 무엇을 팔거나 돈을 버는 것은 현금흐름의 계산에서 처리될 사항이 아니다. 어떤 것을 현금이 사용되지 않고 구매될 경우, 현금이 실제로 지불되기 전까지는 그 사실은 현금흐름표에 기록되지 않는다. 물론 레스토랑 사업의 가장 커다란 측면 중의 하나는 그것이 주로 현금거래라는 점이다.

- **현금흐름표는 손익계산서와는 다르다.**

이자에 기초한 회계가 유지된다. 연체료에 대한 회계는 대부분의 사업에 쓰이고 재고가 있는 모든 사업에 적용되는데 현금이 나중에 지불되더라도 판매가 일어나는 시점에서 인식된다. 30일 또는 60일 뒤에 발생할지라도 그것이 지출이 일어나는 시점에 파악되는 것이다.

- **기타 지출**

사업에는 손익계산서에 즉각 반영되지 않는 지출이 있다. 현금으로 대금이 결제되었을지라도 재고가 구매될 때 손익계산서에는 아무 항목도 남지 않는다. 설비가 현금으로 구입되었을 때도 그 구매의 일부 사실만이 유동 손익계산서에 반영된다. 기록되지 않은 사실은 감가상각비의 형식으로 미래의 계산서에 표시된다. 이러한 형태의 처리는 현금흐름 계산서에서 나타나지만 손익계산서에서는 찾아볼 수 없다.

- **4주 회계주기**

  회사는 전형적으로 매달 말에 장부를 마감하고 재무제표를 준비한다. 레스토랑과 같은 소매사업에 있어서의 문제점은 한 달의 날 수와 요일 수가 일정치 않다는 것이다. 예를 들어, 장부에 남는 토요일이 한 번 더 있는 경우 토요일 수치만 높게 나올 수 있다. 4주 회계주기를 사용하는 것을 고려해보자. 그러면 적절히 비교할 수 있을 것이다.

- **EBITDA**

  이것은 이자나 세금, 감가상각 그리고 분할 상환 등을 빼기 전의 소득(소득 이자나 세금, 감가상각 그리고 분할 상환 등을 빼기 전의 이윤)을 가리킨다.

▩ 재무보고서 작성시 간단한 전술은 더 빨리 하는 것

- **최상의 컴퓨터를 이용한다.**
- **Quickbooks와 포스 시스템과 같이 좋은 소프트웨어를 사용한다.**
- **회계 소프트웨어와 연결할 때 Tasty Profits를 주문하거나 미국 레스토랑협회의 재무제표를 사용한다.**
- **4주 회계주기를 이용하여, 내부적으로 회기주기를 마감하고, 회계사는 단지 분기보고와 연말보고, 납세계획을 돕게 한다.**
- **온라인 뱅킹을 활용한다.**

- **잊지 않도록 매일 기록한다.**
- **포스 시스템은 회계 소프트웨어에 연결시켜 둔다.**
- **시계를 회계 소프트웨어 및 포스 시스템에 연결시켜 둔다.**

식재료비 관리

식재료비를 효율적으로 관리하기 위해서는 해야 할 네 가지 핵심적인 것들이 있다. 판매를 예측하고 구매와 조리는 이 예측에 따라 준비한다. 효과적으로 분배하고 폐기와 도난을 관리한다. 다음을 염두에 둔다.

- **표준**

  효율적으로 수행되기 위해서는 표준을 엄격히 준수해야 한다. 품질유지, 항상 같은 품질, 그리고 낮은 비용을 도와줄 몇 가지 기준이 있다.

- **가격결정에 주방장을 따르지 말 것**

  주방장이 만드는 음식은 그들의 긍지와 기쁨이다. 그러나 그들이 가격을 결정하지 않는다.

- **표준화된 조리법**

  조리법은 메뉴 아이템의 비용결정의 기본 요소이기 때문에 표준조리법은 안정된 품질과 비용을 보증할 것이다. 표준화된 조리법에는 재료, 조리방법과 산출량(yield), 사용되는 설비, 접시 장식까지 포함된다.

- **표준화된 구매 내역**

  이것은 표준조리법에서 사용되는 재료를 상세히 기술한 것이다. 모든 재료의 품질과 비용은 구매와 조리 전에 확인되고 결정되어야 하며 조리에 들어가는 비용은 항목별, 기간별로 안정되어야 한다.

▣ 생산량 원가

표준 레시피가 준비되었다면 각 음식의 원가를 결정할 수 있다. 원가 계산을 위해서는 기본재료의 원가와 각 재료의 가식부량을 알아야 한다. 산출량 원가결정을 하기 위해 알아야 할 용어가 몇 가지 있다.

- **구매 중량**

  뼈, 부산물을 포함한 배달된 상태의 무게이다.

- **가식부 중량**

  조리 후 배식 가능한 중량이나 부피이다.

- **폐기량**

  처리, 조리나 분배과정에서 손실되는 사용가능한 제품의 양으로서 상품으로서의 가치는 없는 사용 가능한 부산물이다.

- **이용 가능한 부산물**

  가공 부산물로 다른 메뉴 아이템으로 판매 가능한 것으로 비용의 일부 또는 전체가 회수 가능하다.

- **산출량**

  가공처리되었으나 분배이전의 순 중량이나 부피를 나타낸다.

- **표준 산출량**

  표준화된 조리법과 분배과정에 의해 생산된 것으로 처리와 조리과정 이후에 사용가능 한 제품을 의미한다.

- **표준 분량**

표준조리법에 따라 분배된 크기 및 양과 접시당 비용으로 결정된 기본 크기 및 중량을 표준분량이라 한다.

- **편이식품**

배달 이전에 전처리 작업을 한 아이템으로 노무비를 줄일 수 있다. 절단된 닭고기, 미리 만든 도넛 등. 가공처리하지 않은 재료보다 값이 비싸나 노무비, 필요기기, 재고, 복잡한 구매, 저장 등을 고려할 때 상당한 비용 절감이 가능하다.

- **편이식품의 원가**

간이식품의 원가계산을 위해서는 단순히 그 제품의 수를 세고, 중량이나 사이즈를 재고 얼마나 구매할 것인지를 결정하면 된다. 제공 가능한 숫자를 구매 중량으로 나눈다. 미리 손질되어 나오는 재료의 경우에도 제품당 2% 미만으로 정상 폐기되는 양을 계산에 넣는다.

- **원재료를 갖고 만드는 원가계산은 좀더 복잡하다.**

대부분의 메뉴 아이템은 조리 중 수축이 일어나 조리 후 음식의 무게나 부피가 구매시보다 줄어들게 되므로 EP 원가가 AP 원가보다 높아진다. 계산은 가공처리 노무비를 더한 후 감소된 분량의 원가를 제하면 된다.

The Food Service Professional

레스토랑 마케팅 노하우

3 재정적으로 수익성 있는 메뉴

메뉴 판매믹스

메뉴는 레스토랑을 계획하는 출발점이다. 만일 특정한 메뉴에 대한 아이디어를 가지고 있다면 레스토랑의 위치는 레스토랑 컨셉을 뒷받침해 줄 고객이 있어야 하고 편리한 교통을 지닌 위치로 계획되어야 한다. 이것은 다른 면에도 마찬가지로 적용된다. 만일 이미 위치를 정했다면 주변의 고객들이 이끌릴 만한 메뉴를 준비해야 한다. 다음의 기본 필요사항들을 살펴본다.

• 기능성

일단 컨셉이 정해지면 설비와 주방 공간은 메뉴에 따라 디자인되어야 한다. 주방이 지어지면 물론 메뉴를 수정할 수는 있겠지만 높은 비용이나 수리 없이 새로운 설비들을 들여오는 것은 불가능하다. 정확히 계획하기 위해서는 배달, 조리과정, 준비과정, 프리젠테이션과 세척까지 시각화해 볼 필요가 있다. 이를 위해서 각 메뉴 아이템에 익숙해져야 한다.

• 목적에 맞출 것

설비를 구매할 때 비용이 아니라 필요에 가장 적당한 장비를 선택한다. 기름을 빼는 장치가 없는 튀김기를 살 것인지, 영업용을 살 것인지, 오븐을 두 대 구입할 것인지, 다섯 대 구입할 것인지, 목적에 맞는 것 중에 어떤 상표로 구매할 것인지를 결정한 후 가장 좋은 가격을 찾아 결정한다. 이는 주전자, 팬, 접시, 개인용 접시, 그리고 기타 도구에 이르기까지 모두 해당된다.

▣ 메뉴 그 자체

메뉴는 단순히 판매하는 음식의 목록에만 올라 있어서는 안 되고 수입과 레스토랑의 운영 효율성에 긍정적 영향을 미쳐야 한다. 고객의 선호도를 반영하는 음식을 선택하고 종사원들이 특기를 강조하는 것으로부터 시작한다. 특별히 잘하는 것이 없고 레스토랑이 특별히 구별되는 점이 없다면 모든 사람의 요구에 맞추도록 해본다. 원가관리와 마찬가지로 메뉴는 레스토랑의 컨셉과 특성을 전달하는 주요 전달자가 되어야 한다. 다음을 기억하도록 한다.

- **디자인**

잘 디자인된 메뉴는 비록 고객이 레스토랑에 들어오기 전이라도 머릿속에 레스토랑에 대한 정확한 이미지를 심어준다. 그것은 선택에 주의를 기울이게 하고 그들이 주문할 기회를 증가시킨다. 메뉴는 그 복잡성과 세련됨을 결정하고 원가관리 시스템이 필요한 만큼 얼마나 상세한지를 보여준다.

- **효과적인 메뉴는 다섯 가지 중요한 일**

1. 고객이 무엇을 원하는지 최선을 다하고 있다는 것을 강조한다.
2. 효과적인 의사소통이며 상품화 계획이고 원가관리의 도구이다.
3. 판매와 이윤에 있어 필요한 객단가를 얻게 한다.
4. 종사원과 설비를 효율적으로 이용하게 한다.
5. 구매와 전처리, 작업계획 등에 관해 일관되고 정확하게 판매를 예측하게 한다.

• 효과적인 메뉴를 만들기 위한 계획

메뉴를 디자인하는 것은 이러한 목표들을 달성할 수 있는가의 여부에 직접적으로 영향을 미친다. 이 기회를 놓치지 말아야 하며 이러한 사항들이 고객의 선택에 영향을 미칠 수 있다. 메뉴의 항목들을 무작위로 배열하는 대신, 팔고자 하는 메뉴들을 하나씩 빼서 강조한다. 일반적으로 이 품목들은 식재료비는 낮고 조리하기 쉬운 높은 수익성을 가진 음식들이 될 것이다. 이러한 음식들을 선택하면 이 메뉴를 읽는 고객의 주의를 끌도록 인쇄방식, 용지 색깔, 그래픽 디자인 등을 이용한다. 일반적으로 고객의 시선은 먼저 첫 페이지 중간으로 갈 것이다. 이것은 중요한 요인이다. 그러나 메뉴의 다른 부분에 쏠리도록 디자인의 요소를 이용하게 되면 좋은 효과가 있을 것이다. 또한 고객은 다른 것보다 그들이 읽은 첫 번째와 마지막 항목을 더 잘 기억한다. 따라서 고객 눈을 특정 항목으로 이끄는 것도 중요하다.

• 메뉴를 영업장 내에서 인쇄

오늘날의 데스크탑 인쇄기술로 쉽게 자신의 메뉴를 만들 수 있다. 필요한 것은 www.atlantic-pub.com에서 이용할 수 있는 메뉴 프로와 같은 프로그램 뿐이다.

• 스토리텔링은 메뉴 뒷면에 적을 것

사람들은 언제나 좀더 많은 것을 알고 싶어 한다. 이 기회를 이용하여 그들의 가치기준과 레스토랑의 질에 대한 인식을 높인다. 종사원이 매일 메뉴의 기본인 신선한 샐러드를 미리 만들어진 제품이나 캔 제품을 사용하지 않고 어떤 식으로 조리하는지를 이야기한다. 매일 아침 커피를 끓이기 전에 신선한 고급 커피 원두를 갈아서 사용한다는 사실을 알게 한다. 스토리텔링을 통해 고객들을 감명받게 한다.

- **깨끗하고 보기 좋은 메뉴를 제공**

메뉴가 항상 청결하고 새것처럼 좋아 보이는지 확인하고 만약 그렇지 않다면 버린다. 기름에 찌들고 끈적거리며 구겨지고, 한쪽 귀퉁이는 접혀져 있으며 유리잔 모양의 얼룩이 남아있는 메뉴에는 식사준비가 안된 것처럼 보인다. 종사원이 끈적거리고 더러운 메뉴를 고객에게 건네준다면 고객은 레스토랑에 대한 좋은 인상을 받지 못한다.

메뉴에 대해 하지 말아야 할 것

- **사소한 항목 추가로 요금을 부과하지 말 것**

어떤 레스토랑들은 햄버거에 치즈 한 장 추가하는 데 30센트를 받는다거나 블루치즈드레싱에 40센트를 받는다. 이러한 항목들에 비용이 조금 들더라도 그 비용들은 평균 잡아 전체 식재료로 포함시켜야 한다. 요금을 이렇게 쪼개어버리면 사람들은 인색하다고 생각할 것이다.

- **사람들에게 어떤 재료가 더 이상 남아있지 않다고 이야기하지 말 것**

다 팔린 것이지 다 써버린 것은 아니다. 다 써버렸다고 하면 그것은 마치 레스토랑이 잘 관리되지 못하고 준비가 철저하지 못한 것으로 인식된다. 대신 그들에게 그 메뉴가 아주 인기가 있어 다 팔렸다고 확실히 말한다. 품절은 좋은 일이지 나쁜 일이 아니다. 그것은 사업이 잘되고 식자재가 신선함을 뜻한다.

메뉴 판매믹스를 분석하고 분류

이미 효과적인 메뉴 디자인을 가지고 있다면 각 항목이 판매, 비용, 이윤에 미치는 영향을 판단하기 위해 판매믹스를 분석하는 것은 중요한 습관이다. 만약 통제해야 할 비용과 소비가 있다면 메뉴 판매믹스를 살펴보는 것이 비용을 절감하고 이윤을 높이는 데 도움이 될 것이다. 이를 통해 더 적극적으로 프로모션되어야 할 필요가 있는 메뉴를 발견하게 될 것이고, 반면 판매를 중지시킬 필요가 있는 메뉴도 발견하게 될 것이다. 메뉴 아이템을 분류하는 것은 그러한 결정들을 하는 데 필요하다. 다음은 분류에 대한 몇몇 제안이다.

- **프라임**

  이 항목은 식재료비가 적게 들고 이윤이 높은 인기 있는 항목들이다. 메뉴상에 주안점으로 자리잡도록 한다.

- **표준**

  식재료비가 많이 들고 이윤이 높은 항목 메뉴는 가격을 올릴 수도 있고 상징을 지니는 메뉴로 발전시킨다.

- **판매가 저조한 품목**

  판매가 저조하고, 식재료비가 적게 들며, 이윤이 낮은 메뉴들은 메뉴 배열에서 좀더 돋보이게 하고 메뉴에서 더 특색 있게 만들며 비용을 낮추어 눈에 띄고 많이 주문할 수 있도록 만든다.

- **문제**

  식재료비가 많이 들고 이윤이 낮으면 비용을 올리고 단가를 낮춘다. 그것이 안 된다면 메뉴에서 제외한다. 판매가 증진되지 않을 때도 제외한다.

The Food Service Professional

레스토랑 마케팅 노하우

4 성공적인 가격 책정

가격 책정

가격책정은 수익과 고객 수에 있어 중요한 측면이다. 가격이 너무 높으면 고객들은 발을 돌리게 될 것이고, 너무 낮은 비용은 수익성을 해칠 것이다. 그러나 가격 책정은 원가보다 높게, 그리고 적당히 가격을 정하는 식의 간단한 문제가 아니다. 그것은 다른 요인들과 연결되어 있다. 비용은 시장 주도형과 수요 주도형이 있을 수 있다.

- **시장 주도형 비용은 경쟁자의 비용에 따라 반응**

  레스토랑과 길 아래의 레스토랑에서 모두 팔고 있는 공통된 음식의 가격은 경쟁적으로 책정될 필요가 있다. 이것은 수요가 확보되지 않은 새로운 메뉴를 내놓았을 때도 마찬가지이다.

- **시장 주도형 가격의 반대는 수요 주도형 항목**

  이것은 고객이 원하며 수요가 공급을 넘어서는 항목이다. 이러한 항목들에 대해 단기간 동안은 독점할 수 있다. 그래서 수요가 줄어들거나 다른 레스토랑이 유사한 항목을 팔기 전까지는 수익이 올라간다.

- **가격 인상**

각각의 메뉴 아이템은 보통 서로 다른 특성이 다르기 때문에 두 가지 방법을 조합하여 사용하는 것은 좋은 생각이다. 기본이론은 가능한 한 가격을 올리는 것과 가능한 한 가격을 낮추는 것이다. 각각은 장단점을 가지고 있다. 분명한 것은 가격을 올린다면 더 높은 이윤을 얻을 기회가 늘어난다. 그러나 고객들이 제공되는 식자재의 가격이 그만큼 가치가 있다고 느낄 수 있어야 위험을 극복할 수 있다. 그렇지 않고 고객이 가격만큼의 가치를 느끼지 못하면 고객을 잃게 될 것이다. 그리고 낮게 가격을 책정하는 것은 고객들에게 좋은 인상을 주겠지만 수익성은 더 낮아지게 된다.

▒ 가격 결정

가격은 일반적으로 경쟁과 수요에 의해 결정된다. 가격은 그 업종에서 고객이 납득할 만한 선에 머물러 있어야 한다. 패스트푸드인 부리토 조인트(burrito joints)는 별 다섯 개짜리 레스토랑처럼 가격을 받지 않는다. 만약 그렇게 한다면, 양쪽의 경우 모두 고객을 잃게 될 것이다. 고객은 레스토랑의 이미지와 가격이 잘 맞기를 원한다. 다음은 네 가지 가격 결정 방법이다.

- **경쟁적 가격 책정**

단순히 경쟁업체의 가격과 부딪히거나 회합을 통한 것에 기초한 것이다. 이것은 레스토랑을 결정할 때 음식의 질이나 분위기, 서비스 등이 아니라 단순히 가격만을 고려한 것과 마찬가지로 비효율적인 것이다.

- **직관적 가격 책정**

경쟁업소의 가격에 대하여 고려하지 않고 고객이 지불하고 싶어 한다고 생각하는 가격으로 책정한다. 제품의 가치인식에 대한 감각이 좋으면 영업이 잘될 수 있으나 그렇지 못하면 영업이 어려워진다.

- **심리적 가격 책정**

가격은 더 수입이 낮은 고객들이 저렴한 레스토랑으로 간다는 요인 이상의 것이다. 만일 그들이 메뉴의 품질이 좋다는 사실을 인식하지 못하면 가격이 비싸다고 생각할 것이다. 만약 가격에 변화가 온다면 소비자들은 자신들이 느끼는 바에 따라 주문을 하게 될 것이다. 만약 메뉴가 초기에 더 비쌌다가 가격이 낮아지면 싸게 판매하는 것으로 느낄 것이다.

- **시행착오 가격**

이것은 가격에 대한 고객의 반응에 기초한 방법이다. 전반적인 가격을 결정한다는 면에 있어서는 실질적이지 못하다. 그러나 이 방법은 단일 항목을 고객이 원하는 가격에 근접하게 하는 데 있어서는 효과적이며, 또는 가격을 더 높거나 낮게 책정함으로써 유사한 메뉴로부터 차별화시키는 데에는 효과적이다.

▣ 가격을 결정하는 데 도움이 될 기타 요인들

고객이 업체를 선도자로 보는지 추종자로 보는지는 그들이 가격을 어떻게 바라보는가에 관해 큰 차이를 낳을 수 있다. 사람들이 업체를 그 지역 최고의 해산물 레스토랑이라 생각한다면 그들은 좀더 돈을 지불해도 좋을 것이다. 다음을 살펴본다.

- **서비스는 사람들의 가치에 대한 감각을 결정**

경쟁업체 사이에 실제 음식의 품질 차이가 별로 없을 때 서비스가 가치를 결정한다. 고객이 카운터에서 주문을 하고 자신의 식탁을 스스로 치워야 한다면 이러한 서비스가 없는 상황에서는 가격에 반영되어야 한다. 경쟁시장에서 훌륭한 서비스를 제공하는 것은 선도적 위치에 서게 하고 더 높은 가격을 책정할 수 있게 할 것이다.

- **기타 고려사항**

위치, 분위기, 고객층, 제품 프리젠테이션 그리고 원하는 객단가 등의 모든 요소는 금액을 부담시킬 수 있고 이에 따라 이윤을 얻을 수 있다.

내부관리

미국의 레스토랑에서 1달러를 사용 때마다 5센트씩은 도난에 의해 손실된다고 추산된다. 명확하게 확립되고 수행되는 통제만이 이러한 비율을 줄일 수 있다. 책임을 분배하고 모든 거래를 기록하는 것에서부터 시작한다. 이 기본적인 체계가 자리잡히면 종사원들은 도난에 따른 손실의 책임을 지는 사항에 대해 알게 된다. 관리정보시스템은 데이터를 축적하고 분석하며 보고하는 적절한 프로그램이다. 이것은 지속적이며 즉각적인 보고와 효과적인 문서업무와 자료수집의 흐름을 설정하도록 규칙을 수립하게끔 한다. 간단히 말해, 이 프로그램의 목적은 모든 단계에서의 부정을 방지하는 것이다. 완벽한 시스템이란 없겠지만, 좋은 MIS는 어느 부분에서 부정이나 손실이 일어나는지 보여주어 그러한 상황을 수정할 수 있게 해준다. 다음의 주제들을 살펴본다.

- **대부분의 레스토랑에서는 내부자의 부정 대부분이 바 업무에서 일어난다.**

현금은 파트타임 종사원들보다 현금을 취급하고 시스템에 대해 잘 아는 매니저들이 더 가져가기 쉽다. 파트타임 종사원들은 현금이 아니라 그들이 손댈 수 있는 품목들을 가져가는 경향이 있다. 식자재는 뒷문 가까이에 두지 말고 도난 사실을 알게 되었을 때 종사원들에게 알리고 조사하는 것이 억제하는 효과가 있다.

- **전략적 관리의 요점은 거래를 시스템을 통해 시행하는 것**

이것은 컴퓨터를 이용할 수도, 수작업을 통해서도 할 수 있다. 어떤 방식이든 식자재나 음료가 시스템을 통하지 않고 소비된다면 시스템은 손상되고 관리가 위태로워질 것이다.

- **관리 시스템에 있어서 중요한 다섯 가지 원가관리 컨셉**

■ 임무, 활동, 그리고 거래의 문서화는 반드시 요구되어야 한다.
■ 정해진 성과표준을 달성한 종사원에 대한 매니저의 자세한 관리와 관찰이 이루어져야 한다.
■ 임무를 분산시켜 한 사람이 직무순환의 모든 부분에 참여하도록 하지 말아야 한다.
■ 시간엄수 : 모든 임무는 정해진 시간을 엄수해야 한다. 중점관리 부분을 확립하여야 한다. 문제를 알아내기 위하여 예정된 시간에 보고서가 작성되어야 한다.
■ 비용효과 관계 : 관리하는 비용보다 이윤을 얻기 위해 사용되는 비용이 많아야 한다.

- **관리 절차**

기본적인 관리 절차는 임무수행 동안과 수행 후 관리시의 독립적으로 검증해야 한다. 이것은 보통 문서와 전산보고서를 통해 이루어진다. 검증은 수행해야 할 임무를 제대로 수행하고 있는지, 양과 질은 기준에 적당한지, 그리고 성과는 기준에 적합한지를 판단하는 것이다.

- **포스 시스템은 손실 감소에 필수적인 역할을 한다.**

종사원이 출력된 계산서나 판매 시스템을 통하지 않고는 음식이나 음료를 받을 수 없다면 도난에 대한 염려는 거의 없어진다. 레스토랑에서 이용할 수 있는 많은 전자 시스템이 있는데, 처음에 연습하고 나면 금방 익숙해진다. 그러한 시스템들은 도난이나 감소에 대한 걱정은 거의 없애 줄 것이다. 이러한 시스템은 하루 동안 각 시간대 별로 가장 잘 팔리는 품목을 즉각 알 수 있게 해준다. 이것은 보다 효율적으로 물품을 주문할 수 있도록 하고, 재고를 최소화하며 재고목록에서 판매하는 품목을 만드는 데 사용된 재료들을 자동으로 제거할 것이다. 이러한 시스템은 고용 생산성을 판단하고 판촉과 경쟁을 시작하며 주간, 일간, 식사시간대나 시간대별 판매 보고서를 만드는 데에 아주 귀중한 도구이다. 포스 시스템은 해석하도록 귀중한 데이터를 모아주는 역할을 한다.

▣ 구매와 주문

둘 사이의 차이는 정확히 무엇인가? 구매는 주문될 제품의 공급자, 상표, 등급 그리고 상품의 다양성에 관한 방향을 정하는 것이다. 이는 표준 구매 명세서이며 이것은 납품, 지불, 반품 등이 어떻게 이루어지는가에 대해 매니저와 도매업자 간에 협상하는 것들이다. 기본적으로 구매는 누구에게서 무엇을 주문하는가이다. 주문은 단순히 공급자와 접촉하여 필요로 하는 양을 알려주는 행위를 말한다. 이는 간단하고 수준이 높지 않은 임무이다. 다음의 기본적인 사항들을 살펴본다.

- **구매 프로그램의 개발**

  메뉴가 고객의 만족과 필요한 이윤에 적당하도록 만들어졌다면 이윤차액을 확실하게 하여줄 구매 프로그램을 개발한다.

- **효율적인 구매 프로그램의 포함**

  표준화된 조리법에 기초한 표준화된 구매 명세서 : 실질적으로 제공되는 1인 분량에 기초한 정확한 원가를 알기 위해 생산량과 1인 분량 조절을 표준화하여야 한다.

- **주문**

필요한 재료를 주문하기 위해 운영자는 구매명세를 유지하고, 표준조리법을 준수하며, 1인 분량 기준을 강화하기 위해 어느 정도 물량이 필요한지를 예측할 수 있어야 한다. 이것이 잘 이루어지면 최적의 양이 유지될 것이다.

- **구입은 차별성**

개방적이고 비공식적인 구매는 직접 대면하거나 전화로 접촉하고 대부분 구두 협상이나 구매명세서를 이용한다. 공식적인 구매는 계약조건이 문서화되고 지불명세는 가격 협상과 고객서비스 약정에 대한 조건으로 정해진다. 공급자를 선택할 때 고객서비스가 가장 중요한 측면이다. 왜냐하면 좋은 판매자는 그들의 상품에 대해 알고 있어야 하고 필요로 하는 것을 이해해야 하며, 도움이 될만한 제안을 제시해야 하기 때문이다.

▣ 재고, 저장, 지불 계정

효과적으로 주문하려면 재고에 대해 잘 알아야 한다. 주문이 이루어지기 전에 재고량 조사가 이루어져야 한다. 많은 컴퓨터 프로그램들이 판매 보고서를 통해서 주문 양을 직접 결정할 수 있다. 그러나 이러한 종류의 시스템이 없으면 주문하기 전에 가지고 있는 재고품목을 조사해야 한다. 재고조사를 하는 것은 필요할 때마다 하기 때문에 간결해야만 한다. 그것은 거의 하지 않다가 꼭 필요할 때만 밤늦게까지 억지로 하는 귀찮은 일이어서는 안 된다. 재고조사 시스템이 수작업으로 이루어지든 컴퓨터로 이루어지든 그 목적은 다음의 목표들을 성취하기 위해서이다.

- **필요한 물품의 기록을 제공한다.**

- **물품 명세서의 기록을 제공한다.**
- **공급업체의 기록을 제시한다.**
- **가격과 구매 단위의 기록을 제공한다.**
- **제품 사용 수준의 기록을 제공한다.**
- **효율적인 주문을 용이하게 한다.**
- **재고의 정확도를 높인다.**
- **재고조사 과정을 용이하게 한다.**
- **재고에 있어서 변화의 수준을 파악하기 쉽게 해준다.**
- **기록과 보고**

그러한 시스템에서 작성되고 보관되는 기록은 광범위하고 가치가 있다. 무엇을 구매했는지의 기록과 제품명세기록, 제1 공급자와 대체공급자, 가격, 구매 단위에 대한 기록을 가지고 있어야 한다. 마찬가지로, 보고서는 납품 기간 중에 액면 사용 수준을 나타내 준다. 이러한 통계를 통하면 여러 개의 레스토랑을 운영하는 경우에 각 레스토랑의 월간 비교를 가능하게 한다.

▣ 노동 생산성

인건비와 좌석회전은 오늘날의 레스토랑 시장에서 중요하게 연관되어 있다. 인건비의 증가는 계속적으로 가격을 올려서는 해결될 수 없다. 가능한 한 근로자의 생산성을 최대화하는 것은 레스토랑 경영자에게는 하나의 중요한 도전이 될 것이다. 외식산업이 기술이 없고 심지어는 교육받지 못한 초보자의 영역이었기 때문에 더욱더 그러하다. 외식산업 분야에서는 아직까지는 능력을 갖춘 지원자들을 찾아보기 힘들다. 높은 인건비와 낮은 생산성에는 몇 가지 이유가 있는데, 그것은 경영의 설계와 디자인이 조악하고 노동절약적 설비가 부족하고, 근로계획 수립이 엉망인 데다 종사원 데이터를 수집하고 분석할 수 있는 상세한 정규 프로그램이 없기 때문이다. 다음은 이러한 영역들을 훨씬 효율적으로 개선할 수 있도록 제안된 몇몇 관리방법들이다.

- **근무계획 수립**

인건비를 조절하는 비결은 낮은 평균 시급의 직원을 채용하는 것이 아니라 생산적인 종사원을 일하게 하는 것이다. 가장 우수한 홀 종사원과 조리 종사원을 가장 필요로 하는 곳에 배치한다. 이는 종사원들의 장단점을 알고 있어야 가능하다. 종사원들의 근무 시작과 종료시간을 서로 엇갈리게 하는 것도 예상고객의 수에 맞게 조절하고 침체기 동안 근로비용을 최소화하는 좋은 방법이다. www.atlantic-pub.com에서 이용할 수 있는 Employee Schedule Partner와 같은 스케줄을 짜기 위한 소프트웨어를 사용한다. 일부 포스 시스템은 자체적인 스케줄 소프트웨어를 내장하고 있다.

- **전화상의 스케줄**

예상고객수가 정확하지 않을 때는 생산성 기준에 맞게 근로자를 늘리거나 줄여야 한다. 종사원은 직장에서 그들을 필요로 하는지 여부를 알려줄 때까지 그냥 집에서 기다린다. 그들이 특정한 시간에 전화를 받지 못하면 그들을 필요로 하지 않는다는 사실을 알게 된다. 바쁘지 않을 때는 레스토랑에 나왔다가 그냥 돌아가라는 소리를 듣는 것보다 이러한 방식을 훨씬 더 선호한다.

- **휴식에 관한 스케줄**

종사원을 집으로 보낼 수 없을 때는 30분간 휴식시간을 주거나 식사시간을 준다. 그들의 근무기록표에서 30분을 제외하고 식사요금은 받지 않도록 한다.

음료가격 책정

음료가격 책정은 단순히 가격 인상의 문제만은 아니다. 레스토랑에서의 알코올 음료의 가격 인상은 때로는 판매의 대부분을 차지하는 바에서보다 더 낮을 수도 있다. 가격은 운영상의 특수성과 간접 운영비를 반영한다. 음료가격을 정확히 검토한다.

- **각각의 종류 음료 판매를 따로 기록**

  와인과 맥주, 알코올 음료를 등록하거나 포스 시스템에 등록할 때 각각 다른 키를 사용하도록 한다. 전산 시스템을 사용하지 않는다면 상세한 판매 믹스를 얻기 힘들다.

- **책임**

  알코올 음료의 구매자나 구입자에게 필요한 술의 적정량을 관리하는 책임을 부여한다.

- **식자재나 물품과 달리 음료 구매자는 다음과 같은 이유로 최상의 거래를 위해 돌아다닐 필요가 없다.**

  ▪특정 판매인은 특정 상표만을 판매한다.
  ▪알코올의 도매는 통제되거나 관리된다.
  ▪가격은 월간 간행물에 기재되어 있으며 월별로 변화가 거의 없다.
  ▪수량 할인만 가능하다.
  ▪구매는 상표명에 의해 이루어진다.

■ 음료 재고관리

알코올의 구매와 주문이 식자재의 구매와 주문보다 더 간단하기는 하지만, 정확한 재고조사의 필요성은 식자재와 마찬가지로 중요하다. 사실 알코올은 가격이 비싸고 도난당하기 쉬우며, 남용되기 쉽기 때문에 더 엄격한 관리와 재고조사가 필요하다. 음료 재고는 다른 재고와는 달리 전용 저장실이나 철창 또는 저장고에 자물쇠를 채워 보관하여야 한다. 허가 받은 사람만이 이 구역에 드나들 수 있어야 하고, 출고는 출고기록을 작성한 후에야 가능하도록 한다. 다음 사항들을 참고한다.

- **재고의 보충은 도장이 찍혀 있거나 표시가 되어 있는 빈 병을 이용**

  이것은 바텐더가 미리 준비한 병으로 음료를 훔쳐다 파는 것을 방지한다. 만약 이런 일이 일어났을 때, 표시된 병이 없으면 재고가 비는 것을 알 수 없기 때문에 사실상 발견하기 힘들다. 하룻밤에 5만 원에서 10만 원 정도를 잃는다면 이것은 재고 중에 가짜 병이 들어있는 것이다.

- **검사**

  실제로 저장고에 음료가 얼마나 있는지를 확인하고 납품이 정확한지를 확인하기 위해 재고를 검사할 필요가 있다. 납품을 확인할 때에는 배달명세표가 아니라, 구매 요구서를 확인한다. 공급가격 결정을 위한 관리, 판매기록과 소비된 음료의 결산은 세 가지 다른 방식으로 수행된다.

- **사용, 계산의 자동화 시스템**

  시스템의 영역은 각각의 병에 붙어있는 기계식 자동판매기로부터 관리자가 작동시켜야만 사용할 수 있는 자석식 음료 제공기에 이르기까지 이러한 시스템은 정확하며 흘림을 방지하고 몰래 마실 수 없게 한다. 기본적으로 음료는 이러한 시스템을 거치지 않고는 제공될 수 없다.

- **온스나 음료관리**

표준 글라스를 사용하는 조리법을 정하고, 음료가 팔릴 때마다 기록하고, 실제 사용 정도와 잠재적 소비 정도를 비교하고 실제 음료가격 비율과 잠재가격 비율을 비교하는 관리이다.

- **재고 또는 병 단위관리**

바 뒤에 있는 각 종류의 음료의 최대량을 유지하고 빈 병을 꽉 찬 병으로 바꿔 놓는 것에 관한 문제이다. 새 병이 나갈 때는 빈 병이 들어오지 않고서는 새로 내어줄 수 없다. 한 병당 표준 판매 가치는 그 가치를 창출해내는 음료에 기초하여 결정된다. 판매 가치는 소비량에 의해 결정되고 변화하는 실제 판매량과 비교된다. 소비량보다 판매량이 적을 때는 조사해 본다.

- **바에서의 기준도 주방에서의 기준만큼 중요**

자동지급기나 계량컵 또는 다른 계량도구들은 1인 분량 관리를 확실하게 하기 위하여 쓰인다. 정규 재고조사에 있어서도 역시 사기나 도난관리가 필요하다. 관리는 정해진 기준에 맞아야 한다. 매니저가 교대할 때마다 보고된 수치가 실제와 맞고 가격에 맞도록 조작되지는 않았는지 확인한다.

The FOOD Service Professional

레스토랑 마케팅 노하우

5 고객을 기쁘게 하기

▣ 서비스 보증

고객과의 사이에서 믿음과 충성심을 쌓기 위해 특정 서비스를 보장해야 한다. 서비스 보장에는 다음의 요소들이 요구된다.

- **결과에 주목하라.**
- **기준을 정하라.**
- **피드백을 형성하라.**
- **실수를 깨달아라.**
- **보증을 척도로 삼자.**

  표준을 규정함으로써 서비스 정도를 측정하는 기준으로 삼을 수 있다. 예를 들어, 만일 15분 안에 음식이 나올 것이라고 보장했다면 이제 이루어야 할 결과와 지켜야 할 기준이 생긴 것이다. 1분이라도 늦으면 처음의 약속을 지키는 데 실패한 것이다.

- **실패에서 배우자.**

  서비스 보장은 서비스를 실제로 측정할 수 있는 항목과 결과를 보기 쉽게 제시해 준다. 또한 현재의 서비스와 절차를 다듬고 개선하도록 도와준다.

▣ 기대에 부응하기 - 첫 인상

고객의 요구와 기대를 인식하도록 한다. 스스로 첫날처럼 여긴다. 다음은 몇 가지 도움말이다.

- **요구가 무엇인지 알도록 하자.**

  고객들은 서비스에 대한 기대를 가지고 있음을 인식하고 다음의 세 가지 주요 기준에 따라 준비한다.

  - 가격
  - 음식의 질과 프리젠테이션
  - 위치

- **무엇을 기대하는지 알도록 하자.**

  가격에는 서비스가 반영된다는 사실을 확실히 한다. 객단가가 6.25달러라면 고객은 아마 패스트푸드와 종이 냅킨 또는 플라스틱 식기를 예상할 것이고, 얼음과 음료를 스스로 따라마셔야 한다고 생각할 수도 있다. 그 가격에는 셀프 서비스라는 사실을 받아들일 만하다. 그러나 고객이 2,500달러를 지출한다면 기대치는 달라진다. 더 높은 가격을 지불하는 식사에 스스로 음료수를 따를 것을 기대하지는 않는다. 사실 그들은 잔이 반쯤 비는 순간에 그것을 채워주기 바랄 것이다.

- **기대치를 넘어서자.**

  무료로 제공되는 애피타이저나 와인, 무료 대리주차, 비가 온다면 우산 등을 제공한다.

- **종사원에게 탁월한 행동과 예절을 강요하자.**

  이것은 특히 홀 서빙을 하는 직원들에게 적용된다. 정중함에는 돈이 들지 않는다.

- **음식 제공을 정시에 한다.**

  모든 음식은 정확한 온도에서 즉각 제공된다는 것을 확실히 한다.

- **분위기**

  고객의 기대에 맞는 분위기를 제공한다. 유쾌한 인사와 편안하고 깨끗한 분위기는 레스토랑을 판단하는 중요한 요소가 될 것이다. 그러나 사소하게라도 개인적인 접촉은 레스토랑을 멀리하게 만들 수도 있다.

- **방향**

  고객들이 레스토랑의 위치를 물어볼 때에는 그들이 팩스나 이메일이 있는지 물어본다. 미리 인쇄된 안내장이나 이메일을 보낼 수 있는 텍스트를 보내는 편이 훨씬 간단하다. 그러나 전화로 위치를 설명하게 될 경우, 거리 이름과 함께 찾기 쉬운 표지물을 알려주어야 한다. 웹사이트에 접속하는 고객을 위해 약도를 올려 놓는다.

▣ 고객 반응 - 적극적으로 피드백

피드백은 아주 중요하다. 고객에게 자발적으로 대화하도록 한다.

- **피드백 측정**

  피드백에는 적당한 때가 있다. 대부분의 사람들은 일부러 빈 물잔을 채워달라고 하지는 않는다. 그러한 일들은 그들이 제대로 대접받고 있지 않다는 인상을 커지게 한다. 반응을 주시하고 고객과 이야기한다. 배울 점이 있을 것이다.

• 매니저의 등장

고객들은 항상 매니저나 사장과 이야기하는 것을 즐긴다. 고객들이 무엇인가에 대해 기분이 좋지 않다고 항상 그때마다 종사원에게 이야기하는 것은 아니다. 또한 말한다고 하더라도 종사원들이 그러한 사실을 언급하지 않을 수도 있다. 돌아다니면서 그들이 제공받는 식사와 서비스를 제대로 즐기고 있는지에 대해 물어본다.

• 세심한 종사원

"불편한 점 없으십니까?"하고 아무렇게나 물어보고 대답을 기다리지도 않은 채, 휙 지나가 버리는 종사원을 그냥 묵인하지 말아야 한다. 종사원이 멈춰 서서 듣고 대답하도록 교육한다.

• 메뉴를 디자인하기 위해 잘 알려진 조리사의 고용

방송과 외식산업, 그리고 특히 그 지역에 거주하는 고객들의 주목을 받게 해준다. 아놀드 파머나 잭 니클라우스에 의해 디자인된 골프코스의 예를 참고한다. 다시 말해, 그런 주방장이 메뉴를 디자인하지만, 꼭 실제로 그가 레스토랑에서 조리하는 것은 아니다.

• 감사 카드

설문지나 고객 카드 그리고 기타 개인정보를 작성해주는 고객들을 위해 그들의 수고에 대한 간단한 감사 카드를 보낸다. 고객과 연락이 가능한 개인정보를 가지고 있다면 단지 그 레스토랑을 선택했다는 이유만으로도 감사 카드를 보낼 수도 있다.

▣ 더 나은 서비스는 더 많은 팁 - 15가지 최고의 비결

기대 이상의 서비스를 제공하게 되면 종사원들은 더 많은 팁을 받을 것이다. 매출은 더 올라가게 될 것이다. 좋은 서비스는 10%를 받는지, 아니면 30%를 받는지에 따라 다르다. 다음은 팁을 더 받을 수 있는 15가지의 비결이다.

- **유능하고 믿음직스러워지자.**

  메뉴를 확실히 파악해서 고객이 각각의 음식에 대한 설명을 듣고 먹고 싶어지도록 만들 수 있는 능력을 발휘한다. 또한, 한 번에 여러 가지 일과 요구를 주저 없이 절묘하게 해낼 수 있다는 것을 보여준다.

- **고객에게 즉각 인사**

  아무리 바쁘더라도 고객이 자리에 앉으려고 하는 처음 2분 내에 인사를 한다. 이것은 그들의 존재를 알고 있다는 것을 보여준다. 잠시만 있으면 손님에게 갈 것이라는 것을 알게 하고, 주문을 정확한 시간에 받을 수 없다고 해서 손님을 무시하는 듯이 보이지 않도록 한다. 또한 고객에게 인사를 하고 자리로 안내하도록 한다.

- **눈을 맞추자.**

  한 테이블에서 여러 명의 고객을 대하고 있을 때 개인적으로 이야기하고 있는 고객의 눈을 들여다본다. 그 테이블의 고객 전체와 이야기를 주고받는다면 시선이 모든 고객에게 골고루 빠짐없이 돌아가게 하여 그들이 그 이야기에 함께 하고 있다는 인상을 준다. 고객의 테이블을 떠나거나 지나가면서 고객과 인사하지 않는다. 단, 몇 초라도 일단 멈춰 서서 고객에게 완전히 집중한다.

- **이름을 기억하고 그것을 사용한다.**

고객이 이름을 가르쳐주면 그것을 사용한다. 적당하다고 생각될 때마다 고객의 이름을 사용하며 그들에게 말을 건넨다. 특히, 그들이 자주 오는 고객일 경우 더 그렇다. 고객이 개인정보 카드를 적어주고 가거나 점심시간에 명찰을 달고 나왔을 때 기억하여 관심을 가지고 있다는 사실을 알게 한다. 이러한 것들은 그들이 종사원으로서 함께 하는 것을 더 편안하게 만들 것이다.

- **고객이 선호하는 것을 기억**

고객이 다시 방문하게 되면 잘 아는 것처럼 반갑게 맞이하고 좋아하는 것과 싫어하는 것을 기억하도록 한다. 음식이 어느 정도로 익히는 것을 좋아하는지도 기억한다.

- **추천**

메뉴에서 가장 좋아하는 음식을 추천한다. 그들이 어떤 종류의 음식을 좋아하는지 이야기하게 유도하고 거기에 기초하여 다른 것도 추천한다.

- **자신을 독창적으로 소개**

먼저 음식과 특별 메뉴를 소개하고, 메뉴에서 가장 좋아하는 것을 이야기하는 것으로 시작한다. 그들의 주의와 흥미를 끌었다면 자신을 소개한다. 처음으로 테이블에 다가가서 정해진 방식대로 "안녕하세요, 제 이름은 잭입니다. 제가 오늘 여러분의 시중을 들 것입니다."로 시작하면, 고객은 당신이 누구인지 신경쓰지 않고 관심 없어 한다. 5분 뒤면 고객 중 대부분이 이름을 기억하지 못한다.

- **혼자 식사하는 고객에게는 특별히 편의를 제공**

신문을 제공한다. 그가 이미 무엇을 읽고 있다면 빛이 잘 드는 곳에 앉게 해준다. 그가 이야기를 나누고 싶어 하는 듯이 보이면, 보통 때보다 좀더 오래 머무르며 그들과 이야기를 나눈다.

- **여분의 냅킨을 남긴다.**

항상 테이블에는 한 사람당 서너 장씩 냅킨을 남겨 두도록 한다. 한두 장의 냅킨으로는 충분하지 않다. 핑거푸드는 손이 더러워지고 아이들은 지저분하게 식사하며 어떤 사람들은 한 번 이상 사용한 냅킨으로 손이나 입을 닦는 것을 좋아하지 않는다.

- **포크나 나이프의 교체**

메인 코스 이전의 애피타이저, 샐러드 또는 수프를 먹은 뒤 테이블을 치울 때마다 더러워진 스푼, 포크, 나이프를 깨끗한 도구로 즉시 교체해 준다. 고객이 디저트나 메인 코스에 같은 도구를 사용하기를 원하지 않는다.

- **왼손잡이 단골고객을 기억**

고객이 잔이나 식기를 놓은 반대편으로 다시 놓는 것을 알게 되면, 다음에 그 고객에게 가져다 줄 때는 그대로 따라 놓는다. 그들은 대부분 왼손잡이일 것이며, 배려에 고마워할 것이다.

- **커피 컵은 잡기 쉬운 위치에 놓는다.**

이것은 단지 작은 행동이지만, 추가적인 노력을 고객이 알게 되고 식사 후에 보답을 받게 될 것이다.

- **리필을 하기 전에 필요한지 물어본다.**

이것은 고객을 괴롭히지 않고 주의를 기울이고 있다는 것을 보여주는 것이다. 커피나 차를 리필할 때는 항상 새컵을 사용해야 한다.

- **계산서는 즉시 가져다준다.**

  고객이 일어날 준비가 된 것으로 보이면 가능한 한 빨리 계산서를 가져다주어 기다리지 않도록 한다.

- **계산할 때는 계산기를 제공**

  신용카드 크기의 계산기를 계산서 폴더 안에 끼우거나 계산서 쟁반에 붙여서 제공한다. 사람들은 레스토랑에서 휴식을 취하고 즐기러 오는 것이다. 그들이 바라는 마지막 일은 머릿속으로 계산하는 것이다. 단체고객은 때때로 그들이 애피타이저와 디저트, 그리고 그들이 추가한 음료를 나누어서 계산할 필요가 있다.

▣ 시식 샘플을 제공

경험만큼 좋은 것은 없다. 고객이 실제로 주문하기 전에 시식을 해 볼 수 있게 한다. 이것은 실제 식사나 디저트에, 그리고 와인일 경우에는 특히 더 그러하다. 다음의 제안들은 레스토랑 내의 이러한 시스템을 어떻게 개발할 수 있을지에 대한 아이디어를 제공할 것이다.

- **종사원을 지정**

  각 교대시간마다 한 명씩 샘플을 제공할 종사원을 지정한다. 고객과의 더 나은 상호작용을 위해 가능한 한 사교적인 성격과 친근한 이미지의 직원으로 선택한다. 이 사람이 샘플을 만들고 고객에게 권한 결과로 판매가 향상되면 그에 따라 보너스나 부가적으로 판매된 금액의 일부 퍼센트를 제공한다.

- **특이한 서빙 접시를 사용**

  레스토랑의 이미지나 나타내고자 하는 샘플 아이템을 장식하고 반영할 수 있는 접시를 사용한다. 종사원이 테이블마다 음식을 가지고 갈 때 고객의 주의를 끌도록 한다. 독창성을 지니고 서로 잘 어울릴 수 있는 조화로운 색깔을 사용한다.

- **작은 1인분을 만든다.**

모든 샘플은 작은 조각으로 자르고 고객에게 작은 접시나 냅킨에 얹어 제공한다. 이런 것들은 호기심을 자극할 수 있는 애피타이저이며, 고객들에게 새로운 것을 먹어본다는 사실을 확신시키는 것이다.

- **독특한 유니폼이나 몇 가지 색다른 액세서리를 이용하여 샘플러를 제공**

시각적으로 어필하도록 하고 레스토랑의 주제와 부합하고 조화를 이루어야 한다. 예를 들어, 샘플이 해산물이 들어 있는 것이라면 멋진 세일러복이 적당할 것이다.

- **판매 스크립트를 연습**

샘플러가 고객에게 나가기 전에 그들은 그들의 스크립트와 고객에게 어떻게 접근할지, 고객이 할 수 있는 질문에 대한 가장 좋은 대답 등을 연습시킨다. 설명은 믿을 만한 것이어야 하고 자연스러워야 하며, 연습한 듯이 해서는 안 된다. 샘플러들을 이용하여 시각적인 판매를 하고 있다는 사실을 확인시킨다. 다시 말해 그들의 프리젠테이션이 실제 음식만큼 좋은 것이어야 한다는 말이다.

▣ 건강에 좋은 음식의 조리와 요리 - 맛과 향을 희생시켜서는 안 된다.

음식이 조리되는 방법은 많은 사람들에게 아주 중요하다. 레스토랑과 종사원은 변화의 요구에 따라야 한다. 다음을 고려한다.

- **요리법은 더 건강에 좋은 선택을 의미**

더 많은 사람들이 건강에 대한 중요성을 갖게 되었지만 동시에 좋은 맛을 포기하고 싶어 하지는 않는다. 프렌치프라이 같은 품목들은 바싹 튀기기보다는 오븐에 굽는다. 증기로 데친 야채를 제공하고 건강에 더 좋은 기름과 재료를 사용한다.

- **쇠고기의 지방을 잘라 낸다.**

우둔, 등심, 안심과 같은 기름기가 적은 부위를 주문한다. 주방에서 조리하기 전에 보이는 모든 지방은 제거하도록 훈련한다. 캐서롤, 칠리, 타코, 스파게티 소스, 스킬릿(skillet)요리 등에 갈은 기름기 적은 등심을 사용하도록 하고, 갈은 쇠고기를 조리한다면 체에 넣고 뜨거운 물을 붓는다. 갈은 칠면조 고기로 대체하면 지방 섭취를 50%는 줄이게 된다. 또한 고객들에게는 어떠한 작업을 했는지 이야기한다.

- **음식물이 눌어붙지 않게 되어 있는 팬을 사용**

음식물이 눌어붙지 않게 되어 있는 팬에 투자한다. 필요하다면 쿠킹 수프래이를 사용하게 되면 기름기가 줄어들고 건강에 더욱 좋다.

- **지방을 뺀다.**

고기를 익히거나 구울 때 팬 안쪽에 랙(rack)을 깔아 놓는다. 이것은 고기에서 대부분의 지방을 흘려낼 것이다.

- **스톡이나 브로스를 이용**

기름 대신 스톡이나 브로스를 이용하여 굽거나 표면을 갈색 나게 조리한다. 로스트 비프용 소스로는 팬에 남아 있는 육즙에 브로스와 스톡을 첨가하여 만든다. 이것을 끓여 올려서 농도가 나게 하고 양념과 허브를 넣거나 약간의 와인을 첨가한다.

- **기름의 대체**

조리법상 기름이 필요할 때마다 기름 대신 향을 낸 오일, 허브 또는 스톡의 혼합물을 사용한다. 신선한 생강뿐 아니라 신선한 마늘, 고추와 피망도 지방을 사용하지 않는 향미를 만드는 데 좋다. 다양한 조합을 시도하여 독특하고 훌륭한 조리법을 창조해 본다.

- **마리네이드를 더 많이 사용**

독특한 인종적 향료를 가하여 더 많은 마리네이드를 사용하게 되면 그것은 육질을 연하게 하고 향미를 강하게 한다. 많은 시간과 노력을 들이지 않고도 건강에 좋은 음식을 만들 수 있다. 고객의 요구와 욕구에 맞도록 창조한다.

- **저지방 치즈(low-fat)로 조리**

치즈를 필요로 하는 몇몇 조리법에 저지방 치즈나 지방을 줄인 치즈를 사용해 본다. 맛을 향상시키기 위해 신선하게 간 로마노나 파마산 치즈를 뿌린다. 건강에 더 좋은 음식을 만들기 위해 맛을 희생한 음식을 제공하지 않는다는 것을 알게 한다.

- **지방 함량 감소**

기름을 사용해야 한다면 적게 사용하도록 한다. 기름을 스프레이 병에 넣고 빵을 굽기 전에 조금만 뿌린다. 쇼트닝을 사용하지 않는 대신에 식물성 기름을 사용하고, 필요한 기름의 양을 4분의 1정도로 줄인 조리법을 사용한다. 이러한 것들은 저지방 메뉴를 보유할 수 있는 간단한 방법이다.

- **콜레스테롤을 줄인다.**

고객이 저지방 메뉴를 주문한다면 그 고객들은 콜레스테롤 수치가 높게 나타나는 문제를 가지고 있을 수 있다. 그러므로 그것을 염두에 두고 음식을 준비한다. 조리법상에 계란이 한 개 필요하다면 두 개의 계란 흰자를 이용하여 만들도록 한다.

- **지방량이 적은 디저트**

케이크에 프로스팅 대신 푸딩이나 과일 토핑을 얹어 제공한다. 과일은 설탕을 넣어서 달게 만든 것 대신에 촉촉한 것을 사용한다. 때에 따라 설탕 대신 바닐라 추출 감미료를 사용한다.

The FOOD Service Professional

레스토랑 마케팅 노하우

6 레스토랑 인테리어

감명을 주는 장소

레스토랑이 디자인되고 플로어가 설계된 방식은 사업을 성공시킬 수도, 실패하게 할 수도 있다. 레스토랑을 새로 개업하거나 기존의 레스토랑을 수리할 때 다음의 배치 방법을 고려해 본다. 개조와 확장이 만들어낼 수 있는 차이점에 놀라게 될 것이다.

- **환경은 차이를 만들어낸다.**

  인도 바로 앞에 출입구가 위치하게 한다. 대부분의 출입구는 수평으로 위치해 있다. 입구를 각도를 주어 다시 디자인한다면 그것은 좀더 환영한다는 듯한 첫인상을 줄 것이다.

- **에너지가 흘러나오는 배치**

  바는 굽은 모양으로 디자인한다. 직선모양의 디자인 바는 엄격하고 융통성 없어 보이는 인상을 줄 것이다. 반면, 굽은 모양의 디자인은 조화와 대칭의 이미지를 준다. 그것은 공동체적 분위기를 주고 고객을 환영하는 따뜻함을 느끼게 할 것이다.

- **최상의 레스토랑 설비와 디자인**

  (www.bestrestaurant.com, 800-837-2378)은 애플비, 베니건스, T.G.I Friday's, 그리고 판다로사 스테이크 하우스와 같은 식당들의 디자인 역사를 가지고 있다.

- **Milton Architects(www.miltonarchitects.com, 713-522-4171)는 레스토랑과 소매상 건물의 상업적 디자인을 전문적으로 다루고 있다.**

- **Coe Construction, Inc(www.coeconstruction.com, 970-663-7336)에서는 레스토랑의 신축과 리모델링을 전문으로 한다.**

좀더 조화로운 분위기

말 그대로 벽에서 튕겨져서 자신에게 들리는 빈 방에 앉아 있어 본 적이 있는가? 레스토랑이 텅 비어 있다면 그것은 고객들에게 다른 사람들이 여기서 음식을 먹지 않는 어떤 이유가 있을 것이라고 생각하게 만들 것이다. 플로어를 편안하고 꽉 찬 느낌을 주는 분위기를 만든다.

- **움직일 수 있는 칸막이를 이용**

  움직이는 벽이나 칸막이를 이용한다. 이것은 레스토랑이 꽉 찼을 때는 칸막이를 제거할 수 있는 융통성을 줄 것이다. 사업이 좀더 침체기를 겪고 있을 때는 식사공간을 더 작게 만든다. 변화를 조용하고 부드럽게 실행한다면 고객들이 차이점을 알아채기 어려울 것이다.

- **시각적 요소**

  식물과 나무, 거울, 커튼 그리고 기타 예술품들로 시각적 효과를 조성한다. 그것은 공간을 더 작고 흥미롭게 만들어 줄 것이다.

- **배경 음악**

부드러운 배경 음악은 목소리, 웃음소리 그리고 그외의 소음에 의한 메아리 효과를 없애줄 것이다. 음악이 너무 크면 소음이 없어지는 대신 괴로울 것이다. 테이블에 함께 앉아 방해받지 않고 얘기를 나눌 수 있을 정도로 볼륨을 다른 배경 소음들과 조화롭게 조절한다.

- **조명 조절**

수많은 격조 있는 레스토랑이 흐릿한 조명을 설치하고 있는 사실을 알고 있는가? 이것을 설치하는 것은 이유가 있다. 낭만적인 분위기를 만들며 빈 좌석에 주의가 쏠리지 않게 하기 위함이다. 조명을 조절하여 고객이 빈 좌석에서 멀어지고 채워진 좌석에 주의를 기울이도록 한다.

- **고객을 위한 디자인**

레스토랑 안에 여러 개의 작은 별실을 만든다. 이것은 개인 파티나 기념일, 기타 이벤트용으로 쓰일 수 있다. 별실로 인해 생기는 편리한 점은 레스토랑이 반은 비었을 때 이 별실을 "이곳은 사용할 수 없습니다."라는 불친절한 메시지를 붙이지 않고도 쉽게 닫을 수 있는 것이다.

- **미리 준비**

고객이 자신의 좌석에 안내되기 전에 테이블은 항상 준비되어 있어야 하며 미리 세팅되어 있어야 한다. 그것은 고객을 환영하는 좋은 이미지를 준다. 촛불은 켜두고, 꽃과 반짝이는 와인 잔을 놓아둔다.

- **디저트 & 촛불**

고객들에게 디저트 쟁반을 가지고 갈 때 쟁반 중간에 촛불을 켜서 가지고 간다. 이것은 고객이 선택한 디저트 주위를 세련되게 빛내고 분위기를 조성할 것이다.

▣ 세부사항에 대한 주의

세부사항에 대한 주의의 중요성을 과소평가하지 않는다. 고객들의 근사한 식사를 위해 노력을 아끼지 않는다는 것을 보여준다. 다음의 제안들을 시도해 본다.

- **핸드백 걸이를 제공**

  바와 테이블 아래에 여성들이 핸드백을 걸어 놓을 수 있는 작은 고리를 준비한다. 특히 바에서 핸드백을 놓을 자리가 없을 때가 있다.

- **개인 물품들은 즉각 확인**

  고객이 자리에서 일어나면 좌석과 테이블 주의에 물건을 놓고 갔을 수가 있다. 그저 장난감 또는 지갑이나 스웨터를 발견하는 정도일 수도 있다. 그러나 고객이 주차장을 벗어나기 전에 그것을 가져다주면 다시 돌아가지 않아도 되도록 한 것에 대하여 감사해 할 것이다.

- **적절한 조명을 설치**

  조명이 제대로 켜져 있고 제대로 비추고 있는지 확인한다. 대부분의 세련된 레스토랑과 많은 일반 레스토랑들은 낮은 조명과 촛불을 함께 사용하여 어슴푸레한 조명을 사용하고 있다. 낮이나 밤에 자동차 헤드라이트 불빛이 너무 많이 들어오지 않도록 블라인드가 내려져 있는지 확인한다.

▣ 식당의 소음을 느끼지 못하게 한다.

주방 쪽에 앉은 고객들이 팬 부딪치는 소리나 조리기구 소리, 조리하는 소리, 세척기 등의 커다란 소음에 방해를 받고 있지는 않는가? 어떤 레스토랑에서는 이런 종류의 덜그럭거리는 소리가 조화로움을 더해주기도 한다. 그러나 대부분의 경우, 고객은 더 조용하고 쉴 수 있는 식사 환경을 선호한다. 다음 사항들을 한 번 시도해 본다.

- **배경 음악**

  주방의 소음들을 느낄 수 없도록 배경 음악을 틀어 놓는다. 배경 음악이 고객의 취향에 맞는지 확인해 본다.

- **식물**

  큰 화분은 주방 쪽으로 근접한 식사 공간에 놓는다. 화분이 소음을 차단할 수 있을 것이다.

- **방음문**

  현재의 문에서 소음이 계속해서 들린다면 소음을 차단할 수 있는 더 두꺼운 재질의 문으로 교체할 것을 고려해 본다. 아니면 문 위에 값싼 카펫을 깔아 벽처럼 만든다. 화재경보기가 작동되는지 확인하고 방화 물질로 된 재료를 사용해야 할 수도 있다.

▣ 온도를 편안하게 유지할 것

같은 건물 내에 뜨거운 주방과 사람의 더운 체온으로 함께 있다는 사실은 세심한 온도 조절이 필요하다. 다음 기본 사항들을 명심한다.

- **온도 조절장치(thermostat) 관리**

  레스토랑의 온도는 다른 건물들에 비해 조금 더 높은 경향이 있기 때문에 온도 조절장치를 67~69°F 사이로 유지한다. 온도가 적당하다고 생각되면 그 온도로 유지한다.

- **여름의 온도 조절**

  여름에는 바깥 온도가 더 덥기 때문에 온도 조절장치를 통풍장치가 제대로 작동하는 온도인 65°F로 낮춰야 할 것이다.

- **최상의 상태를 조사**

  당신에게 여유가 있다면 레스토랑 내 각 구역의 필요에 맞춰 온도를 조절할 수 있는 이원적 운영 기능을 갖춘 것이 가장 좋은 시스템이다. 당신은 냉방회사와 난방회사에 전화로 연락하여 프로그램이 가능한 온도 조절장치를 주문할 수 있다. 이러한 새로운 시스템은 설치하기 쉬운 것으로 알려져 있다.

- **프로그램이 가능한 온도 조절장치**

  온도를 자동으로 조절하고, 난방과 통풍기능 등을 갖춘 프로그램인 온도 조절장치를 설치한다. 사용하지 않는 구역에는 따로 필요에 따라 조절할 수 있도록 분리된 조절기능을 갖춘 시스템의 설치도 생각해 본다. 이것은 사용 비용을 절감할 뿐 아니라 종사원들과 고객들이 더 편안한 기분을 느낄 수 있게 해준다.

- **레스토랑에 냉·난방을 설치해주는 전국적으로 유명한 두 업체는 http://wooritc.com과 http://iairconplaza.co.kr이다.**

▣ 마음을 끄는 가구

레스토랑의 가구를 선택할 때 목표를 가지고 본다. 고객에게 얼마나 편안하고 마음을 끌리게 할 수 있는가? 당신은 고객이 더 오래 머물기를 바라고, 그러기 위해서는 고객에게 오래 머물 수 있는 이유를 만들어 주어야 한다. 편안함이 중요하다. 다음 사항을 고려한다.

- **딱딱한 의자**

  당신의 레스토랑에 딱딱한 등받이의 나무의자가 있다면 색깔이 잘 맞는 쿠션을 놓는 것을 생각해 본다. 이것은 단지 색깔과 장식뿐 아니라 실내가 더 편안하게 보이도록 만들어 줄 것이다.

- **기본적인 인간공학**

좌석의 높이가 테이블 높이에 대해 적절한지 확인한다. 이것은 앉는 사람에 따라 다르겠지만, 평균 남성의 사이즈에 맞추도록 한다.

- **식당의 가구를 주문할 수 있는 몇몇 업체들**

▪ 지엠가구(http://gmgagu.com)
▪ 성원가구(www.swfurniture.co.kr)
▪ 승리가구(www.victorygagu.com)
▪ 블루가구(http://bluegagu.com)

- **테이블이 흔들리는가?**

흔들리는 테이블에 앉아 있는 것보다 나쁜 일은 없다. 먹기 불편하고, 대화하기에도 산만하고, 음료는 쏟아진다. 두 가지 해결책이 있다. 흔들리지 않게 받침을 대는 것과 여분의 테이블 다리를 새것으로 교체하는 방법이다. 받침은 작고, 깔끔하고 테이블을 평평하게 해준다. 여분 교체는 테이블의 다리를 빼서 새것으로 교체하는 것이다.

- **환영하는 분위기의 호스트 데스크**

가능한 한 예민함을 유지한다. 너무 큰 호스트 데스크는 다소 위협감을 조성할 수 있다. 개조하든지 처음 고를 때 간소한 것으로 고른다.

▣ 카펫 구입

식당에서는 많은 사람이 밟고 다니기 때문에 제일 비싼 카펫은 구입하지 않는다. 얼룩을 제거할 수 없다면, 최소한 4년간 내구성이 있는 제품을 선택한다.

실제 조사해보면 원하든 원하지 않든 몇 년마다 카펫을 교체하게 된다. 당신의 레스토랑에 깔 카펫을 구입할 때 몇 가지 비결이 있다.

- **염색용액 카펫**

  염색용액 카펫을 사는 것이 좋다. 이 종류의 카펫은 레스토랑의 환경에 아주 적합하다.

- **털이 짧은 것**

  오물과 먼지, 얼룩이 잘 안 보이는 두꺼운 카펫은 사용하지 않는다. 얼룩을 닦아내고 진공청소기를 사용하기 쉬운 더 얇은 카펫을 구입한다.

- **다음의 회사들은 카펫을 제공**

  ▪ 진앙카페트(www.jinyangcarpet.co.kr)
  ▪ SG매트(www.sgmat.com)

- **전국 카펫 청소와 수선 회사**

  ▪ 카펫세탁청소(http://clean-119.co.kr)

▣ 다른 환경적 고려사항

고객의 눈으로도 레스토랑의 인테리어가 신선해 보이게 되면 주의를 다른 세부 항목으로 돌려본다. 다른 세상처럼 만들어 줄 것이다. 다음 사항들을 기억해 둔다.

- **신선한 꽃과 식물**

  신선한 꽃과 식물을 로비와 식사 공간에 놓아두고 꽃과 꽃잎이 떨어지기 시작하면 치운다. 죽은 식물들 주위에 있는 것은 침울한 기분을 불러

일으킬 수 있다. 조화를 사용하는 것도 꽤 괜찮은 생각이다.

- **바퀴벌레를 제거**

레스토랑을 짓거나 리모델링을 할 때 벽 사이가 열려져 있을 때 바퀴 제거제나 붕산을 벽에 넣는다. 이것은 바퀴를 방지하고 오랫동안 벌레 잡는 데에 들어가는 비용을 줄여줄 것이다. 주변의 평판 좋은 해충 구제업체를 찾아 이용한다. 한국 사이트로는 세스코가 대표적이다. 웹사이트 주소는 www.cesco.co.kr이다.

- **날아다니는 벌레를 제거**

그것들을 제거하는 값싸고 경제적이며 안전한 방법은 붉은 사과 식초 한 컵에 세제를 조금 섞는 것이다. 이것은 성가신 작은 파리들을 끌어들여 죽게 만들 것이다. 거기다 주방이나 레스토랑에 불쾌한 냄새가 나는 파리약을 뿌릴 필요가 없어진다.

- **습기 찬 곳에는 석고판을 놓을 것**

물기와 습기가 많은 주방과 화장실에 석고판을 설치한다. 모든 바닥에 까는 석고판은 적어도 1/2인치 두께이거나 그 이상이 되어야 한다. 이것은 석고판 바닥까지 젖어 습기가 차는 것과 벽을 망가뜨리는 것을 방지할 것이다. 6인치 콘크리트 판을 마루와 벽이 만나는 가장자리를 따라 설치한다. 이것은 석고 벽에 습기로 인한 손상이 가는 것을 방지하는 가장 좋은 방법이다.

▣ 청결함, 단정함, 그리고 편안함-무시할 수 없는 몇 가지 기본 사항들

청결함과 단정함을 이야기할 때 기준은 절대 떼어놓을 수 없는 것이다. 청결함과 깔끔함만큼 환영하는 분위기와 좋은 인상을 만들어내는 것은 없다. 그러나 좀더 실제적인 정보로는 별로 좋은 인상을 받지 못한 단 한 명의 고객만 있어도 명성을 떨어뜨릴 수 있다. 다음의 기본적이지만 중요한 사항들을 고려한다.

- **엄격한 절차를 꾸준히 지켜나갈 것**

- **흘린 것은 즉시 닦을 것**

  미끄러지거나 넘어질 가능성은 제거한다.

- **빈 테이블의 의자는 테이블 아래로 밀어넣을 것**

  통로는 말끔히 한다.

- **고객이 테이블을 비울 때마다 닦고 또 닦을 것**

  이것은 자리가 나길 기다리는 고객이 없을 때에도 해당된다.

- **질서 정연한 인상을 만들어 낼 것**

  식사용 도구는 잘 싸여 있는지, 테이블 비품은 제 위치에 있는지 확인한다.

- **방향제와 악취**

  식당 안의 쓰레기는 잘 치운다.

- **카펫에 흘린 것들 제거**

  악취가 남을 만한 가능성을 남겨두지 않는다. 어떤 얼룩이든 얼룩이 남고 냄새가 나서 없애기 힘들어지기 전에 즉시 닦아내고 씻어낸다.

- **향기 나는 초**

  각 테이블마다 향기 나는 초를 태워 분위기를 좀더 유쾌하게 만들도록 노력한다. 그것은 불쾌한 냄새를 흡수하고 중화시킴으로써 공기를 정화하며 400평방피트 이상의 공간에서도 효과가 있다.

• **통풍**

레스토랑에 대한 요구에 부응할 만큼 충분히 강력한 통풍 시스템을 설치한다. 스테이크 굽는 향은 고객의 입에 침이 고이게 만들지만, 탄 스테이크 냄새는 그 반대의 효과를 준다는 것을 명심한다.

• **위생 점검표를 만든다.**

교대할 때마다 위생 점검표를 만든다. 날짜와 시간, 특정 직원과 그의 임무를 포함시킨다. 어떤 사람들은 그들이 맡은 책임을 알고 있으면서도 그것을 지시하기 전에는 거기에 대해 특별한 노력을 기울이지 않는다. 모든 사람이 그들이 수행해야 할 임무와 이에 따른 기준을 알도록 한다.

▣ 깨끗하고 상징적인 화장실

화장실에 대하여 관심을 갖지 않아서 레스토랑을 어렵게 만들지 않는다. 휴지와 종이 타월이 널려 있는 냄새나는 화장실로 걸어 들어가는 것보다 고역인 일은 없다. 다음 사항들은 절대 준수해야 한다.

• **매 교대 때마다 두 명의 종사원에게 화장실을 담당하게 한다.**

두 사람이 엄격하게 순번을 지켜 교대로 담당하게 한다. 매번 근무 동안이나 교대한 후에 화장실이 깨끗하고 적절히 닦여 있는지 확인한다.

• **세면대 주변과 마룻바닥에 튀긴 물기를 닦아낸다.**

비눗 자국을 닦아낸다. 다시 한 번 말해, 이 절차는 매번 근무 동안이나 교대 후에 항상 수행되어야 한다.

• **공기청정제 용기는 매 좌석마다 하나씩 놓아둔다.**

포푸리와 향기 나는 초를 카운터에 놓아둔다.

- **필요할 때마다 거울을 닦는다.**

- **절대 다 쓰고서 없도록 하지 말아야 한다.**

  휴지와 비누, 종이 타월이 적당히 남아 있는지 확인한다.

The Food Service Professional

레스토랑 마케팅 노하우

7 그 외의 노력

음식과 여흥

사람들은 단순히 음식 이상의 것을 바라고 외식을 한다. 고객들이 다른 곳보다 당신의 레스토랑을 선택한 것에 보답한다. 그들이 다시 오고 싶어 할 이유를 제공한다. 그것은 고객의 기대 이상이 되어야 한다는 것을 뜻한다. 다음은 그것을 수행할 방법이다.

- **고객의 파티**

  단체고객이 생일이나 기념일을 축하하기 위해 외식을 할 경우 종사원들이 함께 생일 축하노래를 부른다. 생일인 사람이나 기념일인 커플에게 무료 디저트를 제공한다. 기념일을 위해서 당신은 레스토랑에 매니저나 당신 등 누군가가 그들의 오랜 결혼생활과 앞으로 남은 행복한 날들을 위해 축배할 수도 있다.

- **사진**

  고객이 카메라를 가지고 있다면 그들을 위해 사진을 찍어줄 것을 제안한다. 그러면 모든 사람이 사진에 함께 있을 수 있다. 카메라가 어떻게 작동하는지 정확히 확인한다. 대부분이 그들이 특별한 기억을 남길 수 있도록 노력하는 당신에게 감사할 것이다.

- **카메라 구비**

고객이 특별한 기억을 남길 수 있도록 폴라로이드 카메라를 각 부서마다 한 대씩 놓아둔다. 오랜 친구들은 항상 함께 있고 함께 외식하며 때때로 카메라를 가져오는 것을 잊어버린다. 폴라로이드를 꺼내 들었을 때 그들이 놀랄 것을 상상해 본다. 조금 더 노력하여 당신의 레스토랑의 이름과 전화번호가 들어간 사진틀을 준비해 놓는다.

- **고객들을 명예롭게 한다.**

벽에 당신의 종신 고객들을 위해 자랑할 만한 공간을 마련한 후 이벤트를 만든다. 조용한 때를 선택해서 오로지 이 단골들에게만 신경을 쓰고, 그들의 친구들도 함께 초대해서 사진을 찍어 벽에 붙인다. 그들에게 무료 디저트와 음료를 제공한다.

▣ 서비스를 넓힐 것

고객을 이끄는 가장 좋은 방법 중의 하나는 현재의 서비스 범위를 확장하는 것이다. 새로운 메뉴 아이템을 만들어 시도할 수도 있고, 이미 제공되는 메뉴 중의 하나를 택해 그렇게 할 수도 있다. 다음에 몇 가지 아이디어가 있다.

- **좀더 많은 무알코올 음료**

단순히 커피에 설탕이나 크림만이 아니라 그 이상의 것을 제공한다. 에스프레소 기계에 투자하여 고객들에게 질 좋은 원두를 폭넓게 선택할 수 있도록 한다. 원두는 매번 신선하게 갈아서 제공한다.

- **다양한 차 제공**

아이스 티뿐만 아니라 카페인이 제거된 것, 허브차, 따뜻한 차를 제공한다. 단 것과 달지 않은 두 가지를 모두 제공한다.

- **다양한 주스 선택**

다양한 주스를 선택할 수 있게 한다. 탄산이나 커피, 차 또는 와인 음료를 싫어해서 물을 선택하는 고객들로부터의 판매를 증가시킬 수 있다. 많은 부모들은 아이들이 탄산음료나 차 마시는 것을 원하지 않는다.

- **채식주의자용 식사**

점점 더 많은 사람들이 고기를 멀리하고 있다. 고기가 들어가지 않은 훌륭한 식단을 제공함으로써 채식시장 부문을 석권할 수 있다.

- **연회와 개인 파티**

레스토랑에 사용 가능한 공간이 있다면 토요일 오전 10시에서 오후 4시 사이에 결혼식 연회음식을 준비할 수 있다. 토요일 불확실한 영업을 고정 가격과 메뉴로 확실한 영업으로 바꿀 수 있다.

- **점자 메뉴**

몇 개의 메뉴를 점자로 바꾸어 보관한다. 이것은 간단한 서비스이지만 대부분의 레스토랑에서는 생각도 할 수 없는 것이다. 레스토랑을 찾는 고객들을 위해 준비가 갖추어져 있다는 인상을 심어주도록 한다. www.quikscrybe.com, www.duxburysystems.com, www.access2020.com에 접속해 본다.

- **외국어 메뉴**

조금 더 주의를 기울여서 다른 나라 언어로 번역된 메뉴를 만든다. 영어와 같이 가장 많이 사용되는 언어부터 시작한다.

고객의 불만처리

모든 노력에도 불구하고 일이 잘 안 풀리기도 하지만 가능한 한 잘 처리해야 한다. 이 사실을 깨닫는다면 경쟁자들보다 한 발 더 앞서 나갈 수 있는 능력을 갖추고 있는 것이다. 변치 않는 명성을 유지할 수 있도록 손실을 최소화시키는 데는 한계가 있다.

- **고객을 기다리게 하지 말 것**

  고객의 불평을 듣는다면 하던 일을 멈추고 즉시 불평하는 고객에게로 간다. 이미 흥분한 고객이 더 이상 한 순간이라도 필요 이상 더 기다리게 하지 말아야 한다. 그들은 당장 문제가 해결되기를 바란다. 목표는 문제가 확대되고 걷잡을 수 없게 되지 않게 하는 것이다.

- **진정하고 이의를 제기**

  따뜻한 미소와 진심으로 열린 마음으로 고객에게 다가간다. 정중히 문제가 무엇인지 물어보고 가능한 한 귀담아 듣는다. 고객과 다투려 들거나 다른 사람의 관점을 설명하지 않는다. 이미 화가 난 상태에서는 들으려고 하지 않을 것이다. 마찬가지로 그들은 레스토랑의 방침이나 절차에 관해서 전혀 관심이 없을 것이다. 그들이 일반적인 방침에 어긋나는 것을 요구할 때는 다음과 같은 것들을 이야기한다. "글쎄요. 보통 그건 저희의 방침에 어긋납니다만, 예외로 해드리도록 하겠습니다." 그것이 그들이 듣고 싶어 하는 말일 것이다.

- **무조건적인 사과**

  만약 고객이 화가 나서 엉뚱하게 굴더라도 사과한다. 실제로 누가 잘못한 것인지는 중요하지 않다. 이러한 상황에서는 고객의 기분을 풀어주고 달래주어야 한다. 그리고 고객에게 죄송하다고 한다. 고객이 원하는 것은 사과받는 것이기 때문이다. 그리고서 고객이 원하는 것이 무엇인지, 문제를 어떻게 해결하고 싶어 하는지 물어본다. 그러나 묻는 방식이 겸손하지 못하거나 비꼬는 말투여서는 안 된다. 예를 들어, "글쎄요. 제가 어떻게 해드렸으면 좋겠습니까?"라고는 말하지 않는다. 대신, "죄송합니다. 제가 고객께 어떻게 해드려야 고객의 기분이 나아지실까요?"라는 식으로 말한다.

- **즉각적인 행동을 한다.**

가능하다면 누구이건, 혹은 무엇이건 간에 문제를 일으킨 요소를 즉시 제거한다. 문제를 해결하는 데 그치지 말고 무엇인가를 더 제공하는 식으로 고객의 기대치를 넘어선다. 고객이 만족하고 기분이 풀어질 때까지 최선을 다한다.

- **고객에게 그런 문제를 일깨워 준 점에 대한 감사 인사**

고객들로 하여금 이 기회로 인해 앞으로 주의를 요하는 그런 문제들이 발생하였을 때보다 효과적으로 대응할 수 있도록 도움이 되었다는 것을 알게 한다. 고객이 돌아간 후에 개인적으로 통화하거나 다음날 손으로 쓴 카드를 보내는 후속 조치를 취한다.

▣ 부정을 긍정으로 바꿀 것

개인의 능력으로 해결할 수 없는 상황은 항상 있기 마련이다. 그러나 그런 일들이 재난이 될 필요는 없다. 부정적인 문제들을 긍정적인 대안으로 바꾼다. 다음은 그 방법들이다.

- **다른 선택의 제시**

해당 아이템이 다 팔렸을 경우에는 고객에게 다른 아이템을 제시한다. 고객이 무엇을 선택할지에 대해 고민하면서 앉아있지 않게 한다.

- **문제가 발생했을 때 미소를 보인다.**

무엇을 쏟거나 어지럽히는 일이 발생하면 가능한 한 미소를 지으면서 치운다. 어질러진 것보다는 고객이 당황하고 염려하는 태도를 보인다면 "괜찮습니다", "별 일 아닙니다"라고 말을 건네면서 고객을 안심시킨다. 필요하다면 다른 음료나 음식을 바꿔준다.

- **재빨리 문제 해결**

고객이 어떤 식으로든 불쾌함을 표시하면, 즉시 고객의 기분을 어떻게 풀어줄 수 있을지에 집중한다.

- **대화의 통로를 연다.**

고객을 위한 무료 전화를 개설하고 피드백을 주고 받는다. 이것은 고객으로 하여금 문제를 일으킨 장본인이 아닌 다른 사람에게 격식을 갖추어 항의하도록 하는 효과가 있다.

- **기다리게 만들었을 때 주는 경품**

고객이 좌석이 나길 기다리게 될 때는 고객이 계속 머물게 할 수 있는 어떤 것을 제공한다. 무료 음료나 땅콩, 브래드 스틱이나 그 외에 간단한 것들을 제공한다.

- **마감 시간에 오는 고객**

정중하게 영업이 끝났음을 알린다. 하지만 고객이 즐거운 식사를 하게 할 수 있는 힘이 있다면 무엇이든 시도해 본다. 고객에게 즉각적으로 식사를 제공하지만 너무 티가 나게 서두르지는 않는다. 고객들을 방해하지 않으면서 마감 업무에 집중한다. 고객이 식사를 하고 있는 동안에 할 수 없는 업무들은 일단 미루어 둔다. 예를 들어, 조명을 줄이거나 음악을 끄거나 진공청소기를 돌리거나 빈 의자를 그들 주변에 쌓아 올리지 않는다.

마감시간은 고객을 맞이하지 않는 시간을 말하는 것이지 고객에게 서빙을 중단하는 시간은 아니다.

▣ 빠른 점심 제공

점심이 재빨리 나오는 것은 이윤을 올리는 가장 좋은 방법이다.

- **15분 안에 신속히 점심이 제공됨을 보장하며, 그렇지 않을 때는 무료라는 표지판을 놓는다.**

- **초시계**

  대형마트 등에서 저렴한 초시계를 구입한다. 초시계를 각 테이블마다 놓고 스스로 말한 것을 증명한다. 종사원은 주문을 받자마자 타이머를 작동시킨다.

- **선택적인 일**

  이미 정해놓은 시간 내에서 준비되어질 수 있는지를 확인하고 프로그램을 만든다.

- **특정 인원수 이하의 소규모 파티 제한**

- **사이드 메뉴에 대한 조건**

  예를 들어, 애피타이저를 주문받을 때는 약속한 시간을 조절할 필요가 있다는 것을 확실히 한다.

- **종사원들의 점심시간 때에는 보충할 수 있는 추가 종사원의 확보**

  고객들이 특정 시간까지 직장으로 돌아가야만 하기 때문에 점심시간은 중요하다. 점심시간에 서비스를 적절하게 한다면 고객의 주목을 끌 수 있고,

고객에게 약간의 무료 점심을 제공할지라도 점심 판매는 늘어날 것이다.

▣ 사이드 메뉴와 특별 아이템을 제공

조금만 가격을 보태서 몇 가지 사이드 메뉴들을 같이 할 수 있다고 하면 전체 판매액을 상당히 증가시킬 수 있다. 고유 아이템들, 다시 말해 이윤을 최대화할 수 있는 좋은 기회를 포착한다. 다음 사항들을 기억한다.

- **사이드 메뉴 판매의 촉진**

  주문을 받을 때 고객에게 권해 본다. 예를 들어, 어떤 음식은 사이드 샐러드나 브레드 스틱과 함께 제공되고, 어떤 것은 그렇지 않다. 고객이 사이드 메뉴가 없는 메뉴를 선택하면 1.99달러에 사이드 샐러드를 권한다. 만약 하루에 100인분의 사이드 샐러드를 팔았다면 그것은 하루 총 판매액이 199달러가 늘어나고 1년에는 72,635달러가 늘어날 것이다.

- **유명세를 띨 상품의 개발**

  메뉴에서 유명세를 탈만한 상품을 골라 그것을 계획하고 준비한다.

- **메뉴 아이템에 상표 표시**

  아이템에 상표명이 붙은 재료의 판촉은 20% 정도 이윤을 높여줄 수 있다. 때때로 상표명은 특징과 동의어이다. 그냥 '머스터드 한 겹 바른다'는 말보다 'Grey PouponTM Dijon 머스터드 한 겹을 바른다'라는 말이 훨씬 유혹적으로 들리지 않는가?

- **매일매일 특색 있는 아이템을 제공**

  고객들이 메뉴에 지루함을 느끼지 않게 할 것이다. 반면 종사원은 혁신적이고 끊임없이 새롭고 멋진 식사를 만들어내게 될 것이다. 이는 저가의 메뉴 아이템의 판매를 촉진하고 특정 아이템의 판매를 촉진시킨다.

- **유명한 디저트의 제공**

모든 디저트 메뉴에는 유명한 디저트가 있어야 한다. 이 아이디어는 사람들이 레스토랑의 디저트 중 하나를 생각하면 그것을 먹고 싶어 하게 된다는 것이다. 각각의 디저트 아이템의 독특한 측면을 담은 사진을 메뉴에 디스플레이 하거나 테이블에 세팅할 쟁반에 디스플레이한다. 그것이 눈앞에 있다면 사람들이 그것을 무시하기 힘들 것이다.

- **중요한 아이콘의 제공**

당신의 메뉴에서 판매를 늘리고 싶은 아이템 옆에 미니어처 아이콘을 붙인다. 이것은 즉각적으로 고객들이 그 메뉴에 더 눈이 가게 만들고 당신의 업체에서 자존심을 걸고 특별히 신경써 만든 특별한 아이템이라는 느낌을 갖게 될 것이다.

▣ 지속적인 최상의 서비스를 제공

한 달 동안 고객이 한 번 방문하는 것보다 한 달에 두 번 방문하는 것이 두 배의 판매를 가져온다는 것은 비밀이 아니다. 이것은 판매를 증가시키는 가장 좋은 방법이다. 레스토랑의 모든 부문에 있어서 지속적인 최상의 서비스를 제공한다. 고객이 당신의 서비스에 의지할 수 있다는 것을 알 필요가 있다. 외관에서부터 종사원의 세심함과 고객에게 제공하는 음식의 질까지, 레스토랑의 모든 측면을 검토한다.

- **지속성이 비결**

서비스의 기준은 절대 변하지 않는 것이다. 고객이 하루 방문을 해서 모든 것이 완벽했는데, 다음 방문 때 안좋은 경험을 하게 된다면 레스토랑에 대한 신뢰는 무너져 버린다.

- **융통성**

관리가 필요한 사항은 평가가 필요한 반면 융통성이 있어야 한다. 식음료사업과 조직의 목표가 지속적으로 진보하기 위해서는 항상 변화를 추구해야 한다. 새로운 기술과 일을 처리하는 새로운 방식이 개발되면 그것은 당신의 레스토랑에서 어떤 절차가 사용될지를 결정하는 데 영향을 미칠 것이다. 고객에 대한 서비스의 품질에 영향을 미치지 않고 이러한 변화의 흐름에 적응한다.

The Food Service Professional

레스토랑 마케팅 노하우

8 종사원들

▣ 당신의 종사원들은 최고의 판매를 하고 원가를 절감할 수 있는 근원

웨이터, 바텐더 그리고 칵테일 웨이터들은 판매원이다. 그들은 실질적으로 고객과 대화를 나누는 사람들이다. 그들의 지식을 바탕으로 한 판매기술이 크면 클수록 레스토랑은 더 많은 수입을 올릴 것이다. 확실히 종사원들이 오늘의 스페셜에 대하여 상세히 설명하거나 훌륭한 디저트를 제공하는 경우들을 본 적이 있을 것이다. 다음의 접근방법을 따라해 본다.

- **테이블에서 판매기술을 이용**

  사람들은 새로운 것을 시도하는 것에 대해 두려움을 느낀다. 웨이터들이 중심메뉴를 좀더 잘 알고 특별히 권한다면 테이블에서 즉시 직접적인 판매가 이루어질 것이다.

- **판매환경을 제공**

  좀더 구체적인 정보를 제공하는 메뉴를 만들도록 분위기를 유도한다. 레스토랑을 개점하기 전이나 직원들이 교대하기 전에 판매에 대한 간단한 모임을 가지도록 한다. 종사원들에게 고객에게 어떻게 판매할지에 대한 지식을 주고, 어떻게 음식이 두각을 나타내고 맛있게 느껴지는지를 표현할 수 있도록 정보를 제공한다. 시간을 가지고 적당하게 지도하고 훈련시키게 되면 매출이 올라갈 것이다.

- **직원들이 판매할 수 있도록 동기부여**

간단한 모임을 통해서 종사원들이 가장 바쁜 날에도 쉽게 수행할 수 있는 조직적인 업무수행 지침을 준비하여 간단한 토론을 하도록 한다. 그들에게 용기를 불어넣어 주는 말을 하고 신상품을 철저하게 소개시킬 수 있도록 준비를 시킨다. 모든 메뉴들을 소개하는 데 있어서 편안하고 확신에 찬 수준에 도달할 때까지 종사원들과 함께 움직여야 한다.

- **오리엔테이션은 반드시 최고수준의 관리자에 의하여 진행**

새로운 종사자가 규칙과 규율을 올바르게 배웠는지를 시작하는 순간부터 확인한다. 종사원들은 함께 나눌 수 있는 문제해결의 지름길들은 단순한 것들을 함께 하는 것이다. 또한 그들과 함께 조직의 중요한 사람이 오리엔테이션에 많은 시간을 함께 보냄으로써 새로운 종사원들은 좀더 가치 있게 느끼고 감사하게 될 것이다.

- **대본을 이용하고 역할**

다른 종사원과 함께 한 사람이 고객이 되어서 고객을 맞이하는 역할을 실행하여 본다. 전화를 받는 경우 간단한 대사를 이용하여 반복하고 연습해 본다. 종사원들이 연습하는 도중에 아이디어를 낼 수 있도록 편안한 분위기를 조성하고 그들이 자연스럽게 알릴 수 있도록 훈련한다. 종사원들의 말이 미리 연습된 분위기를 나타내거나 로봇이 말하는 것처럼 느껴지는 것을 바라지는 않을 것이다. 또한, 가짜처럼 들리거나 성의 없이 들리는 것처럼 나쁜 것은 없다. 아틀란틱 출판사에서는 환대산업 역할수행 키트를 판매하는 데 한 가지는 레스토랑 서비스종사원들을 위한 것이고, 또 한 가지는 알코올 음료 판매 종사원들을 위한 것이다. www.atlantic-pub.com을 방문하여 본다.

- **올바른 훈련지도자를 이용**

지원자를 요청한다. 어떤 종사자들은 다른 사람을 훈련시키고 싶어하지 않는다. 대개 그들이 별도의 노력에 대하여 보상받지 못하기 때문이기도 하고, 혹은 시간이 걸리므로 자신의 일이 진행되는 것에 대하여 방해를 받거나 팁을 제대로 받지 못하기 때문이다. 그러므로 이러한 훈련시간에 대한 별도수당을 지급한다. 작은 인센티브에 대해서는 잘못될 것이 없다. 스태프들과 상의하고 그들이 처음 시작하였을 때 누가 가장 도움을 많이 주었는가에 대하여 상의한다. 어떤 사람들은 천성적으로 훈련시키는 것에 대하여 재능이 있고 이 일을 즐거워한다.

- **주방 인력들을 포함**

주방 종사원들이 홀 직원들에게 음식이 어떻게 준비되었는지 혹은 특별한 재료가 포함되었는지를 설명할 수 있는 시간을 가진다. 만약에 주방 인력이 홀 직원들에게 설명의 마지막에 그 음식들이 얼마나 맛있는지에 대하여 설명할 수 있다면 그들이 고객에게 제공하는 음식에 대하여 동기가 많이 유발될 것이다.

- **관리자로서 종사원들에게 항상 웃는다.**

종사원들에게 고객을 대하듯이 대한다. 매일 아침 웃으면서 맞이한다. 마치 종사원이 주말에 받는 급여가 전문성을 대치한다는 듯이 행동하지 않는다. 종사원들에게 얼마나 감사하고 있다는 것을 보여준다. 종사원들이 좋은 아이디어를 내어 놓을 때에는 별도의 휴가를 주거나, 맨 앞줄에 주차하도록 하거나 유니폼에 리본 등을 달아서 보상한다. 종사원들이 일을 잘한 것에 대한 인식하는 방법은 매우 많으며 좋은 생각을 기꺼이 함께하고 본성이 낙관적인 것조차도 인식하도록 한다.

▣ 실질적인 훈련전략

레스토랑 사업에 있어서 훈련은 결코 쉬운 업무는 아니다. 각 종사원들은 요구가 각기 다르고 학습능력, 기술, 재능, 목표, 때로는 언어적 장벽 등이 다르다. 심지어는 이러한 차이들을 허용하기 위해서는 실험에 의해 증명된 몇 가지 접근방법이 있고 이 방법을 선택한다면 레스토랑에 효력이 있을 것이다. 다음을 따라해 본다.

- **훈련기간 동안에 손해와 이익을 함께 할 것**

  스태프들은 기꺼이 참여하게 될 것이다. 지식적 배경이 중요한 동기부여가 된다. 사업을 소유하고 경영하는 것에 대한 사실에 대하여 종사원들에게 알려주고 공유한다. 어떠한 형태이든 간에 레스토랑을 소유해 보지 못하고 경영해 보지 못한 사람들은 상당히 이익에 관해 잘못된 인식을 가지고 있다. 그들에게 사실에 대하여 교육시키게 되면 그들이 이윤을 증가시키는 방법을 제시하게 될 것이다.

- **주방에 표면이 반짝거리는 사진들을 걸어둘 것**

  고객들은 자신들이 메뉴나 광고전단지에서 보았던 정확한 사진의 음식을 기대한다. 주방에 같은 사진을 걸게 되면 주방의 인력들이나 홀 종사원들이 이해하기가 쉬울 것이다. 각 음식에 대한 사진앨범을 만들어 제공하게 되면 새로운 쉐프나 종사원들에게 참고가 될 것이다.

- **종사원들에게 기본적인 주방훈련을 제공**

  재료의 품질에 대한 것이나 레스토랑에서 사용하는 준비과정과 조리기술에 대하여 방향을 제시하게 될 것이다. 짤막한 참고가 될 수 있는 매뉴얼이나 참조노트 등의 인쇄물을 이용한다. 음식들이 어떻게 준비되고 어떤 다른 맛인지에 대하여 정확한 표현을 해준다. 스태프들을 모아서 각기 다른 음식에 대하여 맛을 보게 하고 홀 종사원들이 주방이나 준비조에서 한 달에 한 번 혹은 훈련이 시작되는 기간에 주방에서 일하도록 한다. 그들은 음식의 품질과 재료에 대하여 많이 알게 될 것이다.

- **대리인은 좀더 많은 이익을 의미한다.**

다른 지역의 업체와 상호간에 종사원들을 교환하여 교차 훈련시키고 서로 돕는다. 모든 스태프들이 소비자의 질문에 대답할 수 있어야 하고, 필요하다면 그들의 일상적인 일이 아니라 하더라도 고객에게 서비스한다. 사람들은 아프기도 하고, 휴가를 가기도 하며, 그리고 예상치 못하게 떠나기도 한다. 누군가가 대신해서 그의 역할을 일시적으로 해야 한다.

- **적당한 훈련시간을 선택**

어떤 사람들은 처음에 보여주는 새로운 기술을 바로 따라서 한다. 그러나 반복하여 보여주어야 하는 사람도 있다. 그러므로 최고의 훈련방법은 하루에 30분에서 1시간 동안 훈련기간을 갖는다. 시각적인 요소를 많이 사용하고 청각적이고 가능한 상호간의 역할연습을 많이 하도록 한다.

- **훈련은 지속적으로 필요한 활동**

훈련기간은 새로운 종사원이 자신의 직무를 잘하기 시작한다고 하여 훈련이 끝나는 것은 아니다. 스태프들이 훈련기간을 지속적으로 끌고 나가서 연속적인 발전과 개발이 있어야 한다. 책, 포스터 그리고 훈련에 관련된 비디오테이프를 이용한다.

• **경쟁자에게서 배울 것**

경쟁업체를 방문해서 그들로부터 배운다. 이것을 훈련과 배움의 일부라고 생각해야 한다. 이곳저곳에서 아이디어를 얻게 되고 이는 항상 일어나는 일이다. 이러한 아이디어들을 새로 구성하고 확대하여 당신의 것으로 만든다.

• **세미나와 워크숍을 통하여 훈련**

현장훈련방식이 아이디어를 개발하는 데 더욱 좋다. 훈련과 동기유발 테이프를 들어보고 사업에 관련이 있는 유사한 책을 읽으며, 새롭고 다른 일들을 시작하는 것을 두려워하지 않는다.

▣ 적당한 행동

스태프들의 행동에 있어서 전 세계적으로 받아들여지는 '해야 할 것과 하지 말아야 할 것'들이 있다. 예를 들어, 종사원들이 집단으로 모여서 고객들 주위에서 개인적인 대화를 나누는 것을 하지 말아야 한다는 것을 알아야 한다. 나쁜 언어, 언쟁 혹은 주방에서의 소리지름 등이 소음으로 밖에 나오는 것 등을 간과되어서는 안 되는 일들이다. 항상 친절하고 웃어야 한다. 다른 일반적인 고려사항은 다음과 같다.

• **돈 관리**

거스름돈을 센다든지 혹은 고객 앞에서 체크를 쓰고 동전으로 소리를 내거나 계산서를 둘둘 마는 등의 행위는 무례한 것이다. 종사원들에게 계산은 금전등록기에 가서 하거나 그들의 스테이션에서 하도록 지시한다. 고객에게 충분히 팁으로 사용될 수 있는 적당한 잔돈을 가지고 돌아가야 한다. 절대로 만 원짜리 한 장만 가지고 가는 일이 없어야 한다.

- **메뉴관리**

  종사원들에게 그들의 손에 메뉴를 들고 다니게 하여야 하고 절대로 겨드랑이나 허리춤에 차도록 해서는 안 된다. 종사자들은 고객이 자리에 앉기를 기다렸다가 각 개인 앞에 메뉴를 놓아야 한다. 일반적으로 고객들이 특별히 찾기 전에는 즉시 메뉴를 제공하지 않는다.

- **효율적으로 급하게 행동하지 않는다.**

  고객을 테이블로 안내할 때에는 그들의 앞에서 너무 멀리 떨어져서 걷지 않도록 한다. 이것이 고객을 급하게 몰아치는 느낌이 들고 불편하게 만들기 때문이다. 반면 효율적으로 꼭 해야 한다고 한다면 고객을 혼자서 급하게 해서는 안 된다.

▣ 문서화된 직무 기술서

만약 스스로 혹은 레스토랑의 종사원들의 문서화된 세부적인 직무 기술서가 없다면 가능한 한 빨리 만들어야 한다. 여기에 몇 가지 지침이 있다.

- **이러한 원칙을 쓰는 데 시간을 갖는다.**

  모든 단순 임무와 책임을 포함시킨다.

- **직무 기술에 포함시켜야 한다.**

  1~2장의 길이 범위 내에서 가능한 한 세분화하여 기술한다. 각 직무를 원하는 궁극적인 결과뿐 아니라 세세한 임무까지 기술한다. 직무요구에 관한 개인적인 신체적 한계까지 포함시켜야 하는데, 예를 들어, 30파운드 정도는 들어 올릴 수 있어야 한다는 등의 기술을 하여야 한다. 또한, 교육과 기술의 수준과 같은 필수적인 선 요구사항에 대하여서도 포함시킨다. 대개 이러한 기술서에는 서명란이 있는데, 이는 매니저와 종사자가 하는

것으로 매니저가 종사자와 함께 각 항목을 설명하였다는 것을 나타내는 것이다.

- **직무 기술서의 복사본을 신입사원과 잠재적인 종사원들에게 나누어 준다.**

인터뷰할 때에 특정한 주제에 대하여 이야기하지 못하였다면 이것이 체크 리스트로써의 역할을 하게 될 것이다.

- **직무회전율이 높은 직무에 대하여서는 서면화된 직무 기술서를 가지고 시작**

종사원들을 포함시켜서 빠진 부분을 확인하도록 한다. 이후에 이러한 일을 매일 할 수는 없을 것이고 무엇이 들어 있는지도 정확히 기억하지 못할 것이다.

- **직무에 대한 책임들은 당신의 뜻에 따라서 결정될 수 없다는 것을 기억**

방향성 없이 일하는 것은 직원들을 매우 좌절시키는 것이고 최고의 직원을 잃는 일이다.

- **일정기간 이후에 직무 기술서에 대하여 개편**

오래 된 직무 기술서는 단지 아무것도 아닌 쓸모없는 것이다. 시간 외 근로, 사람, 산업 그리고 기대가 바뀌고 직무 역시 바뀐다. 최소한 1년에 한 번이나 정책, 전략, 과정 등의 변화가 있다면 좀더 자주 직무 기술서를 개편한다. 심지어 직무 기술에 대하여 바꿀 수도 있는데, 왜냐하면 현재의 산업이 직무의 기준이 올라가고 있기 때문이다. 이를 바꾸는 다음의 개개인들은 유사한 기준이 필요할 것이다.

- **컴퓨터를 사용**

직무 기술과 종사자 핸드북의 기초 틀은 www.atlantic-pub.com에서 찾을 수 있다. 한국에선 쇼핑몰에서 찾을 수 있다.

▣ 직원 선발 전략

누군가를 선발하는 일은 결코 쉽지 않다. 인터뷰를 위탁하기도 하고 올바른 질문을 효과적으로 하여야 하고 그리고 답을 잘 들어야 한다. 민첩한 인터뷰를 하는 사람들도 종사자들이 어떤 답변을 하지 않고 인정하는 것을 꺼리는가에 대하여 알아야 한다. 채용하기 전에 이미 좋고 나쁜 종사자들에 대한 신호가 있다. 채용절차를 진행하기 전에 절대적으로 필요한 것들을 너무 자주 기다리는 것이 문제다. 다음에 나오는 지식을 기준 삼아서 채용과정의 유선형이 되기를 바란다.

- **지원서를 통해서는 사람에 대하여 알 수 없음**

  지원서는 단지 질문의 역할 이외에는 없다.

- **인터뷰할 사람의 지원서와 이력서를 읽는 데 너무 많은 시간을 소비하지 말 것**

  만약 최고의 단어와 문장을 사용한 최고의 지원서를 선택하였다고 해도 금방 바뀔 수 있다. 때때로 사람들은 뛰어난 작문실력을 지니고 있고 레스토랑에 새로운 직업에 대하여 너무 심각하게 높은 수준을 지닐 수도 있다. 대부분의 경우 그들이 단순히 통과하였다고 하여도 다른 어디에서인가 좀더 나은 직업이 기다릴 수 있다. 만약 직원 채택의 혼란을 원하지 않고 6주 내에 누군가가 퇴직하는 것을 바라지 않는다면 가능한 한 적당한 지원자를 골라야 한다. 당신의 직관과 본능이 서면상의 지원서보다 정확히 말하여 줄 것이다.

- **레스토랑업에 대하여 관심이 있는 직원을 선발**

  지역의 대학이나 직업학교의 음식관련 프로그램에 참가한다. 시간을 가지고 교수나 학생들에게 레스토랑의 잠재된 가능성과 훈련 프로그램에 대하여 이야기한다. 이러한 곳이나 혹은 식품점, 기타 다른 음식관련 업체를 방문할 때에는 게시판에 광고지나 관련책자를 남겨둔다. 만약 그곳에 잠시 머무를 예정이라면 학생들을 파트타임이나 인턴십 프로그램으로 고용한다. 사업에 대한 그들의 자극이 나머지 스태프들에게도 영향을 주게 되어 기운 나게 할 것이다. 다음에 제시하는 회사들은 음식관련 레스토랑 업체의 인력모집 조직들이다.

- 농업기술관련 인력 : www.agri-techpersonnel.com
- 주방장업무관련 네트워크 : www.chefjobsnetwork.com
- 음식관련 헤드헌터 : www.foodheadhunters.com
- 식품관련 경영자를 찾을 경우 : www.foodmanagementsearch.com
- kinsa그룹 : www.kimsa.com
- Mextec그룹 : www.mixtec.net
- 전문적인 구직과 구인 : www.psrecruit.com
- 식품에 관련된 자료 : www.rifood.com
- 레스토랑 매니저 : www.restaurantmanager.net

자세나 태도의 중요성

종사원들이 좀더 낙관적이고 동기부여가 될수록 고객과의 관계는 더욱더 성공적일 것이다. 만약 스태프들이 긍정적인 태도를 지녔다면 이는 업소에 반영이 될 것이고 고객을 반기는 분위기를 나타내게 될 것이다. 그 결과는 즐겁고 편안한 환경이 되어 사업은 잘 되고 이익을 얻게 될 것이다. 다음을 얻도록 노력해 본다.

• 동기의 증대

종사원들의 동기를 증대시키기 위하여 무형의 인센티브를 이용한다. 종사원들이 잘하면 칭찬을 하고 감사함을 보여준다. 상사가 단지 실수만을 본다면 동기부여가 되지 못하고 결코 실행되지 못한다.

- **위임**

스트레스를 감소시키고 종사원들에게는 자기가치와 참여를 이끌 수 있다. 그들을 의사결정에 참여시키고 그들의 태도 변화에 놀라게 될 것이다. 이는 또한 자신들의 직업에 의미와 가치를 부여하게 된다.

- **직업에 있어서의 웃음**

단순히 종사자들이 스스로 즐긴다고 하여서 그들의 업무를 게을리 하였다고는 말할 수 없다. 직무에 너무 진지한 것은 불편한 환경을 만들게 되고 종사자의 이환율을 증가시키게 되는데, 이는 단지 행복하지 않기 때문이다. 종사자들에게 얼마를 준다고 하여도 돈이 행복을 살 수는 없다.

- **미소**

진정한 미소가 고객들에게는 가장 큰 서비스라는 것을 알아야 한다. 미리 연습된 어떠한 원고보다도 더 낫다. 고객들은 특별한 대접을 받기를 원한다. 훌륭한 미소는 그렇게 할 수 있다. 종사원을 채용할 때 진실한 미소는 가르칠 수 없는 것을 기억해야 한다. 이것을 가지고 있거나 가지고 있지 않다. 하여간 종사원들이 고객에게 다가갈 때 눈맞춤과 미소를 이용하는 것을 기대할 수 있어야 한다.

- **종사원들에게 어린아이들도 사람으로 대하도록 알릴 것**

종사원들이 아이들에게 다가가도록 요구한다. 아이들에게 어린이 메뉴를 주고 부모들이 메뉴로 무엇을 선택할 것인지 결정하는 사이에 주의를 끌 수 있는 크레용이나 작은 장난감을 이용한다. 만약 충분히 성장했다면 무엇을 먹기를 원하는지를 물어본다. 부모들은 아이들에게 시간을 할애해 주는 사람에 대하여 감사할 것이다.

- **홀 종사자들이 고객들에게 구절로 말하는 것이 아니라 완전한 문장으로 말하도록 규칙화한다.**

"담배는 피거나 안 피거나" 혹은 "차 조금 더?" 등의 어구를 고객에게 말을 하는 것은 고객들이 느끼기에 종사원들이 서두르고 그들이 다른 고객들과 같이 취급받는다고 생각하게 된다. "담배를 태우십니까? 아니면 안 태우십니까?"의 문장은 덜 바쁘게 느껴지고 정중하게 들린다. 홀 종사원들에게 가치 있는 고객에게 시간을 가지고 말하도록 강조한다.

- **홀 종사원들에게 코트를 입고 벗을 때 보조**

신사의 코트를 받아주고, 여성고객의 코트를 걸어주며 특히 연로하신 분의 경우 보조하도록 한다. 어린아이들의 코트는 부모에게 준다. 소란하지 않도록 한다.

- **식사가 중요하다고 느끼게 할 것**

종사원들에게 단골고객의 이름이나 좋아하는 음료 등을 기억하게 한다. 매니저나 주인은 고객을 맞이하기 위하여 가능하면 테이블로 가서 인사하도록 하고 간단히 이야기를 나눈다. 레스토랑에 문제가 발생하였을 때 고객들이 단지 매니저나 주인과 이야기를 한다면 이보다 좋을 수 없다.

- **까다로운 고객을 다루기**

종사자들에게 고객들 개개인의 성격, 외모 그리고 행동에 대하여 긍정적인 부분만을 보도록 충고한다. 대개는 이러한 방법이 효과가 있다. 이것은 덜 반가운 상황이 닥쳐도 최고의 행동을 할 수 있는 비밀이다. 만약 고객이 합리적인 이유가 없이 무례하게 군다면 무시하도록 종사원들에게 지시하고 종사원이 이를 잊어버리도록 지시한다. 여기에 신경쓰는 대신에 특히 진정으로 미소 짓게 만드는 고객에게 좀더 집중하도록 한다.

- **종사원들이 고객을 칭찬하도록 북돋울 것**

  칭찬은 고객이 관심을 받고 있다고 하는 것을 고객이 알도록 하는 하나의 방법이다. 그러나 진심에서만 해야 한다.

▣ 종사원들과 동료를 관리하기

어떠한 종류의 방침을 지녔든 간에 혹은 제품의 품질이 얼마나 좋든 간에 종사원들이 직무를 제대로 수행하지 못하고 관리가 되지 않는다면 레스토랑은 결과적으로 어려워질 것이다. 종사원들을 비난하여 소리치고 징계하여 자존심을 다치게 하여 상황을 더 악화시키느니보다 좀더 긍정적으로 행동하도록 하는 방법에 중점을 둔다. 너무 많이 비판하게 되면 비관적으로 변하고 원한을 품게 되어 고의적으로 태업을 할 수도 있다. 이러한 방식이나 행동으로 인하여 일이 발생되지 않도록 한다. 다음의 방법으로 접근해 본다.

- **긍정적으로 넘길 것**

  만일 고객으로부터 음식이 좋다는 칭찬을 듣게 되면 주방에 이러한 좋은 소식을 전달해 준다. 주방은 손님과 접촉할 기회가 없기 때문에 그들의 노력이 칭찬받는다는 사실을 알려준다.

- **스태프들의 아이디어를 이용**

  표준 레시피를 유지하고 고수하는 것이 필수적인 반면 이러한 레시피를 스태프들이 개발하도록 한다. 종사원들은 고객과 직접 연결되어 대화한다는 사실을 기억한다. 이들이 참조사항과 조언을 듣게 되고 모든 질문에 답을 한다. 스태프들의 아이디어를 듣고 훌륭한 선택을 하며 설명하도록 한다. 이는 성취감, 소속감, 자기 가치를 인식하게 되는 느낌을 줄 것이다. 길게 보면 잃을 것이 없다.

- **스태프들에게 분위기를 바꿀 기회를 줄 것**

모든 종사원들을 모아서 혹은 어렵다면 번갈아 가면서 레스토랑의 상품권을 준다. 이것을 필드 트립으로 생각한다. 이는 모든 사람을 영업의 압박에서 벗어나게 하여 긴장을 풀어주고 그들의 창조성을 즐기게 할 것이다. 레스토랑에 대한 자신의 생각을 말하게 해서 변화의 필요성, 최신화해야 할 부분, 첨가되어야 할 메뉴, 음식준비 혹은 일반적인 영업 등에 대해 생각을 물어본다. 이렇게 일터에서 멀리 떨어져서 회의를 하는 것이 일을 끝낸 후에 하는 회의보다 더 효율적이다.

- **종사자들의 기대에 부응**

종사원들을 대우하는 것과 똑같이 종사원들 역시 고객을 대한다는 것을 인식하여야 한다. 종사원들이 레스토랑의 운영자가 그들에 대한 관심보다는 자기 스스로에 대하여 더 관심이 많다고 느끼게 되면 사업에 대해서도 그냥 의례적으로 할 것이다. 이는 종사원들이 단지 필요한 일만 할 것이라는 것을 의미한다. 그러나 만약 종사원들이 운영자가 자신의 편이라는 것을 믿게 된다면 기대 이상을 할 것이다.

- **종사원들을 개체로 대우**

모든 사람이 다른 목표, 생각, 인식을 지니고 있다. 이러한 이유만이 아니라도 모든 종사원들에게 똑같이 해서는 안 된다. 그렇다고 좋지 못한 행동에 대하여 차별을 두라는 의미는 아니다. 즉 한 사람의 종사원에게 동기를 부여하고 영향을 주는 요소가 다른 종사원에게도 똑같지 않다는 것이다. 각자가 무엇을 좋아하고 싫어하는지, 사고와 개념 그리고 목표와 야망 등에 대하여 이야기를 해보자. 그리고 나서야 그들을 개개인으로 대할 수 있다.

• **결근과 나태함을 관리**

무엇은 참고 넘어가고, 무엇은 그냥 넘어갈 수 없는지 문서화하여 명확하게 해 둔다. 이런 명문화된 규칙을 처음 고용한 후에 바로 주도록 한다. 일정기간 이후에 다시 기억할 수 있도록 벽에 게시한다.

• **일치감**

믿거나 말거나 간에 매니저와 종사원 사이의 문제는 규칙의 일관성에 대해서 일어난다. 다시 말해서 모든 사람을 똑같이 대우한다. 특별히 좋아하는 종사원 없이, 속죄양도 없이 그리고 절대적으로 기억이 선별적으로 특정인을 두둔하는 것 없이 되어야 한다는 것이다. 사실을 정확하게 본다. 상황을 어떻게 정리하였는지를 포함한 모든 문제를 글로 써서 이를 이용하여 이후에 다른 종사원에게 같은 문제가 발생할 경우 언급할 수 있도록 준비하여야 한다.

• **종사원들이 목표를 세우도록 한다.**

종사원들이 목표를 세울 수 있도록 돕는다. 대부분의 사람들은 자신의 생각과 제안들이 성공하고 있다는 것을 증명하고 싶어 한다. 그 목표가 경영자에게 나왔고 경영자의 생각이라면 이는 문제가 된다. 매니저로서 종사원들에게 동기를 부여하여 목표를 성취하도록 해야 한다. 종사원들 스스로 자신의 목표를 세우도록 하고 한 걸음 물러서서 "내일이 아니다" 라고 제시한다.

■ 스태프들의 행동에 대한 기준

경영자의 직무에 대한 인식과 종사원들이 같은 직무에 대한 생각은 완전히 다른 두 가지 생각일 수 있다. 이러한 문제를 극복하기 위하여 행동에 대한 명확한 기준을 설정하고 종사원들이 무엇을 해야 하고 어떻게 잘할 수 있는지를 알아야 한다. 다음에 나오는 주제를 고려해 본다.

- **예를 들어서 이끈다.**

명확하게 의사소통을 하고 예의를 갖춰 스태프들을 이끈다. 즉 메뉴상의 아이템에 대한 고객의 특별한 요구나 질문에 대하여 그대로 간과하고 지나치지 않고 예를 들어 설명한다.

- **기대하고 있는 사항이 현실적이고 성취가 가능하다는 것을 확인**

현실적이지 못한 목표와 성취되지 못하는 불가능한 기준만큼 종사원을 좌절시키고 결국에는 그들을 잃게 하는 일은 없을 것이다.

- **진정한 피드백을 준다.**

스태프들은 그들이 얼마나 잘하고 있는지 알 필요가 있고 알고 싶어 할 것이다. 종사원들에게 자신들의 업무수행에 대한 평가를 6개월 혹은 1년 단위로 할 때까지 기다리지 않는다. 별도의 메모가 없이는 근간의 경험들 이외에는 아주 먼 과거는 기억할 수 없을 것이다. 지난주에 무슨 일이 있었다고 하기보다는 그보다 이전에 피드백을 받을 만하다. 하루를 기준으로 하여 피드백을 주고 등을 두드려 준다. "오늘 얼마나 다양한 고객들의 음료주문을 잘 마무리했는지 들었습니다. 아주 잘했습니다." 다른 사람들 앞에서 종사원들이 얼마나 일을 잘했는지 말하는 것을 주저하지 않는다. 이는 종사원들 기분을 좋게 만들 때 매우 긍정적인 보상이 된다. 반대로 좋지 않은 행동은 즉각 교정하도록 한다. 모든 비평과 부정적인 피드백은 개인 간에만 이루어지도록 한다.

- **실적을 평가할 때 타이밍을 잘 맞춘다.**

4분기에 한 번씩 혹은 반년에 한 번씩 실적평가를 하는 것이 최선의 방법이다. 종사원들에게 동기를 부여하고 대화의 통로를 만든다. 만약 종사원들이 일 년에 한 번씩 평가를 받는다면 행동을 만회할 두 번째 기회가 다음 해까지 없을 것이다. 이에 따라 좌절하여 그만두고 지속적으로 견습생의 상태만 유지하게 된다. 긴 안목에서 보면 지속적인 훈련이 돈을 아껴준다.

- **실적을 평가하도록 이끌어 준다.**

종사원의 직무 수행도를 긍정적인 면과 부정적인 면을 모두 1년 단위로 하여 기록하도록 한다. 긍정적인 면을 가능하면 강조하고, 부정적인 주제를 이야기할 필요가 있을 때는 개인을 평가하는 것이 아니라 행동을 비판하도록 한다. 종사원들이 해법을 찾도록 해서 모든 조언은 문서로 기록하고 평가에 대한 경영진의 의사일 뿐 아니라 본인도 사인하게 한다.

- **출구 인터뷰(exit interviews)를 실시**

훌륭한 종사원이 떠난다면 출구 인터뷰를 한다. 문제가 자신일 수 있다고 개방적인 생각을 한다. 만약 그렇다면 최선을 다하여 시정한다. 즉각 문제를 수정하여 더 이상 훌륭한 종사원이 떠나지 않도록 조처한다. 좋은 종사원은 찾기도 어렵고 유지하기도 어렵다. 종사원들을 수정하고 변화시킬 수 있는 무언가 때문에 떠나도록 그냥 두지 않는다.

▣ 인상적인 유니폼

종사원들이 입고 있는 유니폼은 레스토랑의 이미지를 나타낸다. 각 종사원들이 좋은 모습을 보이도록 한다. 어떠한 스타일로 레스토랑을 표현할지 결정한다. 만약 종사원들의 유니폼이 인상 깊게 보이려면 다음의 세부사항을 기억해 둔다.

- **색감이 현실을 바꾼다.**

종사원들의 유니폼 색을 군청색이나 회색과 같이 대부분의 사람에게 적당한 색으로 정하여 단색으로 만들도록 한다. 스태프들이 활기차게 보여 마치 테이블 사이를 바쁘게 다니고 생기 있게 보이는 것을 원할 것이다. 다양한 배합을 나타내는 색채는 둔하고 낡은 것처럼 보이고 건강하지 않게 보일 것이다.

- **잘 맞는지 확인하기**

종사원들이 자신의 몸에 잘 맞는 사이즈를 입고 있는지 확인한다. 스태프들의 외모에 관심을 갖지 않는다는 인상을 준다면 이는 경영자가 사업에 관심을 두고 있지 않다는 인상을 고객들에게 줄 것이다.

- **장식하고 개별화하기**

종사원들에게는 특별한 유니폼을 입게 하는 반면, 개개인이 자신의 개성을 나타낼 수 있는 액세서리를 하도록 허용한다. 이는 자신이 좀더 훌륭한 복장을 하고 있다는 자신감을 주고 고객에게 긍정적인 이미지를 제공할 뿐 아니라 그들의 외모에서 자신감을 나타내게 될 것이다.

- **이름표**

매니저를 포함한 종사원들이 이름표를 착용하도록 한다. 비록 통계상으로 테이블에서 종사원들이 자신의 이름을 소개한다고 해도 15분 후에는 고객들은 필요한 종사원의 이름을 기억 못한다고 한다. 종종 고객들이 웨이터나 웨이트리스들이 필요한데 그들의 이름을 부를 수 없어서 당황하거나 불편을 겪는다고 한다. 구두로 말하는 것과는 다르게 이름표에 쓰여진 이름을 보면 쉽게 기억할 수 있다.

The Food Service Professional

레스토랑 마케팅 노하우

9 이윤을 위한 마케팅

▣ 마케팅의 진정한 가치 - 측량이 가능한 곳에 돈을 쓴다.

마케팅은 사업을 궤도에 올려 잘하도록 하는 한 번의 캠페인이 아니다. 많은 회사들이 마케팅이 지속적인 캠페인이라는 사실을 잊고 있다.

- **향후 계획**

  일단 마케팅 행군이 끝이 나면 다음 마케팅사업을 계획하고 전략을 세워야 한다. 이것이 새로운 고객을 얻는 확실한 방법이다.

- **레스토랑 인근지역을 타깃으로 마케팅 예산을 이용**

  사람들은 8~10마일 거리에 익숙하지 않은 환경에 가기보다 3~5마일 정도 운전하여 편안하고 친숙한 지역으로 가고자 한다.

- **교차승급의 이익을 얻도록 한다.**

  때때로 소매상, 행사주관업체, 클럽 그리고 이벤트나 레스토랑을 직·간접적으로 프로모션을 할 수 있는 조직과 팀을 이루어 일을 할 수 있다. 즉 특정 주말에 스케이트를 타는 사람들에게 무료 디저트를 제공하는 등의 행사를 할 수 있다.

- **지역사회의 행사를 통하여 프로모션한다.**

기금모금, 퍼레이드, 카니발 그리고 페스티벌과 같은 지역행사는 레스토랑 프로모션에 훌륭한 기회다. 가능한 한 행사에 참여하도록 한다. 이러한 단순한 기술이 사업을 활성화시키고 지역에 이름을 알리는 역할을 할 수 있다.

- **지역사회의 역할 모델**

지역 주민에 재해가 있을 때 가능한 한 무엇이건 간에 돕도록 한다(예 : 음식, 얼음, 신선한 물 등). 지역신문에 제공한 광고보다도 레스토랑을 기억하게 될 것이다.

▣ 독특한 판매 위치를 개발

어떠한 사업이라도 독특한 판매 위치가 필요하다. 다른 사람의 관점과는 다른 사업의 부분을 판매한다. 매우 훌륭한 후식이나 뛰어난 아이템 그리고 지역에서 유일한 해산물 레스토랑 혹은 무료 애피타이저들 등 판매하고 싶은 요점을 골라서 로고와 함께 슬로건을 만든다. 다음의 제안을 따라해 본다.

- **특정 분야의 마케팅 작전을 이용**

다른 레스토랑보다 더 훌륭한 사업적인 측면을 선택해서 얻을 수 있는 모든 기회를 이용하여 프로모션한다. 최고의 남부지역 음식을 한다고 알려지거나 가족단위 고객을 위한 즐거움과 행사가 있는 유일한 패밀리 레스토랑이라고 소문이 나게 될 것이다. 지역에서 최고의 가정식 음식을 판매하는 것도 하나의 방법이다. 음식의 맛을 손상시키지 않고 사람들이 많은 것들에서 선택할 수 있는 건강지향적인 음식점을 해보는 것이 트렌드에 적당할 수 있다.

- **'네 벽'의 마케팅을 시작**

  마케팅 캠페인을 레스토랑의 내부 벽에서부터 시작해 본다. 포스터를 걸 수 있는 이젤, 제안함, 로비에 데칼을 세운다. 바에서 중요한 음료의 포스터를 만들어 벽에 걸어 놓는다. 고객들이 대부분의 시간을 보내는 레스토랑의 내부는 마케팅을 위한 최상의 장소다. 특별한 액자를 걸고, 테이블 위에 장식을 놓고 그리고 물, 맥주, 특별한 디저트 그리고 물론 와인 리스트까지 이용한다.

▣ 웹사이트

오늘날 모든 레스토랑이 웹사이트가 필요하다. 고객들이 경쟁업소가 아닌 자신의 레스토랑을 찾기를 바랄 것이다. 다음에 제시하는 몇 가지 제안은 웹사이트를 만드는 데 반드시 따라야 하는 중요한 것들이다.

- **사진들**

  주요 아이템들의 사진이 식욕을 자극하고 맛있어 보여야 한다.

- **연락처를 나타내는 화면에 전화번호와 이메일을 확인**

  레스토랑을 어떻게 찾아올 것인지 지도를 제공하고 방법을 제시한다. 고객들이 자신의 주소를 넣어 찾아올 수 있도록 만든다.

- **웹사이트에 그래픽을 이용**

  전문적인 웹사이트 제작자들은 최신 기술을 이용하여 디자인한다. gizmo 그래픽은 저렴하고, 품질이 좋은 디자인을 외식업계에 제공한다.

- **웹사이트 방문자수를 확인**

  www.sitemeter.com과 같은 서비스를 이용하여 방문자수를 확인한다.

검색 엔진이나 다른 링크를 통하여 어느 지역에서 문의가 많이 오는지를 알 수 있다. 어떤 기관이 돈을 지불할 가치가 있는지를 알게 된다.

▣ 기타 온라인상의 마케팅 기회들

고객과 의사소통을 할 수 있는 웹사이트를 만들어서 이메일로 질문할 수 있도록 하고 답변을 제공한다. 오늘의 레시피를 공개하고 평범한 문제를 내어 이를 답한 사람에게 간단한 상품과 깜짝 상품 등을 제공한다. 방문자들을 참여하도록 유도한다.

- **링크를 통합**

레스토랑에 오는 고객, 지역 영화관, 기타 오락관련 사이트와 유사한 기관들 간에 링크를 하여 통합한다. 다른 단체급식, 영양 사이트, 식음료 관련 업계와 통합을 고려해 본다. 다른 온라인 레스토랑 커뮤니티에 참여하고 전문적인 충고를 하도록 한다. 사람들은 도움에 감사할 뿐 아니라 경영자의 이름은 물론 레스토랑 이름까지도 알게 될 것이다. 이것은 무료로 하는 자체 프로모션이고 사업체에 대하여 널리 알릴 수 있는 훌륭한 방법이다.

- **온라인상의 레스토랑 커뮤니티**

www.atlantic-pub.com　　www.chefnet.com
www.food.com　　www.foodnet.com
www.nmrestaurants.com　　www.restaurantchat.com
www.therestaurantgame.com　　www.webfoodpros.com

- **온라인 커뮤니티**

주방장을 초대하여 조리에 대한 전문지식을 함께 나눈다. 다른 레스토랑의 사업가들과 포럼을 열어 외식산업에 대하여 토론하고 질문하며 조언한다.

- **온라인 신문**

웹사이트에서 새 소식란이 없는 곳을 찾는 것은 어렵다. 레스토랑의 명성과 인식을 올리도록 한다. 10통이나 1천만 명에게 이메일을 보내는 것의 가격 차이는 없다. 그러나 물론 레스토랑 프로모션 이외에 재미있고 흥미로운 내용을 포함하고 있어야 한다. 예를 들면, 프랑스산 보졸레 와인이 새로 도착하게 되면 이에 대한 역사를 제공하고 레스토랑에서는 '수요일의 보졸레 와인의 밤' 행사를 하면 된다.

- **온라인으로 신문에 나온 내용을 보낼 것**

다른 지역에 조리와 관련되는 새로운 뉴스를 함께 하도록 한다. 편지와 같은 전통적인 방법으로 보내는 것 이외에 온라인상의 서비스를 통하여 고객들에게 보낸다. 이는 저렴한 가격에 좀더 많은 사람들과 접촉할 수 있는 더 좋은 방법이 될 것이다.

▣ 전통적인 마케팅방법

혁신적인 광고방법을 고안하였다면 전통적인 접근 역시 간과해서는 안 된다. 결국 시도하고 검증하고 하는 것이 레스토랑 시장의 프로모션이다. 다음의 기술을 고려해 본다.

- **고속도로 근처의 입간판**

주요 고속도로 근처에 위치해 있다면 고속도로를 따라서 입간판을 세우는 것을 고려해 보아야 한다. 지나가는 여행고객을 이끌 수 있다.

- **라디오 방송을 이용한 광고**

라디오를 통한 광고는 몇 가지 이익이 있다. 신문에 광고하는 것보다 잠정고객에게 접근은 더하게 되면서 가격은 더 저렴하다. 가격이 낮아서 여러 번 광고할 수 있다. 라디오는 사람들이 즉각 알게 되고 슬로건 메시지를 인식하게 하는 매체다.

- **신문광고**

광고하기 위해서 신문을 선택하였다면 유통되는 부수, 지역, 광고 크기 그리고 가격에 대하여 고려하여야 한다.

- **영화관에서 광고하기**

모든 영화는 본 영화가 시작되기 전에 화면에 광고를 방영한다. 여러 번 돌려서 보여주게 되면 지역광고에는 효과적이다.

- **텔레비전 광고**

특별한 TV에 광고하는 것을 잊지 않도록 한다. 지역 케이블 TV 방송국을 선택하거나 적당한 요리방송에 광고한다.

▣ 기타 획기적인 마케팅방법

선행화된 마케팅 기술과는 다르게 다름과 같이 하여 본다.

- **먹을 만한 음식들을 기부**

하루 영업이 끝나는 시점에서 어떤 날은 먹을 만한 음식이 남는 경우도 있다. 몇 개의 지역에 푸드 뱅크를 선정하여 필요한 지역에 음식을 골라서 전달한다.

- **외부에 장식하기**

눈길이 머물게 하는 외부 문을 장식한다. 레스토랑에 하게 되면 최대의 효과를 얻는다. 오래된 차, 비행기, 괴물형태의 풍선 등을 이용한다.

- **집으로 테이크아웃 하는 상품에 놀라운 선물을 넣기**

테이크아웃 주문에 사탕, 감사카드, 할인 쿠폰 혹은 어떤 좋은 것들을 넣는다. 고객들이 이러한 사려 깊음에 감사할 것이다.

- **무료로 글을 써줄 것**

레스토랑과 식음산업에 대한 인터넷상의 잡지 혹은 일반 잡지에 글을 기고하는 것을 고려해 본다. 현장에서 경험한 누군가로부터 글을 받는 것을 편집장들은 좋아할 것이다. 종종 편집장들은 글 마지막에 글쓴이에 대한 간단한 이력을 포함하게 한다.

- **잠자리와 식사를 혼합한 상품을 개발**

비록 잠자리와 식사를 함께 파는 여관의 형태가 아니라도 근처에 호텔이 있으면 함께 팀을 이룬다. 특별한 컨퍼런스가 있으면 천 명 이상이 오게 될 것이고, 컨퍼런스 관련자에게 인센티브로 무료 아침식사를 제공하도록 해 본다.

- **지역 인근 호텔들과 팀을 이루어 함께 일할 것**

지역 호텔과 통합프로그램을 운영해 본다. 호텔에 광고 전단지를 배포하는 대신에 무엇인가를 해주고 호텔의 정보 채널에 레스토랑에 대한 작은 정보를 제공하도록 한다.

- **기자회견 자료집**

판매관련 편지, 브로슈어, 메뉴 샘플, 뉴스 종합한 것, 명함 등을 기자회견 자료집에 넣어두어 지역 상업회의소로 보낸다.

- **지식을 공유**

다른 사람과 지식을 공유하여 사업체에 대한 인식과 존경을 받도록 한다. 지역 대학의 시간 강의를 통하거나 레스토랑에서 음식 강습을 통하여 해보도록 한다.

▣ 고객에 대하여 파악하기

각 음식에 대하여 고객으로부터 정보를 얻기 위하여 몇 주를 보낸다. 휴일을 포함하고 있지 않거나 지역에 특별한 행사가 있어서 지역주민이 아닌 사람들이 많이 왔던 주간이 아닌 때를 선정하도록 한다.

- **방명록**

고객에게 방명록을 작성할 것을 요청한다. 생일이나 기념일에 대한 정보를 취합하여 컴퓨터에 데이터베이스로 이용하고 고객에게 프로모션용 물건들을 보낼 때 이용하도록 한다.

- **노트 카드를 이용**

일반 고객에게 작은 노트 카드를 만들어 그들이 좋아하는 것과 싫어하는 것, 좋아하는 테이블 위치 그리고 기타 고객들이 왕처럼 대우받을 수 있도록 적절한 정보를 갖도록 한다. 종사원들이 이러한 노트 카드를 많이 만들거나 일정 숫자에 도달한 사람은 포상을 하도록 한다.

- **클럽 회원제를 실시**

멤버가 된 고객에 대해서는 특권을 부여한다. 예를 들어, 머그나 유리잔과 같은 독특한 아이템을 선보인다. 각각의 다른 색과 디자인을 이용하여 이들을 다르게 보이도록 하고 고객의 이름을 새겨 넣는다. 혹은 무료로 티셔츠, 모자 혹은 입을 수 있는 다른 아이템을 이용하여 레스토랑을 홍보하도록 한다. 이러한 아이템을 제공할 때는 일정 기간에 굴, 바비큐 립, 혹은 기타 스페셜 아이템을 주문하고 있는지에 대한 사항을 고려하여야 한다.

- **이후에 다시 접촉**

고객에게 레스토랑을 선택하여 준 것에 대하여 감사표시를 한다. 개인적으로 손으로 쓴 엽서를 보내게 되면 더 깊은 감동을 받게 된다.

- **감사함을 적어 팩스로 보낼 것**

숫자가 많은 사업상의 모임을 하고 나서 사무실에 고맙다는 내용의 팩스를 보내도록 한다. 손님으로 모시게 되어 즐거웠다고 하고 다시 보기를 희망한다고 한다.

- **축하카드 보내기**

일단 개인 정보를 얻게 되면 고객에게 축하일과 생일 카드를 보낼 수 있는 명단을 확보한 것이다.

▣ 주목을 받는 행동들

레스토랑을 지나가는 잠정고객의 주의를 끌 수 있는 몇 가지 작은 행동들이 있다. 10년간 효과가 있었던 간단한 무료 마케팅 기법을 무시하지 않는다. 여기에 주안점들이 있다.

- **창문에 장식하기**

창문에 표시한 것은 효과가 있는데 창문에서 무언가 움직이는 것은 더 효과적이다. 즉 레인 포레스트 카페는 자연을 주제로 하여 만들어지고 장식했는데 놀이공원의 디자인을 이용하였다. 창문에 춤추는 고릴라를 두는 것도 활용방법이다.

- **굴뚝 이용**

광고 내용이 시각적으로 볼 수 있고 인식되어져야 한다. 건물 입구의 굴뚝을 이용해본다. 일반 광고가 갖지 못한 방식의 주목을 고객들에게 줄 수 있다.

- **크고 특징 있는 유리그릇들**

특별한 음료를 위하여 크고 특징적인 유리그릇을 이용한다. 종사원들이 특이한 음료를 가지고 지나가면 고객들이 고개를 돌려서 쳐다보도록 만든다.

- **메뉴에 강조하기**

단순하지만 효과적으로 굵은 글씨체 또는 이탤릭체로, 혹은 다른 색으로 사용한다. 스페셜, 새로운, 전통적인 혹은 맛있는 이외의 새로운 사람들에게 호감을 줄 수 있는 단어를 사용한다.

▣ 이윤을 얻기 위한 사업에서 하지 말아야 할 것들

서류상으로 매우 장사가 잘되어 예상 수익이 훌륭하여 잘못될 이유가 없는 사업계획을 지니고 있다고 하더라도 다음의 사항을 인식하지 못하면 수익이 떨어지고 이윤이 줄어드는 작은 실질적인 사항들이 일어나게 될 것이다.

- **일상적인 할인은 하지 않는다.**

짧은 기간 동안 손님을 끌기에는 할인과 쿠폰제가 좋은 방법이지만 긴 안목으로 보면 고객의 충성심을 얻기에는 적당치 못하며 실질적으로는 고객을 잃게 될 것이다.

- **현 고객들에게 할인을 제공하지 않는다.**

  현 고객들에게 할인을 하는 것은 효과적이지 못하다. 대신 때때로 음료와 디저트를 제공한다.

와인 판매를 최대화하기

와인 판매는 고가의 이윤을 남긴다. 여기에 와인 판매를 증진시키는 몇 가지 방법들이 있다.

- **와인병 열기**

  종사원들이 와인병을 여는 기술을 지니고 있고 고객들 앞에서 그들의 기술을 테스트하고 서비스 하는 것에 대해 편안하게 느끼는지 확인하도록 한다.

- **와인 리스트 발음하기**

  와인 리스트에 있는 각각의 와인을 발음하는 방법을 종사원들이 알도록 한다. 훈련기간 중에 이 주제를 완수할 수 있도록 시간을 갖는다. 더 많이 알면 더 많이 판매할 수 있다는 것을 기억해 둔다.

- **발음만으로는 충분하지 않다.**

  일단 종사원들이 각각의 와인에 대하여 발음할 수 있게 되면 어떤 와인이 어떤 음식과 혹은 어떤 디저트와 함께 잘 어울리는지 알아야 한다.

- **질문을 기대하기**

  종사원들에게 교육하는 가운데 와인 메뉴상의 관련되는 일반적인 질문에 대하여 설명한다. 또한 고객들이 즐겨 질문하는 내용에 대해서도 훈련한다. 종사원들이 안내 못하는 일이 벌어지지 않도록 한다. 특별 아이템에 대하여 어떻게 답하여야 할지 정확한 방향을 제시한다.

- **와인 그 자체로 판매시도**

고객에게 다른 맛의 와인을 제공한다. 와인은 새로운 시도에 대한 아이디어를 내기 전까지는 잘 판매할 수 없다.

- **제한된 맛을 검사하도록 제안**

지역법에 따라서 고객이 특정 와인을 선택하도록 하기 위하여 2~3가지의 와인 샘플러를 제공하여 본다. 이러한 방법이 고객들에게 용기를 내게 하고 편리할 뿐 아니라 와인 그 자체로 판매할 수 있는 기회를 제공한다. 특정 와인과 메뉴상의 코스 음식과 페어링에 대하여 고려하여 본다.

- **와인 케이스 전시**

로비, 라운지 혹은 레스토랑에 와인을 전시해 둔다. 고객들이 자리에 앉을 때까지 기다리는 동안 메뉴를 보게 될 뿐만 아니라 와인 선택에 대하여 훑어보게 될 것이다.

- **와인 표현을 이용**

와인 리스트에 맛에 대한 정보를 제공한다. 오늘날 고객들은 종종 와인에 대하여 매우 세련된 사람들이 있다. 이들은 선택한 음식과 어울리는 와인을 조심스럽게 선별하여 정확히 어울리는 것을 원한다.

- **디저트 메뉴 & 와인**

단맛을 만족시킬 수 있는 와인을 디저트 메뉴에 추가시킨다. 이들 와인이 디저트를 주문하고 싶어 하지 않는 사람들에 대한 대안이 되거나 혹은 특정 디저트와 훌륭한 조화를 이루게 될 것이다. 전반적인 선택뿐만 아니라 식후에 적당한 디저트 와인에 대하여 고려해 본다.

- **병 단위, 반 병, 잔 단위의 와인**

와인 선택을 병 단위 혹은 잔 단위에 의하여 선택하도록 제안한다. 이러한 방법은 한 병을 원하지 않고 반 병이나 잔으로 원하는 경우에 적당하다. 각 판매 단위에 따라 가격을 결정하여 메뉴 상에 제시한다. 이러한 방법이 혼동을 없애고 의사소통을 향상시킬 것이다.

▣ 비용 조정 - 판매 증진

재고, 공급, 노동력 그리고 기타 서비스에 집중하고 항상 같도록 유지하는데 드는 사업 비용을 관리한다. 그러나 이러한 가격들을 최소화하기 위한 몇 가지 방법들이 있다. 현재에 있는 다음과 같은 자원들을 이용하여 본다.

- **추가 투자 없이 판매를 증진**

특별한 아이템을 며칠 혹은 몇 주간 유지시킬 수 있는 특별한 케이스를 제공한다. 주방장들이 한가한 시간에 이러한 아이템들을 만들도록 한다. 고객들은 상점이나 다른 곳에서 살 수 없는 '가지고 갈 수 있는' 아이템을 매우 좋아할 것이다. 가지고 있는 자원을 활용하여 사이드로 추가판매가 가능한 제품을 만들어 본다.

- **무알코올 음료들**

어린이, 술을 마시지 않는 사람들 그리고 운전을 하기로 되어 있는 사람들을 대상으로 다양한 종류의 무알코올 음료를 제공한다. 이러한 방법들은 무료 리필을 해주는 커피, 차 그리고 소다수의 비용을 절약하여 줄 것이다.

• **물을 판매**

고객들에게 피처에서 단순히 얼음물을 유리잔에 부어주기 전에 샘물, 물, 탄산수 혹은 향을 첨가시킨 물을 선택할 수 있도록 한다. 이러한 단순한 행동이 판매를 얼마나 증가시키는지를 안다면 매우 놀랄 것이다.

• **쓰레기 감소시키기**

모든 쓰레기통을 주방에서 없애고 대신에 전처리 공간에 플라스틱 박스로 대체한다. 이러한 방식은 한 교대조가 작업을 마칠 때 플라스틱 통에 있는 내용물도 역시 확인받게 된다. 이에 따라 전처리 과정에서 식품이 준비되고 다듬는 과정이 제대로 이루어졌는지 확인하도록 한다. 작업자들이 이러한 방식을 통해 작업의 품질에 대하여 인식하도록 한다.

다른 비용 절감방법

재고량을 조절하고 비용을 절감시킬 수 있지만, 레스토랑 환경에서 가능한 다른 비용 조정을 위한 수많은 가능성이 존재하고 있다. 다음의 기회를 고려해 본다.

• **얼음기계를 빌려 쓴다.**

얼음기계는 구매와 수선에 비용이 들게 된다. 기본적으로 필요하다면 얼음기계를 빌려서 사용한다. 이미 구매를 하였다면 내구성이 오래가도록 적당한 필터를 사용하도록 한다. 다음에 회사와 연락하게 되면 레스토랑의 도구를 빌릴 수 있고 공급받게 될 것이다.

- Global Restaurat Equipment and Supplies.www.globalrestaurantequip.com
- www.jubangnara.co.kr

- **전기 손 건조기를 설치**

비용을 아낄 뿐 아니라 좀더 나은 위생상의 목적을 위하여 이용한다.

- ASI Electric Dryer, www.cescompany.com
- Stielbel Eltron, www.stiebel-eltron-usa.com
- World Dryer, www.worlddryer.com
- www.Biojangpoong.net

- **공급자들에게 상자를 돌려준다.**

관리하는 데 노동력이 요구되는 부피가 큰 아이템이므로 공급용 박스들은 공간을 소비하게 한다. 공급자들에게 이러한 박스를 가져가고 재활용하게 함으로써 종사원들의 임무를 줄여주고 소비재 비용관리를 하도록 한다.

- **테이블 위에 올려놓는 아이템을 아낀다.**

일회용 빨대나 이쑤시개를 제공하는 기계를 사용한다. 칵테일용 냅킨을 아끼기 위하여 음료 받침대를 사용한다. 장식품이 비쌀 필요는 없다. 온라인상의 파티와 장식에 관한 전문점을 찾아보도록 한다.

- Party cheap, www.partycheap.com
- www.partyndeco.com

- **머그잔을 할인가격으로 제공**

리필을 위하여 재활용이 가능한 머그잔을 가지고 오는 고객에 대하여 할인을 제안한다. 몇 개의 레스토랑들이 불필요한 소비를 막기 위하여 유사한 방법을 사용하고 있다. 스스로의 머그잔을 가지고 오는 수고는 음료를 할인하여 줌으로써 보상받게 된다.

- **종이 타월을 사용하기보다 깨끗한 옷감 타월을 이용**

떨어진 물기를 고급의 냅킨이나 종이 타월로 닦아내는 대신에 옷감을 사용하도록 한다. 세탁비용이 일회용 타월이나 냅킨을 구매하는 비용보다 저렴하다.

- **절연 테이프를 냉각기나 냉동실 문에 부착**

차가운 공기는 들어가고 더운 공기는 나가게 한다. 이러한 방법은 효율성을 증가시키고 불필요한 전기의 사용을 감소시키며 컴프레서가 심하게 작동할 필요가 없도록 한다. 여기에 몇 개의 회사가 제안하는 문을 단단히 고정시키고 부분을 바꾸는 제안이 있다.

- Arrow 레스토랑 기구, www.arrowreste.com
- 상업적인 도구들, www.commappl.com
- 로드 마스터, www.loadmaster.com

- **보온과 냉방 도구들을 분리**

보온과 냉방 도구들의 위치를 분리시킨다. 이는 효율을 증가시키고 온도를 조절한다. 주방의 구성을 그림으로 그린다. 이러한 한 번의 노력이 가치를 발휘할 것이다.

The Food Service Professional

레스토랑 마케팅 노하우

10 현장의 뒤

주방의 흐름관리

주방의 조직화는 원활한 운영과 고객 만족을 위한 핵심이다. 스케줄 문제와 물품 부족, 비좁은 공간, 종사원의 과로 등은 혼란을 일으킬 수 있다. 깨끗하고 조직화된 주방은 더 나은 기능성을 가져온다. 다음은 주방에서의 혼란을 피할 수 있게 해주는 비결들이다.

- **주방장**

  주방장은 주방의 입구 쪽으로 작업방향을 구성하여 누가 들어오고 나가는지에 대해 전체적인 시각을 지닐 수 있어야 한다. 만일 그들이 작업을 멈추지 않고 무슨 일이 일어나는지 알 수 있다면 지시를 내리고 흐름을 감독하는 것이 한층 쉬워질 것이다.

- **답답한 주방 공간에서 일하는 것**

  만약 주방에 일할 공간이 조금밖에 없다면 벽에 커다란 거울을 붙인다. 이것은 주방장이 고개만 들어도 주변에서 일어나는 일들을 볼 수 있게 해준다. 또한 그들이 실제 사용하는 공간보다 더 넓게 느끼게 해 줄 것이다. 다음은 큰 거울이나 특수제작 거울을 주문할 수 있는 몇몇 업체이다.

- Advanced Optics(www.advancedoptics.com, 515-964-5050)
- City Glass and Mirror Inc.(www.cityglassandmirror.com, 866-831-7100)
- Genessee Glass & Mirror(www.wefixglass.com, 585-621-3580)
- Mesko Glass(www.mesko.com, 800-982-4055)
- See all(www.seeall.com, 773-927-3232)

• **주방에서의 주의할 점과 상기할 점**

주방은 종이 형태가 변형되고 접착제의 점성부분에 영향을 미치는 열기와 증기 때문에 아이템을 붙이기 어려운 장소이다.

• **조리법 카드를 코팅**

조리법 카드를 프린트하여 코팅한다. 이것은 조리법 카드의 내구성을 지속시킬 수 있다. 그것들을 쉽게 접할 수 있는 곳에 두고 종사원들이 모든 음식의 조리에 적용하도록 한다. 바에서도 마찬가지이다. 음식과 마찬가지로 음료도 항상 혼합되기 마련이다. 고객이 주문할 때 정확히 무엇을 바라는지를 아는가 확인한다.

• **사전 점검**

직원들에게 최상의 효율성을 얻기 위해 모든 주방기구와 설비의 사전점검의 중요성을 교육한다. 필요하다면 사전점검을 수행할 직원을 정하고 그들이 돌아가면서 책임을 맡도록 한다. 취급 교육서를 타이핑하면 코팅하여 주방기구나 저장고에 걸어둔다.

▣ 레스토랑에서의 안전

고객과 종사원 모두에게 안전의 강조는 근로자들의 배상액과 보험료를 낮춰줄 수 있을 것이다. 다음은 몇 가지 안전 비결이다.

- **뜨겁다고 알려줄 것**

고객들에게 접시가 뜨겁다는 걸 확실히 알려 준다. 커피가 뜨겁다는 것도 알려 준다. 당신의 간단한 경고가 혀가 데이는 일을 방지하고, 어린아이의 손가락이나 어른의 경우 커피가 너무 뜨거워서 화상을 입는 것을 방지할 것이다.

- **안전의자와 유아용 의자**

견고하고 안정된 허리띠가 안전장치로 장착된 안전의자나 유아용 의자를 사용한다. 많은 안전의자는 벨트가 없다. 그런 것들은 아이들이 미끄러져 떨어질 수 있다. 이러한 것들은 안전사고의 위험이 있고 식당에서 묵인되어서는 안 될 일이다. 다음은 식당에서 사용하는 유아용 의자와 안전의자를 온라인으로 판매하는 업체들이다.

- High Chair World(www.highchairworld.com, 800-821-9153)
- Net Kids Wear(www.netkidswear.com, 732-203-9677)
- Old Dominion Wood Products(www.yahwehsaliveandwell.com, 386-437-1100)
- Restaurant Equipment(www.restaurantequipment.com, 800-845-6677)

▣ 주방 안전

업체 전체적으로 안전 규정이 우선적으로 운영되더라도 주방은 가장 위험이 높은 곳이며 지속적인 주의가 필요하다. 다음에 소개되는 위험들에 대해 항상 방심하지 않도록 한다.

- **창상(創傷)방지 장갑을 사용**

칼을 사용하는 사람은 누구나 창상방지 장갑을 껴야 한다는 규칙을 세운다. 음식물 사이를 왔다갔다 할 때는 장갑이 더러워지는 것을 방지하기 위하여 종사원들로 하여금 창상방지 장갑 위에 고무장갑을 끼도록 한다. 창상방지 장갑은 www.atlantic-pub.com에서 주문할 수 있다.

- **미끄럼방지 신발**

모든 종사원은 미끄럼방지 신발을 신어야 한다. 연구 결과에 따르면 이것은 넘어져 다쳐서 업무상 상해로 보상을 청구하는 상황을 상당히 감소시킨다는 것을 알 수 있다. 다음의 웹사이트를 살펴본다.

- Lehigh Safety Shoes(www.lehighsafety.com, 800-444-4086)
- Nautilus Footwear(www.nautilusfootwear.com, 888-269-4526)
- Shoes for Crews(www.shoesforcrews.com, 800-329-0102)

- **깨끗한 스펀지**

스펀지를 사용하고 난 후에는 언제나 교체하든지 빨아서 둔다. 더러운 스펀지에는 세균이 번식할 수 있다. 스펀지를 빠는 가장 좋은 방법은 식기 세척기에 넣는 것이다. 세제와 높은 온도가 치명적인 세균을 없앤다는 사실을 기억해 둔다.

- **모자와 장갑**

주방에서 음식을 다루는 종사원들은 음식을 조리할 때 정해진 모자와 장갑을 착용하게 한다. 이것은 음식을 먹는 고객들의 안전은 물론 종사원들의 안전을 위해서이다.

- **주방에서 화상을 방지**

냄비 집게가 말라 있는지 확인한다. 젖은 냄비 집게는 끓는 물보다 뜨거운 증기를 유발시킨다. 냄비 집게 없이는 절대 냄비나 팬을 들어 올려서는 안 된다. 주방의 모든 조리부서마다 냄비 집게를 준비하고 모든 주방장과 보조에게 그것을 사용하도록 한다.

- **뜨거운 기름을 사용하여 조리**

음식에 뜨거운 기름을 부을 때는 매우 주의해야 한다. 뜨거운 기름이 튀어 눈이 다치지 않도록 보호한다. 보호안경을 쓰거나 아니면 음식에 붓기 전에 고개를 돌리도록 한다.

- **후드 뒤에는 방화벽을 설치**

나무나 타기 쉬운 재료를 그냥 보아 넘겨서는 안 된다. 후드 뒤에 방화벽이 설치되었는지 확인한다. 주방에 방화벽이 많이 설치될수록 화재가 발생했을 때 손쓸 수 없는 지경에 이르기 전까지 막을 수 있다.

▣ 일반적인 안전요인

주방과 식당뿐 아니라 당신의 모든 운영 측면에서 안전이 우선되어야 한다. 안전은 식당 안에서 뿐 아니라 바깥에서도 굉장히 중요한 문제이다.

- **주차장**

레스토랑 주차장에 조명이 잘 설치되어 있는지 확인한다. 조명이 꺼져버린 것은 없는지 확인하고 그런 것들은 바로 교체한다. 확실한 시야와 방향을 제공해야 하고 장애인 주차공간은 더 밝게 한다. 겨울 날씨에는 얼음이 제거되고 소금이 뿌려져 있는지 확인한다.

- **소방 훈련**

대부분의 화재는 적절히 대처하면 금방 끌 수 있는 작은 화재이다. 모든 종사원들이 소화기의 위치를 알고 있는지 확인한다. 종사원들이 소화기 사용법을 알 수 있도록 소방 훈련을 실시한다.

- **피난 절차**

 화재 현장에서 종사원들이 고객들을 어떻게 대피시킬지 정확히 인식하고 이에 따른 안전계획을 세운다. 비상통로가 정확하게 표시되어야 한다.

- **뒷문에 창문을 설치**

 창문을 설치하여 문을 열기 전에 누가 문 앞에 있는지 확인한다. 일반적으로 상인은 납품을 위해 뒷문으로 도착한다. 사람들에게 누가 납품 트럭을 몰고 오지 않았는지 물어본다. 아니면 당신은 알 수 없다. 만일 의심이 간다면 문을 열지 말아야 한다. 뒷문 바깥쪽에 방문자는 신분증을 제시하라는 표지판을 건다.

- **너무 많이 나르지 말 것**

 종사원이 카트나 수레에 너무 많이 실어 나르지 못하게 한다. 이것은 아주 위험하고 심하게 다칠 수 있는 일이다.

▣ 음식 안전을 확보 - HACCP Plan

단 한 번의 식중독 사태가 당신의 레스토랑의 명성과 사업 전체를 희생시킨다. 그런 일이 일어나지 않도록 한다. 효과적인 음식 안전계획을 세운다. HACCP(Hazardous Area Critical Control Points, 위험지역 중요 관리 요점)은 잠재적인 음식 오염과 음식 위험이 어디서 일어날 수 있는지를 밝힌다. 다음은 몇 가지 기본적인 지침이다.

- **다음의 문제들을 처리할 수 있는 음식 안전계획을 고안**

  - 적당한 공급자를 고르고 그들과의 합의를 문서화할 것
  - 제조업자에 잘못이 있는 상품의 반품을 처리하는 방법
  - 개인위생
  - 오염 방지와 안전 지침
  - 적정 온도에 대한 세부사항을 포함한 안전한 조리 절차
  - 식중독에 걸린 고객에 대한 대책

- **음식 안전 절차**

  직원 각자에게 복사본을 지급하고 코팅하여 중요한 위치에 붙인다.

- **날것과 익힌 것에 사용되는 조리기구를 분리하여 사용**

  같은 조리기구를 날것과 익힌 것을 같이 사용하지 않도록 한다. 도마와 조리기구, 브러시 등에 분리된 색깔 표시를 하고 날것과 익힌 것을 분리하여 사용한다. 음식을 조리한 후에는 즉시 주변을 깨끗이 닦고 위생적으로 만든다. 색깔이 표시된 도마는 www.atlantic-pub.com에서 찾을 수 있을 것이다.

- **비금속 용기를 사용**

  와인, 식초, 레몬주스와 같이 마리네이드에 사용되는 재료들은 산성이며 특정 금속과 화학반응을 일으킬 수 있다. 이러한 반응이 일어나면 그 음식은 몸에 해롭다.

- **끓인 마리네이드 소스**

  설익은 고기에 닿았던 마리네이드 소스를 사용하려고 한다면 적어도 1분 동안 끓이기 전에는 익힌 음식에 사용하지 않는다. 그렇지 않으면 섞

인 마리네이드 소스와 분리된 마리네이드 소스를 따로 두 개의 다른 그릇에 담는다.

- **뷔페 음식의 서빙**

차가운 음식은 40°F 이하의 그릇에 얼음과 함께 담는다. 뜨거운 음식은 온도가 140°F 이상으로 유지한다. 음식을 다시 채울 때에는 신선한 음식과 섞지 말고 먼저 나왔던 음식은 치운다.

- **다음은 음식 안전에 관련하여 더 많은 정보를 제공하는 웹사이트**

▪ Atlantic Publishing(www.atlantic-pub.com)
▪ Food and Nutrition Information center(www.nal.usda.gov/fnic)
▪ CDC Food Safety office(www.cdc.gov/foodsafety)
▪ 식약청 www.kfda.go.kr
▪ National Food Processors Association(NFPA) (www.nfpa-food.org)
▪ The Food Safety Consortium(www.uark.edu/depts/fsc/othersites.html)

구매 권한 - 빈틈없는 구매자

가격을 최소한까지 내릴 수 있으며 기준과 품질을 유지할 수 있는 레스토랑의 소유자와 매니저는 오늘날의 레스토랑 경영에서 성공할 수 있다. 다음의 비결들을 시험해 본다.

- **납품업체와 다중적인 관계를 만들 것**

각 음식 종류별로 하나 이상의 주요 납품업체를 두고 때에 따라 임시 공급자가 있는 것이 좋다. 이것은 납품업체 간의 경쟁을 유발할 수 있어서 좋다.

- **가격 사이클을 파악**

일부 냉동 야채들과 기타 음식들은 연간 가격 사이클이 있다. 반면 그 외 과일과 야채, 곡물은 추수시기에 따라 가격이 다양하다. 동물 단백질은 연중 도축시기에 따라 가격 사이클을 나타낸다. 이러한 사이클을 파악하고 가장 좋은 가격으로 이윤을 취할 수 있는 시기에 구매한다.

- **고정 가격을 이용**

특정제품의 가격이 오를 것으로 예상되면 그 특정 시기동안 시장 가격에 영향을 받지 않고 고정 가격을 합의하는 것을 고려한다. 고정 가격은 냉동식품과 캔류, 건조식품에 더 알맞다.

- **시장가격 선적일**

이 구매 방법을 실제 가격보다 신선도의 유지가 더 중요한 신선한 식품 아이템에 사용한다. 이것은 그 가격이 유동적이며 주어진 상황의 변화에 영향을 많이 받는다는 것을 의미한다. 그래서 구매자는 그 아이템이 선적된 실제 날짜에 따른 시장비율에 맞추어 가격을 지불해야 한다.

- **청소용품의 구매**

납품업체에 다양한 청소용품 샘플을 다양한 종류를 요구한다. 이것은 어떤 상품이 가장 알맞은지 결정할 수 있는 기회를 준다.

- **육류의 구매명세를 사용**

정부의 전국적 조직망뿐 아니라 명세와 지침의 장점을 취한다. 이러한 명세는 모든 이의 안전과 건강을 위해 계획되고 시험된 기간에 따른 것이다. 육류명세에 대해서는 다음 웹사이트에서 더 많은 정보를 얻는다.

- North American Meat Processors Association(NAMP) (www.namp.com)
- American Association of Meat Processors(AAMP) (www.aamp.com)
- American Meat Institute(AMI) (www.meatami.com)

구매계획을 개발

추수와 도축 계획뿐 아니라 연구결과에 기초하여 납품업체를 정하고 가격을 책정한다. 필요한 음식과 1월부터 각 월별로 구매하고자 계획한 양의 목록을 만드는 것부터 시작한다.

- **1년 동안 구매해야 할 필요가 있는 모든 음식 재료를 기록**
- **종류별로 목록을 만들 것**
- **냉동식품과 신선한 음식, 캔이나 가공식품 등 구매할 필요가 있는 음식들을 분리**
- **테이블용 품목들과 청소 물품과 같이, 음식이 아닌 모든 구매 물품들도 목록을 만들 것**

The FOOD Service Professional
GUIDE TO

4

레스토랑
마케팅 노하우

레스토랑 매출증대 방법

The Food Service Professional
GUIDE TO SERIES

INTRODUCTION

당신의 레스토랑은 종이 냅킨과 플라스틱 주방기구 또는 미식, fine-ding 시설, 화이트 린넨 테이블 행주, 촛불과 광택 은제품 등을 가지고 있다. 그러한 당신은 판매량을 늘리고 특색을 살릴 수 있는 전채 메뉴와 디저트 부분을 포기할 수 없을 것이다.

예를 들어, 프라이드 치킨을 전문으로 하는 레스토랑인 경우 당신의 고객들은 문으로 들어오면서 그 이상의 것을 기대할 것이다. 맛있는 으깬 감자 또는 신선한 완두콩 또는 심지어 수제 복숭아 파이 위에 바닐라 아이스크림 등이 있을 것이라고 생각할 수도 있다.

하지만 이러한 것들을 과소평가하면 안 된다. 이러한 항목들은 고객들이 체험으로 느끼는 당신의 레스토랑에 대한 기억 중 하나이다. 사이드 메뉴에 대한 홍보는 당신의 돈을 만들어 줄 수 있다. 그것은 당신의 레스토랑에 대한 평가에 도움이 되며 고정고객을 유지시켜주는 데 도움을 준다. 이러한 기능에 대한 사이드 메뉴와 판매방법을 알고 직원들에게 레스토랑에 있는 사이드 메뉴에 대한 정보를 알려준다면 고객의 높은 만족도와 이익을 가져올 수 있다.

"레스토랑의 매출증가는 전채요리, 디저트, 사이드 메뉴, 음료판매에 있다 : 365 비밀공개" 디저트, 전채요리와 음료 등의 사용은 당신에게 매출과 이익이 증가하는 것을 보여줄 것이다. 이것을 유지하면 고객은 다시 올 것이다.

The Food Service Professional

레스토랑 마케팅 노하우

1 훌륭한 사이드 메뉴의 개발을 통해 매출 이익을 실현하자

■ 평생고객의 확보와 이를 위한 주의사항

고객들에게 정성을 다하면 레스토랑의 매출은 자연히 올라가고 수익은 증대될 것이다. '평생고객'이란 말은 고객들이 레스토랑을 찾았을 때, 결코 다른 레스토랑들에서는 경험할 수 없는 서비스를 경험하도록 함으로써 레스토랑을 다시 찾도록 만드는 것을 의미한다. 이러한 원리는 간단하다. 원활한 판매를 위한 진정한 노력이라는 말은 광고나 홍보에 의지해서 되는 것이 아니라, 고객들과 함께 레스토랑에서 이루어져야 한다는 것을 뜻한다.

레스토랑의 매출을 촉진하기 위해서는 구매력이 있는 고객 집단의 규모를 키우는 것이 핵심이라는 것을 기억해야 한다. 만일 고객들이 한 달에 한 번 이상이라도 레스토랑을 다시 찾는다면 그것만으로도 이미 15~50%의 판매증가가 이루어진 것이다. 언제든지 레스토랑을 다시 찾아올 수 있는 곳에 거주하면서 제공하는 훌륭한 서비스를 경험한 고객들은 친구들에게도 기꺼이 추천할 것이다. 자주 방문하여 안정된 수익을 만들어 줄 수 있는 충성고객들과 친구가 됨으로서 영업활동 과정에서 발생하는 기쁨들을 함께 해야 할 것이다.

그렇다면 이러한 충성고객들을 어떻게 많이 확보할 것인가? 우선 지나치게 판매에만 집착하지 말고 그들의 충성심을 끌어낼 수 있도록 해야 한다. 고객을 돈으로 보는 상술로는 안 된다는 뜻이다.

객단가가 높을수록 매출이 커지는 것은 사실이다. 하지만 객단가를 올리기 위해 고안된 판매방법을 섣부르게 활용하여 고객들에게 구매 압박으로 작용한다면 차라리 사용하지 않는 것이 좋을 것이다. 레스토랑만 시작하면 소득이 자연히 발생할 것으로 기대하지 말고 고객에 대한 훌륭한 서비스를 통해 얻도록 노력해야 한다. 영업의 손익에만 초점을 맞춘다거나 객단가를 높이기 위하여 혈안이 되어 있고 정작 가장 중요한 고객은 뒷전에 두어서는 안 된다. 만일 레스토랑에서 식사를 했던 사람이 너무 만족해서 친구들과 함께 다시 오고 싶어 한다면 레스토랑의 매출이 어떠할지는 다른 말이 필요 없을 것이다. 레스토랑에서 제공하는 서비스에 고객들이 감동하지 못하고 고객이 무엇인가 값비싼 주문을 해야 한다면, 혹은 원하지도 않는데 형식적으로 후식을 주문해야 한다는 등의 심리적 압박감을 느낀다면, 그들은 그 레스토랑에 다시 오지 않을 것이다.

유효적절한 제안을 통한 판매는 상황을 더욱 부드럽게 하고 고객들에겐 기쁨을 준다. 만일 그것이 잘 실행된다면, 무척 효과적인 것은 분명하지만, 반드시 잘 이루어져야 한다는 데에 있다. 고객들을 자신들이 단지 돈을 쓰기 위하여 존재한다고 느끼게 해서는 안 된다. 매출증대를 달성하기 위한 가장 안전한 방법은 고객을 많이 확보하는 것이다. 이것이 서로 윈-윈하는 상태라는 점에 주목해야 한다.

레스토랑의 목적은 고객만족이고, 충성스러운 고객을 확보하는 것이며, 고객을 가장 우선순위에 두어 고객을 만족시키는 것이다. 만약 당신이 어느 레스토랑의 고객이라면, 어떤 요소가 다시 그 레스토랑으로 가게 할까? 종사원들이 돈을 더 많이 쓰도록 유도한다거나, 아니면 마치 왕처럼 대우받는다고 생각해서일까? 그와 같은 점이 안정적으로 종사원들의 능력이 될 것이다.

고객이 원하는 것을 제대로 파악

일반적으로 정형화된 레스토랑들에는 고객들에게 보여줄 몇 가지 사이드 메뉴의 종류들을 열거해 놓고 있다. 예를 들어, 만약 고기와 감자로 버무린 프라이드 치킨 스테이크 요리가 특색인 패밀리 레스토랑을 운영하고 있다면 달팽이 애피타이저는 고객들에게 제공하지 않는다. 하지만 고객이 메뉴에서 그것을 보기를 원한다면 이러한 메뉴를 어떻게 표현해야 할까? 여기에 방법이 있다.

- **메뉴를 여러 가지로 시도**

  메뉴표에 있는 모든 사이드 메뉴들의 월별 매출전표를 체크함으로써 어떤 것을 추가하고 어떤 것을 삭제해야 하는지를 찾아내야 한다. 이러한 노력은 현실적이지 못한 메뉴들을 선별하는 데 효과가 있을 뿐만 아니라 가장 인기 있는 메뉴의 매출증가에도 도움이 된다. 즉 메뉴 중에서 가장 잘 팔리는 품목이 인기를 더 얻도록 해야 한다.

- **유행 또는 경향을 주목**

  그 지역의 지방판 신문이나 잡지들에서 레스토랑 동정 또는 레스토랑에 관련된 각종 기사를 체크해야 한다. 지역 내의 각 레스토랑들 중에서 어떤 것이 가장 유명한지 기록해 나가야 할 것이다. 그리고 음식 및 레스토랑 관련 각종 인터넷 사이트를 찾아보고 그 흐름과 동정에 항상 주의를 기울여야 할 것이다.

- **고객들이 특별하게 대접받고 있다고 느끼게 할 것**

  레스토랑이 한가해질 때마다 각 담당 종사원들이 고객들을 통해 새로운 메뉴 등을 시식해 볼 수 있도록 한다. 그리고 고객들의 의견에 귀 기울이고 이를 기록해 둔다. 틀림없이 고객들은 자신들이 그 레스토랑으로부터 중요한 사람으로 간주된다는 사실에 매우 기뻐할 것이다.

- **다양한 사이드 메뉴들로 식욕을 자극**

사이드 메뉴들을 자극적인 단어로 표현을 한다. 예를 들어, '얼음보다 차가운 머그컵에 담긴 콜라 한 잔!'과 같은 식이다. 화려하게 표현된 디저트 사진이 들어 있는 소형 메뉴텐트를 테이블 위에 비치해 둔다. 이러한 방법이 그 레스토랑에서 주로 판매하려고 하는 사이드 메뉴를 알리는 데 효과적이다. 소재는 아크릴 판으로부터 가죽까지 다양하므로 예산과 레스토랑 분위기에 맞추어서 준비하면 된다.

- **그 레스토랑의 특별 요리를 홍보**

레스토랑 입구의 쇼케이스 안에 디저트 같은 아이템들을 전략적으로 배치해야 한다. 진열하기 위해서 진짜 음식을 보관하고 낭비할 필요가 없는 것이다. 또한 메뉴텐트는 여러 사이드 메뉴들을 다양하게 배열하고 표현해 주는 강력한 광고수단이라는 것도 알아야 한다.

- **최고의 광고수단은 종사원**

종사원들이 사이드 메뉴를 추천하고 고객의 결정을 돕도록 조언해주는 중요한 역할을 한다는 사실을 잊지 않도록 한다.

- **애피타이저 역할을 위한 음료를 주문받는다.**

고객들에게 특별한 마실 것에 대하여 알리도록 노력하고 고객이 주문했을 때 오래 기다리게 해서는 안 된다. 오래 기다리게 하면 고객은 실망하게 될 것이고, 애피타이저를 주문하지 않는 등 전체 코스를 무시하고 바로 본 메뉴로 가기도 한다.

- **메뉴들 중 사이드 메뉴들에 대하여 알아야 한다.**

고객들이 메뉴에 있는 각종 요리 이름과 특징을 알고 있을 것이라고 생각해서는 안 된다. 비록 메뉴에 여러 설명이 되어있다 하더라도 종사원들은 고객이 묻는 질문에 대하여 그 재료와 조리과정 등을 충분히 설명할 수 있어야 한다.

- **메뉴에 대하여 알아야 한다.**

그 지역에서 어떤 메뉴가 유행인지 알아야 한다. 예를 들어, 텍사스나 뉴멕시코에서는 매우 매운 음식이 유행인 반면 메인 주에서는 클램 차우더가 유행이다. 메뉴를 계획하기 전에 그 지역에 유행이 무엇인지를 파악하는 것이 필요하다.

- **리필과 무료시식을 제안**

고객들 중엔 식사 중에 추가를 요청하는 경우가 자주 있고 이것이 눈에 띄지는 않지만, 분명히 레스토랑의 이익을 감소시키는 것처럼 보인다. 그러나 궁극적으로는 레스토랑 프로모션의 한 방법임을 알아야 한다. 고객들은 생일날 무료로 제공되는 디저트를 훌륭한 만찬이었다고 기억할 것이고, 특별한 음료와 함께 제공되는 무료 애피타이저는 고객들을 다시 방문하게 하는 수단이 될 것이다.

- **와인을 판매**

와인을 많이 판매할수록 매출은 급격히 늘어날 것이고 종사원들의 팁도 아울러 증가하게 되어 그들을 행복하게 할 것이다. 단지 와인을 판매하려고 하면 와인에 대하여 충분히 알아야 할 필요가 있다. 와인에 관련된 책을 보게 되면 와인에 대한 지식을 얻을 수 있을 것이다. 또한 인근 지역의 평생교육원을 통하여 와인 과정을 선택하여 공부하는 것도 하나의 방법이다.

- **여러 공급업체들과 친구가 되어야 한다.**

레스토랑에 여러 가지 물품을 공급하는 협력업체들은 메뉴의 선택과 상품화에 도움을 줄 수 있을 것이며, 이는 고객들의 취향을 파악하는 데 도움이 될 것이다. 매출이 오르면 그들의 이익도 마찬가지로 증가하게 될 것이다. 협력업체들은 그 지역의, 또는 다른 레스토랑들의 판매가 잘 되는 아이템들을 알고 있기 때문에 메뉴텐트 같은 무료 판매수단을 준비함으로써 영업활성화에 큰 도움이 될 수 있다.

- **기념할 만한 상황들을 연출하기 위해 다양한 아이템을 활용**

고객들의 식사가 기념될 만한 경험이 될 수 있도록 종사원들을 훈련시킨다. 만약 고객들이 특별한 순간을 축하하고 있다든지, 혹은 그 레스토랑에 처음 방문했다든지 하면 그 순간에 애피타이저나 음료 또는 디저트를 무료로 제공한다. 틀림없이 그 고객은 다시 방문하게 될 것이다.

- **단지 직접 판매만 해서는 안 됨 - 고객에게 어필**

레스토랑에서 화려한 사진 메뉴, 메뉴텐트 같은 홍보물, 또는 다양한 음식관련 전시물 그리고 종사원의 탁월한 제안 능력 같은 것들이 준비되어 있다면 고객들에게 직접적으로 판매를 강요할 필요가 없을 것이다. 위에서 언급한 각종 장치들이 고객들로 하여금 편안하게 주문을 할 수 있도록 하는 간접판매의 효과적인 방법이 된다.

▣ 추가메뉴를 결정할 때 종사원들의 의견도 반영

종사원들에게 효과적인 방법에 대하여 물어본다. 그럼으로써 어떤 것이 고객들을 더욱 기쁘게 하고 그렇지 않은가를 알도록 하는 기준이 될 것이다. 그들에게 더욱 노력하라고 주문한다. 만일 종사원들의 제언을 적극 받아들인다면 그들은 더욱 고객에게 주의를 기울일 것이다. 부수적으로 얻는 팁은 종사원들을 더욱 열심히 일하도록 할 것이다.

- **종사원들이 한가해 보일 때 사이드 메뉴를 팔 수 있도록 한다.**

사이드 메뉴의 판매 활성화는 매출을 올릴 뿐만 아니라 종사원들 자신의 팁도 얻을 수 있으므로 그들의 노력이 좀더 가치 있게 되는 것이다. 그들이 하는 행동이 어떤 의미가 있는지 알게 해야 한다.

- **경쟁제도를 도입**

매달 사이드 메뉴의 판매실적이 가장 우수한 종사원에게 상을 주도록 한다. 반드시 비싼 것일 필요는 없다. 복권이나 감사한 마음을 표현하는 상이라는 것을 나타낼 만한 특별한 장식을 할 수 있는 것이면 된다. 또는 그들의 이름이 새겨진 전통적인 형식의 트로피도 괜찮다.

- **새로 추가된 사이드 메뉴에 관하여 종사원들이 자세히 알도록 한다.**

메뉴의 어떠한 변화나 또는 어떤 새로운 사이드 메뉴의 재료나 준비과정의 사소한 변경일지라도 반드시 공지해야 한다. 이렇게 알려주는 것이 종사원들이 당황스러운 상황을 벗어나게 해준다. 그것은 또한 메뉴에 새로운 아이템에 대한 설명이 없어도 고객들이 주저하지 않게 하거나 종사원들이 이 새로운 아이템에 대한 설명을 할 수 있게 해준다.

- **사이드 메뉴 판매 활성화에 안내팀을 포함한다.**

판매과정에 안내파트를 포함시킨다면 그들은 전체 조직에 아주 가치 있는 중요한 부분이 될 수 있다. 그들은 언제나 고객이 착석하기 전에 음료나 애피타이저, 사이드 메뉴, 디저트를 제안하는 생각이 수반된 행동을 할 수 있다.

- **종사원들에게 단순 티켓과 사이드 아이템이 포함된 티켓 간의 차이점을 보여주고 이 결과는 팁이 된다는 것을 알려준다.**

돈보다 더 자극을 주는 것은 없으며, 종사원들이 사이드 메뉴를 권함으로써 팁이 점차 많아지는 것을 인식하게 되면 고객들에게 더 제안하게 될 것이다.

- **제안을 잘하는 종사원을 격려**

종사원들과 정기적인 회의를 하고, 이때 사이드 아이템에 대한 제안을 잘하는 직원을 칭찬해주거나 상을 준다. 그래야 메뉴가 성공할 수 있다.

- **고객들이 음료와 주요리를 주문할 수 있도록 된 티켓을 만든다.**

고객이 식사 전에 애피타이저를 주문하면 맥주를 제공하든지, 혹은 디저트를 주문하면 식후 음료를 제공하는 티켓을 만들어 놓는다. 종사원들에게 차이점을 인식시키고 평균팁이 증가한다는 사실도 알게 한다.

- **주목을 끌 수 있도록 한다.**

종사원들의 주의를 끌 수 있는 모든 것을 모아서 그들이 고객들에게 사이드 메뉴들을 적극 권장하도록 동기유발을 시켜야 한다. 돈, 인정, 칭찬 등등 그들을 위한 목표를 설정하고 그들이 그것에 부합했을 때 상을 준다. 명심할 것은 칭찬을 할 때는 반드시 다른 종사원들 앞에서 공개적으로 해야 한다는 것이다.

- **종사원들에게 주방에 대하여 알 수 있도록 계획**

메뉴의 요리에 들어가는 재료들에 관하여 종사원들이 많이 알면 알수록 종사원들의 판매액은 더욱 좋아질 것이다. 그들에게 시식을 시키고, 요리를 직접 해보게 하고, 실험적인 것이든지 아니면 실제로 판매할 수 있는 아이템들을 제안하게 한다. 종사원들은 항상 어떻게 요리가 준비되고 그것에는 어떤 재료가 포함되었는지 알아야 한다. 또한 주방에서 작성된 노트와 요리에 관한 각종 매뉴얼을 제공받아 종사원들이 숙지할 수 있도록 해야 한다. 늘 그들의 제안에 대하여 받아들일 준비가 되어 있어야 한다.

• 지속적으로 훈련을 실시

종사원들을 위한 우수한 훈련 프로그램은 단지 그들의 지식수준만 늘리는 데 기여하는 것이 아니라 더 바람직한 방향으로 업무를 수행할 수 있게 한다. 또한 레스토랑에 있는 종사원의 능력을 더욱 발전시키도록 유도한다. 잘 훈련된 종사원 집단은 좀더 편안하게 메뉴들을 제안하고 좀더 편안하게 각 부분들을 조정할 수 있다. 외식업을 운영하는 데 있어서는 종사원이 가장 가치있는 자산임을 꼭 명심해야 한다.

• 애피타이저에 대하여 알도록 할 것

종사원들에게 메뉴에 있는 모든 애피타이저를 맛보게 하고, 그럼으로써 아주 사소한 변화나 또는 특별한 변동에 대하여 감지해 낼 수 있다. 그리고 주간단위 판매회의 때마다 새로운 애피타이저를 제시하고 종사원들의 의견을 듣는다. 그것이 판매담당자가 애피타이저를 생각하게 하고 종사원들은 그들의 고객에게 더욱 친밀하게 아이템을 추천할 수 있게 된다.

▣ 레스토랑 입구 전시대에 사이드 아이템을 전시

사이드 메뉴의 판매를 활성화시키는 궁극적인 목적은 결국 주요리의 매출을 더 올리기 위한 것임을 잊어서는 안 된다. 사이드 아이템은 때론 고가의 주요리보다 많은 잉여 마진을 남기기도 한다. 그러므로 메뉴를 기획하는 데 있어서 사이드 메뉴의 중요성을 무시해서는 안 될 것이다. 프로모션과 고객들 눈에 잘 띄게 배치하기 위한 계획을 세워야 한다. 아래의 가능한 항목들을 잘 살펴보도록 한다.

• 이익을 창출하도록 사이드 요리를 잘 활용

사이드 요리의 판매를 촉진하기 위해서 메뉴를 특별한 위치에 배치하도록 한다. 또는 컬러풀하고 현란하게 장식해서 표현할 수 있다. 한 겨울에 자메이카산 럼주를 곁들인 '정열의 열대에서 저녁식사를!' 등의 형상화한 판매방법은 고객들로 하여금 겨울의 우울함에서 벗어나게 할 것이다.

- **만일 '해피아워'가 있다면, 애피타이저 샘플이라도 준비해 둘 것**

해피아워에 찾아오는 고객도 결국엔 점심때나 저녁시간에 찾아올 고객이다. 그들은 해피아워에 맛본 애피타이저 샘플을 기억할 것이고 주위 사람들에게 적극 추천할 것이다. 해피아워야말로 고객들에게 기억할 만한 경험이 되게 할 수만 있다면 아주 훌륭한 판매수단이 되는 것이다.

- **프리젠테이션의 기능에 대하여 인식**

사이드 메뉴의 맛이 어떠하든지 적절한 프리젠테이션이야말로 고객들에게 사이드 메뉴를 어필시키는 데 가장 효과적이다. 여러 장식물들과 종사원의 업무지식 그리고 모든 전시물들은 사이드 메뉴를 추천하는 기술적인 요소들이다.

- **만일 와인을 팔고 싶으면 테이블에 두도록 할 것**

적절하게 와인을 제안할 수 있는 능력이 매출증대에 바람직한 영향을 줄 것이다. 제4장 '건배-음료 매출을 증대시키기 위한 방법'을 보면 자세히 나와 있으므로 참고한다.

- **메뉴 아이템을 '긁을 수 있고 냄새 맡을 수 있게' 만든다.**

메뉴나 테이블 텐트의 일부에 긁거나 냄새 맡을 수 있게 만든 스티커를 이용하여 사용되는 재료의 냄새를 추적하도록 한다.

- **주방기물, 접시류, 유리제품 등은 흠집 또는 오염이 없도록 한다.**

각종 서빙용 기물들의 상태가 정상적으로 유지되도록 종사원들에게 각별한 주문을 한다. 만일 제공된 식사기물에 립스틱 자국이나 여러 흠집, 또는 오염 등이 있다면 그 고객이 레스토랑에 다시 오지 않을 것이다. 그런 일이 발생하지 않도록 단단히 주의하고 점검한다.

- **무엇인가 다르게 제안**

평상시와 다르게 사이드 메뉴들을 제안할 때 고객들은 그 가치를 인식하게 된다. 생생한 표현은 고객의 머릿속에 기억나게 하는 큰 역할을 하게 될 것이다. 예를 들어, '구운 감자를 곁들인 스테이크'라고 하는 것보다 '길이로 자른 레미켄에 들어있는 감자와 진짜 버터로 특별히 만든 4가지 종류의 치즈를 섞어서 제공하고 있다'라고 설명하는 것이 더 효과적이다.

- **판매되는 메뉴 중에서도 사이드 메뉴가 인기를 얻도록 할 것**

사이드 메뉴들을 메뉴 위의 주인공으로 표현하기 위하여 굵은 활자와 눈에 띄는 색을 사용한다. 작은 글씨체나 눈에 띄지 않는 구석진 곳에 배치되어 묻혀버린다면, 기껏 고안된 메뉴들이 매출과는 아무 상관도 없이 되어 버릴 것이다.

- **홍보할 때마다 무료메뉴를 제시**

음료나 간단한 애피타이저를 이용할 수 있는 무료쿠폰은 레스토랑에 많은 사람이 오게 한다.

- **사이드 메뉴들과 함께 갖고 싶어할 만한 기념품을 함께 준비**

만일 크리스마스 시즌이라면 각 주마다 테마에 맞는 기념품들을 순차적으로 제공한다(예 : 산타, 루돌프, 눈사람, 그리고 천사인형 등). 고객들은 전체의 구성을 다 갖추기 위하여 주마다 방문할 것이다. 고객은 나머지 세트를 모두 모우기 위하여 매주 다시 오게 될 것이다.

- **사이드 아이템도 격식을 갖추어서 제공**

주요리 접시의 한구석에 초라하게 제공되어 결국 버리게 되는 일이 없도록 해야 한다. 별도의 접시나 유리제품 등에 담아서 서빙되어야 하며, 장식과 컬러풀한 색을 사용하여 보다 인기를 얻도록 해야 한다.

- **메인요리를 주문하면 무료로 사이드 메뉴를 제공**

고객이 저녁 특별메뉴를 주문했을 때 디저트를 무료로 제공한다거나 와인 1병을 주문했을 때 간단한 애피타이저 아이템을 무료로 제공한다는 식의 프로모션을 해 본다. 이러한 판매를 통해 고객들로부터 호평과 수입 증대를 얻을 수 있을 뿐만 아니라 고객이 후에 다른 아이템도 흔쾌하게 선택하도록 하는 요인이 될 수 있다.

- **특별한 사이드 아이템 개발로 점심식사 시간을 붐비게 할 것**

일반적으로 점심식사 시간대 고객은 음식의 품질이 훌륭하면서도 빨리 제공되는 음식을 찾는다. 이러한 점에 착안해서 메인요리가 준비되는 동안 빨리 준비될 수 있는 애피타이저와 같은 사이드 아이템을 준비하고 디저트는 테이크아웃으로 준비한다.

- **사이드 아이템을 제시하여 어린이의 관심을 끌도록 유도**

만일 패밀리 레스토랑을 운영하고 있다면 사이드 품목 판매에 어린이를 개입시킬 수 있다. 예를 들어, 주문한 식사가 준비되는 동안에 그 식사와 관련된 홍보자료(이미지의 아웃라인만 있는)를 제공해서 어린이가 크레용이나 다른 색칠도구로 이미지를 완성해 갈 수 있도록 함으로써 자신이 먹을 음식에 관련된 정보나 내용을 흥미롭게 파악할 수 있도록 하는 것이다.

▣ 사이드 품목 매출을 확대시키기 위한 준비 및 제안

사이드 품목 개발을 확대시키기 위해 다음의 프리젠테이션을 강화하는 새로운 제안을 따라해 본다.

- **평범하지 않은 방법에서 규칙적인 일을 준비**

  평범한 감자도 굽거나 으깨는 방법과는 다르게 준비한다. 액체를 좀 가하여 그릴하거나 케이준 스파이스를 섞어서 치킨 핑거를 만들어 제공할 수 있다.

- **아이템에 관한 열정적인 묘사**

  고객들은 다른 레스토랑과 달라지기 위하여 쏟아 붓는 노력을 분명히 알 것이다. 예를 들어, 감자요리에 대해 아래와 같이 표현한다면 어떨까? "우리의 숯불에서 구운 감자는 그릴에 구운 햄버거와 숯불 향기가 잘 어울립니다."

- **아로마향을 이용한 사이드 메뉴들을 이용하여 고객의 입맛을 돋우기**

  신선한 허브 재료에서 나오는 아로마는 고객의 후각을 자극한다. 바질, 타라건, 로즈마리 등의 허브는 섬세하고 향을 나타내는 많은 사이드 아이템에 이용될 수 있다. 갓 구운 빵 역시 아로마 영역에서 훌륭하게 사용된다.

- **손님의 미각을 즐겁게 할 수 있는 사이드 아이템을 준비**

  평범한 음식을 훌륭하게 만드는 훌륭한 방법은 양념하는 것이다. 예를 들어, 신선한 야채를 향이 좋은 양념에 절이거나 토마토 크림소스를 얹은 그릴한 치킨 핑거를 블루치즈를 위에 얹어서 향을 가미하는 실험을 해 본다.

- **불꽃을 이용**

고객이 바나나 프로스터나 화히터를 후식이나 식사로 주문했을 때 가급적이면 불꽃이 일고, 지글지글 끓는 소리가 나는 상태에서 제공한다. 특별한 효과를 가져와서 주문을 할 것이고 매출은 올라간다.

- **물을 사용하는 장식품은 특별한 고요함의 효과**

식재료로 아름답게 묘사된 꽃이 들어 있는 요리를 제공할 때 바닥에 적당히 물이 채워진 쇼케이스로 된 깨끗한 서빙 쟁반을 사용하면 좋을 것이다. 요리가 물 위에 떠있는 것 같은 환상적인 효과를 줄 수 있다.

- **애피타이저를 다양한 치즈를 활용해서 고안해보고 또는 주요리에도 치즈를 이용**

오늘날에는 셀 수 없이 많은 종류의 치즈가 있다. 이것들을 활용해서 고객의 맛뿐만 아니라 영양까지 고려하는 새로운 애피타이저를 만들 수 있을 것이다. 치즈를 사이드 메뉴나 디저트 위에 얹는 데 사용해 본다.

- **어떠한 종류의 요리라도 과일이 장식되면 매력을 더해 줌**

음식 위에 장식으로써 과일을 사용해 본다. 컬러풀한 시각적인 호소는 파슬리를 대체할 수 있다. 단, 다르게 시도해 본다. 포도보다는 얇게 자른 수박, 오렌지 조각 혹은 작은 체리를 이용하여 장식을 한다.

- **특별한 커틀러리**

특별한 커틀러리를 주문하여 본다.

- **사이즈가 큰 그릇을 사용**

접시, 컵, 쟁반 등은 그 레스토랑에서 제공하는 음식 연출에 상당한 영향을 준다. 그래서 사용할 수 있다면 가장 큰 용기를 사용한다. 평균 몇 인분을 담아내야 한다는 등의 계산은 불필요하다.

- **빵을 제공하여 주목을 끌도록 한다.**

식사시간에 제공되는 빵은 대부분의 저녁식사에 무척 중요하다. 캐러웨이 호밀빵이나 아이리시 소다빵처럼 빵이 특화되는 경향이 있다. 브레드스틱은 지나치게 대중적이어서 마늘소스를 얹거나 또는 허브를 곁들여 제공할 수 있다. 맛이 좋고 특색 있는 빵은 고객들에게 호평을 받을 것이며, 사이드 아이템으로 매우 저렴한 선택이다.

- **고객에게 버터나 마가린이 아닌, 색이 다양하고 맛있는 스프레드를 제공**

팬케이크를 위한 딸기와 버터를 섞거나 빵에 곁들일 허브버터는 음식 상호간에 조화가 잘될 뿐만 아니라 고객들에게도 상당한 호평을 받게 된다. 아주 간단하며 적은 비용으로도 타업소와 차별화할 수 있는 좋은 방법이 된다.

- **주방장이 고객을 감동시키도록 한다.**

만약 가격이 비싼 육류로 애피타이저를 만들어 제공하게 된다면 주방장이 테이블에 나와서 특별히 손님 앞에서 준비하게 한다.

사이드 메뉴를 전시하기 위한 특별한 비법

지금부터 사이드 아이템의 전시에 관하여 몇 가지 특별한 조언을 하겠다.

- **사이드 아이템은 중앙에 배치**

남부지역의 음식인 치즈, 새우, 혹은 케이준 스파이스가 들어간 그리츠는 테이블 중앙에 놓는다. 그릴에 구운 과일에 꿀을 바른 메뉴는 하와이의 매우 중요한 사이드 메뉴이다. 새로운 사이드 메뉴를 찾아서 어필하도록 서브해 본다.

- **고객에겐 작지만 비밀을 공유**

만일 저녁 때마다 매진이 될 정도로 인기가 있는 신선한 복숭아로 만들어진 최상급 복숭아 칵테일(파이)이라는 메뉴가 있다면 매진이 되기 전에 담당 종사원은 고객에게 이러한 사실을 귀띔함으로써 메인요리를 주문할 때 함께 주문하도록 알려준다. 소비자는 훌륭한 후식을 보장받고 레스토랑은 후식판매를 보장받는다.

- **예약**

고객들 전부에게 골고루 배분될 만큼의 충분한 양이 확보되지 않은 진귀한 요리가 있다면 예약을 받도록 한다. 고객들은 미리 전화를 하여 신선하게 수입된 마히마히를 확보할 수 있다.

- **사이드 아이템을 테이블 옆에서 준비**

시이저 샐러드는 테이블 옆에서 준비된다. 많은 사이드 아이템이 카트를 이용하여 테이블 옆에서 준비된다. 이를 주문한 고객이나 그렇지 않은 고객 모두 즐거움을 갖게 된다.

- **모두가 먹을 수 있는 수프 스페셜을 판매**

대체로 수프나 샐러드가 먼저 제공되는 식사를 판매할 때마다 두 번째, 세 번째 또는 고객에게 좀더 큰 수프를 제안할 것을 고려해야 한다. 단지 수프만 주문하는 고객에게는 이렇게 할 필요가 없고, 다른 음식과 함께 주문하는 고객에게는 처음 시작하는 음식으로 매우 효과적일 것이다.

- **애피타이저 매출을 더욱 끌어올리기 위한 복합적인 아이템을 도입**

애피타이저와 음료판매를 혼합하여 인하된 가격에 판매를 제안할 수 있고 고객은 메뉴상의 새로운 아이템을 시도해 볼 수 있다. 예를 들어, 와인한 잔과 애피타이저를 인하된 가격에 시도해 볼 수 있을 것이다. 홀 종사원들이 제공하는 스페셜 아이템에 대하여 지식을 지니게 하고 이를 즉각 고객에게 제안하도록 훈련한다.

The FOOD Service Professional

레스토랑 마케팅 노하우

2 사이드 아이템 판매를 위한 홀 서비스 종사원과 안내 종사원 교육 시키기

부가적인 제안의 기술

숙련된 홀 서비스종사원은 사이드 아이템 매출촉진을 위해 활용할 수 있는 가장 강력한 판매수단이다. 업소의 안내 종사원에게 조차 주문을 받도록 교육시킬 수 있는데, 이는 고객이 착석하기 전에 무언가 특별한 대접을 받는다는 느낌을 갖도록 하는 효과를 기대할 수 있다. 두 부분의 종사원들이 사이드 아이템을 잘 판매할 수 있는 방법을 깨닫게 되었을 때 그들은 팁을 더 많이 받을 수 있게 될 것이다. 그들도 그 방법을 알고 싶어 할 것이다. 종사원들에게 고객에게 제안하는 기술을 교육하는 것은 아주 중요한 투자이다. 그것은 정기적인 고객을 많이 확보하는 성공한 레스토랑과 고객과의 접점실패로 낙오되는 레스토랑이 되는 차이가 될 것이다. 그렇다면 아래의 방법으로 접근해 본다.

- **종사원들을 포함**

사이드 아이템 판매를 계획하고 있을 때 종사원들도 연습의 한 부분으로 참여시킨다. 그렇게 하면 결과적으로 종사원들이 사업의 일부분으로 느끼게 될 것이고, 이는 결국 고객들에게 좀더 질 높은 서비스가 자연스럽게 제공될 것이며 매출은 더욱 증가할 것이다.

• **사이드 아이템을 적극 판매해서 팁을 증가**

종사원들이 디저트나 애피타이저 요리 같은 품목이 주요리의 한 부분이라고 고객들로 하여금 자연스럽게 믿게 할 수 있을 때 전체 객단가의 상승과 함께 종사원들의 팁도 따라서 올라갈 것이다.

• **특색 있는 음식 또는 사이드 아이템에 관하여 고객이 먼저 질문하게 하지 않는다.**

홀 서비스 종사원들의 서비스에 대하여 정보를 제공해야 한다. 우선 관리자는 종사원들이 판매할 메뉴에 관하여 잘 알고 있으며, 또한 그것을 제안하는 방법에 대해서도 알고 있어야 한다. 결국 고객들에게 필요한 정보를 제공하는 데 종사원들 스스로가 좀더 부지런하게 참여할 수 있도록 종사원들을 격려해야 하는 것이다.

• **고객에게 이익이 되는 거래를 제안함으로써 음료류를 더 많이 판매**

예를 들어, 어느 한 모임에서 4잔의 맥주가 필요한 주문을 받았을 때 차라리 피처를 주문하면 비용이 적게 들고 맥주를 더 많이 마실 수 있을 것이라고 제안한다. 고객들은 그 제안에 대하여 감사해 하며 아마도 디저트나 애피타이저 등을 추가로 주문할 것이다.

• **종사원들이 특별메뉴나 사이드 아이템을 메뉴텐트에서 지적한다.**

사이드 아이템을 제안하는 가장 적기는 서비스종사원이 처음 테이블로 와서 인사를 할 때나 음료 주문을 받으러 왔을 경우이다. 테이블로 돌아와서 "애피타이저를 결정하는 데 시간이 충분했습니까?"라고 말할 수 있고, 또는 아직 고객들이 테이블 위에 메뉴텐트가 있다는 것을 알지 못했을 때 구두로 지적해 주거나 손가락으로 가리킬 수도 있다.

• **적당한 시간에 부수적인 부분을 제안**

고객이 디저트를 주문할 때 종사원들로 하여금 커피나 와인 등을 곁들이면 더욱 훌륭한 마무리 식사가 될 것이라고 적극 제안할 수 있도록 교육시켜야 한다. 추가 주문을 받아낼 수 있는 적당한 시기는 주요리가 나올 때이다. "신선한 크림을 얹은 아스파라거스를 필레미뇽과 함께 드셔 보시겠습니까?"

- **고객이 주문한 음식이 마침 딱 떨어졌을 때, 침착하게 다른 아이템을 추천**

절대로 "품절입니다."라고 말해선 안 된다. 대신 "안타깝게도 모두 팔려버리고 말았습니다."라고 말하며, 그리고 재빨리 대체 품목을 제안해야 한다. 사실 '품절'과 '모두 팔려버렸습니다.' 간에는 별다른 뜻의 차이가 없지만 고객이 받아들일 때에는 그 차이가 분명히 있는 것이다.

- **종사원들이 고객의 의사결정을 안내하는 방법을 의논**

홀 서비스종사원이나 입구의 접대 종사원이 고객에게 제안할 수 있는 아이템에 관하여 그룹으로 토론해 본다. 그리고 아이템들을 고객들에게 추천하는 방법에 대하여도 상의할 수 있어야 한다. 예를 들어, 가장 먼저 고객을 맞는 입구의 종사원이 고객이 자리에 앉기 전에 고객에게 여러 가지의 제안을 할 수 있다. 반드시 부분별로 난상토론이 되어야 하고, 이는 팁과 서비스 질의 향상에 반드시 기여할 것이다.

- **짝수로 아이템을 제안**

칵테일이나 맥주를 주문받을 때 고객이 애피타이저를 곁들일 수 있도록 제안한다. 예를 들어, "오늘의 스페셜은 골드 마가리타인데 속을 채운 고추와 함께 드시면 최상의 선택이 되실 것입니다."

- **입구 접대 종사원도 애피타이저 아이템을 추천**

그들도 교육, 훈련만 제대로 받는다면 고객이 자리에 앉기 전이나 착석한 직후에조차 아주 얼마든지 아이템을 제안하고 판매할 수 있는 훌륭한 판매사원이 될 수 있다. 그들에게 최소한 2가지 이상의 간단한 아이템을 추천하게 하거나 레스토랑의 특별 아이템에 관하여 설명하게 한다. 예를 들어, "애피타이저로 케이준 양념을 한 닭날개 요리를 고려해 보십시오. 이 레스토랑에서는 매우 인기가 좋습니다."

- **4인 이상의 다수 고객들에겐 복합적인 애피타이저를 권장**

4인 이상의 단체 고객들이 왔을 때는 기회를 놓치지 말고 다양한 애피타이저를 제시하도록 한다. 단체 고객들은 대체로 긴장이 풀려 있고 메인 요리를 주문하기 전에 이것저것 맛보려고 하는 속성이 있다. 이러한 유리한 기회를 적극 활용해야 한다. 다채로운 애피타이저가 제공되면 레스토랑은 매출을 올리고 고객은 여러 가지를 맛보게 될 것이다.

▣ 와인 서빙하는 법

만일 레스토랑에서 와인에 대한 교육과 준비과정이 충분하게 되어 있는 상태에서 와인을 판매한다면 고객에 대한 서비스의 질도 향상될 뿐만 아니라 고객에게 깊은 인상을 줄 것이다. 마진 폭이 큰 아이템인 와인의 매출도 물론 향상될 것이다. 아래는 서비스종사원들이 와인판매를 더욱 잘할 수 있도록 길라잡이가 될 기초적인 내용들이다.

- **와인 바구니를 사용할 경우엔 반드시 주문한 고객의 오른쪽에 와인바구니를 놓아 둔다.**

- **주문했던 고객에게 와인의 생산년도를 가리키며 상표를 확인받기 위해 와인을 병째로 보여주어야 한다.**

- **확인절차가 끝나면 서빙을 시작한다.**

- 겉에 있는 알루미늄 호일 또는 코르크 마개를 덮고 있는 플라스틱을 제거하는데 반드시 병 입구의 두 번째 홈까지만 제거한다. 제거한 덮개는 와인 바구니나 테이블 위에 놓으면 안 되고 꼭 주머니에 넣어가야 한다.
- 코르크 스크루를 각을 주어 끼우고 한 단계의 나사가 들어갈 때까지 돌린다.
- 코르크 스크루를 기울여서 병의 입구에서 쉬도록 하고, 손가락으로는 그 장소를 쥐고 있게 한다.
- 코르크 스크루를 수직으로 당긴다. 코르크 마개가 꺾이지 않도록 주의한다.
- 병에서 부드럽게 뽑아낸 코르크 마개를 옆으로 살짝 치운다.
- 코르크에서 코르크 스크루를 풀어낸 후 코르크를 주빈이 사용하는 잔의 오른쪽에 놓아둔다.
- 병 입구를 깨끗한 천으로 닦아낸 후 1온스 정도를 주빈에게 따라 준다.
- 좋다는 허락이 떨어지면 다른 사람들에게도 와인을 따라 준다.
- 와인 찌꺼기가 생기던지 와인 잔에 얼룩 같은 것이 묻으면 언제든지 잔을 교체하여 주어야 한다. 더 많은 내용을 알기 위해서 와인과 관련된 인터넷 사이트를 방문하여 본다.

▣ 타이밍

고객이 레스토랑으로 들어서는 순간부터 타이밍은 가장 핵심적인 사항이 된다. 다음에 설명하는 타이밍에 관한 중요한 요소들에 관하여 살펴보도록 한다.

• 고객이 자리에 앉았을 때

불가피할 경우에 또는 가끔 고객이 좌석이 배정되기를 기다리거나 시중받고자 기다리는 경우가 있다. 그럴 경우엔 대기시켜서 죄송하다는 말과 함께 간단한 음료나 애피타이저를 식사 전에 제공하는 것이 좋다.

• 빠른 접대야말로 더 많은 아이템을 판매할 수 있다.

식사 전 무언가 부수적인 것들을 판매할 수 있는 가장 적기는 주문받은 음료를 내올 때이다. 음료와 어울리는 애피타이저를 음료 주문시에 설명한다. 예를 들어, 맥주 피처를 주문한 고객에게 맥주반죽을 입혀서 튀긴 치즈스틱과 마리나라 소스가 잘 어울린다고 설명한다. 음료를 가지고 돌아올 때 애피타이저를 잊지 않는다. 이렇게 말할 수 있을 것이다. "오늘밤 맥주와 어울리는 애피타이저를 결정하셨습니까?"

• 서비스종사원이 서비스에 집중하게 되면 사이드 아이템 판매는 증가할 것이다.

저녁시간에 빠르고 효율적으로 첫 번째 음료를 고객에게 제공하게 되면 애피타이저나 사이드 메뉴를 제안할 수 있는 충분한 방법을 갖게 될 것이다. 누구나 예상할 수 있는 그런 틀에 박힌 서비스를 하지 않는다. 고객보다 멀리 보고 보다 모범적인 서비스를 하도록 한다.

• 애피타이저가 마무리되기 전에 함부로 메인요리를 내오면 안 된다.

고객의 식사 진행과정을 찬찬히 살펴서 언제 정확하게 순서에 따른 다음 식사를 내올 것인지를 아는 것이 특히 중요한 사항이다. 애피타이저를 다 먹지 않은 상태에서 메인요리를 내온다거나 메인요리가 한참 진행 중인데, 디저트를 내온다면 고객들은 십중팔구 자신이 형편없이 서비스를 제공받는 것으로 느낄 것이며, 그 레스토랑에서의 식사가 매우 불쾌한 경험으로 남게 될 것이다.

- **빵바구니가 비기 전에 미리 가져간다.**

  빵은 고객의 식사에 있어서 매우 중요한 음식이다. 빈 빵바구니를 가져가서 아무것도 없도록 하는 것보다 새로운 빵바구니를 가져오고 나서 빈 바구니를 치운다.

- **고객이 식어버린 커피를 마시도록 방치하지 않는다.**

  고객의 진행상황을 지켜보면서 뜨겁고 신선한 커피를 제공하거나 리필해주는 적당한 시기를 찾아야 하고 이는 고객의 필요를 지켜보는 것이다. 종사원들은 팁이 늘어나서 보상받을 것이다.

- **고객이 계산을 치르고 문을 나서기 전 항상 방문해 주셔서 고맙다는 인사말을 빠뜨리지 않는다.**

  식사는 어떠하였는지 그리고 종사원들의 서비스는 괜찮았는지 세세한 충고받기를 주저하지 않는다. 그리고 기쁜 마음으로 다시 방문할 것을 말하는 것도 빠뜨리지 않는다.

- **설혹 고객이 식사 중에 근무자 교대가 있다고 하여도 서비스가 중단되어 고객들이 기다리는 경우가 발생해서는 안 된다.**

  새로운 종사원이 자신을 소개하는 시간이 필요하고 그와 동시에 고객의 식사가 어디까지 진행되었는지를 파악하는 기회로 이용되어야 한다.

- **음식이 언제 완성되어 공급되어야 하는지를 알아야 한다.**

  유능한 홀 서빙요원은 음식이 식어버린다거나 선반 위에서 배달되기를 기다리는 것과 같은 일이 발생하지 않도록 주방 종사원들과 어떻게 호흡을 맞춰야 하는지를 알고 있다. 종사원들에게 이러한 과정에 대하여 주의를 기울이도록 하여 고객에게 더 나은 서비스를 제공하도록 한다.

- **계산서를 너무 일찍 또는 너무 늦게 제시하지 않는다.**

고객이 디저트로 무엇을 선택할까 고민하고 있는 중에 식탁 위로 배달된 계산서는 종사원이 팁을 챙길 기회를 박탈해 버린다. 또는 계산서가 너무 늦게 제시될 경우, 디저트를 끝낸지 한참 지났거나 마지막 식사까지 모두 마친 후라면 고객들은 참을성을 잃거나 신경질적이 되어서 식사 중 서비스가 아무리 훌륭하였다 하더라도 고객이 레스토랑 문을 나설 때는 그 레스토랑에 대하여 부정적인 인식을 품게 할 수 있다는 것이다.

- **만일 뷔페식 레스토랑을 운영하는 곳이라면 종사원이 언제 음식을 새로 공급해 주어야 하는지를 안다.**

음식을 보충하기 위해 종사원들이 들고 나는 동안 고객들을 기다리게 해서는 안 된다. 그동안 고객들이 이미 선택한 음식들은 식어버리고 고객들이 움직이는 전체 동선은 헝클어져 버릴 것이다. 마지막 순간에 입장한 고객에게까지 완벽하게 음식이 공급되어야 하며 영업이 완전히 종료될 때까지 비어 있는 음식대가 있어서는 안 된다.

▣ 고객의 결정에 따르고 고객의 요구에 초점을 맞춤

고객들에게 훌륭한 선택을 했다고 해주는 행위는 매출을 확대시키는 검증된 방법이다. 다음으로 고객들의 결정을 칭찬하는 방법들과 이는 수입의 증가로 나타나게 될 것이다.

- **고개를 끄덕이며 "현명한 결정이십니다."라고 한다.**

주문을 받을 때 "현명한 결정이십니다."라고 하며 고개를 끄덕이는 것은 종사원이 사이드 메뉴를 제안했을 때 고객의 승낙을 끌어내기 위한 입증된 심리적인 수단이다.

- **칭찬을 해서 고객을 깜짝 놀라게 한다.**

고객들이 식사를 하는 동안에 지배인이 친밀하게 인사를 건네고 홀을 둘러보는 것만큼 고객들에게 깊은 인상을 주는 것은 없다. 악수를 나누고 '안녕하십니까?' 인사하는 것으로 충성고객을 얻게 되는 것이다. 그것이 고객들이 단지 돈을 지불하는 고객이 아니라 진짜 '초대받은 고객(친구)'으로 느끼게 할 것이다.

- **고객의 선택에 칭찬을 해주어 고객이 신상품을 선택하도록 한다.**

예를 들어, 비록 고객이 선택한 아이템이 별로 인기가 있는 것이 아닐지라도 종사원은 당연히 "탁월한 선택이십니다."라고 말함으로서 고객에게 자신의 선택이 제대로 된 것이라는 것을 알려주는 것이 필요하다.

- **주문을 하면서 확신을 갖지 못하는 고객에게 안내를 해주고 칭찬을 한다.**

아이템을 선택할 때 - 와인 같은 - 고객을 잠시 혼란스럽게 할 경우도 있다. 고객이 올바른 결정을 하도록 안내할 만큼의 지식을 지니고 있는지 확인한다.

- **판매되는 모든 메뉴에 대하여 시식을 해보고, 자신 있게 고객들에게 아이템을 추천한다.**

메뉴를 선택하는 데 있어서 개인적인 추천보다 고객의 결정을 좌우하는 것은 없다. '매우 뛰어난' 메뉴는 아닐지라도 '훌륭한' 정도는 되는 그러한 사이드 아이템을 한 번 권해 본다.

- **단지 수입만 바라보지 않는다.**

고객을 기쁘게 하면 팁은 자연히 따른다. 고객이 필요와 바람을 파악하는 데 주의를 기울이고 메뉴 선별을 잘 하도록 안내하게 되면 고객과의 연관관계를 지니게 되어 수입도 최대화 할 것이다.

• **항상 웃으며 봉사**

고객을 더 많이 확보하고 매출을 늘리기 위해 해야 할 일은 상당히 간단한데도 바쁘다보면 고객들을 향하여 미소짓는 것을 잊어버리기도 하고 때론 무성의하게 서빙을 하기도 한다. 하지만 미소를 짓고 성의 있게 서비스를 하게 되면 고객들은 더욱 편안함을 느끼게 될 것이다. 고객은 식사 외에도 음료, 애피타이저 그리고 디저트를 주문하게 될 것이다.

• **종종 고객들의 음식물과 음료 등에 문제가 발생할 때가 있는데, 이때는 신속하고 침착하게 대체한다.**

언제나 문제를 해결하는 데에는 신속하고 효율적이어야 한다. 식탁으로부터 음료나 음식물을 치우고 즉시 돌아와서 대체를 하는 것만이 문제를 신속히 해결하는 길이다. 고객들과 언쟁하지 말 것이며 오직 사과하고 상황을 정리하도록 한다.

• **고객의 말에 귀를 기울인다.**

"치즈 없이 치즈 프라이를 해 줄 수 있습니까?" "문제없습니다! 애피타이저를 빵가루 없이 튀겨드리기를 원하시는 거지요? 괜찮습니다. 그렇게 해드리지요!" 고객들의 어떤 요구에도 응한다. 그렇게 하다보면 고객 각자의 기호를 알게 될 것이다.

• **매니저는 훌륭한 사회적 관계를 지녀야 한다.**

바람직한 매니저는 홀을 돌아다니며 여러 가지를 점검할 것이다. 고객들과 가벼운 담소를 나누고 제공된 음식이 어떠하였는지 묻는 등 저녁식사로 제공된 새로운 아이템에 대한 반응을 알아볼 수 있는 좋은 기회이기도 하다.

- **좋은 고객을 구분할 수 있도록 종사원을 훈련**

종사원이 이전에 방문했던 고객을 기억하고 알아보는 교육훈련을 통하여 고객의 마음을 잡는다. 그 고객들이 늘 주문하던 음료와 함께 새로운 아이템을 추천한다거나 또는 마지막으로 왔을 때 그 고객의 대화를 기억해 두었다가 고객이 오면 이렇게 물어본다. "새롭게 하신다던 일은 잘 되어가고 있겠지요?" 등의 대화를 유도한다.

- **레스토랑 고객들이 특별하다고 생각하게끔 만든다.**

고객이 잔으로 와인을 주문했을 때라도 잔이 채워진 채로 테이블로 내오는 것보다 병으로 들고 와서 고객들에게 고급스러운 레스토랑에서 하듯이 서빙한다.

- **고객이 주문하기 전과 후를 잘 관찰하도록 하고, 주문한 그 음식을 시식했었던 적이 있었는지도 알아본다.**

고객의 요구를 기대한다. 새로 테이블에 앉은 고객에게 가서 "바에서 뭔가 마실 것을 가져다 드릴까요?"라고 말한다. 커피나 차를 요구할 것이고 첫 음식을 먹는 고객의 얼굴을 자세히 살펴본다. 만일 조금이라도 잘못된 부분이 있었다면, 또는 음식에 뭔가 문제가 있다면 다른 더 큰 문제가 발생하기 전에 해결을 해야 하기 때문이다.

- **고객에게 부담이 되는 주문은 가급적 피한다.**

대신 고객이 편안하게 즐길 수 있는 것으로 주문하게 한다. 사람들은 부담되는 식사로 시작하는 것보다는 조금씩이라도 계속 받아먹는 것을 더 즐긴다.

- **공식적으로 고객에게 초청장을 보낸다.**

담당자들에게 고객 앞으로 공식적인 초청장을 보내게 할 수 있다. "저녁식사 이후에 조용한 분위기에서 차 한 잔 하실 수 있도록 준비해 놓겠습니다. 찾아주시면 감사하겠습니다."라고 할 수 있다.

- **감사의 인사장은 항상 좋은 홍보수단임**

고객들에게 감사하는 마음을 표현하는 방법은 몇 가지가 있다. 먼저 예약 담당자로부터 고객들의 주소를 보고받은 후 모든 고개들에게 감사의 편지를 보내면 되는 것이다. 그런데 고객들이 너무 많으면 그룹별로 나누고 그 중에 모임의 키를 가지고 있는 리더에게 대표로 보내면 될 것이다.

- **판매를 하기 위한 성과정책**

사이드 아이템을 판매하는 데 있어서 성과정책이 돈에만 의존하는 것은 아니다. 믿을지 모르겠지만, 사이드 아이템을 판매해야 하는 이유가 단지 매출총액을 증가시키기 위한 것은 아니다. 고객의 식탁을 풍성하게 하는 사이드 아이템을 추천함으로써 고객이 기쁨을 느낄 수 있도록 하거나, 낭비하지 않게끔 고객의 지갑을 지켜주는 모든 적절한 제안들로 인하여 고객의 충성심도 배양하고 종사원들의 팁도 늘어나는 효과가 있다는 것을 알아야 한다. 이러한 유·무형의 보상형태를 인식시킴으로써 종사원들의 행동을 촉발시켜야 한다.

- **사이드 아이템 판매를 위해 종사원들에 대한 보상정책을 실시**

경쟁제도, 인증제도, 포상, 이러한 모든 형태는 종사원들이 적극성을 유발하는 유용한 제도들이다.

- **종사원들에게 교육받을 기회를 제공**

거의 모든 사람들은 선택된 분야에서 자신들의 능력을 제고시킬 기회가 주어지는 것에 대하여 매우 감사해 한다. 종사원들도 역시 예외가 아니다. 훈련 교본, 그리고 밟아야 할 각 과정, 시청각 자료 등이 있으며, 이러한 모든 것들이 종사원들로 하여금 음료, 애피타이저, 디저트 등 모든 아이템들의 판매에 효율성을 갖도록 도와준다. 종사원들에 대한 정기적이며 체계적인 교육은 매출을 증가시키는 데 기여할 뿐만 아니라 종사원들의 충성심도 배양하게 해준다.

- **시상제도는 어떠한 아이템을 판매하는 곳이라도 아주 중요한 동기유발 정책**

직업상 어떻게 업무를 수행하였던 간에 상을 받는 것은 정신적인 보상 측면에서도 매우 중요하다. 관리자들은 업무수행 능력이 뛰어난 종사원들을 칭찬해 줌으로써 마찬가지로 종사원의 정신적인 측면의 자긍심을 높일 수 있다. 특히 이런 경우 공개적으로 수행해야 효과가 극대화된다. 종사원들과의 정기적인 회의시 이러한 정책들에 관하여 말하고 반드시 실시해야 한다.

- **'회사에 감사하기' 주간이나 달을 갖도록 한다.**

종사원들에게 모든 새로운 회사에서 회사에 감사하는 주간을 그들이 보너스를 받게 된다. 오직 필요한 것은 근처의 사무실의 인원들을 문으로 들어오게 하는 것이고, 이후로 그들은 자주 오게 될 것이다.

The Food Service Professional

레스토랑 마케팅 노하우

3 애피타이저에 정통하자

■ 조금씩 맛보면서 입맛 다시게 하는 것

대부분의 지역이나 문화권에서는 주식을 먹기 전에 입맛을 돋우도록 애피타이저를 먹는다. 미국인들은 더 이상 샐러드, 칵테일 소시지, 치즈와 크래커를 애피타이저라고 생각하지 않는다. 속을 채운 할레피뇨 고추, 케밥, 시금치와 딥, 닭 날개요리 등이 모두 애피타이저로서 시장에 진입하였고 레스토랑에 거대한 매출 주역으로 자리잡기 시작했다. 애피타이저에는 식욕을 자극함으로써 메인요리를 충분히 즐길 수 있도록 해준다는 뜻이 담겨 있다. 애피타이저는 메인요리를 먹기 전에 가벼운 칵테일이나 와인 한 잔, 또는 다른 음료를 즐김으로써 고객의 마음을 풀어지게 하고 '고객의 미각을 자극하는 것'과 같은 역할을 한다.

다음에 제시하는 몇 가지 제안들은 여러분들의 애피타이저에 대한 이해를 높여서 매출과 이익을 증가시키는 데 도움을 줄 것이며 종사원들의 팁도 늘어나게 될 것이다.

- **눈이 먼저 먹게 한다.**

  시각적으로 강렬한 음식은 90% 이상의 사람들이 새로 음식을 주문하거나 추가로 음식을 주문하게 한다. 사이드 아이템이 음식, 메뉴상의 사진 혹은 종사원들 마음속에서조차 시각적으로 어필할 수 있도록 만들어 본다.

- **애피타이저로 식사에 빛이 나게 한다.**

애피타이저는 어떠한 레스토랑의 품목에서든지 특색 있는 메뉴가 될 수 있다. 열정을 가지고 애피타이저를 서빙한다면 레스토랑의 매출은 10배 이상 늘어날 것이다. 이것이 의미하는 바는 요리에 고명 하나를 얹더라도 색감을 더욱 주고 특색 있는 향신료를 사용하라는 것이다. 자극을 줄 수 있도록 음식을 포장한다.

- **살아있는 표현으로 고객의 구미를 당긴다.**

예를 들어, "디저트를 하시겠습니까?"라고 사무적으로 묻기보다는 "저희 집에서만 맛볼 수 있는 아주 감미로운 체리 크림 파이 한 조각 어떠세요?" 신선한 체리와 많은 생크림을 위에다 얹은 것입니다.

- **메뉴 하나하나에 아주 매력 있는 이름을 붙여준다.**

레스토랑에서 안주거리로 팔고 있는 '나초' 하나만 놓고 봐도 메뉴판에 단순히 '나초'라고 올려놓지 말고 "자메이카식 나초"라고 이름을 붙여 놓으면 고객의 마음속에는 무언가 특별한 이미지로 그 아이템이 각인될 것이다. 이러한 표현들은 인스턴트식 나초가 아니라 다른 레스토랑들에서도 정식 메뉴로서 제공된다는 의미를 내포하고 있는 것이다. 만일 고객이 그 나초에 대하여 묻는다면 풍부한 어휘를 구사하여 고객이 반드시 주문하도록 할 수 있을 것이다.

- **새로운 음료나 특별 인하된 음료**

교대하는 종사원들은 비록 메뉴에는 언급되어 있지 않더라도 어떤 음료가 그날의 특별한 또는 새롭게 판매해야 할 것인가에 대하여 알고 있어야 한다. 새롭게 추천되거나 고객의 마음을 자극하게 된다면 더 많은 판매가 이루어지기 때문이다.

- **미각여행**

애피타이저 판매를 위한 하나의 방법은 팔고자 하는 아이템을 인기를 얻도록 판매행사를 하는 것이다. 일례로 '애피타이저로 가보는 세계 일주'를 기획해 볼 수도 있다. 이것을 기초로 하여 지속적인 행사로 진행할 수도 있고 매주 특별한 요일에 진행하는 특별행사로 계획할 수도 있다. 예를 들어, '그리스 도르마도스(포도잎을 쌀, 잣 그리고 여러 가지 양념으로 채운 것)'이 한 주이면 다음주에는 '터키의 케밥' 주간이 가능하다.

- **현재 판매하는 아이템 중에서 애피타이저를 재정립시키고 좀더 맛있게 만든다.**

레스토랑에서 제공되는 애피타이저의 역할에 대하여 다시 생각해 본다. 만일 그것들이 지극히 인기가 있고 판매품목의 절대적인 기반이라면 일단 메뉴에서의 가시성을 높여야 할지도 모른다. 또한 판매품목에서의 비중을 더 높이는 문제에 대하여 고려하고 있다면 애피타이저라는 메뉴에 대하여 중요하고 특별하게 여기도록 환경을 조성해야 할 것이다. 좀더 색채감과 화려함을 주어서 그 품목들이 좀더 미각을 자극하도록 만든다.

▣ 어린이 & 애피타이저

외식 환경에서 레스토랑을 선택하는 데 있어서 어린이의 영향력이 매우 크다. 최근의 여론조사에 따르면, 55%의 응답자가 아이들의 선택에 따라 레스토랑을 결정한다고 대답했다. 만일 레스토랑을 '어린이에게 친숙한' 곳으로 만들 계획이 있다면 당장 판매할 아이템부터 그들에게 익숙한 것으로 바꿔야 할 것이다. 아이들은 가족들이 애피타이저를 주문할 때 지켜보다가 대체로 '나도 그거요' 하는 경우가 많다. 이따금 부모들은 아이들 때문에 메인요리를 주문하지 않고 애피타이저만 주문하기도 한다. 어린이를 위한 레스토랑 운영자라면 가족들은 자주 방문하게 될 것이다. 지금부터 어린이용 애피타이저의 매출을 올리기 위한 몇 가지 방법들을 알아보도록 한다.

- **어린이들이 호감을 갖는 사이드 아이템을 개발**

아이들은 눈사람이라는 이름이 붙여진 아이스크림이나 공룡모양의 프렌치 프라이를 어디에서 먹었는지를 기억할 것이다. 그 아이들이 부모들에게 다시 가자고 부탁하게 될 것이다.

- **무료로 아이들을 돌보아주는 서비스를 고려**

많은 영리업체들은 오늘날 부모들이 마음 놓고 그들만의 만찬을 즐길 동안 아이들을 맡길 신뢰할 만한 곳이 갈수록 없어지고 있다는 것을 인식하게 되었다. 아이들을 위한 공간을 확보하여야 한다. 그러면 아이들은 식사하는 테이블에서 조용히 앉아 있는 대신 마음 놓고 그들만의 놀이를 즐길 것이다.

- **어린아이에게 어필할 수 있는 애피타이저를 제공**

'담요 속의 돼지'와 같은 작은 사이즈의 빵에 둘러싸여 있는 황금색으로 잘 구워진 한 입 크기의 소시지를 프렌치 드레싱과 함께 주게 되면 아이들이 좋아할 것이다. 주방장에게 시각적으로 좋아보이고 맛도 있는 어린이용 애피타이저를 만들도록 요구해 본다.

- **부모 및 아이들 모두를 만족시킬 만한 특별한 것을 준비**

아이들 전용의 어떤 특별한 애피타이저는 부모들 뿐만 아니라 아이들도 역시 특별한 인상을 받을 것이다. 일례로 치즈 스틱과 함께 아이들 전용의 음료를 특별가격에 판매해 본다. 예를 들어, 치즈스틱과 딥과 함께 그에 어울리는 음료를 인하된 가격에 제공해 본다.

• 어린이용 애피타이저는 아이들의 좋아할 만한 용기에 담기

또는 그 아이템을 주문했을 때 아이들에게 보상해 준다. 우리는 맥도날드가 해피밀이라는 아이템을 판매하면서 아이들에게 장난감을 끼워주는 판매로 많은 이익을 냈던 것을 알고 있다. 아이들이 풍선을 갖도록 하고 음료를 안전하게 보관할 수 있는 안전 컵을 제공하는 것들이 아이들에게 무언가 호기심을 갖게 해주어서 다음에도 그곳을 꼭 들려야 할 곳으로 인식시키게 될 것이다.

• 어린이용 메뉴에는 건강과 식품상의 안전을 고려한 아이템을 준비

부모들이 아이들과 외식을 할 때 대부분 그 레스토랑의 메뉴에서 맛뿐만 아니라 아이들의 건강도 고려한 것을 선호한다는 것을 알아야 한다. 만일 부모들이 건강한 음식을 선택할 다양한 기회를 찾고 있다면 여러 가지 과일을 혼합한 샐러드나 다양한 야채를 토핑한 미니 피자가 훌륭한 대상이 될 수 있다.

• 고객들의 주의를 끌기 위하여 문 밖에 마스코트를 세워둔다.

종사원을 거리의 모퉁이에 세워 놓고 고객들의 주의를 환기시키기 위하여 우스꽝스러운 행동을 하게 하는 것이 재미는 있지만 별 효과가 있을까 하고 의심할 수도 있을 것이다. 그렇지만 그렇게라도 해야 한다. 더욱 좋은 것은 의상까지 완전히 갖추고 재미있는 동작을 하도록 하는 것이다.

• 부모들의 수고를 덜기

가지요리(채소요리)를 잘 먹는 아이들을 보았을 때가 있다면 그 아이들의 부모에게 조리법을 알려 주도록 한다. 아이들에게 더 많은 채소를 먹일 수 있는 좋은 기회가 될 것이다.

- **형상화. 그럴 수가 없다면 그만두는 것이 좋다.**

프라이나 너겟이 아이들의 기호에 맞는 모양을 낼 수가 없다면 차라리 포기하는 것이 낫다. 일리노이의 맥케인 식품은 알파벳 모양의 프라이와 공룡 모양의 아이템으로 많은 돈을 벌었다.

- **어린이를 위한 작은 메뉴를 개발**

어린이들은 대개 너겟 아니면 버거류 등 기껏해야 2가지의 메뉴 안에서 맴도는 경향이 있다. 생각을 바꾸어서 어린이들도 어른들처럼 형태가 제대로 갖추어진 식사를 할 수 있도록 메뉴를 적극적으로 개발해 보도록 한다.

- **아이들이 직접 만든 피자**

Snackable을 본 적이 있다면 그것이 아이들에게 왜 그렇게 인기가 있는지 이해할 수 있을 것이다. 아이들은 만들기를 좋아한다. 비록 그것이 자신이 먹어야 할 음식일지라도…. 그래서 한 가지 제안한다면 예를 들어, 미니피자를 고안해서 토핑이나 피자 위의 각종 모양을 아이들 스스로가 만들어보도록 기회를 주는 것이다.

- **오늘밤은 반대로 해본다.**

아이들은 밤에 팬케이크를 좋아하거나 아침식사로 버거를 먹는다. 이번 주에 특별한 밤을 만들어서 모든 것이 거꾸로 제공되도록 한다. 아침 대신 저녁 7시 30분에 초콜릿 팬케이크를 제공해 본다.

- **아이들에게 곰인형을 준다.**

많은 아이들이 부모들과 외식을 하러갈 때 그들이 좋아하는 장난감을 가지고 가고 싶어 하지만 대개 부모들은 금지한다. 우리 레스토랑에서는 그것을 허용해 본다. 앞에서도 언급했지만 아이들만의 장소에서 종사원들이 곰모양의 크래커를 준비하여 제공해 본다.

- **부모들도 아이들의 장난감 돈을 준다.**

레스토랑에서 고객들이 식사를 할 때마다 계산서에 작지만 일정한 비율로 어린이를 위한 금액을 적립할 수 있게 한다. 또는 디자인이 재미있는 가짜 돈이나 쿠폰을 제작해서 어린이들이 장난감과 교환할 수 있게 해 본다.

- **청소년들**

지역에 청소년 체육행사가 있다면 스폰서가 되는 것도 좋은 방법이다. 큰 시합이 끝난 후에는 팀에게 해피밀을 제공하거나 애피타이저 형태의 음식을 장만하여 손쉽게 게임 중에 먹도록 해 준다.

- **학교 지원 프로그램**

학생들이 어떠한 목적을 성취하였을 때 무료 청소년 시식권을 마련하여 주는 것은 선생님들에게 있어서 더 이상의 행복한 일이 없을 것이다. 또한 아이들은 부모들을 졸라 함께 올 것이고 나머지 가족도 함께 서빙하게 될 것이다.

▣ 해피아워에 고객을 모으기

해피아워는 고객들에게 새로운 애피타이저를 홍보할 수 있는 좋은 방법이다. 레스토랑에 그러한 시간대가 있다면 이 때 방문하는 고객에겐 할인된 가격의 음료와 애피타이저를 함께 판매하는 것도 고려해 볼 수 있다. 여기에 해피아워에 애피타이저 판매를 강화하는 방법에 대하여 살펴보도록 한다.

- **전염시키기**

바가 홍겹고 열광적이면 고객의 마음도 그렇게 된다. 한 번 시끄러운 상황을 만들어 보기도 하고 편안하고 느긋한 분위기를 연출해 본다. 해피아워 동안 일단 분위기가 형성되면 사람들의 마음은 하나가 될 것이다. 서빙하는 사람이 항상 긍정적이며 적극적인 마음가짐으로 고객을 대했을 때 고객의 마음을 사로잡을 수 있다.

- **화요일의 이벤트를 개최**

매주 화요일 저녁 5~7시 사이에 입장한 고객들에게 번호표를 주어 그 중에서 선발한다. 5시 30분~6시 또는 7시에 바텐더가 마찬가지로 고객들을 추첨하여 무료 애피타이저를 제공하는 행사를 한다. 이렇게 하면 고객들은 추첨이 끝날 때까지 기다리면서 음료와 애피타이저를 즐길 것이다.

- **'해피아워'에 레스토랑에 들어선 고객이 무엇을 원하는지 알아야 한다.**

'해피아워'에 들어오는 고객들은 일이 끝나서 오는 사람들이 대부분이다. 그들은 저녁식사가 준비될 때까지 가볍게 뭔가를 먹으면서 편안하게 쉬기를 원한다. 이럴 때 애피타이저는 그들로 하여금 음료 등을 더 많이 마시도록 하고 계속 취하도록 한다. '해피아워' 고객들에게 확실한 봉사를 한다.

- **해피아워 고객들의 휴일날 행사**

발렌타인데이 등으로 연인인 고객들이 많이 들어 왔을 때 하트 모양으로 장식된 애피타이저를 서빙하면 어떨까? 메인주의 살리스버리 농장에서는 하트 모양의 치킨 너겟을 판매한다. 다른 공휴일에는 장식모양의 미트볼이나 크리스마스트리 모양의 쿠키 등 좀더 창의적으로 만들어 본다.

• 옛날로 돌아가 본다.

가끔은 고객들에게 예전에 즐겨 먹던 캔디나 스낵류를 제공함으로써 그들의 향수를 자극해 본다. 흡연구역 안에는 입술 모양이나 담배 모양의 캔디를 비치할 수도 있고 아마도 어린 시절을 기억하며 고객들은 레스토랑을 아주 특별하고도 유쾌한 장소로 기억해 줄 것이다.

• 해피아워에 제공되는 애피타이저에는 인심을 쓴다.

대부분의 레스토랑들이 해피아워에 제공되는 애피타이저에는 인색하게 굴면서 왜 그 시간에 고객들이 없는지에 대하여 불평을 한다. 이제부터는 그 시간대에 찾아오는 고객들에게 여러 가지 다채로운 것들을 제공하고 제공할 것이 떨어지지 않도록 해야 한다.

• 해피아워에 핑거푸드를 제공

해피아워에 핑거푸드를 제공하게 된다면 도구를 세척해야 하는 노동을 줄일 수 있고, 고객들도 보다 여유로운 환경에서 식사를 즐기게 될 것이다. 냅킨, 접시 등을 충분히 준비하도록 한다.

• 경쟁하는 레스토랑들보다 더 많이, 더욱 질 높은 음식을 제공

레스토랑이 해피아워에 더 많은 고객이 올 수 있도록 만든다면 입 소문이 나서 고객이 늘게 되고 수입도 증가하게 될 것이다. 한 번 고려해 본다. 고객들 중의 상당수는 독신인 경우가 많고 이들은 집에서 식사를 해결하기 쉽지 않은 부류이다. 이들은 일을 마치고 나면 와인 한 잔이나 칵테일 한 잔에 간단히 요기할 수 있는 먹을거리를 찾는 사람들이다. 해피아워에 이 사람들을 주요 타깃으로 삼아 판매를 해 본다. 그들은 레스토랑의 고정고객이 될 것이다. 시간과 돈과 노력을 기울여 해피아워에도 제대로 공급되는 아이템을 개발하도록 한다. 고객도 실망하는 일이 없을 것이다.

- **해피아워에 제공되는 애피타이저의 프리젠테이션은 매우 중요**

해피아워의 애피타이저가 고객에게 어필하도록 한다. 테이블보, 식물의 배치, 장식 그리고 다양한 높낮이를 활용한 디스플레이가 고객들에게 인식되도록 한다.

- **다 소비된 음식은 지속적으로 채워둘 것**

해피아워라고 해서 음식이 떨어지는 일처럼 잘못된 경우는 없다. 다시 말해서 공식적으로 해피아워가 끝났다는 의미이고, 이것은 한 가지 사이즈의 유리잔을 다른 것으로 교체하거나 다른 단계로 정리를 의미한다.

- **해피아워에 준비되는 여러 애피타이저는 음료 매출을 동반 상승**

해피아워에 애피타이저 매출만 올리라는 뜻이 아니다. 애피타이저를 제공하다 보면 음료 매출도 따라서 상승하는 것을 알 수 있다. 많은 사람들이 무료로 제공되는 음식 때문에 오지만 그들이 머물면 머물수록 음료를 더 주문하게 된다. 통계적으로 해피아워에 애피타이저를 제공하는 것은 음료 매출을 20% 증가시킨다고 한다.

- **해피아워는 애피타이저 프로모션을 영업장 내에서 하는 것**

테이블 텐트, 칠판 또는 전단지, 기타 알릴 수 있는 다른 수단을 사용해서 애피타이저, 사이드 메뉴, 특별 음료, 포장해 갈 수 있는 점심, 저녁 스페셜 아이템을 홍보한다. 해피아워에 온 고객들은 이미 레스토랑에 있다는 것만으로도 즐겁다. 이들은 다시 점심이나 저녁식사를 하기 위하여 레스토랑을 다시 찾을 것이다.

- **해피아워에 제공되는 애피타이저가 비싸거나 무게감이 있는 것이 될 필요는 없다.**

멋진 프리젠테이션을 유지하면서 무료로 제공되는 애피타이저의 비용을 일정하게 유지할 수 있는 방법을 생각해 본다. 부담 없이 즐길 수 있는 가벼운 아이템과 그와 반대의 것을 조합한 메뉴는 모든 이에게 효과적이다. 썩 괜찮아 보이지만 비싸지 않은 애피타이저는 프렌치식이나 이탈리아식 신선한 빵에 고기나 치즈로 채운 빵도 한 예가 될 수 있다. 그것으로 미니 샌드위치를 만들어서 양념을 곁들여 제공하면 된다. 물론 채식주의자나 기름기가 적은 음식을 찾는 사람들을 고려한 메뉴도 있어야 한다.

- **종사원들은 해피아워에 해야 할 일을 정확히 알도록 한다.**

종사원들의 행동이야말로 해피아워를 성공적으로 운영하기 위한 가장 중요한 근본이다. 어떤 애피타이저가 고객에게 좋은 반응을 얻는지 혹은 다른 특별한 아이템, 즉 디저트나 만찬용 스페셜과 같은 프로모션에 대하여 정보를 얻는다.

- **방법을 알면 무료 광고 역시 쉬워진다.**

해피아워는 유쾌하고 독특한 행사를 갖기에 좋은 기회가 된다. 고객들 그리고 행사를 알리는 언론매체에도 매력적이고, 특이한 아이디어가 가미된 행사를 개최한다.

- **해피아워에는 테이블 위에 뭔가 쓸거리를 둔다.**

컵에 크레용이나 펜을 넣어 두고 고객이 식사를 하면서 뭔가를 쓰거나 낙서 등을 할 수 있도록 테이블을 종이로 덮어둔다. 종사원들이 종이를 교환하면서 “치즈스틱을 맛보십시오.” 같은 권유를 하도록 한다.

- **통상적인 바 스낵의 질을 뛰어넘기**

▣ 특별한 애피타이저 아이템으로 어필하기

고객에게 뛰어난 애피타이저를 제공하므로 특별히 어필하는 방법이 다음과 같다.

- **선택권을 고객에게 준다.**

  사람들은 단 한 가지 아이템을 주문하더라도 여러 가지 선택을 할 수 있을 때 즐거움을 느낀다. 핑거푸드 종류의 특별한 애피타이저를 제공하려면 고객이 자신의 취향에 맞게 3~4가지의 소스를 주문하게 하는 것도 한 방법이다.

- **유기농 음식을 즐길 수 있도록 한다.**

  신선한 채소를 애피타이저로 제공할 것이라면 유기농 야채를 사용하는 것은 어떨지, 고객들은 각종 농약이나 살충제로 오염된 야채가 아닌 몸에 좋은 신선한 야채에 대하여 깊은 인상을 받을 것이다.

- **저녁 만찬에 어울리는 애피타이저**

  혼자 오는 고객은 대체로 풀코스 요리보다는 간단한 단품요리를 선호하는 경향이 있다. 그럴 때 적당한 사이즈로 고안된 애피타이저를 제공할 수 있도록 한다. 1인용, 2인용, 5인용 혹은 그 이상의 사람들을 위하여 준비해 본다.

- **핑거푸드**

  핑거볼! 만일 레스토랑에서 공급되는 애피타이저가 핑거푸드라면 식탁이 산만해지거나 여러 가지로 안 좋은 상황이 나타날 수 있으므로 따뜻한 물수건이나 손을 씻을 수 있는 물이나 레몬즙이 섞인 물을 공급해야 한다.

- **특별한 애피타이저를 위한 특별한 도구들**

꼬지와 이쑤시개는 애피타이저에 이용되어 좀더 먹음직스러운 외관을 나타낼 수 있다.

- **뜨겁게 & 차갑게**

감자 수프가 뜨겁게 제공되는 반면에, 오이 수프는 대체로 차갑게 해서 제공한다. 고객들이 그들이 원하는 상태로 이용할 수 있도록 다채로운 애피타이저를 개발하도록 해야 한다. 차거나 트로피칼 형태를 이용하는 것이 힌트이다. 즉 디저트로 제공되는 것도 대체로 고객들이 차갑게 해서 먹더라도 뜨거운 것도 준비할 수 있는 것이다.

- **특별하게 만들어진 버터를 제공**

근래 수많은 레스토랑들이 마가린과 버터도 고객들이 더욱 다양하게 선택할 수 있도록 준비하고 있다. 고객들도 좀더 특별한 버터를 찾는다. 예를 들면, 사과나 블루베리 버터 같은 것을 찾는다. 그러므로 이러한 특성에 뒤지지 않기 위해서는 주방장이 신선하게 배합된 새로운 것을 만들어내거나 아니면 이미 만들어진 제품을 찾아내도록 해야 한다.

- **햄버거 빵을 굽기**

레스토랑의 애피타이저로 샐러드 믹스가 많이 판매되고 있다면 직접 만든 크루통을 사용하는 것이 좋을 것이다. 이를 위해 할 일은 빵을 굽는 것이고 향을 낸 기름에 구워서 간을 하는 것뿐이다.

- **특별한 스프레드를 제공**

젤리, 잼 외부에 있지 않은 특별한 것을 만들어내게 되면 특별 아이템이 된다. 계절마다 생산되는 딸기와 같은 과실류들을 시도해보는 것은 고객에게 좋은 결과로 작용할 것이다.

The Food Service Professional

레스토랑 마케팅 노하우

4 건배–음료 매출을 증가시키기 위한 방법

음료 프로모션

레스토랑에서 음료 매출을 증가시키고자 하는 계획이 잘 수행된다면 종사원들의 팁뿐만 아니라 사업자의 이익도 증가한다는 것을 확실하게 알 수 있을 것이다. 와인을 잔으로 파는 것보다는 병으로 파는 것이 나을 테고 맥주도 피처로 판매하는 것이 낫다. 이와 같이 주문전표에 하나라도 더 올릴 때마다 수입은 점점 더 좋아질 것이다. 돈을 벌기 위하여 여러 가지로 애를 쓰지만 문제는 고객들이 레스토랑에서 유쾌하지 못한 경험들을 갖게 된다면 결국 이익도 점점 줄게 될 것이다. 따라서 다음에 설명하는 '음료 매출을 올리기 위한 실증된 방법'에 관하여 집중적으로 검토하고 실행해야 할 것이다.

- **대중매체를 효과적으로 활용**

각종 매체들은 음식에 관련된 것들을 쓰기 위하여 늘 새로운 대상을 찾는다. 휴일 이벤트 외에 제공하는 음료에 대하여 새로운 것을 다른 각도에서 고안하면 그러한 대중매체의 리포터들의 흥미를 끌면서 추천되고 매체에 실릴 것이다. 예를 들어, 레스토랑에서 그리스 와인을 독점적으로 공급할 때 와인 시음회를 개최하는 것이다. 도르마다스나 휴므스를 피타 브레드와 함께 애피타이저로 함께 제공한다. 장식에 조금만 신경을 쓰면 그 지역의 이목을 끌게 되고 대중매체 이벤트를 할 수 있다.

• 게시판 광고물이나 입구의 대형 간판은 매출을 증가시키는 데 기여한다.

게시판과 같은 광고물을 사용한다는 것은 누구나 쉽게 볼 수 있도록 거리 옆 주차장에 회사 로고가 찍힌 차량을 세워 두는 것만으로도 효과를 나타나는 쉬운 방법이다. 또는 고객들의 시선을 잡기 위하여 입간판이나 현수막에 경쟁력 있는 아이템을 집중적으로 홍보한다.

• 음료를 주문 받을 때는 반드시 한 단계 높은 쪽으로 유도

단체고객이 파티와 같은 형태를 위하여 오거나 저녁에 방문하는 경우에 특히 효과적이다. 와인이나 맥주를 잔으로 주문하려고 하면 신속하게 병이나 피처로 주문을 바꾸도록 유도해야 한다. 이렇게 해야 매출도 오르고 고객들의 비용 또한 절감되면서 고객을 배려하고 있다는 것을 알게 될 것이다.

• 알릴 것은 알리기

만일 레스토랑에서 130여 가지에 이르는 스카치위스키를 판매하고 있다면 모든 수단을 강구하여 그것을 홍보하여야 한다. 그것을 알릴 수 있는 홍보물을 걸고 고객들의 시야에 잘 보일 수 있도록 배치하고 지역의 평론가를 초대하여 알리도록 한다.

• 고객들의 호응을 받는 바 푸드를 적극 홍보

고객들이 바에 더 오래 머물게 하고 싶다면 다른 레스토랑에서는 찾아볼 수 없는 독특하고 다양한 메뉴를 개발해야 한다.

• 음료매출을 올리기 위한 판매에 과도한 돈을 낭비할 필요가 없다.

잘 만들어진 메뉴텐트나 와인 목록, 그리고 특별하게 만들어진 칠판과 같은 장치들이 음료 판매의 중요한 수단들인 것이다. 그것들은 고객들이 자리에 앉자마자 종사원들이 주문받을 수 있도록 준비되어 있는 것들이다. 이러한 도구들은 대부분 납품업자들에 의하여 무료로 제공될 수 있다.

- **와인이나 샴페인을 주문하는 경우에 고객이 선택을 할 수 있도록 한다.**

만일 고객이 자신들의 주문이 끝난 후에 새롭게 마실 것을 주문하게 되었을 때라도 음료가 주문한 음식과 함께 제공될 수 있도록 배려해야 한다. 많은 사람들이 누락되었거나 추가로 주문하게 된 상황에 익숙하지 않다. 따라서 서빙하는 종사원들은 이러한 경우에도 고객들이 편안하게 주문을 할 수 있도록 배려해야 한다.

- **와인 목록**

각 와인마다 맛에 대한 간단한 언급을 해서 볼 수 있는 독특한 와인 목록이나 리플릿을 만들어야 한다. 예를 들면, 새로운 제조방법인 보르도산 레드와인 같은 것이 될 수 있다.

- **'해피아워'가 음료를 판매하기 위해 가장 좋은 기회**

해피아워를 운영하고 있다면 저녁식사 고객에게 평소 시도하지 않는 다양한 음료를 제공해 본다. 고객들이 매우 좋아할 것이고, 또한 매우 효과적인 홍보가 될 것이다.

- **무알코올 음료 프로모션을 잊지 않는다.**

와인이나 샴페인 또는 그 외 알코올성 음료의 판매를 고려하고 있다 하더라도 일반 음료의 판매도 마찬가지로 염두에 두어야 한다. 커피, 차 또는 여러 탄산음료가 술을 마시지 않는 고객과 어린이에게 필요할 것이다.

- **어린이 음료가 음료판매를 증가시킨다.**

부모들이 어린이와 함께 레스토랑에 방문한다면 어린이들은 재미난 음료를 빨대로 빨아마시는 것을 좋아하고, 특이한 용기에 담겨져 있는 것을 좋아한다는 사실을 기억해야 한다.

• 식사 후에 마시는 음료가 매출에서 차지하는 비중이 크다.

많은 고객들이 디저트 대신 식사 후에 '아마레토 커피'나 다른 음료를 주문한다. 따라서 종사원들에게 식사 후에 어떤 음료를 어떻게 추천할 것인지에 대하여 충분하게 교육시켜야 하고, 또한 서로에게 유익한 정보를 제공할 수 있게 해야 한다. 이러한 충분한 교육과 훈련이 종사원들로 하여금 식사 후에 마시는 음료와 함께 디저트까지 주문받아 낼 수 있도록 한다. 예를 들어, 고객에 디저트로 과일을 원한다면 그라마니에나 샴보드를 얹어서 드시도록 제안할 수 있다.

• 고객이 음료를 주문할 때 간단하게 먹을 수 있는 애피타이저도 주문받을 수 있도록 훈련을 시키도록 한다.

고객들이 음료를 마실 수 있는 가격에 애피타이저까지 제공되는 음료와 애피타이저 2가지로 메뉴를 짝지워 특별가격에 제공하면 판매에도 도움이 된다. 이러한 판매방법은 또한 식품의 유통기한 내 처리에도 도움이 될 것이다. 이는 재료들을 처리하는 좋은 방법이며 식품의 유효기간에 재고를 없애는 좋은 방법이다.

• 특별과 프로모션

전적으로 종사원들에게만 의지하지 않도록 한다. 테이블 위에는 화려한 테이블 텐트를 비치하고 각종 주류(음료 포함) 및 애피타이저를 소개하여야 한다.

• 망각을 자극하는 프로모션을 한다.

많은 외식업소에서 종사원들의 의상에 "만일 저희들이 오늘의 특별 메뉴에 관하여 소개해 드리는 것을 잊었을 때는 디저트가 무료입니다."라는 문구가 새겨진 안내문을 패용하고 있는 것을 볼 수 있다. 이러한 판매는 종사원들의 업무에 대한 집중도를 높일 뿐만 아니라 고객들도 종사원들이 산만하게 서빙을 하게 되어도 적극적으로 귀를 기울이게 하는 효과가 있다.

- **전통적인 주류라도 적극적으로 새것으로 만들어서 판매**

예를 들어, 종사원들은 단지 샴페인 한 잔을 주문받기보다는 기르쉬 로얄레 같은 칵테일을 주문받을 수도 있는 것이다. 그 술은 크림 드 카시스에 샴페인을 섞은 아주 맛좋은 것이다. 샴페인 한 잔보다는 핑크색 나는 술에 발포성 와인을 섞은 것처럼 복합적으로 판매를 하여야 할 것이다.

- **고객들이 술에 대한 확신이 없을 때 시음을 통해 확인할 수 있도록 샘플을 준비**

레스토랑에 샘플을 준비해서 고객들이 시음해 볼 수 있도록 하면 주류 판매가 더욱 늘어날 기회가 된다. 이러한 샘플 시음은 고객들로 하여금 자신이 특별하게 대접받고 있다는 생각을 갖게 하고, 또한 그 레스토랑에 대한 호감을 갖도록 한다. 고객들이 좌석이 날 때까지 기다리고 있을 때나 아니면 좌석에 앉았을 때 권하면 효과가 극대화될 것이다.

- **주류 판매에 협력업체들의 도움을 받아 프로모션을 한다.**

대부분의 주류 판매업자들은 자신들이 현재 공급하고 있는 아이템에 대한 프로모션을 지원할 준비가 되어 있다. 자신들의 아이템이 추천되어야 하고 자신들의 상품에 대한 판매활동이 제안되었을 때만 기꺼이 도와줄 것이라는 뜻이다. 게다가 그들은 훨씬 큰 판매시장을 형성하고 있다. 판매를 활성화시키기 위해 그들에게 지원을 요청해야 한다. 특별 판매행사를 하기 위한 종사원들의 회의에 그들이 참석할 수 있도록 요청한다. 주류 판매업자들의 도움으로 종사원들은 좀더 부담 없이 고객들에게 적극적인 판매를 할 수 있을 것이다. 이것이 공급업자들과의 윈-윈 전략이다.

주류판매의 핵심은 상품에 대한 지식

주류판매(음료 포함)를 함에 있어서 최적의 이익을 내기 위해서는 종사원들이 자신들이 판매하고자 하는 상품에 대한 전문화된 지식을 갖추는 것이 핵심이다. 따라서 지금부터 주류 및 음료에 대한 모든 것을 살펴보고 그것을 어떻게 판매할 것인지에 관하여 알아 보도록 한다.

- **종사원들이 와인과 같은 음료를 제대로 판매하도록 시청각 교육 및 연구회의(세미나)를 열어주도록 한다.**

  와인은 대표적인 베스트셀러 아이템이다. 와인에 대하여 판매종사자들이 더 많이 알면 알수록 판매가 향상된다는 것을 인식하게 될 것이다. 다양한 책, 비디오테이프 그리고 프로그램을 통하여 환대산업에서 판매전략을 알도록 한다.

- **어떤 음식에 어떤 종류의 와인이 어울리는지에 대하여 종사원을 교육**

  종사원들이 와인을 프로모션 할 수 있는 준비가 되어 있지 않다면 굳이 다양하게 구비된 와인 창고를 갖출 필요가 없을 것이다. 시간을 충분하게 들여서 종사원을 교육시키는 것은 종사원 자신들의 직접적인 이익과 함께 매출의 증대에도 탁월한 기여를 할 것이다. 판매가 대폭 증가하게 되면 주류 판매업자에게 와인을 할인된 가격에 구매할 수도 있을 것이다.

- **음료 라벨에 대하여 알도록 한다.**

  자신이 주문한 술에 대하여 알고 있는 고객들은 종사원이 Cuervo Gold Tequila사가 만든 골드 마르가리타 대신에 일반 마르가리타를 내왔을 때 집요하게 질문할 것이다. 종사원들에게 각 상표의 특징 및 차이점들에 대하여 반드시 주지시킨다. 그래야만 반품도 줄일 수 있고 고객의 불만을 사는 일도 피할 수 있다.

- **현재 유행하는 주류와 그렇지 않은 것들에 대한 경향을 알도록 한다.**

  음료산업에 있어서 유행의 흐름을 파악하게 되면 경쟁에서 앞서게 된다.

- **주류 및 음료의 재료에 대하여 파악**

  주류 및 음료의 내용물에 대한 학습은 간단하지만 판매에 있어서는 강력한 수단이 되는 것을 알아야 한다. 고객이 위스키 샤워를 주문했을 때 만일 종사원이 "Dewar's Sir?"라고 말한다면 고객들은 제대로 아는 품격 있는 종사원에게 대접받고 있다고 생각할 것이다. 대부분의 웨이터들은 'on the Rocks'가 '술에 얼음을 띄워서 준다'는 뜻으로 알고 있다. 하지만 고객이 'Mist'를 주문했을 때 그것이 간 얼음으로 채워서 내와야 한다고 알고 있는 종사원은 과연 몇 명이나 될까 생각해 보아야 한다.

- **와인을 서빙하는 독특한 방법에 대하여 훈련**

  이러한 훈련은 매출을 증가시킬 것이다. 와인병을 선보이는 행위를 적절하게 했다면 고객들에게 깊은 인상을 남기게 되고 종사원들에겐 팁도 안겨줄 것이다. 와인을 오픈하는 절차에 대하여 부담을 갖는 종사원들도 있다. 반드시 자연스럽게 될 때까지 훈련을 시켜야 한다. 바텐더들이 와인병을 열도록 조처할 수도 있다. 그리고 웨이터들은 반드시 와인 오프너를 지니고 있어야 하고, 만약의 분실에 대비하여 여분을 지니고 있도록 교육·훈련시켜야 한다.

▣ 상상력을 가미한 프리젠테이션이 음료 매출에 따른 이익을 증가시킨다.

음료 매출에 있어서 상상력을 자극하는 프리젠테이션이 가장 효과적인 수단이라는 것을 주지해야 한다. 폭넓은 지식과 잘 구성된 프리젠테이션이 결합됨으로써 매출이 극대화되는 것이다. 다음의 가능성을 고려해 본다.

• 테이블 위에 와인을 둔다.

영업을 시작하기 전에 각 테이블마다 와인을 두는 것은 고객들의 마음에 와인을 주문하도록 유도하는 것과 같다. 또한 테이블 위의 와인은 종사원들이 고객들에게 자신을 언급하도록 생각을 환기시키는 작용을 할 뿐만 아니라 특별한 경우 할인된 가격으로 제공되기도 한다. 고객이 잔으로 구매하기보다 병으로 주문하도록 장려한다.

• 더 많은 판매를 원한다면 각종 주류를 제시할 때 온갖 미사여구를 동원한다.

고객으로 하여금 더 많은 음료를 주문하도록 '차가운', '얼음처럼 차가운', '매우 뜨거운'과 같은 핵심 단어를 사용해야 한다. 단지 "커피 한 잔입니까?"라고 말하지 말고 "오늘처럼 더운 날에 저희 집의 자랑인 하얗게 얼린 잔에 제공되는 '아이스 커피'는 어떠십니까?"라고 말할 수 있어야 한다.

• 음료와 디저트를 혼합

루트비어 플로렛 같은 아이스크림 음료는 두 가지를 하나로 만든 것으로 모든 고객들의 사랑을 받는 아이템이다. 이런 독특한 것을 향수를 자극하는 컵에 담아내면서 다 먹은 후에는 컵을 가져갈 수 있도록 한다면 더할 나위 없이 훌륭한 판매가 될 것이다.

• 가장 좋은 것부터 제시

종사원들은 주문을 받을 때 가장 가격이 높은 것부터 제시하는 것이 습관화되어야 한다. 예를 들어, 잔으로 판매하는 와인을 20달러부터 시작해야 10달러를 마셔도 그다지 비싸게 느껴지지 않을 것이다.

• 계절특선 아이템을 개발

Cabin fever cure 같은 음료는 긴 겨울을 나면서 오는 권태로움을 잊게 해줄 수 있는 아이템이다. 핫 코코아와 보드카, rumple ninze로 만드는데 추운 겨울에 고객의 마음속까지 따뜻하게 할 수 있다.

- **여름에는 차를 기본으로 한 음료가 적당하다.**

블루베리, 홍차와 같은 음료(예 : 아마레토, 그라마니에, 허브차를 섞어서 만드는 음료)는 고객을 즐겁게 할 것이다.

- **음료 매출을 활성화시키기 위하여 극적인 장면을 연출**

레스토랑에서 제공되는 각종 음료들에 드라이아이스, 재미있게 생긴 컵, 독특한 장식물들, 별나게 생긴 빨대 등으로 표현되는 극적인 요소를 첨가해 보자. 스페셜 음료를 홍보하는 데 좋은 방법이 될 것이다. 컬러풀하고 독특한 모양에 담긴 음료를 들고 홀을 가로질러 다니는 종사원의 모습을 보는 고객들은 분명 호기심을 갖게 될 것이다. 여기서 한 가지 분명하게 전제되어야 할 것은 종사원들이 이 모든 것들을 고객들에게 충분히 묘사할 수 있고 자극할 수 있도록 잘 훈련되고 연습되어 있어야 한다.

- **보온성이 있는 커피 머그잔을 이용하여 테이크아웃이 가능하도록 한다.**

아침 또는 브런치를 하러 오는 고객들 대부분은 커피를 가지고 가려 한다. 이때 고객들에게 좀더 괜찮은 컵을 제공하면 많은 호감을 살 수 있다.

- **중단 없이 음료를 판매**

Big Khauna Kola처럼 재미있는 음료메뉴를 판매한다. 고객들에게 제공된 컵을 가지고 올 때마다 무료로 리필해 주도록 한다. 모든 고객이 레스토랑에 컵을 가져오는 것은 아니지만 일단 컵을 가져간 다음부터는 집에서 조차 그 컵을 볼 때면 레스토랑을 떠올릴 것이다.

- **여름은 축제의 분위기를 만들어 음료 매출을 확대시키기는 최적의 기간**

레스토랑의 바깥에 테라스나 노천테이블 시설이 되어 있다면 따뜻하고 나른한 여름철의 매출을 최대한 올릴 수 있는 놀라운 기회로 활용할 수 있을 것이다. 꽃, 각종 화초나 야외 미니 분수대 등을 설치해서 고객들이 즐겁게 찾아올 수 있도록 해야 한다. 고객들은 따뜻한 햇볕에서 일광욕을 즐기거나 테이블 우산의 그늘 아래서 여유롭게 쉬면서 더 많은 매출을 가져다 줄 것이다.

- **실내의 구경거리 만들기**

레스토랑 외부에 앉아서 식사하는 시설이 되어 있지 않다고 하더라도 실내에 그와 흡사한 분위기를 연출할 수 있다. 꽃, 화초, 분수대, 천장에 매달린 천천히 돌아가는 선풍기 등 이러한 장치들은 열대의 어느 휴양지와 같은 분위기를 만들어 내는 데 부족함이 없다. 그리고 명심할 것은 여름철은 무언가 새롭고 이국적인 아이템을 내놓기에 적합한 시기이다.

▩ 좋은 시간들이 흘러가도록 할 것

고객들을 진심으로 위한다는 사실을 알도록 한다. 스스로에게 몇 가지 질문을 해 본다. 저 고객들은 오늘밤 왜 우리 레스토랑을 찾았을까? 뭔가를 축하하기 위해서 방문했다면 무료 음료나 무료 디저트 또는 애피타이저를 제공해서 그들에게 진정어린 축하의 마음을 갖고 있음을 인식하게 해야 한다. 고객들은 따뜻한 배려를 기억할 것이고, 틀림없이 다시 레스토랑을 찾게 될 것이다. 여기에 음료 판매를 증가시키고 고객을 만족스럽게 하는 몇 가지 방법들이 있다.

- **매상만을 올리기 위해 애쓰기보다는 고객의 요구와 바람을 진심으로 알도록 한다.**

매출을 올리는 데에만 급급하지 말고 모든 노력을 충성고객을 만드는 데 쏟아야 한다. 고객을 특히 술이나 음료를 구매하도록 압박하지 말아야 한다. 비록 어느 하루 매상에 집착한 결과로 많은 매출을 올렸다 하더라도 고객이 계획에 없던 지출이 너무 많았다거나 뭔가를 팔아줘야 한다는 압박을 느꼈다면 다시는 레스토랑에 돌아오지 않을 것이다.

- **축하행사**

 전화로 예약을 받았다면, 이는 고객들이 특별한 일을 축하하는지의 여부를 물어볼 수 있는 좋은 기회이다. 그러면 당신은 행사가 시종일관 편안하고 흥겹게 진행될 수 있도록 계획을 세울 수 있을 것이다.

- **맥주는 남성, 와인은 여성의 전유물이라고 생각하는 오래된 속담에서 벗어난다.**

 맥주가 아직까지는 남자들에게 선호되고 있다하더라도 가끔 여성들이 생맥주 등을 주문하는 것을 무시해서는 안 된다. 그리고 남자들도 와인을 즐긴다. 많은 사람들이 와인 전문가처럼 되었고, 자신의 와인지식을 내보이고 싶어 한다. 그들에게 지식을 나타낼 기회를 주고 그에 따른 매출과 팁을 증가시켜 보도록 한다.

- **휴일이나 특별한 날을 위해 멋진 음료를 준비해 둔다.**

 샴페인은 오랫동안 축하용으로 애용되어 왔고 고단가의 아이템이다. 이제는 재사용이 가능한 병마개 덕분에 밤새도록 거품과 신선도를 유지할 수 있으므로, 고객들의 기념일이 더욱 빛이 나도록 다양한 종류의 샴페인을 준비하도록 한다. 또한, 브런치용 오렌지 주스와 샴페인이 섞인 미모사나 해피아워 시간대에 즐길 수 있도록 75s(코냑이나 진이 섞인 샴페인)과 같은 샴페인류를 준비해 두어야 한다.

- **고객에게 세계문화를 알게 한다.**

 예를 들어, 유럽인들은 저녁식사 후에 포르트 와인(적포도주)을 어떻게 즐기는지, 그리고 그러한 문화를 우리 레스토랑에 어떻게 잘 적용시켜 나갈 것인지에 대하여 알아보도록 한다.

• **대리운전을 해줄 수 있는 운전사를 준비한다.**

가끔 고객이 운전해 줄 동반자도 없이 만취했을 경우에, 그래서 음주운전 등의 위험이 있다고 판단되어질 때 무료(또는 아주 저렴한 비용)로 고객을 집까지 안전하게 귀가시켜 주도록 한다.

• **당신 고객의 음료에 관한 아이디어를 얻을 수 있는 경연대회를 열어 본다.**

가장 창조적인 음료의 아이디어에 대해서는 무료 시식권과 함께 시상을 하도록 한다. 그리고 그 음료에는 그것을 고안한 사람의 이름을 붙여 본다. 이러한 간단한 행위가 고객들에게는 흥미를 주고 호감을 갖게 하는 중요한 원천이 될 것이다.

• **경품 추첨**

매일 저녁 고객들의 이름을 넣어 두었다가 추첨을 통하여 2인용 무료 애피타이저를 제공하는 깜짝 행사를 벌일 수도 있다.

• **음료 무료 시음은 고객들이 즐거워한다.**

단순한 치즈와 와인을 시음하는 경우나 저녁식사와 함께 맥주시음을 하게 되면 음료 수익이 올라갈 뿐 아니라 고객들이 생각하기에 이 레스토랑에 들어오게 되면 무언가 재미있는 일이 있다고 생각하게 된다. 이러한 이벤트를 현명하게 이용하도록 한다.

▣ 술 이외의 음료를 잘 파는 방법

무알코올 음료는 점점 판매가 증가하고 있는 추세이다. 여기에는 몇 가지 이유가 있는데, 건강을 추구하는 생활패턴과 강력해진 음주운전 단속, 그리고 무알코올 음료가 유행의 흐름이라는 일반적인 정서가 깔려 있는 탓이다. 이렇게 무알코올 음료를 선택하는 고객들의 요구에 맞게 참신한 음료들을 다양하게 준비해야 한다. 아래에는 무알코올 음료의 판매를 활성화시키기 위한 몇 가지 단서들이다.

- **운전을 해야 하는 고객들에겐 무알코올 음료를 제공**

운전을 해야 하는 고객들이라도 축제로부터 소외되고 있다는 마음이 들지 않도록 배려할 수 있다. 맛이나 느낌이 마치 술인 것 같은 음료를 개발해 보도록 한다.

- **무알코올 음료가 마시고 싶도록 장식**

아이들은 7-UP이나 스프라이트와 마리시아노 체리 주스를 섞어서 분홍빛을 띠게 만들어진 '셜리 템플'을 좋아한다. 마무리로 한 쌍의 체리를 올려놓으면 되는 것이다. 고객의 흥미를 끌만한 독특한 용기에 무알코올 음료를 서빙하는 방법도 있다. 음료들을 열대과일이나 신선한 것으로 장식하면 판매와 이익의 수익을 올리게 될 것이다.

- **바텐더나 종사원들에게 무알코올 음료를 권하는 방법을 교육시킴으로써 부담에서 벗어나도록 한다.**

음주로 인한 사고가 발생하면 종사원들은 사고를 낼 가능성이 있는 운전자들을 미리 주의하도록 주지시키지 못했다는 죄책감에 빠지게 된다. 따라서 운전자가 술을 주문할 때면 다음과 같이 이야기하도록 교육시켜야 한다. "차를 가져오셨습니까? 그렇다면 진짜 술과 구별할 수 없을 정도로 잘 나온 무알코올 음료를 드셔보시겠습니까?"

- **무알코올 음료에 각종 허브와 향료를 사용해서 풍미를 더하게 한다.**

예를 들어, 아이스티에 민트를 얹어놓을 수도 있고 계핏가루를 살짝 뿌려놓는다거나, 밀크 핫 티나 차가운 티에 육두구를 사용함으로써 좀더 화려하게 연출할 수 있고 고객들의 흥미를 유발할 수 있는 것이다. 고객들의 취향에 좀더 다가서기 위해서 끊임없이 연구하고 개발해야 한다. 그리고 종사원들이 다양한 무알코올 음료에 대한 해박한 지식을 갖게 됨으로써 언제, 어떻게 그것을 추천해야 할지 알게 될 것이다.

- **점심시간대에 찾아오는 고객들에게 무알코올 음료를 권한다.**

점심식사를 위해 오는 고객들에게 다양한 무알코올 음료를 적극적으로 권장한다. 단순히 '물 한 잔'을 내놓기보다는 Perrier(발포성 광천수) 같은 색다른 물을 권해 보도록 한다. 물 한 잔일지라도 종사원들의 팁과 레스토랑의 매출이익에 영향을 끼친다는 것을 알아야 한다. "물 한 잔 줘요."가 위에서 언급된 유료 광천수 같은 것으로 공급되어질 때 2,000원의 매출을 올리게 되는 것이다. 반면에 단순히 수돗물 한 잔이 제공될 때는 아무런 이익도 없다는 것을 의미한다.

- **바텐더로 하여금 무알코올 음료로 그들(그녀)만의 화려한 음료를 만들도록 한다.**

만일 바텐더가 칵테일 혼합기술이 뛰어나다면 같은 기술로 알코올 없는 칵테일을 만들도록 해야 한다. 바텐더는 맛을 내는 향신료들의 기초적인 유형에 대한 이해는 물론 서로 다른 것을 섞었을 때의 반응으로 나타나는 맛에 대한 비법도 갖고 있어야 한다.

- **와인 목록에 무알코올 와인도 추가**

와인 목록에 무알코올 와인 추가도 무알코올 와인의 격이 달라질 것이다. 그리고 다른 무알코올 음료들을 테이블 텐트나 메뉴에도 삽입시켜야 한다. 많은 무알코올 와인 목록을 얻기 위해 또는 독특한 비알코올성 와인의 향기를 연구하기 위해 인터넷 사이트를 찾아보도록 한다.

- **와인 시음회를 위한 파티를 개최할 때면 무알코올 와인만을 위한 공간도 확보해 둔다.**

술을 마시지 못하는 고객들은 그러한 철두철미한 배려에 대하여 매우 감사할 것이다. 게다가 그 고객들은 그 레스토랑에 이들 와인을 판매하고 있다는 사실을 인식하여 다시 와서 식사를 하고 그 음료를 다시 주문할 것이 틀림없다. 무알코올 음료나 무알코올 와인을 판매하고 있음을 적극 알려야 할 것이다.

- **바텐더의 프로그램에 대하여 배우도록 인터넷 사이트를 방문해 본다.**

일부 인터넷 사이트에서 무알코올 음료를 만드는 방법에 대하여 제시하고 있으므로 레스토랑에서 원한다면 방문하여 시도해보는 것이 좋다. 예를 들어, '검은 소'라는 메뉴는 루트 버어와 바닐라 아이스크림을 이용하여 만든다. 어린이들이 좋아할 수 있는 이름을 '검은 송아지'라고 붙여서 메뉴로 제시하는 것도 하나의 방법이다.

- **무알코올 음료의 판매가 활성화되도록 바에 여러 가지 품목을 준비**

우스꽝스러운 형상이나 색상이 다양한 피처잔, 그리고 컵들, 반짝이는 얼음 조각들은 알코올 음료뿐 아니라 무알코올 음료의 판매에 기여하는 훌륭한 내용물들이다. 음료수 하나를 내오더라도 고객의 흥미를 유발시킬 수 있도록 관심을 끌어본다.

▣ 음료 수입을 올릴 수 있는 기타의 방법

고객에게 마실 것을 단순하게 내놓는 행위와 상상력을 자극하고 고객의 기호에 맞게 내놓는 것이 있다. 아래에 제시되는 몇 가지 조언들은 고객을 감동시키고자 하는 데 있어서 중요한 근거가 될 수 있을 것이다.

- **고객에게 팔지를 제공**

고객을 감동시키는 것에 대하여 살펴본다. 음료에 맞도록 팔지를 제공한다. 각 고객은 개인에 맞게 특별히 제작된 은부터 플라스틱 제품까지 다양한 팔지를 구비하여 주문한 음료의 유리그릇에 장식하여 음료를 섞이지 않게 한다. 이러한 팔지를 다시 이용할 수도 있고 집으로 선물로 가져갈 수도 있다.

- **커피용 머그잔에 여러 가지 색을 사용**

많은 고객들은 자신들이 주문한 내용대로 무카페인 커피 또는 보통 커피가 별 탈 없이 정확히 배달될 것인지에 대하여 걱정들을 하는데, 사실 종사원들도 정신없이 일을 하다보면 고객들의 주문내용을 잊어버리기도 한다. 이러한 양쪽 모두의 문제점들을 해결하기 위해 주문한 내용을 색으로 구별할 수 있도록 시도해 본다. 푸른색 잔과 받침대는 무카페인 커피, 그리고 빨간색은 보통 커피를 제공한다.

- **물이 떨어지게 하지 않는다.**

고객들의 불만사항 중 가장 자주 발생하는 것은 음료를 모두 마셔버렸는데도 더 이상 마실 것이 없다는 것이다. 이럴 때 얼음물이라도 마실 수 있도록 미리 준비해 두어야 한다. 그런 후에 종사원들이 다시 주문을 받으면 될 것이다.

- **장시간 대기**

레스토랑이 매우 혼잡스럽고 바빠서 예약된 고객들이 기다리는 상황이 발생했을 때 무료음료라도 제공해서 불만을 해소시켜야 할 것이다.

- **최상의 음료와 애피타이저들**

가장 잘 판매되는 음료에 어울리는 특별한 애피타이저를 고안해 본다. 어쩌면 고객들이 일반 음료보다는 가장 판매가 잘되는 음료를 선택하는 데 큰 도움이 될 수 있을 것이다.

- **컵 등에 특색 있는 로고를 새겨보도록 한다.**

머그잔이나 컵에 독특한 로고를 새겨 두면 고객들은 그 컵을 볼 때마다 레스토랑을 기억할 것이다.

- **미쳤다고 할 정도로 크게 제공**

와인잔을 크게 만들어 본다. 그러면 해피아워나 저녁시간에 고객들이 서로 와인을 마시기 위해 줄을 설 것이다.

- **모든 음료엔 빨대가 필수**

꽤 많은 고객들이 잔에 입을 대고 마시는 것에 대하여 거부감을 갖고 있다. 이러한 고객들을 위하여 빨대를 제공하도록 한다. 심지어는 커피를 제공할 때도 작은 빨대를 함께 제공하도록 한다.

- **여러 종류의 차를 준비**

근래에는 차, 특히 녹차가 인기를 구가하고 있다. 뜨겁게 혹은 차갑게 제공하거나 독특한 이름을 붙여서 제공하도록 준비한다.

- **생과일 주스를 준비**

인스턴트 제품 대신 레스토랑에서 직접 짜서 만든 생과일 주스로 고객들의 식탁을 한층 생기 있게 만들어야 한다.

- **음료들을 '어항처럼 생긴 커다란 용기'에 담아서 제공**

여러 그룹의 고객들이 들어와서 커다란 용기에 담긴 음료를 주문할 경우엔 고객들의 수만큼 빨대를 꼽아서 공급해 본다. 고객들이 서로 알게 되고 친숙해질 수 있는 좋은 기회가 될 수도 있다.

- **생크림을 위에 짜서 올리기**

생크림을 얹은 음료는 음료와 잘 어울리면서 부드러운 느낌을 준다. 핫초콜릿 위에 얹어주거나 과일향 나는 아이스버그 끝에 살짝 올려서 제공해 본다.

- **무지개처럼 만들어보기**

매일 준비될 수 있는 음료들로 무지개색을 만들어 판매할 수도 있다. 맛은 변하지 않으면서 고객의 흥미를 유발할 수 있는 참신한 아이디어가 될 것이다.

- **얼음으로 여러 가지 모양을 내보기**

얼음 조각이 다양한 모양이 될 수 있기 때문에 특별히 판매할 아이템이 있다면 별, 하트 등의 얼음을 이용하여 제공해 본다. 음료에도 좋은 효과를 줄 뿐만 아니라 여성고객들의 환심을 살 수 있을 것이다.

- **어린이용 컵**

우리가 아직 뚜껑이 달린 플라스틱 컵에 대해서는 말하지 않았다. 예쁜 그림이나 장식을 어린이들이 스스로 그릴 수 있고 사용한 후에 집으로 가져갈 수 있도록 한다. 마찬가지로 같은 방식으로 스스로 채워 넣을 수 있는 접시나 스낵을 제공해서 어린이 고객들을 즐겁게 해준다.

The Food Service Professional

레스토랑 마케팅 노하우

5 사이드 아이템으로 메인요리를 빛나게 하자

▣ 맛있게 보이는 저렴한 사이드 메뉴를 만들자.

가격이 저렴한 재료로 만든 음식(감자와 같은)이라도 메인요리와 같이 하면 훌륭한 메뉴를 만들 수 있다. 예를 들어, 남은 으깬 감자로 팬케이크 모양으로 만든 후에 그 위에 차이브 오일이나 집에서 만든 것처럼 보이는 애플버터 버터 블랑을 뿌려서 제공해 본다. 지금부터 메인요리를 알차게 해주는 저가 사이드 메뉴에 대하여 살펴보도록 한다.

- **사이드 메뉴용 재료는 가장 신선한 것을 선별하고 구매**

요리에 신선한 재료를 사용해야 한다는 것에 대하여는 두말할 나위가 없을 것이다. 음식의 외양뿐 아니라 고객이 느끼는 맛도 한층 더 높게 한다는 것을 기억해야 한다. 야채수프가 메뉴에 있다면 냉동이나 캔에 든 야채를 쓰지 말고 가급적 신선한 재료를 쓰도록 노력해야 한다. 장식 역시 신선하고 맛있게 보여야 한다. 이러한 메뉴가 사이드로 나오게 되면 신선하게끔 주의를 기울여야 한다.

- **가급적 계절에 맞는 상품을 사용하도록 한다.**

레스토랑 근처에 농장에서 바로 가져온 산물을 파는 시장이 있다면 매우 신선한 제품을 구매할 수 있는 절호의 기회이다. 제철 과일과 야채를 이용하여 계절을 나타낼 수 있는 사이드 메뉴를 만들어 본다. 만일 지금이 가을이라면 신선한 호박과 진짜 크림으로 만든 호박수프를 만든다. 단지 메인요리만이 신선한 육류를 다듬어서 양념하는 것이 아니라 사이드 메뉴 역시 마찬가지다. 계절에 각별한 주의를 기울이고 메뉴를 구성하는 데 지침으로 삼도록 한다.

- **사이드 메뉴를 연출하고 서빙하는 것에 대하여 창조적인 방법을 고안**

많은 수프들이 속을 비운 빵에다 채워서 제공된다. 이것을 이용하여 속을 비운 야채에도 수프를 채워 제공해 본다. 예를 들어, 구아카몰을 아보카도 껍질에 넣어 제공한다. 이는 그릇을 닦는 비용을 절감하게 된다. 즐겨보는 요리책과 같은 웹사이트(www.gourmet.com)를 찾아보면 음식을 준비하고 프리젠테이션하는 데 도움을 받게 될 것이다.

- **사이드 메뉴가 훌륭해 보이도록 간단한 장식물을 이용**

주방에서 사용하는 부속품들을 이용하면 사이드 메뉴가 매우 따뜻해 보이고 색동감이 나도록 효율성을 높일 수 있다. 깨끗하고 색감 있는 깜찍한 직물 바구니에 빵이나 롤을 담아둘 수 있는데 테이블의 품격을 한층 높이는 데 기여한다.

- **신선한 야채와 과일 등을 이용하여 다채로운 색의 꼬치를 만들어 본다.**

용기나 기타 아이템들은 지역 레스토랑 물품공급자들에게서 구매할 수 있을 것이다.

- **'시골풍의 음식'을 재개발하여 사이드 메뉴로 이용**

사람들은 친근하고 향수를 느낄 수 있는 가정식 형태의 음식으로 회귀하는 경향이 있다. 할머니나 어머니가 즐겨 만드시는 타입의 음식들은 편안한 메인음식으로 매쉬 포테이토와 그레이비소스, 콩류와 마늘 치즈빵과 같은 사이드 메뉴로 짝지워져 있다. 좀더 넓은 고객층을 확보하기 위하여 다르게 접근하여 첨가시킬 수도 있다. 예를 들어, 켄터키주의 리버뷰 레스토랑에서는 전통적인 그레이비 토핑 대신에 미트로프에 토마토 양파 렐리시를 함께 내고 있다. 음식에 대한 편안한 기억을 길잡이로 하여 창조적인 사이드 메뉴를 구상하여 본다.

- **기회가 있을 때마다 신선한 지역 특산물을 구매**

모든 지역에는 그 지역 특산물이 있으며 그 지역 사람들은 조리방법 등에 있어서도 무척 완고한 경향이 있다. 예를 들어, 미 북동부 지역을 떠올릴 때면 우리는 즉각 해산물과 랍스터 비스크, 클램 차우더를 생각하곤 한다. 따라서 사이드 메뉴 역시 그 지역의 특산물로 준비하는 것이 좋다. 북동부 지역에서는 옥수수, 크랜베리, 사과, 감자, 비트 그리고 순무와 같은 뿌리 채소 등이 대량으로 생산된다. 새로운 사이드 메뉴를 개발할 때는 그 지역의 특산물을 우선적으로 고려하도록 한다.

- **고객들의 마음속에 개념이 형성될 수 있도록 홍보**

비록 홍보할 사이드 메뉴의 사진이 없다 하더라도 고객들을 레스토랑으로 불러들일 수 있도록 고차원적인 이미지로 얼마든지 표현할 수 있다. 그러나 반드시 명심할 것은 말로 표현한 것과 메뉴로 제공하는 것이 일치해야 하는 것이다. 만일 신선한 네덜란드식 소스가 들어간 아스파라거스 찜을 광고했다면 녹은 마가린 조각들이 둥둥 떠다니는 깡통 아스파라거스로 요리를 해서는 안 된다는 말이다.

- **풍부하게 제공함으로써 입맛을 돋우는 저단가 사이드 메뉴를 만드는 방법**

고객들에게 메인음식과 함께 사이드 메뉴를 끝없이 제공한다. 프라이드 치킨과 함께 매쉬드 포테이토를 큰 용기에 듬뿍 담아 제공하거나 신선하게 준비된 그린빈을 한 그릇 가득 제공 하게 되면 입에 한가득 침이 고이게 될 것이다.

▣ 맛있는 사이드 메뉴

품질이 좋을 뿐 아니라 고객을 끌어들일 만한 사이드 메뉴(sidekicks)를 만든다. 비록 메인요리가 아주 최상급으로 만들어진다 하더라도 사이드 메뉴가 그 기준에 미치지 못한다면 그 최상급 요리를 만들기 위하여 들인 노력과 시간, 비용이 모두 물거품이 될 것이다. 메인요리의 품격을 높여주는 사이드 메뉴가 음식업에 있어서 생명선이라고 생각하면 된다. 근래에 많은 레스토랑들이 사이드 메뉴에 더 많은 역점을 두기 시작하고 이에 따라 큰 성공을 거두고 있다. 고객들은 어디에서 식사를 하던지 메인요리는 항상 잘 요리되었고 맛있을 것이라고 생각한다. 그러나 고객들이 기대하지 않았던 사이드 메뉴의 맛에 감동을 하게 할 수 있다면 틀림없이 그 고객들을 고객으로 확보할 수 있을 것이다. 최근의 한 여론조사에 따르면, 56%의 사람들은 사이드 메뉴 때문에 레스토랑을 선택한다고 답했으며, 62%는 함께 제공되는 사이드 메뉴의 종류에 따라 메인요리를 선택한다고 했다. 따라서 전체 메뉴를 구성하는데 있어서 사이드 메뉴가 중요한 부분이라는 사실을 부정할 수가 없게 된 것이다. 사이드 메뉴로 메인요리를 한층 더 풍부하게 할 수가 있다면, 충성스러운 고객들을 확보하게 될 것이다. 지금부터 다음에서 제시하는 '매우 좋은 사이드 메뉴' 준비를 위한 새로운 방법들에 대하여 살펴보도록 한다.

• 감자의 규칙

매쉬드 포테이토, 감자 샐러드, 감자 그라탕, 프라이드 포테이토는 우리 식사의 사이드 메뉴로 개발되어 있다. 흰 감자, 황금색 감자, 뉴포테이토,

고구마(스위트 포테이토) 그리고 더 많은 다른 특징적인 향미를 지닌 감자를 선택한다. 이들은 각각의 웹사이트에서 충분한 관심을 받고 있다. 이들 사이트를 이용하여 감자조리법에 대하여 찾아본다. 음식관련 사이트, 신문, 잡지 등에서 조리법에 대한 방법을 알 수 있을 것이다. 이들 정보의 가치를 알게 될 것이고 기타 유용한 사이트를 찾게 될 것이다.

- **유사한 고전적인 방식의 음식을 유지하고 더 강화**

예를 들어, 마늘과 샬롯을 넣어 소테를 하고 발사믹 식초를 넣어 글레이즈한 브루셀 수프라웃을 부드럽게 만든다. 위에는 빵가루를 뿌리게 되면 어린아이가 먹을 수 있을 만큼 부드러운 음식이 될 것이다.

- **샐러드를 잊지 않는다.**

미국에서는 샐러드가 애피타이저로 당연시 된다. 그래서 고객들이 샐러드를 다 먹은 후에 식탁을 치우고 메인요리를 내올 준비를 한다. 하지만 유럽은 샐러드가 소화를 돕도록 메인요리와 함께 제공된다. 레스토랑에서 샐러드를 제공하는 시간과 상관없이 명심할 것은 신선하고 훌륭한 재료를 쓰고 여러 가지 다양한 드레싱을 함께 제공하라는 것이다.

- **레스토랑에서만 맛볼 수 있는 '드레싱'이 있다면 '가 볼 만한 음식점'에 추천될 수 있다.**

올리브 가든이라고 하는 레스토랑은 큰 샐러드 그릇과 마늘 스틱 빵으로 유명하다. 수많은 사람들이 저녁정찬을 즐기기 위해 끊임없이 방문한다. 그들만의 특별한 드레싱은 샐러드의 하나의 전형이 되었다. 샐러드를 위한 독특한 드레싱들을 만들어내기 위하여 상상력을 총동원해야 한다.

- **사이드 메뉴로 계절에 맞는 야채를 제공하도록 한다.**

교통과 통신의 발달로 세상은 갈수록 좁아지고 있으며 우리가 원하는 것을 예전보다 쉽고 편하게 얻을 수 있다. 지역에 농장 직거래 시장이 있다면 다른 지역에서 뿐만 아니라 그 지역에서 나오는 과일과 채소를 찾을 수 있을 것이다. 그러한 재료들로 실제 고객의 구미를 당길 수 있는 요리를 만들어 본다. 틀림없이 메인요리에 잘 어울리며 호평을 받을 것이다.

- **사이드 메뉴가 이익을 실현해 준다.**

보통 사람들은 메인요리가 그 레스토랑에서 가장 이익을 많이 낼 것이라고 생각한다. 그렇지만 실제로는 사이드 메뉴가 그 자리를 넘겨받고 있다. 이익률이 높은 사이드 메뉴를 가장 가격이 저렴한 재료들로 만들어낼 수 있다. 그리고 그것은 메인요리를 더욱 알차게 해줄 뿐 아니라 때로는 레스토랑의 중요한 메뉴가 될 수도 있다. 다양한 사이드 메뉴를 만들어보고 그것들의 이익률을 계산해 본다.

- **고객들은 비범한 사이드 메뉴를 제공받았을 때 좋은 가치를 감지**

특별한 사이드 메뉴를 메인음식과 함께 제공받았을 때 고객들도 그 가치를 인식한다. 이는 평범한 사이드 메뉴를 쉽고 저렴한 가격에 포장을 하여 어느 누구도 따르지 못하는 훌륭한 메뉴로 바꾸는 것이다.

- **때론 야채를 구워 본다.**

모든 채소를 그릴에 굽거나 오븐에 구워서 특별한 사이드 메뉴를 만들어 본다. 고객들은 틀림없이 이러한 조리과정과 맛에 대하여 호감을 갖게 될 것이다. 고객들은 그 자체만으로 건강식으로서 그 요리들을 즐길 수 있고, 또는 매운 마늘 타파나드와 같은 크림소스를 살짝 얹어서 즐길 수도 있다.

- **다양한 사이드 메뉴를 제공**

다양하게! 다양하게! 또 다양하게! 사람들은 모두가 입 맛, 취향이 다르다. 사이드 메뉴를 준비하는 데 소요되는 비용은 많지 않다. 그렇기 때문에 더욱 다양한 방법을 사용해서 다채로운 사이드 메뉴를 제공할 수가 있는 것이다. 그런 후에 어떤 것이 선호되는지를 알게 될 것이고, 선호도에 따라서 메뉴를 순차적으로 바꾸면 될 것이다.

- **아침식사에 들어가는 사이드 메뉴는 매우 중요한 아이템**

조찬메뉴마다 거의 제공(해쉬 브라운 등)되는 사이드 메뉴는 오늘날 다른 메뉴들과 함께 점차적으로 인기를 얻어가고 있는 중이다. 남부에서는 감자의 자리에 그리츠가 제공되고, 오믈렛에는 신선한 채소들이 채워지며 음식의 위에는 전국적으로 소스와 치즈를 뿌리고 있다. 전형적인 아침식사의 사이드 메뉴를 점심과 저녁의 메인 메뉴에 사이드로 이용해 본다. 이들을 특별한 방법으로 준비하고 제공해야 한다.

- **특정 국가의 음식을 제공하는 에스닉 레스토랑이면 적합한 사이드 메뉴를 제공**

만일 아시아식 레스토랑을 운영하고 있다면 사이드 메뉴로서 그리츠나 과콰몰은 별 호응을 얻지 못할 것이다. 레스토랑에서 판매하고 있는 다른 메뉴와 어울릴만한 사이드 메뉴를 제공하는 것이 적당하다. 웹사이트(www.gourmetspot.com)를 보면 몇 가지 괜찮은 사이드 메뉴들에 관한 조리법을 최신 토속 음식점에 관한 정보와 함께 제공하고 있다. 또한, 음식업에 관한 최근 소식, 각종 주방관련 제품들을 어디에서 구매할 수 있는지 등도 찾아 볼 수 있다. 다른 사이트를 더 찾아보면 여기에서는 레시피, 주방장의 프로필, 지도, 공급자, 여러 가지 소식들, 와인, 시장조사 등의 자료를 제공하고 있다.

- **메인요리를 보강해주거나 또는 그 자체만으로 독립 메뉴의 기능을 할 사이드 메뉴를 개발**

사이드 메뉴를 그저 메인요리에 곁들인 것이라고 여기는 것은 낡은 생각이다. 요즘엔 사이드 메뉴 자체가 맛과 프리젠테이션에서 훌륭한 독립적 요리라는 생각이 지배적이다. 고객들이 잘 알려진 사이드 메뉴를 알라카르트(A La Carte) 형태로 주문할 수 있도록 해야 한다. 아직 준비가 덜 되어 있다면 시급히 고정관념을 깨고 사이드 메뉴를 중요한 요리로서 준비를 해야 할 것이다.

- **치즈는 훌륭한 음식의 파트너**

치즈는 어떠한 식사와도 잘 어울리는 훌륭한 메뉴가 될 수 있다. 프라이드 치즈, 치즈에 곁들인 찍어 먹는 소스, 치즈 스트로 혹은 다양한 치즈 등은 레스토랑의 메인요리를 풍부하게 해줄 수 있는 여러 가지 방법들이 될 수 있다. 유럽에서는 메인요리와 디저트 사이에 치즈요리만을 위한 별도의 코스가 있다. 미국인들도 갈수록 치즈에 대한 이해도를 높이고 있으며 요리로서 치즈를 찾는 빈도가 높아지고 있는 실정이다.

- **종사원들은 항상 사이드 메뉴를 제안하는데 잘 설명할 수 있어야 한다.**

사이드 메뉴에 관한 종사원들의 폭넓은 지식은 고객에게 메뉴를 제공하고 판매하는 데 절대적인 요소이다. 고객들은 주문한 사이드 메뉴의 재료나 조리방법에 대하여 종사원들에게 질문을 할 것이다. 물어보는 이유는 어떤 고객은 건강상의 이유로 특정 재료를 예방하기 위하여 혹은 호기심만으로 질문을 하는 고객도 있을 수 있다. 새로운 메뉴가 추가될 때마다 회의를 해서 종사원들이 시식을 하도록 해야 하고 경험에 따라 권유할 수 있도록 하여야 한다.

▣ 장식을 잊지 말 것

사이드 메뉴 주문이 들어왔을 때 맛깔스럽게 보이도록 세밀하게 표현하는 것은 옷에 장신구를 다는 것과 같은 것이다. 만약 매우 훌륭한 정장에 이에 맞지 않는 셔츠나 타이를 매게 된다면 그 옷을 망치는 것과도 같을 것이다. 사이드 메뉴의 경우에도 마찬가지로 장식은 매우 중요한 장식품이다. 간단한 장식(품)으로도 메인요리를 더욱 빛나게 할 뿐 아니라 요리를 풍성하게 보이도록 한다. 연출에 신경을 한 번 쓸 때마다 더욱 먹음직스러운 음식이 된다는 것에 주목해야 한다. 지금부터는 요리에 따라붙는 장식(품)에 대하여 살펴보도록 한다.

- **요리를 다양하게 치장**

사이드 메뉴를 위한 장식을 해야겠다고 생각할 때 마찬가지로 그것이 메인요리에 끼칠 영향까지 고려해야 한다. 예를 들면, 양고기 요리를 꾸미기 위해 민트잎과 같은 허브를 사용해야 할지도 모른다.

- **혁신적이고 융통성 있게 한다.**

예를 들어, 주방장이 아침식사용 오믈렛에 장식으로 발사믹 식초에 절인 딸기에 파우더 슈가를 뿌려서 제공한다면, 딸기가 제철이 아니라면 장식으로 포도 조각을 대용할 수 있을 것이다.

- **컬러풀하고 건강에 유익한 장식용으로 신선하고 계절에 맞는 과일을 사용**

신선한 제철 과일을 사용한다면 고객은 더 높은 가치를 부여할 것이다. 수박조각이 색채의 특성이 없는 음식에 더해져 한층 훌륭해질 것이다. 여기에 민트잎과 딸기 혹은 한 스푼 가득 라스베리를 더하게 되면 고객들은 그 노력과 독창성에 감탄하게 될 것이다.

- **풍미를 더하도록 향신료를 이용하여 장식**

색감있고 생기있게 보이도록 매쉬드 포테이토에 파프리카를 살짝 뿌리고 샐러드나 파스타에 으깬 통후추를 얹어본다. 또한, 자신만의 독특한 크루통을 만들어서 수프나 샐러드와 함께 제공할 수도 있다.

- **신선하게 갈은 레몬이나 오렌지 껍질이 훌륭한 장식이 될 수 있다.**

감귤류의 껍질 갈은 것은 어떤 형태의 음식에도 천연적인 장식이 될 수 있다. 음식과 음료에 색채와 활력을 불어넣을 수 있고 건강적인 측면도 첨가된다. 장식을 고려할 때 제스트(감귤류의 껍질 갈은 것)를 사용해 본다.

- **장식품들로 접시를 치장**

능력 있는 요리사인지 아닌지는 맛 만큼이나 식욕이 돋도록 연출을 해내는 능력을 보면 알 수 있다. 그렇다고 미식가용 레스토랑을 단지 식욕이 나게 음식을 보이게만 하라는 뜻은 아니다. 단지 파슬리나 모양을 낸 버터 등을 이용하는 것처럼 몇 가지 기술만으로도 치장할 수 있다는 뜻이다.

- **영감을 주는 몇 가지 소스들**

The Art and Craft of the Cold Kitchen by Chef Garde Manager를 살펴보도록 한다(아마존닷컴에서 구입 가능). 이 책에서는 장식(품)으로 메뉴를 더욱 맛깔스럽게 할 수 있는 아이디어를 제공하고 있다.

- **가니쉬에 관하여 종사원들을 교육**

종사원들이 장식의 필요성에 대하여 더 많이 알수록 고객들은 더 즐거운 식사를 경험하게 될 것이다. 바나 홀이 너무 바쁘게 돌아가서 주방장이나 매니저가 장식하는 일을 깜빡했을 때, 서비스종사원들이 어떤 음식이나 음료에 들어가는 가니쉬에 관하여 이미 충분히 알고 있다면 요리에 맞는 가니쉬를 그들이 훌륭하게 할 수 있을 것이다.

- **먹을 수 있는 가니쉬는 식사에 첨가되어 2배의 효과가 있다.**

대부분의 종사원들은 요리에 들어가는 식용 가능한 첨가제는 단지 조미료들 뿐이라고 생각한다. 하지만 실제로는 가니쉬도 많은 음식들의 첨가제로 활용되고 있다. 일례로 레몬이나 레몬즙은 생선요리에 들어가는 가니쉬이다. 이국적인 과일은 어떤 음식에도 잘 어울릴 뿐 아니라 건강에 도움이 되는 훌륭한 장식품이 된다.

- **음료에 장식을 함으로써 이익을 볼 수 있다.**

대부분의 사람들은 블러디 메리에 셀러리 스틱이 장식으로 사용되는 것을 잘 알고 있다. 하지만 생강도 잘 어울리지 않을까? 레몬과 차도 마찬가지이지만 설탕 막대로 색다른 시도를 해볼 수도 있다. 화려한 우산이나 축제분위기의 이쑤시개에 과일을 꽂아서 칵테일을 장식해서 내놓는데 추가적인 비용이 들어가는 것은 아닐 것이다. 여러 가지 장식도구로 컬러에 변화를 주어보고 고객의 반응을 살펴보도록 한다.

▣ 색으로 어필하기

사이드 메뉴가 인기를 얻도록 함으로써 고객을 사로잡을 수 있는 수많은 방법들이 있다. 좀더 좋은 아이디어를 만들도록 도와줄 수 있는 몇 개의 제안들이 있다.

- **약간의 색으로 평범한 사이드 메뉴를 변화시켜 본다.**

사이드 메뉴를 개발할 때 상상력을 동원해 본다. 평범한 매쉬드 포테이토도 레미켄 접시 위에 파프리카를 살짝 뿌리고 치즈가루를 흩뿌리는 등 색을 줌으로써 훨씬 훌륭한 모양으로 변할 수 있다.

- **조화는 모든 것**

레스토랑에서 어떤 형태의 음식을 판매하더라도 조명이 식사 분위기에 많은 영향을 끼치고 있음을 알아야 한다. 고객이 음료나 애피타이저, 디저트 등을 음미하며 좀더 머물기를 바란다면 작은 흔들림에도 하늘거리는 양초를 사용해보도록 한다. 조명을 조절하면 음식의 형태와 조직감에 영향을 준다. 레스토랑을 만들기 전 계획단계에서 조명을 어떻게 선택할 것인지 결정하여야 한다.

- **요리책**

각종 요리책에 있는 사이드 메뉴의 사진들과 연출된 형태를 참고해서 특색 없는 사이드 메뉴에 생명력을 불어넣는 것이 컬러임을 명심한다.

- **화려한 장식물을 이용하여 테이블을 멋지게 변화시킨다.**

화병에 담긴 작은 꽃 한 송이도 테이블을 화사하게 바꾼다. 장식물을 이용할 때 계절에 맞는 것으로 준비한다. 예를 들어, 크리스마스 시즌엔 소나무 가지가 좋고 할로윈과 부활절에는 오렌지색 계열의 꽃들로 치장한다. 장식은 고객이 앉은 자리를 즐겁게 해주고 미각을 돋우기도 한다.

- **투명한 접시는 제공하는 색채를 빛나게 한다.**

투명한 접시를 사용하는 것이 음식의 색을 제대로 표현해 낼 수 있다. 라스베리에 거품 낸 토핑을 얹을 때 담는 그릇은 단순하고 깨끗한 유리용기에 담겨야 훨씬 맛있게 보인다. 만일 색깔 있는 그릇을 사용한다면 그 음식의 고유한 멋을 잃어버릴 수도 있다. 애피타이저부터 디저트까지 모든 음식을 돋보이게 하기 위해서는 깨끗한 접시를 사용해야 한다.

- **사이드 메뉴나 육류요리를 더욱 맛깔스럽게 보이도록 컬러풀한 채소류를 사용**

청·홍 피망, 당근, 브로컬리 그리고 시금치 같은 야채를 소테, 그릴 혹은 쪄서 색이 살아있는 메인요리에 사이드로 제공할 수 있다. 평범한 그린 샐러드에 당근을 갈거나 혹은 파를 다져서 위에다 뿌릴 수도 있다.

- **사이드 메뉴에 다채로운 색상의 향신료를 뿌린다.**

맛과 색을 증진시키는 여러 양념류들은 음식을 더욱 매력적으로 만드는 데 효과적인 수단이 된다. 한 예로, 구운 감자 위에 뿌려둔 케이준 스파이스는 음식에 생기를 불어넣어 주고 더욱 돋보이게 하는 역할을 한다.

- **양념류는 음식에 색을 더하여 준다.**

여러 가지 색의 양념류를 사용함으로써 음식의 색을 더욱 화려하게 할 수 있다. 예를 들어, 케첩이나 머스타드 소스를 이용하여 아이들용 식사에 '웃는 얼굴'을 그려 넣을 수도 있고 라즈베리 식초 같은 샐러드 드레싱으로 샐러드 접시 주위에 무늬를 그려 넣을 수도 있다.

- **디저트에 색을 첨가하여 뛰어나게 만들어 본다.**

한 덩어리의 거품낸 크림과 색을 더하면 디저트를 빛나게 만들 수 있다. 이렇게 첨가된 색채와 향미가 레스토랑의 디저트를 지루한 것 혹은 훌륭한 것으로 만들 수 있다.

- **야채에 색채와 맛을 첨가시키는 것을 두려워 말아야 한다.**

얼마나 평범하든지 간에 야채에 약간의 색채를 첨가하는 상상력을 이용한다면 충분히 훌륭해질 수 있다. 예를 들어, 사우어크림 한 덩이 위에 커리, 파슬리, 파프리카를 뿌린다. 다채로운 비네거리트 소스는 생기를 더해주고 평범한 야채를 매력적으로 만들어준다.

- **다채로운 허브들이 사이드 메뉴를 돋보이게 할 수 있다.**

메인 음식에 파슬리, 디저트에 민트와 같은 허브는 색과 맛을 더하는데 더할 수 없는 좋은 재료이다. 저렴하게 직접 허브를 길러보도록 한다. 음식에 허브가 첨가되게 되면 고객들은 즐거워할 것이다.

The FOOD Service Professional

레스토랑 마케팅 노하우

6 훌륭한 디저트를 메뉴에 포함 시키기

▣ 훌륭한 디저트는 많은 이익이다.

디저트 고객을 위해 자리를 비워 두어라? 사실이다. 많은 고객들이 이미 그것을 요구하고 있다. 최근의 여러 지표는 디저트 관련 매출이 급상승하고 있음을 보여 주고 있는데, 널리 알려진 외식업체들은 다른 업소에 판매할 수 있는 패키지형 디저트 메뉴 ―전화 주문, 잡화점들 또는 직접 고객에게 배달 가능한― 를 개발하고 있는 중이다. 메뉴를 재검토해보고 그것의 개발로 인해 가져올 수 있는 이익에 관하여 심각하게 고찰해 보아야 한다.

- **페스트리 쉐프를 고용해서 문제를 극복**

  어느 레스토랑에서나 파티쉐는 환영이다. 따라서 실력이 좋은 사람을 채용하기 위해서는 상당한 급료를 지불해야 할 것이다. 그렇지 않으면 유명상표의 냉동제품이나 기성품을 구매하여야 할 것이다.

- **디저트의 맛이 좋아지면 판매가 증가**

  디저트 매출이 폭발적으로 늘어나고 있는 중이며 세련된 고객들은 디저트를 요구하고 있다. 오늘날 많은 편의제품들, 즉 녹이고 굽거나 데워서 제공할 수 있는 제품들을 말한다. 덕분에 굳이 디저트 메뉴만을 위한 요리사를 고용할 필요가 없어졌고 언제든지 유명제품을 구매해서 사용할 수가 있게 되었다. 지속적으로 증가하는 업체들로부터 미리 만들어진 디저트를 직접 구매할 수 있다.

- **경향을 따른다.**

여러 지표들은 디저트용 음식 붐이 지속될 것을 보여 주고 있다. 재키 듈런은 이러한 현상을 2가지로 분석하고 있는데, 그 중 하나는 고객이 더욱더 세련되어졌기 때문이다. 이들은 음식에 대한 다양한 기회를 기꺼이 경험하고자 한다. 이러한 사실이 파티쉐들을 자극하여 지속적으로 새로운 경향으로 자리잡고 있는 것이다. 파티쉐를 둘 수 있든지 없든지 간에 항상 현재의 경향에 따라야 하고 최상의 디저트를 제공해야 한다.

- **과일과 같은 저칼로리 제품을 공급**

저칼로리 과일이나 무설탕 아이템의 수요가 많다. 사람들이 자신들의 다이어트에 관심을 갖게 되면서 설탕이 함유된 음식이나 고칼로리 제품을 피하려고 하므로 대부분의 레스토랑들이 새로운 제품들을 개발하여 고객의 요구에 부응하고 있다. 인스턴트 과일 대신 신선한 과일을 사용하는 것이 바람직하고 무설탕 소스가 다른 것들과의 혼합 등을 손쉽게 한다는 것을 생각하여야 한다.

- **각종 편의제품들로 인하여 외식업체들은 고마진, 최상급의 디저트류를 제공**

치즈케이크 팩토리의 치즈 케이크나 마리 캘렌더스의 파이들은 최단시간 내에 배달되고 있어 품질이 향상되고 편리성이 증가되어 주요 디저트로 자리잡고 있다. 또한 '녹여서 굽는' 이러한 제품들은 준비하는 데 시간이 절약된다. 약간의 특별한 손질을 통하여 가장 단순한 디저트가 외식업자들 입에 오르내리는 아이템이 될 수 있다.

• 훌륭한 마무리야말로 환상적 시작 못지않게 중요

맛있는 식사에 관한 '완벽한 체험'은 절대적으로 최상급의 디저트가 반드시 포함되어야 한다. 애피타이저와 메인요리에 많은 공을 들였음에도 디저트로 확실한 마무리를 하지 못한다면 고객들에게 깊은 인상을 남기기 어려울 것이다. 디저트의 품질에 각별한 신경을 써야 할 것이다.

• 최상급의 디저트는 고객들에게 오랜 기억으로 남는다.

대부분의 고객들은 무엇을 먹었든 결국 마지막으로 선택했던 것을 기억하게 된다. 이것은 디저트의 중요성이 메뉴에서 최소화되지 못하는 이유인 것이다. 냉동파이를 그대로 내놓으려 하지 말고 익히고, 자르고, 크림을 얹어서 정성을 다해 제공하도록 한다. 고객들의 기억에 오래 남는 디저트를 개발하려는 노력이 결국 이윤을 확보해 줄 것이다.

• 관행적인 디저트류에 참신한 변화를 주어본다.

평범한 애플파이 조차도 새로운 유행에 맞게 변화시킬 수 있다. 견과류를 첨가하거나 아이스크림을 올려주는 대신에 치즈를 녹여서 올려주는 방법도 있다. 디저트의 격을 올려주는 참된 노력을 해본 후에 디저트 매출의 추이를 지켜보도록 한다.

• 디저트는 단순할수록 좋다.

간단하게 만들어서 제공할 수 있는 아이템들은 언제나 지속적인 판매고를 나타낸다. 패밀리 레스토랑을 운영하고 있다면 젤라틴류나 푸딩류의 디저트를 시도해 본다. 예쁘게 모양을 낸 플란, 소용돌이 무늬가 새겨진 캐러멜을 깨끗한 유리접시 위에 제공하는 것이 고객의 취향에 더욱 다가서게 될 것이다.

- **역시 작은 것이 좋다.**

 좀더 작은 양을 원하는 고객을 위하여 반사이즈의 디저트를 제공하도록 종사원들을 교육한다. 비록 작은 크기에 대하여 가격을 인하한다고 하여도 전체적인 판매가 증가하게 되면 이익은 증가할 것이다.

- **달콤하게 부드러운 것부터 크런치한 느낌까지 조직감을 생각한다.**

 크림류의 디저트에 다양한 견과류들을 얹는다. 평범한 것부터 다양한 변화까지 시도하여 소비자가 어떤 것을 선호하는지 알아본다.

- **치즈는 많은 디저트에 창조적인 접근이 된다.**

 치즈는 항상 메인요리의 핵심적인 존재였지만 이를 혁신적인 방법으로 디저트화 시킨다면 대단한 호응을 받을 것이다. 치즈로 다양한 구성과 다양한 맛을 낼 수 있도록 시도해 보고 이를 종사원들과 함께 시식을 해서 옛것과 비교해 보도록 한다.

- **디저트로서 알코올 또는 무알코올 음료는 많은 이익을 실현해 주는 아이템들**

 디저트 메뉴를 구성하는 데 있어서 디저트용 음료를 빼놓아서는 안 된다. 매우 높은 마진을 형성해 주는 아이템이며 배가 불러서 더 이상의 음식을 원하지 않는 고객들에겐 반드시 필요한 아이템이기도 하다. 또한, 디저트 음료는 시각적으로도 매우 호소력이 있다. 유리잔에 크림과 체리가 얹힌 채 제공된 아마레토 커피는 보기에도 달콤한 유혹이 된다. 무알코올 음료도 역시 눈에 띄는 아이템이다. 크림에 계핏가루나 넛맥이 뿌려진 핫 코코아를 제공한다. 한창 추운 겨울에 어울리는 디저트가 될 것이다.

- **재미난 디저트를 만들어 본다.**

 어린이 고객에게 어필할 수 있는 레스토랑이 되고자 한다면 반드시 활기차 보이고 재미있는 식사가 될 수 있도록 해야 할 것이다. 아이들은 맛뿐만 아니라 디저트의 특별한 느낌을 좋아한다는 것을 알아야 한다. 그렇지만 성인들에게는 시각적으로 보여지는 것보다는 맛이 세련되어야 한다. 성인들은 맛과 질에 더욱 비중을 둔다는 뜻이다. 다양한 종류의 토핑을 얹은 아이스크림 선데이는 아이들이 좋아하지만 어른들은 표면에 과일맛이 나는 크렘블레를 선호한다.

- **고객들이 디저트를 받아보았을 때 "와~!" 하고 놀랄 정도로 멋지게 만들어야 한다.**

만일 고급레스토랑을 운영하고 있다면 작품처럼 보이는 디저트를 원할지도 모른다. 패밀리 레스토랑의 경우에는 넉넉한 크기의 크림이 많이 들어간 혹은 캐러멜이나 퍼지가 쏟아져 내리는 디저트를 좋아할 것이다. 디저트의 형태가 어떻든지 식사의 마무리로서 디저트는 용의주도하게 만들 필요가 있고, 이것이 고객의 마음을 사로잡을 것이다.

▣ 디저트 프로모션

금전적으로는 디저트 판매에서 얻은 이익이 다른 메뉴에서 발생한 손실을 만회시켜 주고, 잘 만들어진 디저트는 다른 평범한 아이템의 단점을 보완시켜 주는 레스토랑의 구원투수 같은 역할을 한다. 사실 재료값은 그리 많이 소요되지 않지만 문제는 임금이다. 그럼에도 불구하고 디저트의 원가는 20% 정도에 그쳐, 스테이크나 생선류 같은 저마진 아이템들에서 발생한 손실을 충당해 준다. 따라서 기회가 있을 때마다 디저트가 판매되도록 적극 판매를 해야만 한다. 노력여하에 따라 결과가 달라질 것이다. 지금부터 그 가능성들에 대하여 고찰해 보도록 한다.

- **판매를 올리기 위하여 디저트 판매계획을 실시한다.**

디저트 판매계획은 보스톤 마켓의 창안처럼 아주 간단하게 하면 된다. 그들은 종사원이 디저트에 관한 질문을 빠뜨렸을 경우에 한해 디저트를 무료로 제공하는 프로그램을 운영하고 있다. 아니면 반대로 첫 주문시 디저트까지 함께 주문받을 경우엔 음료나 애피타이저를 무료로 제공하는 방법도 있다. 보스톤 마켓은 위의 판매를 실행한 후 디저트 판매가 10% 상승했다고 한다.

- **부드럽게 제안하는 것이 오히려 더 강력한 수단이 되기도 한다.**

종사원들이 디저트 매출을 올리기 위하여 강력하게 디저트를 권할 필요까지는 없을 것 같다. 처음 식사주문을 받을 때 지극히 공손한 태도로 "주문을 받기 전에 오늘 새로 선보인 신선한 블루베리로 토핑한 뉴욕스타일의 치즈 케이크에 관하여 알려드리고 싶군요."라고 말하는 것이다. 그러한 태도는 "저희 집의 특별한 치즈 케이크로 마무리하기로 결정하셨습니까?" 라고 말하는 것과 같이 자연스럽게 디저트 주문으로 이어지게 하는 효과가 있다.

- **2인용 디저트를 제안하고 판매 증가를 지켜본다.**

고객이 마지못해 디저트를 주문하는 것처럼 보이면 더 이상 주문을 강요하지 말고 1가지 디저트에 스푼이나 포크 2개를 제공해서 나눠 먹도록 유도한다. 나누어 먹도록 한다고 해서 예의에 어긋나는 것이 아니다. 또한, 2명의 고객이 각기 다른 디저트를 주문했을 때도 한 접시 위에 주문한 것을 반반씩 나누어서 제공해 본다. 고객들이 무척 즐거워할 것이다.

- **만약 디저트를 더 판매하게 된다면 한 장의 티켓으로 팁은 두장이 된다.**

디저트는 높은 마진의 아이템이면서 가장 마지막에 주문되며 팁을 증가시킨다. 종사원들에게 일정기간 동안(약 한 달 정도) 그들의 관리 철에 각자가 주문받았던 영수증을 보관하도록 해서 다음 회의시에 디저트가 포함되었던 주문과 그렇지 않았던 것을 나누어서 표를 작성하게 해 본다.

보는 것이 믿는 것이 되고 종사원들이 자신의 주머니로 돈이 더 들어온다는 것을 알게 되기 때문에 더 이상 디저트를 권유하라고 말할 필요가 없어진다.

- **셀프서비스형 디저트 바를 운영하는 것이 인기가 높다.**

레스토랑이 패밀리 스타일이고 모든 토핑이 올라간 선데이를 권하든지 혹은 정찬 형식의 고급 형태의 레스토랑이든지 간에 셀프서비스 디저트 바를 운영함으로써 매출을 확대시킬 수 있을 것이다. 이러한 형태는 샐러드 바처럼 전국적인 유행 현상이 될 것이고 고객들은 다양한 디저트를 골라먹는 재미에 레스토랑을 즐겨 찾게 될 것이다.

- **특별한 디저트를 제안하자.**

핫 애플파이 위에 올려진 한 스쿱의 바닐라 빈 아이스크림이나 딸기숏케이크 위에 얹은 돌롭 휩프 크림과 같은 특별한 디저트는 분명 고객들에게 호감을 줄 것이다. 다양한 아이템을 미리 개발해 두었다가 종사원들로 하여금 적재적소에서 판매를 할 수 있도록 교육시켜야 할 것이다.

- **개인적인 선호도가 훌륭한 판매수단이 된다.**

대개 사람들은 새로운 것을 시도할 때 경험자의 추천을 받고자 하는 경향이 있다. 따라서 종사원들이 모든 디저트 메뉴의 맛과 특징을 경험케 하는 것이 좋고 이를 통하여 고객들에게 자신들의 경험을 바탕으로 해서 아이템을 적극 추천할 수 있도록 해본다.

- **현장에서 디저트를 만들어 이익을 올리기**

만약 유명한 파티쉐를 고용하기로 결정한다면 외부의 유통업자들이나 다른 레스토랑에 제품을 판매함으로써 이익을 올릴 수 있다. 치즈케이크, 파이 그리고 케이크류는 이익을 증가시킬 뿐만 아니라 레스토랑 브랜드를 홍보하게 될 것이다. 마리 캘렌더스는 32개의 파이 공장을 작동시켜 분리된 베이커리나 커미서리를 사용하는 대신에 각각의 레스토랑에서 신선하게 굽도록 하여 품질을 유지하도록 한다.

- **가장 잘 팔리는 아이템을 적극 권장**

종사원들은 가장 잘 나가는 아이템에 대하여 이미 알고 있다. 고객들이 어느 메뉴를 선택할까 고민하고 있을 때 종사원의 적절한 추천은 판매에 있어서 효과적인 수단이 될 것이다.

- **많은 유머로써 디저트를 제안하고 제공**

식사를 마쳐갈 때쯤이면 고객은 디저트를 선택하려고 고민하고 있을 것이다. 이럴 때 "모든 칼로리를 제거한 핫 펏지 선데이가 저희 집에 있는데요."라든가 "디저트 없는 삶은 고무줄 없는 팬티 같은 거지요."라는 재미있는 농담을 하면 주위에 있던 고객들의 입가에 미소를 짓게 할 뿐만 아니라 그 고객으로부터 자연스럽게 디저트 주문을 받을 수 있을 것이다. 디저트와 함께 유머를 제공하면 레스토랑을 나서는 고객의 마음도 한결 훈훈할 것이다.

- **제안한 디저트에 관해서 충분한 지식을 갖추고 있도록 할 것**

메뉴 상에 있는 사이드 아이템들처럼 종사원들은 디저트에 관하여 해박한 지식을 갖추고 있어야 한다. 제품의 조직감부터 재료에 이르기까지 고객들에게 세세히 설명할 방법을 알고 있는 것이 종사원의 핵심적인 기능이다. 많은 고객들이 건강상의 이유로 알레르기가 유발되는지 또는 알레르기의 가능성이 있는지 등에 관하여 묻고 알고자 한다. 물론 단순 호기심도 있다. 종사원들이 디저트가 만들어지는 방법을 숙지하고 샘플을 제공해야 한다.

- **디저트를 주문 안할 때 고객이 미안해하지 않도록 주의한다.**

고객들에게 강압적이거나 소홀한 태도를 보이지 말고 특히 유머감각을 유지하면서 디저트를 주문하지 않더라도 미안해하지 않도록 해야 한다. 나눠 먹을 수 있도록 여분의 스푼이나 포크를 다른 접시와 함께 제공하면 좋을 것이다. 용기를 지니고 다니는 것도 디저트 주문을 받는 좋은 방법이다.

- **전략적으로 디저트 쟁반을 배치**

디저트 운반용 쟁반은 테이블 위에 제공된 디저트보다 한층 더 시각적으로 홍보효과가 크다. 때론 디저트 트레이를 일부러 레스토랑의 홀을 가로질러 운반하면 식사를 하던 다른 사람들도 그것을 보고 자신들의 메인 이후에 선택할 디저트에 관하여 미리 생각하게 할 수 있을 것이다.

- **포장해 갈 수 있는 파이류와 케이크류와 같은 디저트를 개발**

전국의 수많은 레스토랑들이 사무실이나 가정으로 가져갈 수 있는 큰 사이즈의 디저트를 제공하고 있다. 집으로 가서까지 지속되는 커다란 파티의 경우 큰 사이즈의 디저트를 주문할지도 모른다. 이 아이템은 대단히 큰 마진을 남길 뿐 아니라 손님이 떠난 이후에도 레스토랑 홍보에도 크게 기여할 것이다.

- **교양 있는 사람이라면 디저트는 식사의 코스로서 당연히 선택하는 것이라고 느끼도록 분위기를 조성**

디저트는 '접대받는다'라는 개념으로 알고 있고 접대받을 만하다고 느낀다면 대부분의 사람들은 자신에게 관대해지는 경향이 있다. 즉 "너의 생일이니까", "주말이니까", "승진을 축하해요", 아니면 단순하지만 "넌 너무 정신없이 한 주를 보냈어" 등은 고객들이 디저트를 주문하도록 유도하는 자극제가 되는 말들이다. 종사원들이 좀더 집중해서 고객들을 관찰할 수 있는 방법과 어떤 테이블에서 작은 이벤트 거리라도 찾을 수 있는가에 대하여 교육·훈련시켜야 한다. 그렇게 함으로써 좀더 쉽게 디저트를 제안할 수 있을 것이다.

- **디저트를 전문가 수준의 사진으로 표현하여 테이블 텐트를 배치**

컬러풀한 디저트 사진을 테이블 위에 배치하도록 한다. 고객들이 좌석에 앉자마자 오더를 내기 전에 그 사진들을 보고 뭔가 느끼는 것이 있을 것이다. 디저트는 컬러풀하고 자극적이면서 사진으로 잘 표현되어 있어야 한다. 레스토랑에 테이블 텐트를 이용하는 것은 매우 좋은 생각이다.

- **메인요리 후에 디저트가 아닌 간단한 먹을거리를 준비**

디저트를 원하지 않는 몇몇 고객들을 위하여 잔 받침대 같은 곳에 작은 초콜릿을 곁들여서 커피라도 제공할 수 있도록 한다.

- **샘플러용 디저트가 매출을 올린다.**

한 가지 선택은 디저트 샘플러인데, 고객들이 한 입 크기의 디저트를 모두 맛본다면 좋은 효과를 얻을 것이다.

- **1가지 디저트로 2인이 즐길 수 있는 아이템은 고객을 즐겁게 할 것**

외식업소들은 나눠먹는 디저트 방식을 창출함으로써 새로운 매출을 올리고 있다. 이 새롭고 특별한 디저트는 이전의 1인용보다는 약간 양이 많고 한 접시에 2인분의 포크나 나이프가 함께 제공된다. 비록 2인분을 판매할 때보다는 매출액은 작지만 이익은 오히려 많다는 것을 깨닫게 될 것이다.

▣ 디저트 진열하기

따분해서 하품소리가 날 정도로 디저트가 형편 없다면 수익은 기대할 수 없다. 반면에 열심히 접근하게 되면 디저트로 인해 커다란 이익을 실현할 수 있을 것이다. 다음으로는 디저트를 만드는 데 도움이 될 단서들에 관하여 살펴보도록 한다.

- **머릿속에 그림이 그려질 수 있는 말을 사용**

  현란한 수식어를 사용한다. 식욕을 자극하는 현란한 형용사를 사용하는 것이 디저트를 제안할 때의 필수조건이다. 달콤한, 크림을 듬뿍 올린, 풍부하고 아삭거리는 등의 용어는 메뉴에 있는 디저트를 묘사할 때 사용해야 할 적당한 단어들이다.

- **샘플용 디저트와 함께 회의를 할 것**

  종사원들이 맛과 질감에 대하여 묘사할 적당한 미사여구를 기록하게 한다. 그리고 종사원들이 디저트를 고객에게 추천할 때 그 아이템들에 대하여 자신부터 도취될 수 있도록 북돋아 줘야 한다. 가장 창조적인 문장을 사용한 종사원에게는 상을 준다. 그리고 모든 종사원들이 능수능란하게 자신들이 판매할 아이템에 관하여 성과적으로 묘사할 수 있도록 한다.

- **오늘의 특별한 디저트를 반드시 고객들에게 알린다.**

  레스토랑 입구에 있는 칠판, 테이블 텐트, 잘 훈련된 종사원은 고객들에게 효과적으로 '오늘의 메뉴'에 관하여 추천할 수 있는 방법이다. 지역사회에 알려지게 되면 디저트 스페셜이나 새로운 디저트를 확실하게 광고한다.

- **선택이 가능한 토핑을 통하여 평범한 바닐라 아이스크림을 고객에게 제안**

  디저트를 어필하기 위하여 세계적으로 유명한 페이스트리 쉐프를 고용할 필요는 없다. 단순한 아이스크림을 모두에게 어필하면서 다량의 토핑을 얹고 뿌려서 장식한다. 브랜디와 같은 알코올성 음료에 사용하여 브랜디 스니퍼나 샴페인 잔에 넣은 음료에 생크림을 잔뜩 얹어 브랜디 아이스 같은 세련된 디저트를 만들 수 있다.

- **고객들로부터 메인요리 주문을 받았을 때 디저트를 먹기 위한 자리를 비워두도록 제안**

한 레스토랑은 고객들이 메인요리를 주문할 때 갓 구운 신선한 상태로 특별한 시간을 즐길 수 있기 때문에 반드시 디저트를 함께 주문하도록 해서 핫 블루베리와 체리 코블라 스페셜을 판매하고 있다. 다른 방법은 메인요리의 주문 전에 '놀라운 디저트'에 관하여 고객들에게 미리 설명해 줌으로써 고객들의 머릿속에서 식사가 끝나갈 때까지 그 디저트에 관한 생각을 떨치지 못하도록 할 수 있다.

- **디저트의 향에 대하여 묘사함으로써 식욕을 자극**

주방으로부터 나오는 달콤한 냄새 때문에 많은 디저트가 판매되고 있다. 종사원들도 고객들에게 그 향에 대하여 표현해 줌으로써 디저트 판매 포인트로 아로마를 사용할 수 있다. 바닐라 빈, 애플파이, 씨나몬 등의 향은 어린 시절의 추억을 떠올리게 하여 매우 만족스러운 식사를 하게 한다.

- **달콤한 재료를 사용**

파우더 슈가는 고객에게 깊은 감명을 만들고 접시 위에 가루를 뿌리고 그 위에 실질적인 디저트를 올려놓는다. 접시 위에 오려서 만든 여러 가지 형상물을 두고 파우더 슈가를 뿌린 후 그것을 치우면 놀라운 그림이 눈앞에 나타난다.

• **초콜릿으로 덮인 커다란 접시를 사용**

만일 예전에 사용했던 케첩이나 머스타드 병을 구입했다면 그것을 이용하여 접시 위에 초콜릿으로 놀라운 디자인을 형상화시킬 수가 있다. 접시 가장자리를 따라 살짝 그려 넣을 수도 있는데, 조심할 것은 종사원이 이것을 운반할 때 손가락이 닿지 않도록 해야 한다는 것이다.

• **라스베리 소스를 위에 뿌려 볼 것**

라스베리 소스는 어떤 디저트와도 잘 어울린다. 심지어 초콜릿까지도! 유사한 기술을 이용하여 실질적인 디저트 위에 바로 소스를 얹기 전에 아름다운 붉은 빛을 접시 위에 디자인할 수 있을 것이다.

▣ 특별한 경우의 디저트들

프로모션을 하고 레스토랑을 널리 알리는 데 있어서는 디저트가 좋은 아이템이다. 다른 레스토랑들에 비해서 경쟁력이 있는 디저트 아이템을 갖고 있다면 특별한 행사를 통해 더욱 알릴 수 있는 기회를 만들어야 할 것이다. 디저트 프로모션에는 여러 가지 방법이 있는데, 일례로 레스토랑 입구에 예술적으로 잘 표현된 디저트를 위한 특별 쇼케이스를 만들어 둠으로써 레스토랑으로 들어오는 고객들의 눈길을 사로잡을 수가 있는 것이다. 또는 냉동고가 따로 설치되어 있다면 고객들에게 차갑게 얼린 디저트를 제공할 수 있고 고객들이 원할 때 포장해 갈 수 있도록 함으로써 집에서도 즐길 수 있게 만들 수 있다. 지금부터는 스페셜 디저트 아이템의 판매방법에 관하여 살펴보도록 한다.

• **고객들이 집안 행사용으로 포장해 갈 수 있는 가족형 디저트를 개발**

생활이 바쁘고 집에서 일을 하는 사람들이 늘어가는 실정이어서 가정으로 가지고 가는 사람들이 많이 늘고 있는 추세다. 사람들은 자신들이 힘들여 돈을 번만큼 구매하는 데 있어서도 양과 품질 모두에 만족하기를 원한다. 생일케이크를 주문받았을 때 아이스크림 버켓같이 제공하는 등은 매우 훌륭한 생각으로 부모가 생일케이크 외에 아이스크림을 따로 구입하기 위하여 다른 곳을 들러야 하는 수고를 덜어줄 수 있다. 행사가 생일이건, 가족모임 혹은 두 사람을 위한 촛불을 켜놓은 저녁식사이건 간에 집으로 디저트를 배달하고, 이는 레스토랑에 큰 수입원이 될 것이다.

- **일요일을 위한 특별한 행사를 만들어 본다.**

레스토랑에서 갖는 일요일 저녁 만찬은 평일을 무사히 보낸 후 주일을 기념하기 위해 집에서 행하던 일요일 만찬만큼이나 중요한 전통이 되어가고 있다. 고객들을 흥겹게 하고 편안하게 만들 수 있는 간단한 아이디어 하나가 선데이 바를 만드는 것이다. 제대로 만들어진 선데이 바를 오로지 일요일에만 제공되는 특별 아이템으로 설정하면 가족들이 그것을 먹기 위하여 모여드는 것을 알 수 있을 것이다. 일요일의 특별행사를 알리는 문구를 칠판, 야외 광고물 또는 테이블 텐트로 홍보해야 한다. 그리고 갖가지 토핑류를 아낌없이 얹어주는 것을 잊어서는 안 된다.

- **특별한 계절 디저트를 프로모션 한다.**

각종 휴일이 계절에 맞는 음식을 추천하기 위한 날로는 제격이다. 이런 날에는 레스토랑의 이미지를 한껏 증진시킬 수 있는데 예를 들어, 할로윈데이에는 세이지 아이스크림을 올린 호박 케이크를 제공한다거나 크리스마스에는 페퍼민트 아이스크림과 훌륭한 레인 케이크를 제공하면 될 것이다.

- **디저트에 적당한 여러 가지 특별한 아이템을 보유**

여러 가지 양초, 시럽, 위에 뿌릴 것들, 딸기류와 견과류가 디저트를 꾸미기 위하여 항상 구비되어 있어야 한다. 선데이 아이스크림이나 바나나

스플릿과 같은 디저트는 한껏 과시해도 좋을 특별한 아이템들이다. 이것들을 재미있게 생긴 빨대와 아이들이 좋아하는 캐릭터 스푼과 함께 어린 아이들에게 내놓으면 아이들은 거기서 뭔가 다른 집과는 다른 특별함이 있다고 생각할 것이다.

- **크리스마스야말로 스페셜한 디저트를 내놓기에 가장 좋은 때이다.**

크리스마스는 각 레스토랑에서 새롭고 특별한 디저트를 만들기에 최적의 시즌이다. 고객들은 한껏 들떠 있어서 주저함이 없이 디저트 먹을 공간을 만들 것이다. 늘 맛보던 호박파이나 초콜릿 케이크 같은 평범한 것 말고 에그 노그 푸딩이나 플럼 푸딩 같은 특별한 것을 만들어 본다.

- **생일이나 각종 기념일에 모이는 클럽을 조직하고 이때에는 디저트를 무료로 제공**

생일클럽을 위해 가입원서 같은 것을 받을 수 있다면 주소지를 알 수 있을 것이고, 이를 통해 쿠폰과 기타 자주 레스토랑에 들를 수 있는 기회를 제공할 수 있는 기회를 만들 수 있을 것이다. 생일을 맞는 고객이 있다면 1주일 전에 무료 생일 케이크를 제공한다는 쿠폰을 보내고 그들이 축하하러 오면 작고 앙증맞게 만든 케이크를 제공하면 될 것이다.

- **여러 장식물을 활용해서 일반적인 디저트를 좀더 환상적으로 만들어 본다.**

체리나 각종 컬러풀한 과일들 또는 허브를 이용한 장식들이 휴일 디저트를 완벽하게 표현해주는 사이드 수단들이다. 탄력성 있는 것들과 검은색 감초가지를 험상궂게 생긴 할로윈 마스크에 붙인다거나 크림 토핑을 여러 가지 색상으로 배합해서 제공해 본다. 디저트를 기억될 만한 것으로 삼고 싶으면 일 년 내내 사용되는 장식용구들을 이용한다.

- **휴일에 모이는 가족들을 위하여 테이크아웃용 디저트를 개발**

휴일은 가족을 위하여 쇼핑하고 요리하느라 특히 분주하고 바빠진다.

휴일에 가족모임을 위하여 전 디저트를 프로모션할 정말 좋은 기회다. 커스터드 디저트나 아이스크림과 같은 것보다는 파이류나 케이크류가 보관과 운송에 더욱 적합한 아이템들이다. 고객들이 소박한 맛을 원한다면 직접 파이 크러스트를 만든다는 사실을 홍보하여 이들 아이템을 직접 만들도록 한다.

▣ 차별화된 디저트

경쟁이란 정글의 법칙이 지배한다는 것을 의미한다. 따라서 항상 새롭고 참신한 것을 가지고 한 발 한 발 내딛도록 노력해야 한다. 다음부터는 상상력을 자극하는 몇 가지 단서들에 대하여 살펴보도록 한다.

- **아이들은 조잡한 것을 좋아한다.**

늘 봐오던 갈색의 평범한 브라우니와 아이스크림 대신 쓰레기 더미 속에 있는 벌레들을 제공하자! 틀린 말이 아니다. 초콜릿 푸딩 위에 으깬 오레오 쿠키를 뿌려서 제공할 때 푸딩 꼭대기 밖으로 벌레젤리를 올려 모양이 꿈틀대도록 해서 제공해 본다.

- **다이어트하는 사람들의 약한 마음에 호소**

건강하게 먹고자 하는 사람들은 단순히 정상적인 디저트를 나누고 싶어하지 않는다. 그렇다고 한다면 고객들을 위하여 지방을 제거한 우유나 저지방 재료를 이용한 다이어트용 디저트를 제공해 본다. 고객들은 배나올 걱정 없이 마음껏 즐길 것이다.

- **퐁듀를 애호하는 사람들**

퐁듀 디저트가 남녀노소에 상관없이 갈수록 인기를 끌고 있다. 테이블에 올려놓고 모두가 식후에 방종을 즐길 수 있다.

The Food Service Professional

레스토랑 마케팅 노하우

7 가족 고객을 유치하기 위한 사이드 아이템 활용하기

■ 아이들에게 재미있는 파티가 되게 할 것

가족단위의 고객을 유치하려고 할 때 최우선적으로 고려해야 할 사항이 바로 어린아이들이다. 어린이가 포함된 고객들은 겉보기에는 문제가 있는 것처럼 보인다. 하지만 여러 가지 문제에도 불구하고 별 탈 없이 접대를 해낸다면 지금 당장은 아니더라도 꾸준히 그 고객들이 지속적으로 방문하게 되는 것을 알 수 있을 것이다. 최근의 여론조사에 따르면, 성인의 55%가 어느 레스토랑의 서비스가 가장 좋았는지를 결정하는 데 아이들의 의견이 중요한 사항이라고 대답했다. 또한, 47% 이상의 사람들은 실제로 레스토랑을 선택하는 데 있어서 아이들의 의사를 따른다고 했다. 따라서 진정으로 가족단위 중심의 레스토랑 운영계획이 있다면 모든 계획의 중심에 아이들을 우선 고려해야 할 대상으로 삼기를 적극 권장하는 바이다. 분위기, 메뉴들, 가격과 흥밋거리 등 모든 요소들이 결합하여 아이들과 부모들이 레스토랑을 결정하는 데 영향을 끼치는 것이다. 따라서 다음부터 제시하는 몇 가지 사항들을 고객유치 작전에 기억해야 한다.

- **애피타이저는 어린이용 식사로는 이상적**

아이들은 많은 양의 애피타이저를 필요로 하지 않으며 음식에 집중되는 시간은 짧고, 무엇인가 맛이 있어 보인다면 분명히 그것을 시도해 볼 것이다. 그렇기 때문에 가족단위의 고객을 유치하기 위해서는 사이드 아이템이 필요한 것이다. 채소를 이용하여 여러 가지 동물형상을 오려 붙여 장식된 작은 접시에 담긴 애피타이저가 아이들의 관심을 끌 것이고 특별한 음료와 디저트로까지 흥미가 이어질 것이다. 이러한 노력이 아이들을 동반한 부모들로 가득찬 홀 종사원들이 바쁘게 뛰어다니는 모습을 보게 할 것이다. 외식업을 전개하는 데 있어서 아이들의 영향력에 대하여 절대로 과소평가해서는 안 된다.

- **사이드 아이템으로 아이들을 위한 특별한 행사를 계획하고 실시**

아이들 고객을 위한 특별한 이벤트를 계획하고 있다면 굳이 휴일까지 기다릴 필요가 없다. 아이들은 매일매일이 휴일이고 파티날이다. 따라서 더 많은 가족단위 고객을 유치하고자 한다면 마찬가지로 매일매일을 휴일과 파티라는 인식을 갖고 준비하면 될 것이다. 예를 들어, 멍청하게 마시는 날을 설정하고 특별한 과일이 기초가 되는 이국적인 과일들 또는 페퍼민트 스틱, 막대사탕 등과 같은 흥미를 끌만한 아이템들로 장식해서 만들어 본다. 특별한 용기나 다시 사용할 수 있는 귀여운 스트로를 이용하여 음료를 제공해 본다.

- **특별한 휴일에는 아이들의 취향에 맞는 것을 준비**

산타복장을 하거나 부활절 토끼 복장을 하고 디저트 타임 때에는 막대사탕이나 젤리빈을 주는 등의 깜짝행사를 할 수 있다. 이러한 행사 덕분에 부모들은 아이들을 위하여 레스토랑에 더 오래 머물러야 할 테고 결국 디저트나 디저트 후에 마실 거리를 더 주문하게 될 것이다. 어버이날처럼 한창 바빠질 것으로 예상될 때에는 아이들이 좋아할 만한 TV나 VCR 프로그램과 군것질 거리를 미리 준비해서 부모들이 편안하게 식사할 수 있도록 배려할 수도 있다.

• 할로윈이야말로 아이들만을 위한 특별한 행사를 하기에 최적의 시간

아이들은 할로윈 축제를 좋아하지만 부모들은 아이들이 이웃집을 배회하거나 낯선 집에 가서 "장난이냐 과자냐!"며 즐기는 것을 꺼린다. 이러한 때야말로 부모나 어린이를 위한 할로윈 파티를 할 수 있는 편안한 은신처로서 기능을 훌륭하게 수행하면 될 것이다. '공포'를 주제로 한 스낵류를 특별하게 만들고 드라이아이스를 이용해서 으스스한 분위기가 나는 음료를 내놓을 수도 있다. 장식을 잘 한 어린이에게 비싸지 않은 것으로 참가자 상을 제공하게 되면 성공적으로 파티를 마칠 수 있고 고객들은 다시 방문하게 될 것이다.

• 어린이의 생일날에는 디저트, 애피타이저 또는 마실 것을 무료로 제공

레스토랑의 한구석 또는 방에 여유 공간이 있다면 아이들의 생일날 특별 파티를 할 수 있는 공간으로 개조한다. 부모들이 자식들을 위하여 예약을 할 것이고, 특별한 가격에 케이크와 마실 것 또는 여러 가지 스낵류를 다양하게 판매할 수 있을 것이다. 사이드 아이템을 알릴 수 있고 새로운 사업으로 프로모션할 수 있는 좋은 기회가 된다.

• 어린이 고객에게 사이드 아이템 판매하는 법을 종사원들에게 가르쳐야 한다.

종사원들이 아이들에게 불친절하게 대한다면 부모와 아이들은 레스토랑에 머무는 동안 내내 불편할 것이고 아마도 다시는 그곳으로 찾아오지 않을 것이다. 종사원들에게 아이들을 인격체로서 대우할 것과 거래대상이 아닌 친구처럼 처신할 것을 가르친다면 틀림없이 더 많은 가족단위 고객들이 방문할 것이다. 그리고 아이들 메뉴에서 식사가 끝난 후에는 예를 들어, 풍선을 증정한다는 식의 독특한 사이드 아이템을 반드시 이야기하도록 교육시켜야 한다.

• **특별한 사이드 아이템으로 아이들을 위한 날을 축하해 준다.**

예를 들어, '아 라 모드' 애플파이를 주문하면 선생님 드릴 사과를 무료로 준다는 식의 광고를 통해 '신학기가 시작하는 날'을 기념한다. 또는 레스토랑의 이름이 박힌 색색의 필기도구를 기념품으로 제공하면 상당한 홍보효과를 거둘 수 있을 것이다.

• **사이드 아이템을 창안할 때 영양을 반드시 고려한다.**

건강에 좋은 스낵류, 디저트와 음료를 제공할 때에는 모양과 크기 그리고 용기 자체가 재미나게 만들어진 것을 사용함으로써 아이들에게 '영양'이 흥미 있는 것이라고 느낄 수 있도록 해주어야 한다. 그렇게 하면 부모들은 건강식을 먹도록 가르친 노력에 대하여 감사할 것이다.

• **핑거푸드 형태의 어린이 사이드 아이템을 만드는 데 주의**

아이들은 핑거푸드와 딥을 좋아한다. 따라서 길게 자른 닭고기부터 프렌치 프라이 그리고 신선한 야채류까지 다양하고 폭넓은 사이드 아이템을 준비하도록 한다.

• **어린이용 사이드 아이템 프로모션을 위해 홍보**

어떤 특정 아이템과 연결된 경품 등을 통해 가족단위의 고객을 유치하도록 해야 한다. "주요리를 주문하실 경우에는 모든 사이드 메뉴를 무료로 제공합니다."와 같은 판매방법은 로스트비프나 프라이드 치킨보다는 마카로니와 치즈 또는 무료 디저트를 선호하는 아이들에게는 훌륭한 메뉴로 인식될 것이다.

• **어린이를 위한 휴일의 사이드 아이템**

휴일은 어린이들에게 사이드 아이템을 판매하기에는 적기이다. 사실 휴일에는 어른 아이 할 것 없이 모두가 느긋해진다. 크리스마스에 쿠키 경연대회를 열고 아이들에게 직접 자신의 쿠키를 장식해 보도록 하는 것이다. 부활절에 계란사냥은 어른과 아이 모두 좋아할 것이고, 이후에는 고정가격의 브런치를 먹게 될 것이다. 매출을 확장시키기 위하여 휴일에 사이드 아이템 판매를 활성화시킬 수 있는 방안에 대하여 상상력을 총동원해야 한다.

- **특정 기념 휴일 외의 다른 특별한 기념일에 대하여도 눈길을 두어야 할 것**

  어린이들을 대상으로 사이드 아이템 판매를 할 때 꼭 주요 기념 휴일에만 집중해서는 안 된다. '조부모의 날'과 같은 기념일도 "손자 손녀와 함께 오시면 디저트가 무료입니다."라고 홍보할 수 있는 것이다. 달력을 찾아보고 인터넷을 검색하여 사이드 아이템 판매를 위한 특별한 날을 살펴본다.

▣ 사이드 아이템으로 따분함과 혼란을 잠재울 것

아이들이 레스토랑에 와서 재미있다고 느끼게 되면 부모들은 좀더 오래 머물게 되고 자연히 매출은 오를 것이다. 몇 가지 오락거리를 둠으로써 따분한 요소를 제거할 수 있도록 하는 것에 초점을 맞추어야 한다.

- **특히 어린이들에게는 활동성을 고려한 스낵을 제공**

  채색할 수 있는 깔판과 크레용을 준비해 두는 것 외에도 조그만 장난감과 어린이용 책을 별도로 구비해 두어야 한다. 하지만 만일 장난감을 특정한 프로모션이나 키스 밀로 이용하려고 계획 중이라면 절대로 질 나쁜 것을 사용해서는 안 된다. 아이들은 생각보다 훨씬 현명하고 좋은 것과 나쁜 것을 쉽게 구별한다.

- **특별한 어린이용 스낵**

야채 칩스(크리스피, 건강에 좋은, 구운 스낵)와 같은 간단한 스낵류를 내놓을 때는 인기 있는 딥이나 케첩, 그리고 괴상하게 생긴 빨대가 꽂힌 재미난 용기에 담아서 함께 제공하면 아이들의 흥미를 계속 유지시킬 수가 있다.

- **아이들 스스로가 좀더 성장했다고 느낄 수 있도록 하는 방법에 대하여 고민**

어린이에게 모카테일을 제공할 경우 체리를 얹고 음료수에 꼽는 작은 우산과 칵테일용 막대를 꼽아서 제공해 본다. 그리고 재미있는 이름으로 알려주어야 한다. 또한 부모들에게 주문을 받는 동안 아이들을 조용한 상태로 유지시킬 수 있는 방안에 대하여 종사원들과 연구해야 한다.

- **특정 사이드 아이템을 채색할 수 있는 깔판과 다양한 색의 크레용을 준비**

깔판과 다양한 색의 크레용을 준비해서 식사 전후를 막론하고 아이들의 흥미를 계속 지속시킬 수 있는 신뢰할 만한 방법이다. 대부분의 아이들은 색을 좋아하는데, 만일 그들이 크레용으로 사이드 아이템을 재미있게 표현했거나 아주 달콤하게 그렸다면 주문한 음식이 테이블에 도착했을 경우에 보다 더 음식에 적극적 자세를 갖게 될 것이다.

- **경연대회는 지루함을 몰아내면서 사이드 아이템 판매를 활성화**

특정 아이템의 밑그림을 가지고 채색 경연대회를 개최하는 것(참가 제한 없이)도 사업의 안정적 지속성을 담보해주는 한 방법이다. 우승자는 그들이 선택하는 사이드 메뉴나 디저트 등을 무료로 제공받을 수 있다는 내용을 메일로 알려주면 된다.

- **여러 가지 게임들로 아이들을 즐겁게 해준다.**

모든 테이블마다 소박한 모양의 퍼즐 게임도구를 비치해 놓는다. 물론 판매 차원에서 주류판매상이나 육류 협력업체로부터 쉽게 협찬받을 수 있는데, 이는 금전적으로나 협력업체 자신들의 아이템에 대한 판매진흥 차원에서나 모두에게 이로울 것이다.

- **아이들의 흥미를 끌만한 TV나 영화 그리고 간단한 스낵류를 준비**

레스토랑의 한 부분을 아이들의 놀이공간으로 만들어 두면 어린아이들의 주의를 끌 뿐 아니라 아이들의 방해 없이 부모들이 편안하게 식사를 마칠 수 있다. TV를 보는 아이들에게 팝콘이라도 제공하는 것이 좋은데 더 나은 것은 아이들이 좋아할 만한 애피타이저를 주는 것이다. 이전에 먹어보지 못한 새롭고 독특한 것을 주도록 한다.

- **아이들이 요리가 만들어지는 과정을 직접 볼 수 있게 한다.**

만일 개방형 주방으로 영업 중이라면 미니피자 같은 것을 주문 받아서 그 아이템이 만들어지는 과정을 아이들이 직접 보게 한다. 또는 아이스크림 같은 것을 테이블로 가져와서 아이들이 직접 여러 가지 재료를 첨가할 수 있는 기회를 준다. 음료 역시 테이블 사이드에서 종사원들에 의해 제공되는 묘기를 더하여 주도록 해 본다.

- **풍선을 터뜨려서 디스카운트를 해주면 아이들은 매우 좋아한다.**

아이들에게 많은 풍선 중에서 한 가지를 고르게 하고 어떤 아이템이든간에 풍선 안에는 승자에게 줄 쿠폰을 넣어두도록 한다(무료 디저트, 무료 프렌치 프라이 같은 메뉴 등).

▣ 가족단위 고객의 흥미를 유발

마음에서 우러나오는 친절한 접대(그 가족의 규모가 크든 작든)가 가족단위 고객들을 레스토랑으로 유도하는 핵심요소인데, 그것들에 관하여 몇 가지 제안들을 살펴보도록 한다.

- **풍부한 오락거리가 가족단위 고객들에게 환영받는다.**

홍겨운 음악을 들려주는 오케스트라까지는 필요 없고 단지 풍선을 불어서 손에 쥐어 주는 어릿광대만으로도 얼마든지 아이들을 즐겁게 해줄 수 있다. 레스토랑 한쪽에 쿠키 커팅 파티를 개최해서 참가하는 모든 아이들에게 경품으로 특정 디저트나 음료를 무료로 제공한다. 부모들은 편안하게 담소를 나누면서 와인 또는 애피타이저를 더 주문할 것이다.

- **예산 범위 내에서 식사를 할 수 있도록 각 사이드 아이템의 가격을 적정하게 한다.**

칠리스 바와 그릴은 고객들이 많은 돈과 시간을 허비하지 않도록 시스템을 갖추어 가족단위 고객들을 유치함으로써 대단한 성공을 거두었다. 모든 음식은 빨리 나올 뿐만 아니라 아이들과 함께 간단한 포크 댄스라도 출 수 있는 개방형의 칸막이 좌석이 배치되어 있다.

- **저비용의 사이드 아이템으로 설정된 가족행사를 갖는다.**

현재까지 의도한 만큼 가족단위 고객 유치가 성과적으로 수행되지 않았다면 저비용으로 특별한 음료와 애피타이저를 즐길 수 있는 가족의 날 행사를 한 번 개최해 본다. 어린이를 위한 다양한 토핑이 가능한 핫도그나 식사 후에 디저트를 직접 만들어 볼 수 있는 선데이 바를 만들어 본다. 그리고 가족의 날 행사에 참여하는 아이들에겐 무엇이든지 무료로 먹을 수 있도록 해야 할 것이다.

- **고객이 기억되길 원하는 경우에 기억하도록 노력**

개인의 기억을 남겨놓는 서비스를 이용하는 고객에게는 할인을 해 준다. 반드시 생일이거나 특별한 기념일이 아니어도 행사를 진행해야 한다. 후에 그들에게 작은 기념일이라도 생기면 반드시 가족과 함께 이 레스토랑을 찾을 것이다.

- **레스토랑 안에 여분의 방이 있다면 필요에 따라 특별한 가족들이 사용할 수 있도록 개방**

가족모임을 하는 고객들이 이용하도록 한다. 10명 이상의 단체는 쉽사리 프로모션이 가능하므로 무료 음료 등을 제공하는 등의 행사를 해 본다.

The Food Service Professional

레스토랑 마케팅 노하우

8 레스토랑을 널리 알리기 위한 사이드 아이템 판매방법

▣ 경쟁에서 한 발 앞서가야 한다.

적극적으로 각 아이템들(애피타이저, 디저트, 사이드 아이템들, 음료들)을 홍보해야 한다. 사람들이 막상 그것들에 관하여 알지 못한다면 아이템들이 갖고 있는 경쟁력은 결국 별 의미를 갖지 못할 것이다. 외식업계에는 뛰어난 경쟁자들이 즐비하기 때문에 레스토랑을 널리 알리기 위해서는 광고와 판매에 있어서 한 발 앞서가야 한다. 사이드 아이템은 타 업체와의 차별성을 부각시키고 다양성을 보여줄 수 있기 때문에 판매를 하는 데 있어서 좋은 수단이 될 수 있다. 비록 제대로 된 스테이크나 치킨 요리 또는 시푸드를 만들어낸다고 하더라도 그 부속물로 따라 들어가는 사이드 아이템이 결국 고객들을 다시 모으는 역할을 할 것이다. 사이드 아이템의 판매는 레스토랑의 입구에 특별한 유리 쇼케이스를 설치해 두는 것만큼 간단하게 진행할 수도 있고 그 레스토랑만의 독특한 소스나 토핑을 가지고 레스토랑 밖에서 행하는 판매를 하는 것처럼 복잡해질 수도 있다. 지금부터 경쟁에서 앞서갈 수 있는 몇 가지 단서들을 살펴보도록 한다.

- **독특한 특성을 알린다.**

시간과 예산의 범위를 감안하여 먼저 어떤 사이드 아이템이 독특한 색깔을 갖게 하는지에 대하여 결정을 한 후에 그것들의 프로모션 방법에 대하여 생각한다. 반드시 유념해야 할 것은 경쟁에서는 한 발 앞서 생각해야 한다는 것이다.

- **레스토랑에서 테마를 지닌 아이템들을 판매를 하도록 한다.**

레스토랑 안에 공간이 있다면 한 측면을 테마를 지닌 아이템들을 소개하는 곳으로 만든다. 그 소개하는 곳은 계산대 뒤편에 책장이 될 수도 있고 상점처럼 정성을 들여 꾸며 놓을 수도 있을 것이다. 판매 가능한 테마를 지닌 아이템들은 자가 상표가 붙은 병에 들어 있는 소스, 개인 상표화된 병으로 판매하는 와인이나 구운 또는 얼린 메뉴들이다.

- **레스토랑 밖에서 활성화가 가능한 사이드 아이템을 연구**

특별히 내세울 만한 테마를 지닌 아이템들을 갖고 있고 그것을 '음식기행' 등의 매체에 올리고 싶다면 잡화점이나 특별한 음식을 소개하는 카탈로그와 같은 소매시장용으로 전환시키는 것에 대하여 우선 고려하는 것이 나을 것이다. 한 레스토랑의 테마를 지닌 아이템들은 가판점이나 대형 백화점과 같은 쇼핑몰에도 충분한 판매가 가능할 것이다.

- **유행을 선도**

스무디가 잘 팔리고 있다. 레스토랑에서 스무디류를 팔 생각을 갖고 있다면 지금이 바로 그때라고 생각해야 한다. 현재 스무디 시장은 건강에 좋은 허브로 만들어진 것들이 새로이 주목받고 있다. Entrepreneur Magazine은 가장 빠르게 성장하는 가맹점의 하나로서 "Cold Stone Creamery"를 꼽고 있다. 그들은 스무디류를 가장 많이 팔고 있다.

- **홍보가 될 만한 판매 아이템을 사용**

판매용 아이템을 써야 할 경우엔 반드시 고객들이 그 아이템을 가지고 가더라도 홍보가 될 수 있는 것으로 해야 한다는 것이다. 티셔츠, 머그컵,

상품권 또는 그 외 것들에 상호나 또는 이름이 새겨지게 하는 것이 좋은 홍보가 된다.

- **무료 출판물에 실릴 수 있는 방법을 연구**

대도시에는 대체로 그 지역신문에 음식소개 코너가 있기 마련이다. 편집담당자를 통해 애피타이저나 디저트 등 특색 있는 아이템을 소개한다면 새로운 시작의 커다란 가능성을 알게 될 것이다.

- **상품권이 매출증대와 광고를 하는 데 아주 바람직한 방법이 된다.**

상품권을 통해서 레스토랑을 미처 알지 못했던 고객이나 알고 있더라도 시간을 내지 못했던 고객들을 불러 모을 수 있다. 인터넷에서 레스토랑 상품권을 주문하는 방법을 찾아볼 수 있고, 지역 사이트에서도 구매하는 방법을 알 수 있을 것이다.

- **출장연회사업은 외식업을 한 발 앞서나가게 할 수 있는 중요한 영역**

회사나 가족모임, 각종 클럽 또는 여러 사회단체 등이 모임을 개최할 때에는 대개가 출장연회를 요청하기 마련이다. 그 사업은 영역을 한 단계 높이게 될 것이고, 또한 레스토랑이나 메뉴들을 인식시키는 훌륭한 방법이 될 것이다. NACE(National Asoociation of Catering Executives)를 방문하면 정보를 얻을 수 있고 서점에서도 계획과 운영에 대한 방법을 제시하는 책과 잡지들을 발간하고 있다.

- **사이드 아이템용 쿠폰을 배포**

지역에 있는 각종 사업체들, 교회들 또는 각종 비영리단체들은 회원들에게 나눠줄 할인쿠폰들을 받으면 매우 의미 있어 한다. 그리고 지역신문에도 그 쿠폰들을 공급할 수 있다. 또한 레스토랑에서 그 쿠폰을 제시받았을 때에 종사원들은 반드시 친절하게 접대할 수 있도록 미리 교육되어 있어야 할 것이다.

- **컨벤션 동안에 택시 운전사나 버스 운전기사들과 함께 일한다.**

외지에서 들어오는 사람들은 일차적으로 어디에서 식사를 해야 하는지에 대해 먼저 궁금해 한다. 레스토랑을 추천하는 택시 운전사 등에게 무료 시식권—디저트나 식사류 등—인센티브를 제공한다.

- **여러 사이드 아이템, 디저트, 애피타이저, 음료류 등의 판매를 활성화시키기 위하여 협력업체로부터 도움을 구한다.**

협력업체들이 프로모션을 할 때 큰 힘이 된다. 한 레스토랑은 그들이 지난 60년대의 가격으로 판매를 하기 위한 행사를 하는데 그들의 협력업체로부터 커다란 도움을 받았다. 그것은 한 달간 매일매일 시상이 이어지고 무료 여행권이 대상으로 주어지는 행사였다. 협력업체들도 도움이 될 다양한 아이디어를 제공하며 자신들의 아이템을 알리는 어떠한 판매전이라도 참가시켜야 할 것이다.

- **고객이 넘쳐나도록 하는 좋은 방법은 과감한 가격포기정책**

정상가로 구매했다 할지라도 때론 단돈 1,000원에 한 끼의 식사를 제공해보면 어떨까? 전략적으로 한가한 시간대에 이러한 작전을 구사해 보는 것도 아주 효과적일 것이다.

- **점심식사 때 패션쇼를 개최해 본다.**

점심식사 시간대에 패션쇼를 열기 위해서 그 지방에 있는 부티크의 명단을 작성한다. 그리고 모든 고객들이 그 행사를 알 수 있도록 알리고 협력업체들과 구매 바이어들에게도 빠짐없이 연락을 해야 하며 행사 때는 흥미로운 사이드 아이템을 인상적으로 배치하도록 한다.

- **명사의 벽에 고객을 올려둔다.**

  각 고객들에게 레스토랑 방문 때마다 방문 횟수, 음료나 애피타이저 주문횟수를 표시할 수 있는 카드를 준비해서 집계를 내도록 한다. 그리고 매월 말 어떤 특정 아이템을 가장 많이 주문했던 고객을 선별해서 우수고객으로 그들의 이름을 올리도록 한다. 당연히 고객으로서의 무료식사권 등의 지속적인 고객으로서의 인센티브가 돌아가야 할 것이다.

- **호텔이나 컨벤션센터를 방문하는 그룹에 대하여 알아둔다.**

  지역사회의 일들을 알아보아서 레스토랑 홍보 방법을 찾아보아야 한다. 참가자들에게 할인이나 쿠폰을 제시하고 차양에 이름을 걸어서 환영한다.

▣ 메뉴 바꾸기

두 달만 지나도 이미 식상하게 느낄 만큼 고객들의 입맛이 까다로운 지금의 시대에는 정기적으로 메뉴에 대하여 재평가해서 개량시키고, 변경시켜야 한다. 또한 메뉴로서 괜찮아 보이는 아이템도 잘 팔리지 않는 경우도 있다. 언제든지 메뉴를 개선시키기 위하여 혁신적이면서 신선한 생각을 갖도록 해야 한다. 다음에 사이드 아이템을 개량시키는 데 도움이 될 만한 몇 가지 제안을 소개해 보겠다.

- **메뉴 구상에 대하여 고민할 때 전문가가 동업자의 도움을 구하도록 한다.**

  메뉴를 개선하려고 할 때 범하기 쉬운 오류를 피하기 위해서 그들로부터 여러 가지 도움을 얻을 수 있다. 또는 인터넷 사이트를 통하여 메뉴를 재구성하거나 개선시키는 데 어디에서 전문적인 조언을 받을 수 있는지 찾아볼 수도 있을 것이다.

- **타파스 메뉴들이 현재 여러 레스토랑들에서 인기를 얻을 수 있다.**

  독특한 타파스 메뉴(맛좋게 보이는 애피타이저가 잘 배열된 쇼케이스와 같은 것)를 소개하는 것에 대하여 진지하게 고려해 보아야 한다. 타파스는 '흘러간 옛 노래'가 아니라 지금 현재 애피타이저로서 매출을 올리는 훌륭한 메뉴로 자리잡아가고 있다. 이와 같은 습관은 벌써 몇 년 전부터 스페인에서 바텐더들이 고객들의 흥취를 돋우기 위한 방편으로 고기나 야채와 함께 고객들의 술잔을 채우면서 시작되었다. 그때부터 타파스는 새로운 맛과 멋을 찾는 고객들을 유혹하는 수단으로 발전되어 왔다. 또한 타파스는 작은 애피타이저뿐만 아니라 식사대용으로도 사용되고 있다.

- **메뉴를 빛나게 할 새로운 주인공들을 개발**

메뉴가 인기를 얻도록 하는 것이 처음 레스토랑을 하는 사람에게는 필수 불가결한 요소이고, 이것이 결국 그 레스토랑에 충성고객층을 만들도록 해준다. 그리고 새로운 메뉴가 추가될 때마다 주목받도록 적극 제안해 보고 그것이 가져오는 결과에 대하여 주의 깊게 살펴보아야 한다.

▩ 고객들을 '식도락 여행'에 초대

고객들을 가고자 하는 음식 여정에 참여시켜 본다. 다른 지역이나 다른 나라의 메뉴를 반영하여 만들어 본다. 이태리 아이템을 포함시켜서 특별메뉴를 주말이나 야간에 만들 수 있다. 칼라마토 토마토를 이용한 라자니아를 만들거나 디저트로는 티라미수를 제공한다. 또한 고객들의 식도락의 지평을 넓혀줄 수 있는 몇 가지 괜찮은 아이디어를 살펴보도록 한다.

- **분위기를 잡아줄 수 있는 장식을 사용**

고객들이 정말로 식도락의 모험 길로 들어섰다는 생각을 갖도록 레스토랑의 분위기를 바꾸어 본다. 지역의 특성에 맞는 여러 조형물과 다양한 색상들로 토착적인 공간을 연출해 보는 것이다. 예를 들어, 멕시칸풍은 밝고 선명한 색조가 주로 사용된다. 아마도 천장에는 피나타스가 걸려 있고 의자들에는 세라페스가 늘어 뜨려 있는 그런 풍경이 될 것이다.

- **그 지역만의 풍미를 개발**

그 지역에 있는 몇몇 레스토랑들과 함께 그룹을 형성해서 그 지역만의 풍미를 느낄 수 있는 아이템을 공동개발해서 거의 차이가 없는 가격에 제공할 수 있도록 해본다. 지역주민들은 그것을 애호할 것이고 지역을 떠난 사람들도 지역음식에 대하여 감사할 것이다.

- **디저트에 지방의 특색을 살린다.**

지역적 특색을 살린 디저트는 재미있으면서도 다양하게 만들 수 있다. 티라미수를 이탈리안 음식과 함께 제공할 수도 있고, 멕시칸 음식과 플랜을 함께 내놓을 수도 있다. 피치 코블라와 피칸 파이와 같은 '집에서 만든 것 같은' 남부 디저트 풍은 언제나 인기가 높다. 만일 주요리를 변경시키고자 한다면 주요리에 지역색이 깃든 디저트를 결합시켜 본다. 아마도 고객들이 애피타이저부터 디저트까지 어떤 맛의 여행에라도 들어선 듯한 느낌을 갖으며 좋아할 것이다.

- **특별한 접시나 유리용기를 사용해서 음식을 대접**

협력업체들에게 어떤 행사를 위해 특별한 용기들을 제공할 수 있는지 먼저 문의해 본다. 멕시칸 요리가 주제라면 마가릿타 용기를 비싸지 않은 가격에 구입할 수가 있다. 반으로 쪼갠 아보카도 껍질을 사용해서 구아카몰을 내놓는 것은 아주 괜찮은 생각이다. 맥주는 바바리안 'Bier Kruge(맥주용 아주 큰 머그잔)'로 사용하면 그만이다.

- **테마 레스토랑이 갈수록 인기를 끈다.**

어떤 특별한 때일 필요도 없고 장소에 구애받지도 않는다. 텍사스의 그라페빈 지역에 한 레스토랑은 열대 우림을 모방했다. 살아 있는 앵무새를 이용해서 고객들을 즐겁게 하고 그 지역의 특산와인과 함께 지역색이 물씬 풍기는 음식을 제공하고 있다.

▣ 고객을 기쁘게 하는 것을 따른다.

각각의 메뉴가 가져오는 결과들을 살피는 행위는 사업상 종사원들을 교육시키는 것만큼이나 아주 중요하다. 그 아이템의 판매 궤적을 통해 잘 팔리는 아이템인지 아닌지를 파악할 수 있는 중요한 행위이다. 그래서 지금부터는 그 정보들을 모으고, 그 결과를 적용시키는 방법에 대하여 고찰해 보도록 한다.

• 고객의 데이터베이스를 작성

장래의 판매촉진을 위해 고객들의 이름과 주소 또는 회사와 관련된 각종 정보를 수집해서 명부를 작성해 둔다. 그리고 간단한 의견(메뉴를 선택할 때는 어떤 기준으로 했는지) 등을 얻을 수 있고 응답해 준 고객들에겐 약간씩 할인혜택을 줄 수도 있을 것이다. 고객들의 이름과 주소를 얻을 수 있는 한 가지 방법은 고객들에게 방명록에 기록해 달라고 부탁하는 것이다. 응해 준 고객들에겐 다음 방문시 무료 음료나 무료 디저트를 제공한다는 쿠폰을 제공해 주면 좋을 것이다.

• 판매망으로서 고객들을 활용

고객들은 자신들의 의견이 반영되는 것을 무척 반가워한다. 비록 유행이 지난 우편엽서를 통한 고객의견 청취방식뿐만 아니라 점장이나 사장이 직접 고객에게 다가와 그 의견을 묻는 것을 가치 있는 일로 여긴다. 그러한 고객들의 의견을 밑바탕 삼아 어떤 방법(또는 메뉴)을 살리고 어떤 것을 버려야 할지 결정할 수 있다.

- **광고용 카드나 명함을 이용해서 고객 데이터베이스를 풍부하게 한다.**

  고객들의 이름과 주소를 채워 넣을 수 있는 카드를 사용하거나 예쁜 투명 단지에 명함을 모을 수 있도록 한다. 한 달에 한 번씩 고객들이 다시 방문할 경우엔 무료 음료나 디저트를 먹을 수 있는 쿠폰을 동봉한 통신문을 보내도록 한다. 이러한 방법은 고객들을 증가시킬 뿐만 아니라 레스토랑의 명성을 알려주기도 한다.

▣ 저비용 혹은 돈을 들이지 않고 가능한 동기유발 프로그램

종사원들의 업무의욕을 가장 고취시키는 것은 현금보상이나 월급이 아닌 개인에 대한 이해이다. 이번 파트는 다른 업종에서 사용된 검증된 것들로 살펴보도록 한다. 종사원들의 노고에 대하여 사의를 표시하는 것은 돈을 많이 들이지 않아도 되거나 혹은 전혀 돈이 들지 않고 단지 그들을 칭찬하면 되는 것이다. 종사원들에게 작은 금액과 노력을 들여서 보답하면 몇 배의 사업 성공으로 그들도 보답할 것이다.

- **업무수행능력이 가장 좋은 종사원을 최고로 대우**

  가장 우수한 사원에게 최고 대우를 해주는 분위기를 형성하고 고무시킨다.

- **'그러나'라는 말을 아예 사전에서 뺄 것**

  종사원들과 면담할 때 종사원을 격려해 주기도 하지만 단점을 지적하기도 한다. "잘하고 있는데 그런데 이것 한 가지는 …." 이럴 때 종사원들은 앞서 말한 긍정적인 격려를 그러나 라는 말과 함께 잊어버리고, 오직 지적한 그 한 가지만을 기억하며 결국 수동적인 자세가 되어 버린다.

- **일 잘하는 종사원들에게 관심을 집중**

  85%의 시간을 업무수행능력이 나쁜 종사원들의 태도를 교정하는 데 대

부분의 에너지를 소비하고, 우수한 사원을 더욱 격려하는 데에는 관심을 잘 안두는 경우가 있다. 이렇다보면 우수한 사원마저 관리자의 관심부족으로 결국 부정적인 업무태도를 지니게 되어 버린다. 이제부터는 중상 이상의 능력을 보이는 종사원들을 격려하고 그들의 노력을 적극 평가해 주어야 한다.

- **우수한 종사원을 긍정적으로 강화시키면 더 우수한 결과로 돌아온다.**

- **발전을 저해시키는 요소를 제거**

바다에서 사용하는 닻은 배의 뒤쪽에 설치되어 물 속에서 앞으로 전진하려는 배를 멈추게 하거나 서서히 움직이도록 할 때 사용하는 장치이다. 비용만 들고 이익은 줄이는 이러한 닻과 같은 요소를 레스토랑에서 신속히 제거시켜야 한다.

- **현금보상은 가급적 피한다.**

이상하게 들리겠지만 설명하자면 이렇다. 현금보상은 곧바로 개인의 주머니로 들어간다. 그렇기 때문에 대부분의 종사원들은 동료들과 그 정보를 나누려 하지 않는다. 현금보상 대신에 회사 물건을 구입할 수 있는 상품권으로 보상해 주거나, 그들의 이름이 새겨진 상패를 만들어 주거나, 그와 유사한 상을 주도록 한다. 벽에 걸린 상패는 다른 사람들이 그들의 노고를 알고 있다는 뜻으로 지속적으로 종사원들의 마음을 일깨우는 역할을 한다. 그리고 가장 우수한 종사원만 알고 있던 업무정보가 곧 모두가 아는 정보가 될 것이다.

- **종사원들에게 도전정신을 일깨워 준다.**

업무수행능력이 가장 우수한 사원일수록 새로운 도전이 필요하다. 그러한 종사원에게 지겹도록 반복되는 같은 업무만 주어지게 해서는 안 된다.

종사원에게 새로운 일을 맡기는 것은 그 종사원이 일상적 업무 영역을 뛰어넘는 것에 대한 도전을 해서 성취함으로써 장래에 있을 사업 확장에 대비한 새로운 리더를 예비하는 것이기도 하고 종사원으로 하여금 업무에 대한 만족과 확신을 갖게 한다.

- **만약 현금보상을 해야 한다면 조건을 명확히 한다.**

업무수행능력이 우수한 종사원에게 회계사이드용 컴퓨터를 상으로 사주는 것은 인센티브 프로그램으로서 훌륭한 예가 될 수 있다. 또한 조그만 포상행위는 수년간에 걸쳐 종사원들이 컴퓨터 교육을 할 때뿐만 아니라 그것을 사용할 때마다 회사가 종사원들을 위하여 신경을 써 준 것에 대하여 지속적으로 상기시켜 주는 역할을 할 것이다. 이러한 행위는 종사원들의 충성심을 배양시킬 것이고 궁극적으로는 바람직한 업무태도로 나타날 것이다.

- **현금보상이 아닌 포상제도를 개발**

▪ 비용절감을 위한 계획을 발표하자.
▪ 이달의 우수사원제도를 실시하자.
▪ 기한을 두지 말고 실시하자.
▪ 특별한 업무를 수행한 종사원에 대한 포상을 하자.
▪ 계획된 교육은 성공적으로 완수하자.
▪ 무료 영화티켓을 나눠주자.
▪ 종사원들에게 감사 인사장과 이메일을 보내자.
▪ 종사원 전용 주차공간을 확보하자.
▪ 비용이 들지 않는 홍보를 하자. 예를 들어, 로고가 새겨진 티셔츠 같은 것

- **비용이 조금 들어가는 포상제도를 실시**

■ 무료식사권
■ 연료, 윤활유 교환권 등
■ 비번제도(휴가제도)
■ 상품권(전기제품, 도서 등)

- **개인적인 선물들**

축하의 말을 직접 손으로 써서 전하자. 비서가 쳐서 넣고 컴퓨터로 박혀진 것과 사장이 직접 쓴 것과는 많은 비교가 되는데, 종사원들의 사진을 넣고 이름을 직접 써서 만든 상패도 훌륭한 포상행위이다.

- **여러 가지 인센티브 프로그램**

■ 안전교육(계획) : 각종 사고로 인한 손실이 얼마나 발생하는지?
■ Mystery shopper programs
■ 근속 포상제도 등
■ 청결유지제도
■ 고객 추천제도(특혜제도 : 고객으로부터 3가지 이상의 긍정적인 추천을 받을 경우 4시간 유상휴무 등)

- **비공식적인 포상/표창 프로그램**

즉석에서 행하는 포상제도는 투표를 한다거나, 포상위원회를 꾸린다거나, 게시판에 게재하거나 등의 다른 복잡한 절차 없이 실시할 수가 있다. 관리자에게 현장에서 바로 포상(현금포상, 비번을 지목한다든지 등)할 수 있는 관리권을 넘겨준다. 종사원들은 관리자에게 이러한 권한이 있음을 알면 힘든 일을 하는 과정에서도 이러한 혜택을 받기 위하여 더욱 노력할 것이다.

- **등을 두드려 격려해 준다.**

격려를 하는 것은 비용이 전혀 들지 않으면서도 좋은 결과를 낳는다. 격려를 해주는 것은 빠르고, 비공식적이지만 종사원이 확실히 보상받을 만한 행위를 했을 경우에 실시한다. 가장 바람직한, 예를 들자면 만들어진 음식의 맛이 좋았을 때 주방의 종사원들에게 그것에 대하여 즉시 평가해 주는 것이다. 그럴 경우 종사원들의 업무만족도가 배가될 것이다.

- **핀이나 배지를 이용한 포상제도**

종사원이 긍지를 갖도록 핀 종류나 버튼 등 저렴한 장신구를 이용해서 포상(이달의 우수사원, 베스트 스마일 상)을 한다. 적은 비용을 들이면서도 커다란 효과를 낳는다. 게다가 포상을 받은 종사원들은 그 비결을 다른 사원들과도 두루 공유할 수 있을 것이다.

- **그룹활동**

근무해야 하는 날 야유회를 가면 종사원들은 2가지의 의미를 갖게 된다. 근무도 쉬고, 신나게 놀 수도 있고…. 이러한 제도로 인하여 좀더 인간적인 유대감을 높일 수 있으며 사원들의 사기 진작에도 큰 도움이 된다.

- **모범사원들**

월마트 종사원들의 상술을 경험해 본적이 있는가? 바로 그렇게 해야 한다. 그들이야말로 진정으로 상을 받을 만한 최상의 우수한 영업사원들이다.

- **우수한 업무실적에 대한 포상**

현금, 관리자의 인정, 유상 휴가, 승진/프로모션, 시상과 선물 등이 있다.

- **어려운 상황 하에서도 업무를 수행**

관리자로서 종사원들이 무엇을 하고 있고 그들을 보호하고 있다는 것을 보여줘야 한다. 그리고 그들이 하는 일들을 관리자 역시 잘한다는 것을 보여주어야 한다. 그럼으로써 종사원들에게 관심을 갖고 있고 헌신하고 있음을 그들이 알게 되고, 둘 사이에는 가치로 표현할 수 없는 신뢰가 쌓일 것이다.

- **종사원들이 조직 내 역할에 대하여 명확히 알도록 한다.**

접시 닦는 사람에게 "네가 하는 일이 뭐냐"고 질문을 한다. 만일 그가 "접시를 닦는 것"이라고 대답한다면 관리자는 몇 가지 추가적으로 해야 할 일이 생긴다. 그러나 그 종사원이 자신의 일을 "언제든지 음식이 나갈 수 있도록 접시를 항상 깨끗하게 해두는 일"이라고 대답한다면 만족해도 된다. 조직에 속한 모든 사람은 중요하고 각자가 중대한 역할을 담당하고 있다. 종사원들은 마치 엔진 속의 실린더와 같다. 만일 실린더 하나라도 고장난다면 결국 엔진은 멈추어지고 사업도 그와 마찬가지가 될 것이다.

- **사람들을 대중으로 인식하기**

무대의 막이 내려진 뒤에 보여줄 수 있는 힘이 없어진다. 관객은 인식하여 기억하고 있다.

외식경영연구회 역자소개 (가나다 순)

김태희 : 경희대학교 외식경영학과
윤지영 : 숙명여자대학교 르꼬르동블루 외식경영전공
이경은 : 서울여자대학교 식품영양학전공
장혜자 : 단국대학교 식품영양학과
정혜정 : 우송대학교 외식조리유학과
최은희 : 연세대학교 식품영양과학연구소
한경수 : 경기대학교 외식조리학과
홍완수 : 상명대학교 외식영양학과

레스토랑 마케팅 노하우

2010년 10월 25일 인쇄
2010년 10월 30일 발행

저　자 | 에이미 S. 조겐슨 · 티파니 램버트 · B. J. 그랜버그
제니퍼 허드슨 테일러 · 더글라스 R. 브라운
역　자 | 외식경영연구회
발행인 | (寅製) 진욱상
발행처 | 백산출판사
서울시 성북구 정릉3동 653-40
등　록 | 1974. 1. 9. 제 1-72호
전　화 | 914-1621, 917-6240
FAX | 912-4438
http://www.ibaeksan.kr
edit@ibaeksan.kr

값 15,000원

ISBN 978-89-6183-376-9